劳动哲学研究　第五辑

何云峰　主　编

张蕾　潘二亮　李晓霞　副主编

上海教育出版社

目　录

三、劳动精神与劳动教育

劳动精神的四个层次及其辩证关系
——代《劳动哲学研究》第五辑前言①

何云峰,李晓霞

摘　要：　劳动精神指的是以因劳称义为原则对劳动属人性的精神追求。从劳动幸福的角度理解劳动精神,其实质是一种劳动幸福精神,其目的在于使人通过劳动超越动物性的存在而获得人的存在,使人以人的样式出场,获得人的主体性。劳动精神有四个层次,分别是普遍的劳动精神、专业精神、工匠精神和劳模精神,这四个层次相互区别又相互关联。它们在层次、主体、内涵和外延上存在差异,但是相互之间又具有紧密的内在关联,每一个层次都是对前一个层次的发展和深化。因此,要立足于四个层次之间的区别和关联来考虑劳动精神的传承和弘扬,这也是本文的研究意义所在。

关键词：　劳动精神；劳动幸福；属人性

功崇惟志,业广惟勤。"勤"在《说文解字》中被解释为"劳",习近平总书记也指出:"'人生在勤,勤则不匮。'幸福不会从天降,美好生活靠劳动创造。"②由此可见,劳动与人的生存和生活有着极为密切的关联。科学家早就证明,劳动在人类社会的存在和发展中具有重要作用。劳动不仅是人的生存方式,也是人类社会存在和发展的基础,它不仅推动了人自身的发展,更推动了社会的进步和发展。所以,劳动历来就被人们所重视。习近平总书记指出:"人世间的一切幸福都需要靠辛勤的劳动来创造。"③劳动作为幸福的源泉,其精神更值得我们去深刻领会。近年来,我国高度重视劳动精神的传承和弘扬。习近平总书记在全国

---

①　作者通信地址:何云峰,上海师范大学知识与价值科学研究所,上海200234;李晓霞,上海师范大学知识与价值科学研究所,上海200234。

②　习近平:《在知识分子、劳动模范、青年代表座谈会上的讲话》,《人民日报》2016年4月30日第2版。

③　中共中央文献研究室编:《习近平关于社会主义社会建设论述摘编》,中央文献出版社2017年版,第4页。

劳动模范和先进工作者表彰大会上指出，劳动精神是以爱国主义为核心的民族精神和以改革创新为核心的时代精神的生动体现，也是鼓舞全党全国各族人民风雨无阻、勇敢前进的强大精神动力。他倡导我们要在全社会大力弘扬劳动精神，鼓励更多劳动者特别是青年一代走技能成才、技能报国之路。在这样的背景下，对劳动及其精神实质展开学理探讨具有十分重要的意义。也就是说，劳动精神是一个值得深入研究的重要课题，它具有理论和现实的双重意义与价值。对劳动精神的研究能够帮助我们深刻理解劳动精神的实质和内涵，厘清其核心要义，具有重要的学术价值。事实上，近年来，学界已经从不同维度对劳动精神进行了分析和探讨。本文试图在吸收学界劳动精神的研究成果的基础上，结合习近平总书记关于劳动精神核心要义的重要论述，将劳动精神划分为四个基本层次，即普遍的劳动精神、专业精神、工匠精神和劳模精神，并探讨这四个基本层次之间的辩证关系。

一、劳动精神的内涵阐释

如何理解劳动精神是劳动问题研究中一个很重要的话题，也是弘扬劳动精神，深刻领会习近平总书记关于劳动精神重要论述的关键。而要科学理解劳动精神，首先要厘清劳动的概念。在马克思看来，劳动是人所特有的感性对象性活动，人在劳动的过程中创造了人类社会与人类历史，同时也在劳动中创造了人自身。"历史破天荒第一次被置于它的真正基础上；一个很明显的而以前完全被人忽略的事实，即人们首先必须吃、喝、住、穿，就是说首先必须劳动，然后才能争取统治，从事政治、宗教和哲学等等，——这一很明显的事实在历史上的应有之义此时终于获得了承认。"[①]也即是说，劳动是人类社会和历史发展的前提，因此，劳动也是理解整个人类社会及人类历史的根本锁钥。而对于人自身来说，人通过劳动展现出自己的本质力量，同时也通过劳动确证自己的类本质，"正是在改造对象世界中，人才真正地证明自己是类存在物"[②]。这一确证人为类存在物的劳动是马克思主张的真正的劳动，也即摒弃了异化的、展现了人的类本质的劳动。人在真正的劳动中不再被看作是获取剩余价值的工具，而成为获得真正的属人性的存在，成为人的存在，这样的劳动也是自由自觉的幸福劳动。也正是在这个层面上，恩格斯认为，"劳动创造了人本身"[③]。

① 《马克思恩格斯选集》第3卷，人民出版社2012年版，第723页。
② 《马克思恩格斯全集》第42卷，人民出版社1979年版，第97页。
③ 《马克思恩格斯文集》第9卷，人民出版社2009年版，第550页。

　　由此可知,马克思主义的劳动观认为,劳动是人的类本质的展现,人在劳动中应该获得属人性,从而真正地发展自身,而不是被迫降格为动物性的存在。本真意义上的劳动应该使人感到幸福,给人带来愉悦的享受而不是痛苦的折磨。因此,所谓劳动精神实际上就是一种劳动幸福精神。所以,劳动精神首先要从劳动幸福的角度去理解。如何理解劳动幸福呢?从马克思主义的基本原理和马克思主义的劳动观来看,劳动幸福并不是简单地指人们的吃、穿、住、行等基本需要的满足,它还涉及幸福和快乐的概念区分。幸福和快乐这两个概念存在本质的差异,快乐是一种感官性的、表层的、暂时的感觉,而幸福是一种持久的、深层的、永恒的愉悦。劳动幸福的实质是指人在劳动中确证了自身内在的类本质、获得了人的属人属性,从而产生了一种深层的愉悦,这种深层的愉悦就是劳动幸福。所以劳动幸福体现的就是人在劳动当中确证了与自身的类本质相一致的程度或者说确证了自身的"属人性"。劳动是否具有"属人性"是判断劳动是否幸福的标准。劳动应该具有属人的特点。每个人在劳动中应该要像人类一样地劳动,而不是像兽类一样地劳动,否则人就变成没有尊严的、动物化的存在了①。所以人要与动物区别开来,并超越动物。

　　从马克思主义劳动观关于"劳动创造人"的基本原理可以推断出来,人应该有一种在劳动当中获得属人性的精神追求,这种追求就是劳动精神。劳动精神在本质上是一个"因劳称义"的概念。所谓"因劳称义"包含两个方面的意蕴:其一,劳动是社会公平和正义的根源,一个社会只有实践尊重劳动的基本原则,才具有合理性。其二,劳动是使人获得自然性和社会性相统一的根据。劳动是人的自然性(包括智力和体力等自然属性)的终极说明和根据,人的自然性存在的理由是因为劳动的需要。② 换言之,"因劳称义"主张"幸福是奋斗出来的",美好生活要靠自己创造,任何不劳而获、好逸恶劳的现象都应遭到反对。③ 由此推知,人要通过自己的劳动获得属人的存在并加入到人的队伍中,证明自己是一种人的存在,这样才符合因劳称义的原则,也才是真正的幸福。劳动对人的吃、穿、住、行等基本生存需要的满足与动物本能的生存需要的满足并无很大差别,但这种基本的生存需要的满足仅仅是幸福的前提,而不是幸福本身。真正的幸福是指人要超越动物性的存在和物化的存在,成为真正的人,以人的方式存在。所以,劳动的属人性程度体现了劳动幸福的程度。而"属人性"也是区分劳动正义和劳动异化的标准。这两者区分的关键就在于劳动有没有损坏属人性,如果劳

---

① 何云峰:《论劳动幸福的四个观测维度及其辩证关系》,《贵阳学院学报(社会科学版)》2020年第2期。

② 何云峰:《劳动幸福论》,上海教育出版社2018年版,第161页。

③ 何云峰:《劳动幸福论》,第1页。

动过程中属人性受到了损害,就意味着劳动被异化了;如果属人性完全受损了,那么这种劳动就完全丧失了正义。因此,劳动正义和劳动异化的区分标准是人的属人性,看人是否在劳动当中获得了属人性,看这种属人性是否受到损害,看人是否获得了像人一样存在的权利。这不仅仅涉及劳动幸福的问题,还涉及权利的问题——人是否在劳动中获得了像人一样存在的权利。如果人在劳动中变成了非人的存在或物的存在,就意味着人在劳动中不是幸福的,同时也意味着人的劳动幸福权受到了损害。

从属人性的角度去理解劳动幸福权,把人与动物及其他存在物区别开来,这样人的劳动就具有完全不一样的意义。由此,我们认为,人类通过劳动获得属人性,这样一种精神追求就是劳动精神。所以劳动精神在本质上体现的是我们如何获得与动物以及其他存在物不一样的存在,如何以人的方式存在,这样一种精神追求才是劳动精神。但是,我们只讲劳动权是不够的,如果实际中人没有以人的方式去劳动,那么劳动权的获得就没有意义。这其中最关键的问题是人在劳动中要像人一样存在,人有通过劳动和在劳动中获得属人性的权利,所以更重要的还是劳动幸福权的获得问题,也就是人在劳动中是否获得了一种属人性的权利。马克思关于异化劳动和正义劳动的很多论述其实就暗藏着这种假设。这一假设也可以从劳动创造人这一论断推论出来。恩格斯认为,劳动"是整个人类生活的第一个基本条件,而且达到这样的程度,以致我们在某种意义上不得不说:劳动创造了人本身"①。也因为劳动创造了人,所以就暗含着劳动赋予人一种天然的初始权利即劳动幸福权的意蕴,而劳动幸福权关涉的主要问题就是人在劳动中所具有的属人性的程度,这恰恰也是劳动精神的体现。因此,一定要从属人性的角度去理解劳动精神的内涵。这样才能明白我们追求的实际上就是一种属人性的存在、一种真正的人的存在。它实际上也是一种概念性的、精神性的存在。这种追求体现的就是劳动精神。

综上所述,劳动精神指的是以因劳称义为原则对人的劳动的属人性的精神追求,也即对劳动幸福的追求,它的目的在于使人超越动物性的存在而获得人的存在,使人以人的样式出场,获得人的主体性。在这一过程中,人类不仅通过劳动确证自己的类本质和属人性,同时还通过劳动创造不断地消解劳动的消极性、克服劳动的异化。所以,劳动精神是"人通过劳动创造促进自我类本质不断生成与化解阻碍自我类本质的消极力量相统一的人类专属品格。劳动精神不仅意味着创造,而且意味着化解各种消极力量,它实质上是在劳动二重性的矛盾运动中

---

① 《马克思恩格斯选集》第3卷,第988页。

动态呈现出来的人类特性"①。同时,劳动精神也是劳动者在创造美好生活的劳动实践中所秉持的马克思主义劳动观及体现的精神风貌,是每个人超越动物性存在、追求人的存在的精神特质的总和。劳动精神展现的是"一个人的真实存在样式"②,表征的是"一种积极的对任何属人的活动的创造性介入"③。

二、劳动精神的四个层次

劳动精神作为一种以因劳称义为原则建构的人们共同的精神系统,它的主体性体现在社会的全纳性,是所有社会成员都必须坚守的具有历史传承性的文化价值背后的精神支柱④。从劳动精神的主体来看,每一个劳动者都是劳动精神的主体,每一个劳动者都用自己的方式去创造属于自己的幸福,努力地使自己成为一种人的存在,反抗并远离非人的存在。具体来看,劳动精神从主体角度来讲可以分为四个层次:

第一个层次是每个劳动者都要具备的普遍的劳动精神。只要是劳动者都应该具备这样一种基本的精神,比如说因劳称义;不义之财不能取;一个人如果没有劳动付出就不应该得到报酬,反之个人劳动应得的权益应该被保护。每个人在劳动当中都要尽职尽责,使自己的劳动成果给自己带来属人性的愉悦,而不是给自己带来伤害或者成为一种异己的力量与自己相对立。不仅如此,个人的劳动成果也不能跟他人产生一种异己性。"如果一个人只为自己劳动,他也许能够成为著名的学者、伟大的哲人、卓越的诗人,然而他永远不能成为完美的、真正伟大的人物。"⑤个人的劳动不仅仅是为自己,也是为他人,因而在这样一种集体主义式的劳动中要考虑自己的劳动成果是否给他人带来伤害,同时也要尊重他人的劳动成果。每一个劳动者都应该这么去考虑,不管做什么的事情,只要当他参加劳动,他就要把这个事情做好、做到位,这就是一种普遍的劳动精神。这种精神在所有人的身上都应该展现出来,是每个从事劳动的人都应该具备的一种精神性的追求。它既是一种责任感,也是一种以人为本的追求;它既是对自己的一种幸福的追求,也是对别人的一种关怀。每个人都必须要具备这样的普遍的劳动精神。

---

① 何云峰、万婕:《劳动精神的主体性阐释》,《思想理论教育》2020 年第 6 期,第 14 页。

② 何云峰、万婕:《劳动精神的主体性阐释》,《思想理论教育》2020 年第 6 期,第 13 页。

③ 何云峰、万婕:《劳动精神的主体性阐释》,《思想理论教育》2020 年第 6 期,第 15 页。

④ 何云峰、万婕:《劳动精神的主体性阐释》,《思想理论教育》2020 年第 6 期,第 11 页。

⑤ 《马克思恩格斯全集》第 1 卷,人民出版社 1995 年版,第 459 页。

第二个层次是专业精神。劳动中存在一定的分工,虽然分工有很多负面效应,但是在一定社会条件下,分工也有一定的积极作用,这是不可否认的。每个人都会参加劳动、进行职业和岗位的选择,并且每个人还有各自工作的职责范围,在职责范围的分工过程当中,就需要我们有一种专业精神。这种专业精神是指对工作的规范、要求和品质化程序等方面的执著,也即一种对工作极其热爱和投入的品质,通常具有专业精神的人在工作的时候能够达到一种忘我的境界。①习近平总书记在中国共产党第十九次全国代表大会上的报告中提出:"注重培养专业能力、专业精神,增强干部队伍适应新时代中国特色社会主义发展要求的能力。"②而随着社会的不断发展和进步,科技日益深入到我们的生活和劳动的方方面面,不仅要求干部队伍自觉培养专业精神,每一个专业人士也应该自觉培养专业精神,使专业精神渗透到劳动当中,以专业的精神在不同的职业和岗位中从事工作。这种专业精神已经超越了普遍的劳动精神,因为专业的事情只能由专业人士来完成,并且专业人士还要有一种责任感,在其位谋其职,不仅要对自己所从事的工作孜孜不倦地学习和研究,在各方面都做到精益求精,还要秉持创新精神,在原有知识的基础上进行创造与超越,只有这样才能体现专业精神。因此,每个人不管从事哪一个职业,都要有对职业的追求,力争达到职业应有的高度和深度,这才是一种专业精神的体现。

第三个层次是工匠精神。荀子说:"人积耨耕而为农夫,积斫削而为工匠。"③从中国传统文化的语境来看,工匠是对所有手工艺人的一种称呼。而所谓工匠精神就是指工匠在职业和岗位中执着专注、精益求精、一丝不苟、追求卓越的劳动精神,是工匠在劳动实践中形成的一种职业素养和品格,更是他们展现出来的独特精神风貌。"如切如磋,如琢如磨"到"庖丁解牛"等一系列话语都体现了工匠对工作的专注和求精以及他们一丝不苟、细致专注的工作态度,工匠精神要求人们专注于当下的事情、拥有精益求精的匠心,对自己的工作全身心投入、对自己的产品精雕细琢,追求高品质和高质量。所谓的"质量之魂,存于匠心"就是要求工匠们以精益求精的态度制造出高质量的产品。匠心是质量的根本保证,匠心聚,百业兴。所以,工匠精神是对专业精神的进一步提升,比普遍的劳动精神和专业精神更高一个层次。工匠通常都是某个行业的精英,"高手中的高手",是职业责任驱使下的尖端追求者。工匠无论在专业能力养成还是职业伦

① 百度百科:《专业精神》,https://baike.baidu.com/item/%E4%B8%93%E4%B8%9A%E7%B2%BE%E7%A5%9E/3125508? fr=aladdin,2021 年 11 月 14 日检索。
② 《习近平谈治国理政》第 3 卷,外文出版社 2020 年版,第 50 页。
③ 荀子:《荀子·儒效》,中华书局 2015 年版,第 110—111 页。

理素养方面都是典范,具有专业领域的领军角色作用。

第四个层次是劳模精神。每个人身上所体现的普遍的劳动精神、专业精神和工匠精神都不一样,如果有人能够把这三种精神综合在一起并很好地、集中地展示出来,那么这个人在现实当中就成为劳动精神的榜样,也就是劳动模范。习近平总书记指出,"劳动模范是民族的精英、人民的楷模……党和国家始终高度重视发挥劳动模范和先进工作者的重要作用"①。所以新时代必须崇敬劳动模范、弘扬劳模精神,而劳模精神就是这些劳动模范所体现的精神。在劳模身上,我们能够看到他们对待工作的强烈责任感和甘于奉献的精神,他们有着崇尚劳动、恪尽职守的高尚情操和艰苦奋斗、勇攀高峰的坚韧品格。所以,劳模精神并不仅仅指追求某一个方面的极致,还要把普遍的劳动精神、专业精神和工匠精神这三个层面都做到精致,才能叫劳模精神。可见,劳模精神是各种精神的集中体现,是劳动精神的最高层次。

总之,劳动精神从主体角度可以分为普遍的劳动精神、专业精神、工匠精神和劳动精神四个层次。这四种精神有一个层次上的递进关系,分别是从每个人都应该具备的普遍的劳动精神到专业人士应该具备的专业精神,再到工匠应该具备的工匠精神,最后到劳模精神的集中体现这样四个层次。这四个层次针对不同的主体提出了关于劳动精神的不同要求,深刻展现了新时代劳动精神所具有的内涵和品格。正因此,所以习近平总书记发出号召:要在全社会培育劳动最光荣、劳动最崇高、劳动最伟大、劳动最美丽的社会风尚,让人们崇尚劳动、尊重劳动、热爱劳动、辛勤劳动。

三、劳动精神四个层次之间的内在联系

我们现在一直在强调劳动精神的价值和意义。实际上更重要的是要探讨如何继承和弘扬劳动精神。而如何继承和弘扬劳动精神就涉及劳动精神传承主体的问题,这个也是劳动教育要思考的问题。在当前的劳动教育过程中,如何把这些精神层面的东西传递或传播给下一代的年轻人或者劳动者,让他们更好地传承下去,是我们要着重思考的关键问题。从教育的主体来看,我们在进行劳动教育的时候,不仅仅需要家庭的配合,还需要学校和社会的配合,正如中央文件指出的那样——家庭是劳动教育的基础,学校是劳动教育的主阵地,社会对劳动教育起支持作用。所以,不仅学校和教师需要进行劳动精神的教育,其他的一些主体也需要承担起劳动精神教育的重担,劳动精神教育需要家庭、学校和社会的共

---

① 习近平:《在全国劳动模范和先进工作者表彰大会上的讲话》,人民出版社2020年版,第2页。

同配合。在这一过程中,一方面必然要涉及分工。不同的主体在其中扮演的角色和所起的作用都不相同,因此需要合理的分工来划分好劳动精神教育的任务。另一方面就是要把这三个主体承担的不同的劳动精神教育有机结合起来,以便更好地发挥劳动精神教育的作用。除此以外,劳动精神教育还要讲究方式、方法和策略。因此,劳动精神教育需要进行整体的、系统化的设计和考虑,以便将不同层面的劳动精神传递给下一代,让劳动精神永远地弘扬下去。这需要我们认真地去思考。

而涉及劳动精神的教育,我们必然要联系劳动精神的四个层次来思考。我们认为,以上四个层面的不同劳动精神实际上是有一定关系的,它们既有区别又有联系。厘清这四个层次的内在联系对于我们更好地进行劳动精神教育非常重要。所以,可以以劳动精神教育为依据对这四个层次的内在联系展开讨论。

其一,从层次上来看,它们是有区别的。在层次上它们是一个层层递进的关系。在劳动教育的过程中,我们的第一步就是要把普遍的劳动精神灌输下去,第一个层次的劳动精神是每一个人都应该具备的。比如当我们在教孩子如何进行家务劳动的时候,我们不仅要教孩子学会怎样拖地、打扫卫生等基本的家务劳动,关键还要在这一教的过程中把普遍的劳动精神传递给他们,让他们明白不管做什么事情都要认真负责,不能给别人带来负面效应,这是最基本的普遍的劳动精神。而进一步的专业的劳动精神则需要通过学校以职业教育等更专业化的方式进行教育。比如专门的研究者就要以科学精神来研究每一个论断,他们的每一个论断都要有根有据,他们的每一篇文章都是科学的研究成果,而非用观点性或情绪化的语言进行意见表达,这就需要他们具备科学精神和专业精神。工匠精神和劳模精神也是如此,它们是在前两种精神的基础上发展起来的,因而劳动精神在层次上有一定的区别,它们属于一种层层递进的关系。这也是劳动精神四个层次的第一种区别。

其二,从主体上来看,它们也是有区别的。劳动精神的层次不同就决定了拥有劳动精神的主体也不相同。这体现在无论人的经济社会地位有多大的差别,每一个劳动者首先必须具备普遍的劳动精神,因而他们也就是普遍的劳动精神的主体;而专业人士则需要具备普遍的劳动精神的同时还要具备专业技术,所以他们是专业精神的主体;工匠不仅需要具备普遍的劳动精神和专业精神,还需要具备工匠精神,所以他们才是工匠精神的主体;劳动模范则既需要具备普遍的劳动精神、专业精神以及工匠精神,同时还需要具备劳模精神,所以他们才是劳模精神的主体。所以,不同的精神有不同的主体承担者,这就是劳动精神四个层面在主体上的差异。

此外,四个层次的劳动精神在内涵和外延上也有一定的区别。这四种精神对劳动精神的表达和呈现的程度都是不一样的。所以,在劳动教育过程中,要结合劳动精神的不同层次和不同主体,对劳动教育进行系统设计。

　　劳动精神的四个层次不仅彼此存在区别,也存在联系。它们都是对前一个层次的发展与深化,如果没有第一个层次,后面的三个层次就都谈不上。也就是说,只有首先具备了普遍的劳动精神,才有可能进一步上升到专业精神、工匠精神和劳模精神。举例来讲,对于工人来说,他即便精通某一个方面的手艺,拥有高超的技艺,但如果他不具备基本的劳动精神,也就不可能拥有工匠精神。要想成为工匠并拥有工匠精神,首先就要具备普遍的劳动精神,然后进行专业的训练并能长期坚守下去。在具备专业精神的基础上才有可能形成工匠精神;对于劳模精神也同样如此,如果劳模没有基本的、普遍的劳动精神,就不能被称为劳模,劳模精神应该是工匠精神的深化和提升,而工匠精神作为劳模精神的构成要素也是劳模精神的核心体现。所以,这四种精神互相不可或缺,它们环环相扣,共同在劳模身上集中体现出来。

　　由此可知,劳动精神的四个层次虽然在层次、主体、内涵和外延方面存在一定的区别,但它们本身相互间也存在联系。因此,我们在劳动教育中需要考虑这种区别性和关联性,思考不同层次的劳动精神应该如何配合不同层面的劳动模范,把劳动模范的基本功能即劳动精神的示范作用真正发挥出来。所以,不同层次的劳动精神应该有不同层面的示范榜样。我们在设计示范榜样的时候不仅要考虑到普遍的劳动精神,比如道德楷模和道德模范这些普遍精神的体现者,还要考虑到专业精神方面以及工匠精神方面集中体现的劳动模范,这样四个层次才能很好地配合起来。劳动精神有自身的内涵和外延,其四个层次之间也有相互的区别和关联,我们要根据这些不同的特点来整体设计我们的劳动教育系统,这样才能很好地传承劳动精神。

《1844 年经济学哲学手稿》的劳动本质论①

吴 宁,丁凯雯

摘 要： 马克思基于德国古典哲学、英国古典政治经济学和英法空想社会主义的劳动思想,在《1844 年经济学哲学手稿》中创造性地提出了劳动本质论。马克思认为人的本质是劳动,劳动是自由自觉的活动。人的劳动本应该是自觉自愿的,也应该是幸福和快乐的。但在资本主义社会中,劳动反而成为痛苦的根源,工人也成了劳动的奴隶。马克思认为资本主义的劳动是异化的,共产主义的劳动是扬弃了劳动异化的真正的劳动。

关键词：《1844 年经济学哲学手稿》;人的本质;劳动

一、《1844 年经济学哲学手稿》劳动本质论的时代背景

《1844 年经济学哲学手稿》(以下简称《手稿》)的劳动本质观和当时资本主义社会的发展状况有着紧密联系。

西方资本主义世界的第一次工业革命开始于 18 世纪 60 年代,到《手稿》写作期间,第一次工业革命基本结束,生产力飞速发展,生产资料集中到资本家手中,机器生产基本上取代了手工劳动。推动工业发展,使工业化的进程加快的要素之一就是大量的劳动力,资本家用尽卑劣手段占据大部分土地,失去土地的人只能去工厂谋生并成为工人。但工厂能容纳的工人数量是有限的,工人为了得到工作,只能陷入激烈的竞争中。资本家对于这种现象自然是喜闻乐见的,因为他们付出了更少的工资却得到了相对质量更高的工人。在这种情况下,资本家虽然得到了好处,但是很显然他们不会满足于既得利益,所以会通过各种方式寻求更大利益。而工人只能获得极小一部分劳动产品来维持生存,绝大部分劳动

---

① 作者通信地址:吴宁,上海师范大学马克思主义学院,上海 200234;丁凯雯,上海师范大学马克思主义学院,上海 200234。

产品都集中在资本家手中。这样的恶性循环使资本家越来越富有,工人越来越穷困。工人不能自由自觉地劳动,反而成为资本的奴隶。资本主义的缺点日益显露,资本主义社会的基本矛盾得不到根本解决,经济危机的发生会越来越频繁,影响的范围也会越来越广。遭受经济危机的资本家为了减少利益损失,自然会把危机转嫁给工人,由此工人会受到更大程度的剥削,生活也会更加困苦。这就导致资产阶级和无产阶级的矛盾越来越尖锐,工人开始组织起来反抗资本家的统治和整个资本主义社会,以此来寻求自身的生机。由于当时的学校基本被统治阶级把持并垄断,工人基本没有接受过教育,工人只是知道反抗,但他们的反抗缺少科学理论的指导。在这个背景下,马克思的劳动本质论应运而生,成为工人阶级重要的理论武器。

二、《手稿》的劳动本质论的理论来源

德国古典哲学、英国古典政治经济学、英法空想社会主义的劳动思想对《手稿》的劳动本质论的形成有着重要的影响。

第一,《手稿》劳动本质论对黑格尔劳动思想的批判和继承。在《精神现象学》中,黑格尔提出了关于劳动的理论,劳动作为意识的对象,通过目的性的运动变为劳动的对象物。黑格尔提出了"劳动是人最重要的特征"这一命题,劳动使人和动物区分开。黑格尔认为劳动体现了主奴辩证法,劳动的目的性就是人自由的体现,所以他把劳动当作人的本质。但是由于思想的局限性,黑格尔认为,一方面奴隶阶级受统治者驱使才进行劳动,这种劳动不是自觉自愿的,其目的只是为了避免受到统治者的鞭挞和惩罚;另一方面奴隶阶级通过劳动与自然界形成联系,对自然的发展造成影响。奴隶通过劳动使得自我意识得到发展,他们意识到劳动是人特有的活动,而统治者无须进行劳动,他们只需要驱使一定量的奴隶进行生产劳动,从而获得足够分量的劳动产品。统治阶级不进行劳动,就无法意识到劳动的特殊性质,他们只是把人的劳动等同于动物的活动,在这种情况下,统治阶级的自我意识就无法产生。黑格尔认为,人只有在进行生产劳动的过程中才能意识到劳动这一本质。但黑格尔只是从精神层面探讨这一点,他认为自觉的劳动是人绝对精神的表现,客观事物是绝对精神的外在化。马克思在《手稿》中也明确了在黑格尔那里,劳动是抽象的劳动,只存在于精神活动过程中,而不是现实的、具体的、产生现实影响的生产活动。在《手稿》中,马克思肯定了黑格尔关于劳动思想的积极一面,即黑格尔认为人通过生产劳动而产生,他充分肯定了劳动对人的积极作用。马克思通过对黑格尔劳动思想的批判继承不断完善自己的劳动观,使其成为能够指导工人斗争的思想武器。

第二,《手稿》劳动本质论对费尔巴哈异化思想的批判和继承。异化劳动理论作为马克思唯物史观形成的重要基础,其理论来源之一是费尔巴哈的异化思想。自从费尔巴哈与唯心主义决裂、站在唯物主义的立场上之后,他便在《黑格尔哲学批判》中猛烈抨击黑格尔的唯心主义。费尔巴哈对人的本质进行了批判和抨击,他认为自然界先于人类世界产生、人产生于自然界。费尔巴哈在研究宗教问题的过程中,发现了宗教的异化,他认为虽然是人创造了上帝,但实际上却是上帝在控制人的行为活动,而不是人去控制和影响上帝。人通过自身异化出来的超自然存在并没有为人的生活带来便利,反而给自身的行为活动套上一重枷锁。费尔巴哈提出要消除这种异化,使人对超自然存在的崇拜转移到"现实化"[①]的人身上,肯定现实存在的人的价值。但是费尔巴哈的异化思想也存在一定的缺陷,他对异化的批判仅仅局限在宗教领域,而不是现实世界。《手稿》的劳动本质论对异化的研究并不像费尔巴哈一样单纯停留在宗教领域,而是研究现实具体的人,它看到了人特有的社会历史性,进一步发现了异化劳动。

第三,《手稿》劳动本质论批判和继承了英国古典政治经济学的劳动思想。威廉·配第提出了劳动产生价值的重要理论。威廉·配第认为,在获得财富的过程中起重要作用的是劳动和土地,而劳动是财富产生的最根本条件。亚当·斯密在继承配第思想的基础上,完善了劳动价值理论。亚当·斯密认为,劳动创造财富,并且劳动成为商品交换的衡量尺度,只有通过劳动才能比较商品的价值。大卫·李嘉图在前人思想的基础上,将劳动价值理论的发展推向更深层次。大卫·李嘉图认为,商品的价值量是以生产该商品过程中消耗的劳动作为标准。《手稿》劳动本质论认同古典政治经济学家的这一观点,但也看到了其理论的缺陷。在资本主义社会中,工人阶级作为劳动活动的承担者,生产了劳动产品,创造了大量的物质财富,但这些财富的所有者不是工人,而是资本家。工人不是通过自身劳动生产的财富过上美好的生活,而是愈发变得贫困。《手稿》劳动本质论对此进行了批判。

《手稿》劳动本质论分析了资本主义阶级关系。亚当·斯密将资本主义社会分成了地主阶级、资产阶级和无产阶级三个阶级,并把这三个阶级获得的报酬分别定义为地租、利润和工资。斯密认为地主阶级与资产阶级获得的地租和利润都是无产阶级进行劳动从而生产出的价值的一部分。资本家和地主永远都不会停止对利益的追求,而工人也想获得更高标准的工资,这三个阶级之间永远都是充满矛盾的,随着社会不断发展,生产力逐步提升,这种矛盾会越来越尖锐,也必

---

① 陈翎:《劳动基础上关于"人"的本质性思考——从〈1844 年经济学哲学手稿〉出发》,《社科纵横》2020 年第 8 期,第 33 页。

然会带来更大的隐患。大卫·李嘉图在继承亚当·斯密的思想的基础上,进一步深化地租、利润和工资关系的研究,他通过研究发现利润与工资、工资与地租以及利润与地租之间都成反比的关系,这就表明它们之间的对立关系,也就能得出资本主义社会中不同阶级之间的经济对立关系。不同的阶级之间为了巩固和维护自身的阶级利益,必然会产生阶级矛盾,从而影响社会发展。工人作为社会底层必须要通过艰苦劳动才能得到微薄工资,资本家却通过占有生产资料、雇佣劳动从而获得工人通过生产劳动产生的绝大部分价值,这很明显地体现出资本主义社会的不公平。随着机器进入工厂并逐渐升级优化,工人之间的竞争也更激烈,这将导致资本家获得更大的财富,工人的生活更加贫穷,社会的两极分化更加严重。

第四,《手稿》还借鉴了空想社会主义的劳动思想,空想社会主义主张建立一个没有阶级压迫和剥削、消灭私有制的理想社会。其一,莫尔作为早期空想社会主义的奠基人,在《乌托邦》中猛烈抨击了资本的原始积累。资本主义社会发展初期,资产阶级为了加快资本原始积累的进程,开展了圈地运动,用栅栏将数千英亩的土地围住圈养羊群,用尽手段迫使土地上的农民离开原住地。农民失去赖以生存的土地,成为无产阶级。在这种情形下,羊似乎成了“吃人”的恐怖生物。莫尔在《乌托邦》中将资本主义社会矛盾产生的根源定义为私有制的产生,该书蕴含着消灭私有制的先进思想。康帕内拉在《太阳城》中描述了没有剥削、没有私有财产、每个人通过劳动获得生活所需的理想社会,指出在理想社会太阳城中,劳动是幸福快乐的。其二,资本主义发展到19世纪,社会内部矛盾越来越尖锐。空想社会主义者为了寻求解决的办法,不断发展其理论。其中最具代表性的就是圣西门、傅立叶和欧文。圣西门作为工人阶级的代言人,在他最后的著作《新基督教》中设想新社会人人都要劳动、不存在工人和资本家的对立。傅立叶主张通过建立一种叫“法郎吉”的合作社来构建和谐社会,在法郎吉中,人们通过劳动才能获得产品和资本,由于人人可成为资本家,因此消除了阶级对立。但是傅立叶思想的局限性在于单纯期待用富人的慷慨解囊来达到目的。欧文主张在新和谐公社中消灭私有制,建立财产公有和共同劳动的制度,但新和谐公社因其空想性而最终破产。圣西门、傅立叶和欧文认为人人都要劳动,但这种劳动与资本主义社会中的劳动有根本不同,这是让人幸福快乐的劳动。

空想社会主义批判资本主义制度和劳动的思想对马克思劳动本质论和共产主义思想的形成有着重要意义。但由于空想社会主义者自身的局限性,他们的思想中存在着不切实际的部分,也就注定其理论只能是空想。空想社会主义没有认识到真正的劳动,也没有深入探究劳动的本质。马克思在空想社会主义的基础上,完善了劳动本质论。

三、《手稿》的劳动本质论

　　当时的国民经济学只是将劳动作为政治经济学的概念进行研究，把劳动看作是财富产生的方式，而没有将劳动放在哲学领域去考察，没有意识到劳动和人之间的关系，人的本质也就无法显露。马克思从哲学和政治经济学双重视角探讨劳动，结合当时社会状况分析人和劳动之间的辩证关系，这为研究人的本质问题提供了新的思路。马克思肯定并借鉴了黑格尔从劳动的视角去探讨人的方式，认为劳动是人产生和活动的基础，但马克思在黑格尔的基础上将劳动本质的研究发展到了具体的现实世界。

　　马克思认为人作为感性的"自然存在物"[①]，劳动就是人本质的规定性。人的一切基本生存条件都得依赖自然界，人的活动受自然规律的限制，人通过劳动满足自身的基本物质需要。整个劳动过程都与社会息息相关，人在劳动中形成了社会关系，劳动产品也在社会中流通。马克思指出自由是人的主观性和自主性，人在活动时不免会受到客观规律和现实条件的制约。但人有别于动物的是，人可以在客观规律和现实条件限制的范围内最大可能地发挥自身的主观能动性，而动物只能依赖自然界的现有条件被动生存。在对象性活动中，人作用于对象化的客体而成为现实具体的人。马克思提到的"自觉"指的是人的主观意识，人根据自身的需要来确定活动的目的，根据目的来制定活动的计划，而动物根据天性和本能进行的生命活动与计划和目的无关。人的劳动是在自身需要的前提条件下进行的，人在活动开展之前就会确定活动的目的和步骤。人作为主体，能够对现实存在的对象进行观念上的扬弃，在不断克服障碍的过程中对价值对象进行观念上的构建，使其实现"对象化"[②]，使自身目的从观念转变为现实。"活动"一词，在马克思这里指的就是实践和劳动。人在劳动中与物产生联系，人的活动方式就是实践和劳动，只有通过劳动和实践，人才能认识和改造世界、从自然界分化出来。

　　劳动在人类社会的发展中起到了至关重要的作用，劳动的解放也伴随着人类自身的解放。马克思在《手稿》中对资本主义社会的劳动现状进行了描述，他认为两次工业革命使得大机器问世，从而极大提高了劳动产量，机器的出现往往伴随着劳动的发展，随着劳动的发展，社会也会发生相应的变革。社会的发展归根结底就是劳动的发展。资本主义社会的大机器生产导致了激烈的竞争，使得

[①] 《马克思恩格斯选集》第 1 卷，人民出版社 2012 年版，第 55 页。
[②] 《马克思恩格斯选集》第 1 卷，第 57 页。

资本家不断压迫工人、剥削工人的剩余价值,使工人生活在水深火热的状态之中。这种状态下的劳动是痛苦的,因此,对这种劳动的解放是必需的。马克思认为,只有人的现实劳动得到解放,才能实现对人自身和社会的解放,所以劳动的解放对人和社会的解放起到基础性的推动作用。劳动的不断进步促使社会制度也发生改变,新的社会制度会在实现劳动解放的过程中产生。

马克思认为劳动应当由人进行自由支配,劳动生产出来的产品也应该归属于人。但在资本主义社会中,工人阶级被资本家残酷压迫和剥削,劳动成为工人痛苦的来源,劳动和生产资料由不同阶级掌握。劳动者拥有劳动的能力但不拥有物质生产资料,生产资料被资本家垄断,资本家和工人各自占有一种关键要素。劳动必须和生产资料相结合,劳动产品应该由资本家和工人共同分配,但现实情况是资本家占有了绝大多数产品,工人只获得满足自己和家人生存需要的极小部分产品。且工人不得不努力提升劳动的速度和效率,因为大机器生产导致工厂需要的工人数量减少,工人只能拼命劳动才能在市场成功出卖自己的劳动力,从而获得维持生活的物质资料。

劳动者生产的劳动产品反过来压迫和剥削劳动者,劳动产品与劳动者相异化。劳动者生产的产品越多,自身商品化的程度也越高。资本家越富有,工人越贫穷。工人失去了劳动对象和生活资料且受到奴役。工人将自身仅剩的劳动物化成商品出卖给资本家,资本家便轻易卡住了工人的脖子,工人生产的产品不能使工人富有,工人成为资本家的附庸。产品已经不受劳动者自己支配,而是变成了资本家的所有物。在生产产品的过程中,劳动者无法按照自己内心的需求进行劳动,而被资本家强迫裹挟,劳动成为工人维持生存的手段而不是生活本身,资本家利用这一点不断去压迫和剥削工人,从而获得更大的利润。①

劳动在资本主义社会成了人奴役自己的工具,人通过劳动生产的产品成了商品,人的本质丧失了。真正的人和现实的人是对立的,真正的人是自由的,劳动是为自己进行的,劳动就是生活本身;而现实的人是被奴役、被出卖的,其原因就是自己的劳动和生产出的产品并不能为自己所有,而是成为商品用来买卖,人成为商品、动物,却不能成为人。在劳动的过程中,除了出现与工人对立的劳动产品之外,还出现了与工人阶级对立的资本家,人和人之间处于阶级对立的状态。工人一无所有,为维持生计投身工厂之后,便受到资本家的压迫和剥削,工人的劳动及其生产的产品都不能被自身支配。资本家仅仅支付了工人最低的工资,便获得了数不清的利润。工人在劳动过程中失去了自由自觉的乐趣,"人和

---

① 杨晓然:《人的本质观的深化与异化观的转变——对马克思〈1844 年经济学哲学手稿〉的一种考察》,《马克思主义哲学研究》2020 年第 1 期。

人之间发生了异化"①。马克思在《手稿》中虽没有对资本家的异化进行详细阐述,但资本家的异化是资本主义社会发展的必然结果。资本家在成为资本家之前也是人,应该具有作为人的善良和真诚,但是他们成为资本家之后,就只剩下狡诈和贪婪。在资本家眼里,工人没有作为人的地位,只是作为受资本家驱使的机器和动物,在工人的生活中只有劳动,不应该存在其他的、受工人自己支配的时间。这样看来,资本家似乎早于工人被异化。

劳动者与劳动活动相异化意味着劳动不是人真正的内在需要,不是人特有的本质。马克思认为人在劳动中能获得快乐、收获幸福,但是现实中的劳动已经成为外在的压迫人的工具,只能给人带来痛苦和折磨。工人阶级一无所有,只能向资本家出售自己的劳动力,而资本家向工人支付工资。这表面上看起来很公平,但实质上资本家无偿占有了工人的剩余价值。劳动越来越成为工人谋生的手段,而不是人本来就拥有的自由活动。马克思把这条规定与宗教的异化进行对比,在宗教的世界里,人们认为自己做出的行为都会受到神秘力量的影响,当人的活动带来善的结果时,人们会认为这是因为受到神秘力量的引领;当人的行为造成恶的影响后,人们会认为是这股神秘力量带来了恶的种子。不管这种行为正确与否都被归结为外部神秘力量的影响。劳动变成了异己的、人无法控制的力量,劳动的真正受惠者已经不再是工人而是资本家,劳动者失去了人的本质,使自己沦为动物。每个人本可以根据兴趣选择活动,但在资本主义社会,工人的劳动受到压迫和剥削,工人关注的只有生存,生存以外的一切活动都不被工人所欣赏。

《手稿》异化劳动论的四个规定并不是相互隔绝、毫无关联的,而是存在着一定的递进关系。第一条规定是异化的最浅显的表现,也是最容易被工人理解的。工人生产的产品被资本家占有,资本家给工人支付工资。资本家占有了包括自然界的一切生产资料,而工人为了得到本来是自然界馈赠的生活资料必须向资本家出卖劳动力。劳动过程就是交换的过程,劳动过程不受工人支配就意味着劳动产品不受工人支配。工人失去了作为人的地位而成为生产的机器。异化劳动的第四条规定是异化劳动最终演变成人和人的异化,将异化的范围扩大到整个社会。《手稿》的劳动本质论戳穿了资本主义社会浮于表面的公平和自由的假象,将血淋淋的压迫和剥削的真相呈现在世人眼前,这一理论也成为工人觉醒后的思想武器。

马克思认为异化劳动的根源是私有制和分工。私有制发展的历史就是异化劳动的历史。奴隶社会和封建社会虽然也有异化劳动,但其发展程度远没有资

---

① 《马克思恩格斯选集》第1卷,第58页。

本主义社会中异化劳动的发展程度深,因为奴隶社会和封建社会的分工没有资本主义社会的分工复杂细致。社会分工的发展是从简单到复杂的过程,在资本主义社会之前,劳动分工具有简单低级的特点,每个人都是为了部落群体的发展而工作,不会有过多的剩余产品。而到了资本主义社会,生产力的高度发展和大机器的问世使社会分工的不合理程度加深,一部分人拥有剩余产品便开始雇佣劳动,资产阶级和无产阶级之间的对立也由此产生。生产力的进一步提高使得社会分工越来越细致,工人的劳动也越来越片面,从而迫使工人对资本的依赖程度不自觉深化。这种深层次的不合理的社会分工使得劳动越来越异化,而这种异化程度的加深又不断地加快私有制的发展。

既然存在异化劳动,就要寻求办法从根本上解决异化劳动的问题。首先,要改变不合理的社会分工。分工是社会发展的结果,不是所有的分工都需要改变,需要改变的是不合理的社会分工,不合理的社会分工是在资本主义社会的特定历史背景下形成的。随着这种不合理的社会分工程度的加深,资产阶级和无产阶级的对立加深,阶级矛盾也越来越尖锐。我们可以从解决阶级矛盾的角度来改变不合理的社会分工。从根本上消除阶级矛盾,就得要求工人推翻资产阶级的统治,用暴力革命的方式寻求自身的解放。马克思指出,不消除自发的社会分工,异化劳动就会一直存在,这种分工最终会成为社会发展的枷锁。异化劳动造成的工人悲剧是自发社会分工的结果,消灭自发的社会分工就要建立自由自觉的社会分工,自由自觉的分工使人自觉自愿地劳动、不受任何人的支配,由此人的本质就会复归。实现自由自觉的社会分工的前提是生产力的极大解放和物质产品的极大丰富。在这样的社会背景下,人们的自觉意识才会觉醒,人与人之间才会因自由自觉的社会分工产生平等的关系,阶级对立也随之消失。其次,要消灭私有制。早在奴隶社会就已经存在剩余的劳动产品被少数人占有的现象,但在资本主义社会,资本家不仅拥有自己的财产,还将工人的财产据为己有,工人自身也成为资本家的附属物,资本家占据一切。这个阶段的私有财产的积累方式是毫无人性的,所以要消灭私有制和私有财产,使资产阶级失去统治阶级的地位,使工人不再是资本家的所有物、不再受资本家支配,而是按照自己的意愿劳动、重新拥有人的本质。最后,只有共产主义才能扬弃异化劳动。实现共产主义需要经历复杂曲折的过程。马克思对前两个层次——"粗陋"的共产主义、"经济"或"政治"形式的共产主义进行了批判。前者主张将所有私有财产平均分配,后者则主张废除国家。马克思认为虽然这两者都认识到对自我异化的扬弃,但还未达到认识自我异化本质的深度,所以这两者都不是真正的共产主义。资本主义社会不会导致公有制状态的回归,必须依靠革命去改变生产资料私有制,复归生产资料公有制。革命的主导力量则是工人阶级,工人阶级在革命前处于社会最底层,受着资本家的压迫和剥削,生活在水深火热的状态之中。工人的生活也就是资本主义社会绝大多数人的生活,他们的利益追求是相同的。工人阶级为了改变自身的生活就必定会站出来进行反抗,他们的斗争意识是最强烈的,其他阶级无法与之相比。

四、《手稿》的劳动本质论的意义

马克思对历史唯物主义的研究起始于对劳动的探讨。《手稿》虽是对劳动的研究,但其中已经出现了一些历史唯物主义的基本概念,是历史唯物主义创立的基础。历史唯物主义的最基本概念就是生产力与生产关系,虽然在《手稿》中马克思并没有使用这两个概念,但其思想已经萌芽。马克思强烈批判资本主义经济学家对人的轻视。工人只有将劳动力和生产资料相结合才能生产出产品,虽然劳动产品不受劳动者支配,但是也不能忽视劳动者在产品生产中起到的至关重要的作用。没有劳动者的存在,劳动过程和劳动产品也会不复存在。马克思强调了劳动者这一重要因素,认为光有劳动者、没有物质生产资料,劳动过程将无法进行,只有实现生产者和生产资料的统一,才能推进生产力的不断发展。《手稿》中也体现了生产关系的萌芽。在资本主义社会,工人只能获得极小的仅能维持生存需要的一部分产品,工人无法拥有生产资料,生产资料全部由资本家掌握,这很明显体现出资本主义社会生产资料私有制这一生产关系。

《手稿》中提到,劳动作为人最基本的活动,对其他活动的发展变化起到决定性的作用。人在劳动中产生,人类历史就是人进行劳动、改造自然界的历史。马克思从异化劳动中看到了未来社会的发展趋势:资本主义不断发展,劳动的异化程度也在逐渐加深,导致工人受到越来越多的压迫和剥削,工人阶级和资产阶级之间的矛盾也越来越尖锐。工人阶级想要摆脱这种剥削,只能寻求自身的解放。马克思从这一点上看到了未来社会向共产主义发展的趋势,为历史唯物主义的创立打下良好的基础。

《手稿》探寻到和谐劳动关系的基本要点,劳动产品本身应该为劳动者服务,劳动者在劳动过程中要感受到幸福,在劳动过程中,人和人之间总是平等互助的,不存在阶级或阶层之间的压迫。人只有在自由自觉的活动过程中才能使自身变成真正的人,若没有劳动,社会就停滞不前、无法发展,真正的人也将不复存在。只有在雇佣者和被雇佣者之间实现平等,劳动关系才能和谐,整个社会才能在劳动关系和谐的基础上实现整体和谐。马克思明确指出,在资本主义社会,不平等的劳动关系主要体现在强制要求工人进行违背自身意愿的劳动,劳动对工人来说只是血淋淋的剥削和压迫。因此在资本主义社会中实现社会和谐就是天方夜谭。我们必须要强调劳动双方的平等关系，合理分配生产资料和劳动产品，使每个劳动者能根据自愿原则进行社会劳动。[①]

《手稿》在一定程度上推动了生态文明建设，人通过劳动从自然界获得满足自身需要的物质生活资料，并能根据需要改造自然界，从而创造出新事物。但这种改造要遵循客观规律，不能超出规律约束的范围，如果全然不顾客观规律的限制，自然环境就会遭到严重破坏，生态危机也会出现，并且会阻碍社会的进步。在新时代，我们必须要高度重视人与自然的和谐共生。人必须尊重自然、顺应自然、保护自然，在符合自然规律的前提下劳动，为实现社会主义现代化而奋斗。

---

① 李雁楠：《浅析〈1844 年经济学哲学手稿〉中的异化劳动概念》，《生产力研究》2020 年第 5 期。

马克思早期劳动观及其当代启示①

潘 宁,曹洁婷,陆亭君

摘 要: 马克思的早期劳动观是历史唯物主义的重要组成部分,在马克思主义哲学史上占有重要地位。马克思批判地审视了德国古典哲学,特别是批判地吸取了黑格尔关于劳动是人的本质的合理思想,把劳动范畴同人有机地结合起来,第一次鲜明地揭示了劳动和人的内在本质的关系,在批判中揭示出劳动是人的生命活动所特有的方式以及人的类本质是自由自觉的劳动。马克思的早期劳动观启示我们:其一,劳动托起中华民族伟大复兴的"中国梦"。人民是中国梦的主体、是中国梦的创造者和享有者。一方面,人民群众是实现中国梦的物质承担者和决定者;另一方面,人民群众是实现中国梦的实际创造者和推动者。其二,人民是劳动主体,必须充分尊重人民群众的劳动主体地位。为此,必须汲取人民的聪明才智,依靠人民的伟大实践力量。其三,构建和谐劳动关系,保障劳动者拥有更多的闲暇时间。其四,通过制度不断完善和优化劳动环境,发挥劳动对社会历史发展的持续推动作用。

关键词: 马克思;早期劳动观;人的实践;启示意义

马克思的早期劳动观是历史唯物主义的重要组成部分,马克思对劳动观的探讨经历了从早期的唯心主义到费尔巴哈的半截子唯物主义,再到彻底的唯物主义的发展过程。马克思通过审视德国古典哲学,深入地批判了旧哲学对抽象人的崇拜,从整体上对完整意义上的人的本质作了系统规定,并且吸收了黑格尔关于劳动是人的本质的合理思想,把劳动范畴同人有机地结合起来,第一次鲜明地揭示了劳动和人的内在本质的关系,也即劳动是人的生命活动所特有的方式,

① 基金项目:国家社科基金一般项目"人民主体观的当代中国形态研究"(项目编号:15BKS041)的阶段性研究成果。作者通信地址:潘宁,上海对外经贸大学马克思主义学院,上海201620;曹洁婷,上海对外经贸大学马克思主义学院,上海201620;陆亭君,上海对外经贸大学马克思主义学院,上海201620。

人的类本质是自由自觉的劳动。马克思在这一过程中逐步形成和确立了关于现实的人及其历史发展规律的科学,创立了马克思劳动理论。马克思关于人的本质理论的研究对象既不是黑格尔的抽象的"思辨人",也不是费尔巴哈的"抽象的人",而是在特定历史条件下从事实践活动的现实的人。只有从劳动视角考察人的本质,才能从整体上全面深入地理解和把握马克思关于人的本质理论的深刻内涵。

一、黑格尔把劳动看作人的本质,但他的劳动是抽象的精神劳动

黑格尔是"内蕴于西方哲学中的人学思想传统的真正继承者"①。他把人的本质理解为精神、理念或抽象的自我意识,他认为人之所以与动物不同,关键在于人具有思想和理性,在于人能意识到自己,人是一种自我意识的存在。黑格尔主张从绝对精神出发,把人的自我意识和绝对精神的自我意识看作两个不同的范畴。在他看来,人的自我意识只是意识发展的一个阶段,它首先是直接的自我意识,然后过渡到思维的自我意识,最后达到理性。由于人具有意识和自我意识,因此人能够认识必然,从必然走向自由,从而使人成为非对象性的唯灵论的存在物。这就把现实的活生生的人归结为抽象的"自我意识"。在黑格尔看来,人的本质的一切异化都不过是自我意识的异化。"黑格尔把人的自我产生看作一个过程,把对象化看作非对象化,看作外化和这种外化的扬弃;可见,他抓住了劳动的本质,把对象性的人、现实的因而是真正的人理解为他自己的劳动的结果。"②马克思肯定"黑格尔站在现代国民经济学家的立场上。他把劳动看作人的本质,看作人的自我确证的本质"③。同时,马克思也指出黑格尔对劳动的理解具有唯心主义的色彩,其实质在于把劳动仅仅看作是"自我意识的外化"。马克思指出黑格尔"只看到劳动的积极的方面,而没有看到它的消极的方面"④。马克思认为,黑格尔虽然把人的自我产生看作一个过程,把劳动看作人的本质,但他"惟一知道并承认的劳动是抽象的精神的劳动"⑤。

---

① 康渝生:《马克思主义哲学的人学致思理路》,社会科学文献出版社2004年版,第67页。

② 《马克思恩格斯全集》第3卷,人民出版社2002年版,第320页。

③ 《马克思恩格斯全集》第3卷,第320页。

④ 《马克思恩格斯全集》第3卷,第320页。

⑤ 《马克思恩格斯全集》第3卷,第320页。

二、马克思在批判中揭示出劳动是人的生命活动所特有的方式

马克思关于人的本质的理论正是在对资本主义社会中人的存在困境——异化劳动的分析中形成的,马克思在批判中找到了从劳动中寻找社会历史发展动因的路径。马克思明确指出:"有意识的生命活动把人同动物的生命活动直接区别开来。正是由于这一点,人才是类存在物。或者说,正因为人是类存在物,他才是有意识的存在物,就是说,他自己的生活对他来说是对象。仅仅由于这一点,他的活动才是自由的活动。异化劳动把这种关系颠倒过来,以致人正因为是有意识的存在物,才把自己的生命活动,自己的本质变成仅仅维持自己生存的手段。"①此时的马克思已经认识到资本主义制度下的劳动是这种劳动的异化,从而找到了异化劳动理论的出发点。从资本主义社会"工人生产的财富越多,他的生产的影响和规模越大,他就越贫穷"②这样的经济事实出发,马克思认为,异化劳动使人的本质发生了严重扭曲,这种"劳动对工人来说是外在的东西,也就是说,不属于他的本质;因此,他在自己的劳动中不是肯定自己,而是否定自己,不是感到幸福,而是感到不幸,不是自由地发挥自己的体力和智力,而是使自己的肉体受折磨、精神遭摧残"③。同时他还论述了异化劳动的四个规定,包括劳动者同劳动产品的异化、劳动本身的异化、人与自己类本质的异化和人与人之间关系的异化,通过深入分析资本主义条件下工人阶级日益贫困的生活状况,马克思深刻地揭露了资本主义社会的种种异化形式,并提出了人的本质异化的思想。马克思用异化劳动这个概念表示资本主义私有制的反人道性质,指出私有制是异化劳动的根源和结果,它们相互作用,造成了资本主义中人的全面异化。他还把私有财产的扬弃看作人类解放的根本条件,提出共产主义是对私有财产的积极扬弃。

马克思批判地吸取了黑格尔关于劳动是人的本质的合理思想,把劳动范畴同人有机地结合起来,第一次鲜明地揭示出劳动和人的内在本质的关系。他写道:"劳动这种生命活动、这种生产生活本身对人说来不过是满足一种需要即维持肉体生存的需要的一种手段。而生产生活就是类生活。这是产生生命的生活。一个种的整体特性、种的类特性就在于生命活动的性质,而自由的有意识的

---

① 《马克思恩格斯文集》第1卷,人民出版社2009年版,第162页。

② 《马克思恩格斯文集》第1卷,第156页。

③ 《马克思恩格斯文集》第1卷,第159页。

活动恰恰就是人的类特性。"①在马克思看来,人的类本质在于人的生命活动的性质,这一性质体现自由自觉的内涵,而人的全部本质都内蕴在人的劳动之中。马克思清楚地认识到生产劳动使人与动物得以区别开来。所以,马克思说:"正是在改造对象世界的过程中,人才真正地证明自己是类存在物。这种生产是人的能动的类生活。通过这种生产,自然界才表现为他的作品和他的现实。因此,劳动的对象是人的类生活的对象化:人不仅像在意识中那样在精神上使自己二重化,而且能动地、现实地使自己二重化,从而在他所创造的世界中直观自身。"②马克思充分肯定人的类本质是劳动,劳动是有意识的活动,是使人区别于动物的根本特性。

马克思还从人与动物在生产性质上的区别入手论证人的类本质,揭示出劳动是人的生命活动所特有的方式,生产劳动是人和动物的最本质的区别。在马克思看来,作为人的生命活动的物质生产和作为动物的生命活动的生产之间有六个方面的本质区别。其一,人的生产活动实际是创造一个对象世界,改造无机界。动物的生产,如蜜蜂、海狸、蚂蚁等是为自己营造巢穴或住所,它们只生产它自己或它的幼仔所直接需要的东西。其二,人的生产是全面的,而动物的生产是片面的。其三,人甚至不受肉体需要的影响也进行生产,并且只有不受这种需要的影响才进行真正的生产,而动物只是在直接的肉体需要的支配下生产。其四,人再生产整个自然界,而动物只生产自身。其五,人可以自由地面对自己的产品,而动物的产品直接同它的肉体相联系。其六,人懂得按照任何物种的尺度来进行生产,并且按照美的规律来构造,而动物只是按照它所属的那个物种的尺度和需要来建造。人的类本质是自由自觉的劳动这一思想的提出,表明马克思开始扬弃黑格尔的异化观,用现实的劳动实践取代了黑格尔的精神劳动。

同样,恩格斯在《自然辩证法》一书中指出劳动"是整个人类生活的第一个基本条件"③。他深刻地分析和说明了造成人与其他动物本质区别的是劳动。他在书中写道:"人类社会区别于猿群的特征在我们看来又是什么呢?是劳动。"④"劳动创造了人本身。"⑤他指出人类依靠生产"在社会方面把人从其余的动物中提升出来"⑥,并且"使人从动物界上升到人类并构成人的其他一切活动的物质

①　《马克思恩格斯文集》第 1 卷,第 162 页。

②　《马克思恩格斯文集》第 1 卷,第 163 页。

③　《马克思恩格斯文集》第 9 卷,人民出版社 2009 年版,第 550 页。

④　《马克思恩格斯文集》第 9 卷,第 555 页。

⑤　《马克思恩格斯文集》第 9 卷,第 550 页。

⑥　《马克思恩格斯文集》第 9 卷,第 422 页。

基础"①。通过考察,恩格斯认为,"动物仅仅利用外部自然界,简单地通过自身的存在在自然界中引起变化;而人则通过他所作出的改变来使自然界为自己的目的服务,来支配自然界"②。

人的本质是劳动,离开了劳动,人类就不能生存下去。"任何一个民族,如果停止劳动,不用说一年,就是几个星期,也要灭亡,这是每一个小孩都知道的。"③劳动是一切历史的前提和基础。"整个所谓世界历史不外是人通过人的劳动而诞生的过程,是自然界对人说来的生成过程。"④马克思恩格斯正是从物质生产劳动实践出发,形成并发展了历史唯物主义完整学说,正是"在劳动发展史中找到了理解全部社会史的钥匙"⑤。这一观点是马克思批判地继承黑格尔的唯心主义辩证法和费尔巴哈的唯物主义后得出的结论,也是他探究人的本质问题的科学开端,这为进一步确立科学的人的本质理论奠定了基础。

三、几点启示

劳动是一切人类生存的第一个前提,也是一切历史的第一个前提。劳动生产构成了整个现存感性世界的基础。在本质上,社会历史是由现实的人通过劳动创造的,劳动是人的类本质。马克思的早期劳动观在今天对推动中国特色社会主义事业仍然具有重大的启示意义。

一是劳动托起中华民族伟大复兴的"中国梦"。人民是中国梦的主体、是中国梦的创造者和享有者。一方面,人民群众是实现中国梦的物质承担者和决定者。全部社会生活在本质上是实践的,实践是人的本质特征。首先,作为人的感性存在,人民群众成为社会实践得以发生的自然前提、决定性要素和物质承担者。其次,作为社会存在,人民群众决定着社会实践的本质、性质、发展方向和趋势。另一方面,人民群众是实现中国梦的实际创造者和推动者。从本质上讲,实践活动是实践主体即人民群众能动地改造客观世界的物质活动。作为社会实践的主体,人民群众通过自己的实践活动认识客观世界、改造主观世界、推动社会历史向前发展。中国梦的实现必须紧紧依靠人民的普遍认同和共同参与。因此,激发人民群众的自主性和自觉性,充分发挥人民群众的聪明才智和首创精神

---

①　《马克思恩格斯文集》第9卷,第422页。

②　《马克思恩格斯文集》第9卷,第559页。

③　《马克思恩格斯文集》第10卷,人民出版社2009年版,第289页。

④　《马克思恩格斯全集》第3卷,第310页。

⑤　《马克思恩格斯文集》第4卷,人民出版社2009年版,第313页。

对于实现中华民族伟大复兴的中国梦至关重要。

二是尊重人民群众的劳动主体地位。人民是劳动主体。充分尊重人民群众的劳动主体地位,就要汲取人民的聪明才智,依靠人民的伟大实践力量。人民的劳动主体地位以其蕴含的劳动自主性、劳动创造性以及劳动成果享有性等方面实现了对马克思所批判的资本主义异化劳动关系的超越,体现了对人自由而全面发展的价值旨归的基本遵循。尊重人民群众劳动主体地位的思想变革了以资本逻辑为核心的社会理念,展现出人们对一种真正属人的生存发展状态的追求。尊重人民群众劳动主体地位的思想理念以独特的理论视角实现了对马克思劳动批判理论的历史承继与当代发展。劳动是一切历史的第一个前提。只有从劳动人民中获取智慧和力量,才能获得社会历史不断向前发展的推动力。一方面,劳动是实现人民美好生活的必由之路。人类发展的历史就是劳动发展的历史,人通过劳动创造了物质财富和精神财富;人通过劳动创造了赖以生存和发展的基础条件;人亦是通过劳动找到了满足其美好生活向往的现实途径。只有通过辛勤劳动,人民才能实现美好生活。中国特色社会主义的伟大创举是全体劳动者的实践成就,中国特色社会主义取得的成就离不开人民群众的劳动创造。另一方面,中国共产党从成立之日起就矢志不渝为满足人民对美好生活的向往而奋斗,为实现全人类美好生活而接续奋斗。习近平总书记指出,"人民对美好生活的向往,就是我们的奋斗目标"①。而资本逻辑下的劳动仅仅是为了增加财富,这种为外在的目的和功利所胁迫的强制劳动不利于人的发展,因为劳动者只是资本的工具,无法为自己而存在。他们不能自由发挥自身的创造力,亦不能自觉实现美好生活诉求。只有当劳动成为追求人自由而全面发展的重要实现途径时,人们在劳动中才能有积极的情感体验。

三是构建和谐劳动关系,保障劳动者拥有更多的闲暇时间。构建和谐的劳动关系的前提是劳动和劳动者必须获得解放,劳动者获得解放必须实现自由劳动。在社会生产力迅猛发展的今天,劳动者应拥有更多的闲暇时间以满足自身需求,获得自身的发展。"时间实际上是人的积极存在,它不仅是人的生命的尺度,而且是人的发展的空间。"②闲暇劳动是在满足人自身生存需要的同时,实现人的全面发展和自我价值,促使人身心愉悦。在此基础上,应不断提高劳动者工作的积极性和工作效率,从人民的根本利益出发,切实保障劳动者的合法权益,完善用工制度,让更多劳动者共享改革和发展的成果,促进社会主义市场经济持续健康发展。

---

① 《习近平谈治国理政》第1卷,外文出版社2018年版,第3页。
② 《马克思恩格斯全集》第47卷,人民出版社1979年版,第532页。

　　四是以科技创新驱动引领高质量发展,不断催生新产业,为劳动者提供更多更自由的选择平台。在《1844年经济学哲学手稿》中,马克思批判了资本逻辑下的异化劳动所导致的剥削加剧和工人失业增多等问题,并指出资本主义条件下的工人为了满足自身生存需要而从事违背自身意愿的劳动,他们在劳动过程中根本体会不到劳动本身带给人的乐趣、幸福感和精神上的愉悦。而在社会主义条件下,广大劳动者成了有尊严、有自我选择的自由劳动者。劳动不仅成为人满足自己生存发展需要的手段,而且通过劳动,人能够确证自我存在的价值,展示人的本质力量。劳动不仅成为劳动者的谋生手段,更重要的是使劳动者在劳动中获得成就感和充实感。我国是人口大国,劳动者的就业形势严峻。科学技术发展带来的产业链更新速度不及人口的繁殖速度,因此,以科技创新驱动引领高质量发展,不断促进产业链的更新发展是当今社会发展的趋势。以习近平同志为核心的党中央做出世界处于百年未有之大变局的科学判断,提出只有不断地改革创新,以创新为驱动,以科技为支撑,才能抓住发展战略机遇,不断彰显社会主义制度的优越性。十八大以来,党和政府推行了一系列惠民的相关政策和措施,为劳动者提供更多更公平的劳动选择方向和机会,使劳动者能够结合自身的能力和特点,在自由自主的劳动中肯定自我、实现自我发展。

　　五是完善我国劳动收入的分配制度,增强劳动者劳动的获得感。在资本主义条件下,工人同自己的劳动产品的关系就是同一个异己的对象的关系。工人创造的财富越多,他的生活就越难维持。劳动为富人生产了奇迹般的东西,但是为工人生产了赤贫;劳动创造了美,但是使工人变成畸形,使人在劳动过程中丢失了自己而不是找寻到真我的存在。在社会主义条件下,在劳动者的收入分配和生活保障的制度方面,党和政府非常注重劳动者的公平权利,为劳动者提供了更公平的就业机会,帮助他们实现体面劳动以及增加劳动报酬的合理诉求。

　　六是增强劳动者劳动的获得感,应不断完善劳动收入的分配结构,促进居民收入持续增长,实现基本公共服务均等化。历史表明,城市差异和地区差异往往和行业收入差距相伴而行。我国是农业大国,优先发展农业必须有计划、有步骤地推进。为此,党和政府花大力气推进乡村振兴,大力调节增长不均衡的状况。党和政府在贫困乡村的基础设施方面加大投入,帮助农民形成自己的特色农业产业,不遗余力让农民富起来。农民富起来了,经济内循环活起来了,整个社会的均衡发展才能实现。为满足人民日益增长的美好生活需要,中央实施积极的调控措施来缩小城乡差距与地区差距,让"居民收入增长和经济增长基本同步",扩大财富增长的分配比例。劳动收入的提高,分配结构的日益完善,充分凸显了社会主义制度的公平正义原则,有利于劳动者的劳动获得感的增强。而劳动者的劳动获得感的增强有效地促进了劳动幸福感,同时也极大地增强了劳动者对于劳动创造幸福的内生动力和自觉意识。

七是优化劳动环境,夯实满足人民美好生活需要的现实基础。一方面,相关部门应不断完善相关法律法规,为维护劳动者合法权益营造公平正义的社会环境。现代社会中最基本的关系之一就是劳动关系,劳动者权益的维护需要法律法规保驾护航。习近平总书记指出,"完善制度,排除阻碍劳动者参与发展、分享发展成果的障碍"①。我们虽然在全面建设社会主义法治国家方面取得很大成效,但是在公民法治意识和法律知识提升方面还比较欠缺,特别是弱势群体的劳动者,他们的法治意识还有待加强。有必要完善法律法规,营造良好的社会环境,因为社会环境影响着人民群众对于劳动的体验。另一方面,应稳步推进人与自然和谐共生的社会主义现代化建设,为保护劳动者的身心健康营造舒适宜居的生态环境。习近平指出,"环境就是民生,青山就是美丽,蓝天也是幸福"②。十八大以来,人民群众对干净美丽的生活环境的向往日益强烈,因此我们党将生态文明建设提高到了"五位一体"国家建设总体布局的战略高度。良好的生态环境不仅能直接给劳动者提供良好的劳动环境,而且还影响到劳动者的身心健康,干净舒适的生活环境是劳动者实现幸福劳动的重要保障。习近平总书记以敏锐的视角深刻分析了生态环境与生产力的关系,他指出:"改善生态环境就是发展生产力。良好生态本身蕴含着无穷的经济价值,能够源源不断创造综合效益,实现经济社会可持续发展。"③自然界给我们提供的资源是我们通过劳动认识和改造世界的必要条件,人不能脱离自然而进行生产生活。我们在发展过程中逐渐意识到生态环境对于人类生存发展的重要性,并采取一系列措施协调人与自然的关系,然而许多关于生态环境的棘手问题仍然难以得到及时有效的解决。因此,新时代和谐劳动关系的构建,必须注重劳动环境的优化,发挥劳动对社会历史发展的持续推动作用。

由上观之,马克思早期劳动观对于实现中华民族伟大复兴的中国梦仍然具有重要的启示意义。习近平总书记反复强调劳动创造幸福,这就要求我们从人的主体性角度,创造一切条件维护劳动者受尊重的权利,促进劳动者自我价值的实现。

---

① 习近平:《在庆祝"五一"国际劳动节暨表彰全国劳动模范和先进工作者大会上的讲话》,人民出版社 2015 年版,第 8 页。

② 中共中央文献研究室编:《习近平关于社会主义生态文明建设论述摘编》,中央文献出版社 2017 年版,第 8 页。

③ 习近平:《共谋绿色生活共建美丽家园——在 2019 年中国北京世界园艺博览会开幕式上的讲话》,《人民日报》2019 年 4 月 29 日第 2 版。

与时俱进谈"矛盾同一性"①

卢良梅

摘　要： 辩证唯物论是中国共产党的世界观和方法论。矛盾同一性是其重要内容，它与矛盾斗争性一样，也是绝对的、无条件的，矛盾必须具有同一性和斗争性两种属性，二者缺一不可，否则就不叫矛盾。矛盾发展有两个阶段：存在阶段和解决阶段。矛盾同一性也有两个阶段：存在阶段和解决阶段。在矛盾同一性的存在阶段，矛盾的同一性表现形态（或存在形态）就是"事物发展过程中的每一种矛盾的两个方面，各以和它对立着的方面为自己存在的前提，双方共处于一个统一体中"。在矛盾同一性的解决阶段，矛盾的同一性有三种表现形态（或存在形态）：矛盾双方的共同点、矛盾双方的互相依存和互相合作、矛盾双方的互相转化。矛盾同一性在事物发展中的作用：首先，为事物发展提供一个稳定的环境；其次，是事物发展的目标导向；再次，为矛盾解决提供可能；最后，有效制约矛盾斗争性。我们强调矛盾同一性的作用，不是要走向另一个极端，否定斗争性的作用，而是为了批判否定矛盾同一性作用的错误观点，把矛盾同一性和斗争性结合起来，以使矛盾双方又统一又斗争，更好地推动事物发展。

关键词： 辩证唯物论；矛盾；同一性；事物发展

辩证唯物论是中国共产党的世界观和方法论。矛盾同一性是它的重要内容。我们党以这个世界观、方法论为指导去观察世界，分析形势，制定方针、政策，领导中国人民进行革命、建设和改革开放，取得了一个又一个的胜利。实践的成功反过来又丰富了理论，并要求我们理论联系实际，与时俱进研究"矛盾同一性"的若干问题。

---

① 作者通信地址：卢良梅，上海师范大学哲学与法政学院，上海 200234。

一、矛盾同一性的内容

矛盾规律是唯物辩证法的实质和核心,它有两个基本属性:斗争性和同一性。斗争性是指对立双方互相排斥,而同一性是指互相排斥的双方又互相联系。毛泽东同志在《矛盾论》中解释同一性时指出,"同一性、统一性、一致性、互相渗透、互相贯通、互相依赖(或依存)、互相联结或互相合作,这些不同的名词都是一个意思"①,这就是作为矛盾基本属性的同一性,正因为它是矛盾的基本属性,所以也可以把它和斗争性的结合,表述为矛盾的对立统一规律。

矛盾同一性的内容除了上面所说的作为矛盾基本属性的同一性之外,还有这种基本属性的表现形态(或存在形态)。笔者认为,矛盾发展有两个阶段:存在阶段和解决阶段。所以矛盾同一性也有两个阶段:存在阶段和解决阶段。在矛盾同一性的存在阶段,矛盾同一性的表现形态(或存在形态)就是"事物发展过程中的每一种矛盾的两个方面,各以和它对立着的方面为自己存在的前提,双方共处于一个统一体中"②。在矛盾同一性的解决阶段,矛盾的同一性有三种表现形态(或存在形态):矛盾双方的共同点、矛盾双方的互相依存和互相合作、矛盾双方的互相转化。

在矛盾同一性的解决阶段,矛盾同一性的第一种表现形态(或存在形态)是"矛盾双方的共同点"。笔者认为,毛泽东同志在《矛盾论》中所说的矛盾双方的"同一性、统一性、一致性",也就是"矛盾双方的共同点"。例如,在商业交易中,买卖双方就商品价格取得"同一性、统一性、一致性",在经济活动中,签约双方就他们所讨论的协议、合同、条约达到"同一性、统一性、一致性",这就是矛盾双方的共同点,这时,买卖双方的矛盾也就解决了。前些年,有些单位和社区搞凝聚力工程,"求最大公约数""画最大的同心圆"。其实,"最大公约数""画最大的同心圆"就是群众"共识"。有了"共识",就凝聚了人心、团结了群众,所谓"凝聚力工程"实际上就是"同一性工程"。

在矛盾同一性的解决阶段,矛盾同一性的第二种表现形态(或存在形态)是"矛盾双方的互相依存和互相合作"。例如,供给与需求是一对矛盾,它们之间的互相依存和互相合作有一定的比例关系。如果一方发展过快,双方比例失调,就会影响经济社会发展。前一时期的供给侧改革、去库存、去多余产能,就是因为供给一方发展过快,需求一方跟不上。

---

① 《毛泽东选集》第 1 卷,人民出版社 1991 年版,第 327 页。

② 《毛泽东选集》第 1 卷,第 327 页。

在矛盾同一性的解决阶段,矛盾同一性的第三种表现形态(或存在形态)是"矛盾双方的相互转化"。毛泽东同志在《矛盾论》中指出:"矛盾着的东西这一个变到那一个,其间包含了一定的同一性。"[①]

这么说来,矛盾同一性的内容,不仅有作为矛盾基本属性的对立双方的互相联系,而且还包含它的表现形态(或存在形态)。那么,两者之间又是什么关系?两者之间是"一般"与"个别"的关系。作为矛盾基本属性的同一性是"一般",而它的表现形态(或存在形态)就是"个别"。列宁同志对"一般"与"个别"的关系有过这样的论述:"对立面(个别跟一般相对立)是同一的:个别一定与一般相联而存在。一般只能在个别中存在,只能通过个别而存在。任何个别(不论怎样)都是一般。任何一般都是个别的(一部分,或一方面,或本质)。任何一般只是大致地包括一切个别事物。"[②]这段话告诉我们:(1)"一般"与"个别"是联系的。"一般"存在于"个别"之中,并通过"个别"表现出来,在看得见"个别"之处,并没有独立的"一般",所以"个别"就是"一般"。以"水果"这个一般为例,它在看得见的香蕉、橘子、苹果等这些"个别"水果中存在,并通过这些"个别"表现出来。在看得见的这些"个别"水果之外,没有独立存在的"一般"水果。从这个角度来看,"个别"就是"一般",香蕉、橘子、苹果等虽各不相同,但它们都是水果。(2)"一般"与"个别"也有区别。如列宁所说,"任何一般都是个别的(一部分,一方面,或本质)。任何一般只是大致地包括一切个别事物"[③]。水果作为"一般",只是个别水果的一方面,一部分(它的相同部分),至于它们的不同部分(如颜色、形状等)是不进入水果"一般"的。

同样道理,对立双方的相互联系(矛盾基本属性的同一性)作为"一般",存在于"矛盾双方互相联系共处一个统一体""矛盾双方的共同点""矛盾双方互相依存和互相合作""矛盾互相转化"等各个形态之中,并通过它们表现出来。在这些表现之外,不会有独立的矛盾双方互相联系的"一般"存在,从这个角度来看,"个别"就是"一般"。"矛盾双方互相联系共处一个统一体""矛盾双方共同点""矛盾双方互相转化"等各种形态都是矛盾同一性。当然,"个别"与"一般"之间也有差别,"一般"只是"个别"之间的相同部分,"个别"之间还有不同的部分。

以前,我们没有对矛盾同一性的内容做这样的界定。有些文章认为矛盾双方转化不是矛盾同一性。其中一个理由是,同一性和转化在矛盾运动过程中出现的时间先后不同。同一性作为矛盾的一个根本属性,是从矛盾产生时就具有

---

① 《毛泽东选集》第1卷,第329页。

② 《列宁选集》第1卷,人民出版社2012年版,第363页。

③ 《列宁选集》第1卷,第363页。

的,有矛盾就有同一性,转化却不是矛盾的属性,而是矛盾运动的结果,是矛盾双方又统一又斗争发展到最后方才产生的结果。这种看法是不正确的。作为矛盾基本属性的同一性是"一般","转化"作为同一性的表现形态(或存在形态)是"个别"。"一般"与"个别"有相同和不同两方面的关系。相同方面是"任何个别都是一般",不同方面是"任何一般都是个别的(一方面,一部分,或本质)"。上述看法只讲不同的一面,不讲相同的一面,而且用不同的一面去否定相同的一面,这就在同一性问题上割裂了"一般"与"个别"的辩证关系。

以前,我们讲在矛盾同一性的解决阶段,矛盾同一性的表现形态(或存在形态)时,只讲"转化",不讲"矛盾双方的共同点""矛盾双方比例",虽然"转化"概念比较宽泛,不但包括阶段地位变化,还包括困难与顺利、主动与被动、祸与福等互相转化,但我们讲的主要是阶段地位转化。正如毛泽东同志在《矛盾论》中所说:"共产党人的任务就在于揭露反动派和形而上学的错误思想,宣传事物的本来的辩证法,促成事物转化,达到革命目的。"①因为以前是革命和战争时期,现如今,我们处在和平与发展时期,在日常生活中,大量存在"矛盾双方共同点""矛盾双方比例"等矛盾同一性的表现形态(或存在形态)。所以,除了讲"转化",还需要讲"共识""比例"等矛盾同一性的表现形态(或存在形态)。

二、矛盾同一性的性质

矛盾同一性的性质,通常是说,矛盾同一性是相对的,还是绝对的。以前的解释是,同一性是相对的,斗争性是绝对的。相对的、绝对的又是什么意思呢?相对的是指有条件的,绝对的是指无条件的。也就是说,斗争性是普遍的无条件的存在,同一性只有具备一定条件才能存在。如果一定条件不具备,同一性就不能存在。

首先,这种解释在理论上前后不一致。前面,我们说同一性和斗争性是矛盾的两种基本属性,缺任何一种属性,就没有矛盾。现在,我们不妨说,同一性的存在因条件而异,具备一定条件,同一性就存在,不具备一定条件,同一性可能就不存在。这样一来,岂不是会出现只有斗争性,没有同一性的矛盾吗?

前面,我们说矛盾普遍性是指矛盾无时不在,无处不在,并且将这种普遍性归之为矛盾的共性、绝对性。当我们这样说时,就已经将作为矛盾基本属性的同一性也看作是普遍的、绝对的、无条件的,怎么现在又说它是相对的呢?

其次,这种解释会在实践中产生不良后果。"同一性是相对的、有条件的,斗

---

① 《毛泽东选集》第1卷,第318页。

争是绝对的、无条件的",很容易被误解为斗争性高于同一性,或斗争性比同一性重要。在实践中重视斗争,即使斗错了,也只是方法问题,立场还是坚定的,反之,如果讲同一性,将对立面的"共识",对立面的"协调",往往看作"矛盾调和论""阶级斗争熄灭论"。无论怎样,都是个立场问题。

要解决矛盾同一性究竟是相对的,还是绝对的,应该像我们在第一部分中所说,将矛盾同一性的内容分两个方面:对立双方互相联系作为矛盾的基本属性,它与矛盾斗争性一样,是绝对的、无条件的,矛盾必须具有同一性和斗争性两种属性,二者缺一不可,否则就不叫矛盾。作为同一性的不同形态,不管哪种形态都是相对的、有条件的。

三、同一性在事物发展中的作用

过去有一种观点:斗争性是事物发展的动力,而同一性只为事物发展提供条件。"斗争哲学"的鼓吹者便是宣扬"斗争就是一切""不斗则退",甚至把同一性说成是"矛盾调和论"。这种观点是错误的。斗争性和同一性相结合才是事物发展的动力。毛泽东同志指出:"矛盾着的对立面又统一又斗争,由此推动事物的运动和变化。"[①]这个运动和发展经历了矛盾双方互相联系共处于统一体中—统一体破裂—新的统一体重新建立的全过程(旧统一体破裂,或新统一体重建,意味着事物的质变)。或者经历平衡—不平衡—新的平衡过程(这是统一体中某一对矛盾的发展过程)。我们将从矛盾的产生、发展和解决的全过程,来分析矛盾同一性对事物发展的作用。

(一)矛盾同一性为事物发展提供一个稳定的环境

事物要发展,社会要进步,人们就需要开展政治、经济、文化教育等各种活动。为了使这些活动能够顺利开展,就要有一个稳定的社会环境。如果社会不稳定,天天游行示威,工业和农业的生产、学校的教育、研究单位的科学研究等活动就都不能正常进行,哪来的经济发展和社会进步。邓小平同志说:"我们搞四化,搞改革开放,关键是社会稳定。"[②]为了在改革开放过程中保持社会稳定,党和政府在制定方针政策时,采取循序渐进的方法,使改革的力度不超过群众的可接受度。这样做,既改革了阻碍社会发展的陈规陋习,推动了社会发展,又保持了社会的稳定。世界各国在谈论中国的快速发展时,都谈到中国始终保持社会稳定,是快速发展的原因之一。

---

① 《毛泽东文集》第 7 卷,人民出版社 1999 年版,第 213 页。

② 《邓小平文选》第 3 卷,人民出版社 1993 年版,第 286 页。

我们都知道,当矛盾双方互相斗争、互相联系共处统一体时,事物所呈现的就是相对静止、相对平衡的状态。所以说,矛盾同一性为事物发展提供了一个稳定的环境。

(二)主要矛盾双方新的统一(或统一体)是事物发展的目标导向

矛盾双方在统一体中又联系又斗争,打破了矛盾双方原有的平衡,使事物不能协调发展。人们自然要求建立矛盾双方新的平衡,这个新的平衡既是矛盾双方新的统一,也是人们下一步活动的目标导向。

毛泽东同志曾对消费和积累这对矛盾做过这样的描述:"我国每年作一次经济计划,安排消费和积累的适当比例,求得生产和需要之间的平衡。所谓平衡,就是矛盾的暂时的相对的统一。过了一年,就整个说来,这种平衡就被矛盾的斗争所打破了,这种统一就变化了,平衡成为不平衡,统一成为不统一,又需要作第二年的平衡和统一。"①这里,对消费和积累作"第二年的平衡和统一"就是人们活动的目标导向。

还有一类情况,不是使一对矛盾的双方平衡,而是使主要矛盾的主要方面发生变化,根本打破旧的矛盾统一体,建立新的矛盾统一体。例如,在半殖民地半封建的旧中国,人民大众与帝国主义、封建主义、官僚主义之间的矛盾是主要矛盾,帝国主义、封建主义、官僚主义是矛盾的主要方面,人民大众受它们的剥削和压迫。而中国新民主主义革命所要建立的新的矛盾统一体,就是人民当家作主的新中国。

不管是建立矛盾双方新的平衡,还是建立新的矛盾统一体,都是人们活动的目标导向,它必将转化为党的一系列方针政策和人民群众的不懈努力。大家都记得,在解放战争时期,土改后获得翻身的农民为了保卫土改的胜利果实(新的统一体),纷纷参加人民解放军。为了打倒以蒋介石为首的国民党反动派政府,解放全中国,山东解放区百万翻身农民推着小车支援淮海战役前线,陈毅元帅形象地说,中国革命胜利是山东农民用小推车推出来的。从这里可以看出,矛盾同一性对事物发展的重大目标导向作用。

我国提出的建构人类命运共同体的理念,也是矛盾双方的新统一"目标导向"的生动体现。近年来,人类受到疫情、气候等各种各样全球性问题的困扰,也面临前所未有的生存挑战,但是,一些国家却在搞单边主义、民粹主义和强权政治,从而使人类不能团结起来,应对挑战。2015年,习近平主席在第70届联大演讲中提出建构人类命运共同体理念,这个理念的核心内容是:坚持多边主义,反对单边主义;坚持合作共赢,反对相互对抗;坚持公平正义,反对强权政治。这

---

① 《毛泽东文集》第7卷,第215—216页。

个理念一提出,就深受国际社会欢迎,并于2017年2月10日被写入"联合国决议"。"建构人类命运共同体"这个目标导向必将使人类团结起来,应对挑战,走出当前困局,走向美好未来。

(三)矛盾同一性为矛盾解决提供可能

"矛盾双方的共同点""矛盾双方的比例""矛盾双方地位的转化"都是矛盾解决阶段同一性的不同表现形态(或存在形态),矛盾同一性就寓于这些表现形态(或存在形态)之中,正是这个矛盾同一性,才给解决矛盾提供可能。

1."矛盾双方的共同点",这是以矛盾同一性来解决矛盾的第一种形式

例如,在商业活动中,买卖双方,一个要买,一个要卖,他们相向而行,互相讨价还价,进行博弈。一旦就商品价格达成"共识",买卖成交,矛盾立即解决。矛盾双方的"共识"对矛盾解决是十分重要的。中国有一句俗语:"一个和尚挑水喝,两个和尚抬水喝,三个和尚没水喝。"一个和尚只能挑水,无所谓"共识"。两个和尚有"挑水"和"抬水"两种选择,"抬水"比"挑水"省力,两个和尚容易获得"共识"。三个和尚既可挑水,又可抬水,而且哪个挑水,哪两个抬水,也是一种选择。按照数学的排列组合,有六种可能性。三个和尚不太容易在这些可能性中达成"共识"。结果,你不挑,我们也不抬,大家连水都没得喝。

矛盾双方要达到"共识",应当用协商而不是对抗或施压的方法。为使协商成功,人们应具有真诚的态度、"换位思考"的思维方法和善于妥协的灵活精神。

首先,真诚的态度。愿意通过谈判协商解决问题,以真心换真心,才能做到心心相印。

其次,"换位思考"的思维方法。如果只在自己的位置上思考,往往不能充分理解对方的情况,不太容易接受对方的观点。如果把自己换到对方的位置,"设身处地""将心比心",就容易理解对方的观点,从而使两种观点"趋同",而达成"共识"。

最后,善于妥协的灵活精神。"妥协"一词,过去曾被误解为"屈服""投降"。但其真实意思是:折中、让步、互让。例如,在买卖中,卖方说:"这是'一口价',你不买,拉倒!"而买方也不肯退让,双方"顶牛",这样交易活动就无法进行下去。如果卖方提一个价,买方还他一个价,双方讨价还价,最终达成一个中间价,这就是矛盾双方的"共同点",也是矛盾双方妥协退让的结果。这就是人们常说的"退一步,海阔天空"。民间传说的"六尺巷"就是这方面的佳话。故事说乾隆年间,安徽桐城有位吴姓富商,为了造一个花园,占了隔壁张家三尺地,张家老爷张英在朝为相,他的家人写文告之此事,张英回了一文:"千里修书只为墙,让他三尺又何妨。长城万里今犹在,不见当年秦始皇。"张英的谦让引来吴家的让步。这样,既和谐地解决了矛盾,又留下了"六尺巷"的佳话。可见,妥协是通过矛盾双

方互相让步,使矛盾得到解决的一个方法。

无产阶级革命家都主张,为了革命成功的目的,应积极实行一定让步的策略。例如,列宁为了保存新生的苏维埃政权而暂时妥协签订了《布列斯特和约》(1918 年)。毛泽东同志了建立抗日民族统一战线,同意把工农红军改编为国民革命军。邓小平同志为了实现祖国早日和平统一,提出在"一个中国"原则基础上,保存台湾现行制度,以"一国两制"的办法解决大陆与台湾的矛盾。邓小平同志说:"'一国两制'的方式,你不吃掉我,我不吃掉你,这不很好吗?"①也就是说,海峡两岸在以后发展过程中,在"一个中国"原则基础上,加强沟通,以诚意化解分歧,以智慧凝聚共识,克服前进道路上的困难,推进社会发展。这是理论上的创新,也是国家和平统一的最好方法。

2."矛盾双方的比例",这是以矛盾同一性来解决矛盾的第二种形式

许多矛盾的矛盾双方,例如工业和农业、重工业和轻工业、消费和积累等矛盾双方都有一定的比例关系,在发展过程中,可能会比例失调,需及时调整。过去,因工业产能过剩,要进行供给侧改革,去多余产能,去库存。2020 年由于受到疫情影响,消费支出持续疲软。国家统计局公布的数据显示,我国消费品零售总额在 2020 年前 11 个月同比下降 48%,相比之下,工业增加值、固定资产投资和出口,同比都是增加的。所以,党和国家决定,现在"要扭转供给侧结构性改革,同时注重需求侧改革,打通堵点,补齐短板,贯通生产、分配、流通、消费各环节,形成需求牵引供给、供给创造需求的更高水平的动态平衡"。

3."矛盾双方地位的转化",这是以矛盾同一性来解决矛盾的第三种形式

根据《矛盾论》的说明,矛盾转化是指"事物内部矛盾着的两方面,因为一定的条件而各向着和自己相反的方面转化了去,向着它的对立方面所处的地位转化了去"②。原来是矛盾主要方面变为矛盾次要方面,原来是矛盾次要方面转化成矛盾主要方面,转化完成,矛盾解决。但是,也有一对矛盾双方的转化。例如,在农村脱贫致富过程中,人们保护生态环境,使山常青,水常绿,依托良好的生态环境,发展各种绿色产业和乡村旅游业,绿水青山就是金山银山,优美的生态环境转化为丰厚的社会资源,使人们走上奔小康的路,初步解决了贫与富的矛盾。

要使矛盾双方转化,需要一定条件。特别是主要矛盾的主要方面的转化,需要矛盾双方力量对比的变化,斗争性使矛盾双方力量此消彼长,从而改变矛盾的地位。以解放战争为例,解放战争一开始,即 1946 年 7 月,国民党反动派统领下的军队人数有 430 万,而共产党领导下的人民解放军人数却只有 120 万。以蒋

---

① 《邓小平文选》第 3 卷,第 86 页。

② 《毛泽东选集》第 1 卷,第 328 页。

介石为首的国民党反动派狂言三至六个月结束战争。但战争进行不到两年,即到了1948年6月,国民党反动派统领下的军队人数就由原来的430万锐减为290万,而共产党领导下的人民解放军人数由120万猛增至300余万,力量对比完全有利于我党我军。再经过一年左右时间,共产党领导下的人民军队就打倒了国民党反动政府,建立了新中国。

如果说,通过斗争可以消灭敌人,壮大自己,那么,运用矛盾同一性,也同样可以壮大自己。例如,在抗日战争时期,日本帝国主义入侵我国,中日两国的民族矛盾上升为主要矛盾,我们党及时调整方针、政策,以阶级矛盾服从民族矛盾,结成了抗日民族统一战线,改变了中日力量对比,把日本帝国主义侵略者赶出了中国。在人与自然的矛盾中,人们应用同一性,调整人与人的关系,增加改造自然和发展生产的力量。人们常说:"人心齐,泰山移""三兄四弟,门前黄土变成黄金""家和万事兴"。这一切都说明矛盾同一性也是改变事物和壮大自身的正能量。

(四)矛盾同一性制约矛盾斗争性

在整个矛盾发展过程中,矛盾同一性和斗争性是互相制约的,同一性往往制约斗争的目标和方法。例如,在抗日战争时期,同一性对斗争性的制约是:对国民党顽固派的斗争应该是"有理、有利、有节",以达到"发展进步势力、争取中间势力、孤立顽固势力"的目的,使事局向好的方面发展。在革命队伍内部,对错误思想的批评,同一性也制约斗争性的目标和方法,这就是:"惩前毖后""治病救人"。对以前的错误,应当不讲情面地揭发,但要以科学的态度加以分析,使以后的工作做得好一点。

在执法方面也有一个矛盾同一性与斗争性相结合的问题。例如,上海某派出所辖区内有群租房问题,派出所人员在执法时,房东以没有运输工具、不能将拆下的东西运走为借口,多次拖延。于是,派出所人员帮房东联系到车辆,拆了群租房,他们把这种执法称为"柔性执法","柔性执法"不是降低"执法力度",而是增加"执法温度",使执法过程更富有人情味,使法律更快更好地落到实处。

由上可见,矛盾同一性对推动事物发展是有重大作用的。我们强调矛盾同一性的作用,不是要走向另一个极端,否定斗争性的作用,而是为了批判否定矛盾同一性作用的错误观点,把矛盾同一性和斗争性结合起来,以使矛盾双方又统一又斗争,更好地推动事物发展。

威廉·莫里斯社会主义乌托邦建构的多重维度

——基于《乌有乡消息》的分析[①]

岑朝阳

摘　要： 威廉·莫里斯所著的《乌有乡消息》是一部具有革命性与前瞻性的乌托邦式文学作品。莫里斯运用他的想象,坚持将自我的社会主义社会建构主张与自然美学取向联系起来并在乌有乡中贯彻实施,形成一个奇妙的有机共同体。在这一共同体中,如果说生态社会主义的自然美学是其核心设计理念的话,那么"劳动"就是贯穿始终的线索。其中,乌有乡建构的国家维度展示了资产阶级国家机器被推翻后上层建筑的重构过程;经济维度揭示了资本主义固有矛盾在乌有乡的纾解路径;人的维度阐释了社会意识在经济、政治等社会存在的基础上是如何深入变化的;生态维度则对乌有乡建构的美学旨趣进行剖析,以求为新时代中国特色社会主义社会建设、社会主义现代化强国建设提供具有复归性的启发意义。

关键词： 莫里斯;社会主义;乌托邦;乌有乡消息

威廉·莫里斯(William Morris)于 1834 年出生于英国沃尔瑟姆斯托,他因精通设计,引发了著名的工艺美术运动,因此被誉为"19 世纪最伟大的设计师之一"。同时,他也是一位诗人和画家,不仅如此,当时的社会现实使得他成长为一名早期的社会主义者。莫里斯所处的时代恰好是英国工业革命的高峰时期,他虽然为英国作为"世界工厂"并于 1851 年举办第一届世界博览会感到自豪,但也为工业革命带来的弊端感到深深的担忧。莫里斯的担忧主要体现在以下几个方面:第一,过于细密的分工使得劳动人民尤其是工人的生活碎片化、思想机械化,"优秀的手工艺传统被遗弃,艺术品人为拼凑的痕迹明显"[②];第二,难以计数的

[①]　作者通信地址:岑朝阳,浙江理工大学马克思主义学院,浙江 杭州 310018。

[②]　胡义清:《论威廉·莫里斯的生态美学思想——以〈乌有乡消息〉为例》,《湖州师范学院学报》2011 年第 6 期,第 11 页。

自然资源遭到浪费,生态环境遭受到极大的破坏。19 世纪 70 年代,一艘载有乘客的船只在泰晤士河沉没,死亡六百余人,其中许多人并非溺水死亡,而是因为喝进了被污染的河水。①

自 1516 年托马斯·莫尔(Sir Thomas More)的同名小说《乌托邦》问世以来,乌托邦(Utopia)概念被广泛用于批判资本主义社会现实并构筑理想生活画面。许多思想家、文学家及社会主义者都善于撰写自己的乌托邦式作品,展现自己对理想社会的要求,并以此作为思想武器,莫里斯的《乌有乡消息》也概莫能外。在对极致工艺术进行不懈追求的过程中,莫里斯目睹了两次工业革命爆发对社会制度、生态环境、人口结构等方面造成的巨大冲击,其主要代表作——《乌有乡消息》以小说形式描述社会主义发展的未来样貌,给予读者沉浸式的阅读体验,使我们得以一窥其生态社会主义思想。莫里斯是如何构建他笔下的乌有乡社会的? 想必读者在展卷阅读《乌有乡消息》之前会提出这一问题。弄清这一问题,对于读者了解并分析莫里斯撰写本书的因由、叙述思路与笔调变化,继而深入研究莫里斯的生态社会主义思想大有裨益。以下,笔者谨就管见所及,先简要介绍《乌有乡消息》的故事背景与叙述模式,然后在其基础上从国家、经济、个人、生态四个维度对莫里斯的生态社会主义思想进行一番探讨。

《乌有乡消息》的主人公是一位原名为汉默·史密斯(Hammer Smith)的 19 世纪社会活动家,他在参加完集会并回酒店休息后于梦中"穿越"到近百年后的英国,为方便行动便自己取名威廉·盖斯特(William Guest)。全书以第一人称叙事,以"我"的视角讲述游览已经进入高度成熟的社会主义社会——乌有乡的经历,以及游历泰晤士河、与迪克等人相处、与睿智的百岁老人哈蒙德长谈等过程中的所见所闻。

一、国家维度:上层建筑的重构

有学者指出,莫里斯反对以贝拉米为代表的国家社会主义(state Socialism),拒绝陷入冰冷的国家机器的泥沼,他是英国少有的"马克思主义者"②。莫里斯认同马克思在《路易·波拿巴的雾月十八日》中所认为的:"在不同的占有形式上,在社会生存条件上,耸立着由各种不同的、表现独特的情感、幻想、思想方式和人生观构成的整个上层建筑。整个阶级在它的物质条件和相应

---

① 李宏图:《英国工业革命时期的环境污染和治理》,《探索与争鸣》2009 年第 2 期。

② 麦静虹:《阿尔卡迪亚式的乌托邦图景——读威廉·莫里斯的〈乌有乡消息〉》,《美术馆》2010 年第 1 期,第 320 页。

的社会关系的基础上创造和构成这一切。"①我们应当注意的是,与马克思、恩格斯的反乌托邦倾向有所不同,莫里斯对欧文、傅立叶等人的"空想社会主义"充满了热情。在莫里斯笔下的乌有乡,人们经过激烈的革命斗争之后,推翻了旧有的资本主义国家机器,为建立全新的社会主义社会创造了条件,并在持续的发展中对国家上层建筑进行富有意识形态特点与历史发展特色的重构。

首先,"绝大多数人找不到正当发言权"②的资产阶级议会被解散。莫里斯在文中批判了议会议员代表小部分人的利益而操纵国家机器,以至于"议会一方面是一种保护上层阶级利益的看守委员会,另一方面是一种欺骗人民的幌子,使人们相信他们也参与处理他们自己的事务"③,与此同时"过去议会所大力支持的另一种腐败的东西却只会产生贫困和饥荒"④,原本的议会大厦甚至已经被改造成了储存农耕肥料的所谓"粪便市场"。正如哈蒙德所说,乌有乡的人们建立了新的民主体制——"我们的议会就是全体人民"⑤,在乌有乡,正式的决议必须经过绝大多数人同意之后才可以施行,少数人也具有向多数人解释、争取获得理解与支持的权利。值得注意的是,莫里斯本人崇尚小型的政治共同体,故以上过程都必须在固定的小型行政单元中以人民当面讨论的形式进行,小型的行政单元让每一个人都能感到自己对其中的具体事务负有责任,并且能够激发他们参与具体事务的兴趣。更为重要的是,能够让每一个人在处理这些事务时感觉到自身与其他人之间的联系。

其次,政府等国家机器被废除。"一个人不需要有一个配备着陆军、海军和警察的复杂严密的政府组织,来强迫他接受与他同等地位的大多数人的意见,正如他不需要有一个同样的机构来使他了解,他的脑袋和一道石墙不能同时占据同一空间一样。"⑥莫里斯借老哈蒙德之口批判了19世纪的社会现实,他认为过去的政府虽然是由名义上除恶扬善、秉持正义的机构及制度组成,但事实上它们是维护资产阶级统治的工具,它们始终代表少数人的利益,而在全体人民掌握自身权利并掌握国家机器的乌有乡,这一类上层建筑显然没有再存在的必要。

再次,国际政治也发生了变化。莫里斯讽刺了19世纪以标榜自身"文明"为荣的国家为不道德、不正义的掠夺相互竞争,甚至不惜发动战争,劳民伤财的行

① 《马克思恩格斯全集》第11卷,人民出版社1995年版,第159页。

② McDowall David: *An Illustrated History of Britain*, London, England: Longman, 2006, p.131.

③ 威廉·莫里斯:《乌有乡消息》,黄嘉德译,商务印书馆1981年版,第98页。

④ 威廉·莫里斯:《乌有乡消息》,第97页。

⑤ 威廉·莫里斯:《乌有乡消息》,第98页。

⑥ 威廉·莫里斯:《乌有乡消息》,第98页。

为,"为了自己的商业利益,疯狂地毁灭着被他们称为'野蛮的国家'"①,整个国际秩序混乱,国际法、国家的尊严被无情践踏,毫无正义可言。乌有乡的人们自得其乐,崇尚劳动,爱好和平,善待外国人(注:在文中,乌有乡的人们一直以为主人公是位外国游客,因其不了解乌有乡的任何事情),厌弃掠夺与不劳而获。在乌有乡,国与国之间的不平等已经随着人与人之间不平等的消来而成为了历史,国家间相互尊重、平等相待,呈现出欣欣向荣的景象:"世界上不同血统的民族才可以互相帮助,愉快相处,一点也不需要互相掠夺;大家都致力于同样的事业,即努力争取人生的最大幸福。"②

最后,与制度所对应的社会意识形态也发生了剧烈变革,从而推动整个上层建筑的进一步重构。例如,人们认为只要是没有生理疾病且精神正常的罪犯,在犯罪之后"显然一定会感到悲哀和耻辱"③,与此同时,人们也不愿意对他人施以刑罚,因为实施刑罚代表对他人进行不人道的折磨或杀戮,故人们取消了监狱的设置。

在莫里斯所构想的社会主义社会中,国家上层建筑依然带有一定的资产阶级民主色彩,有时也会陷入无政府主义的圈圄。有学者认为没有任何胁迫的乌有乡社会的运作模式就是无政府主义,如在书中第十一章,作者借老哈蒙德之口问道:"过去的政府除了保护富人反对穷人,保护强者欺凌弱者之外,还有其他的作用吗?"④不能不说他们过于贬低了英国政府在资本主义兴盛时期所发挥的作用,如:在一定程度上发展了社会生产力,保障了公民的部分权利,这些都应当予以肯定。在国家治理方面,莫里斯的无政府主义倾向深受以亚当·斯密为代表的"守夜人"式政府思想影响,他认为应当尽可能减少政府的存在。作为工业革命初期的亲历者,莫里斯可以从当时的狭隘历史政治观点中跳脱出来已难能可贵,尤其是其具有的打破资本主义国家机器的坚定性与革命性,更证明了他作为一名坚定的社会主义者对作为阶级统治工具的国家政治民主化进程富有发展性的战略眼光。

二、经济维度:固有矛盾的纾解

众所周知,资本主义经济是一种异化经济,是对具有科学性的经济发展规律本质的颠倒,因此它是一种"本质灾难"。资本主义条件下的雇佣劳动和私有财

---

① 李兆前:《〈乌有乡消息〉中的批判与重构》,《外语与翻译》2017年第1期,第66页。

② 威廉·莫里斯:《乌有乡消息》,第72—73页。

③ 威廉·莫里斯:《乌有乡消息》,第107页。

④ 威廉·莫里斯:《乌有乡消息》,第100页。

产,是这一灾难最突出的实例。一方面,异化作为现代性的本质,是资本主义制度无法避免的内在规律;另一方面,异化在传统条件下是难以回避的,唯有异化劳动,才能创造彻底扬弃异化所必需的条件。概而言之,资本主义是人类社会必须经历的发展阶段,而现代性是人类难以回避的命运。莫里斯认为类似"男男女女在肮脏污浊的环境中生活,好像挤在一个木桶中的沙丁鱼一样"[①]的生活不能再继续下去了。莫里斯也赞同马克思在《1844 年经济学哲学手稿》中指出的资本主义异化的本质使得"人作为人更加贫穷,他为了夺取敌对的存在物,更加需要货币……就是说,他的需求程度随着货币的力量的增长而日益增长"[②]的说法,他反对当时被认为是"上帝之道"的不平等、贫富差距的存在以及专制者和奴隶的区分,并认为工人阶级不能也不应当成为少数人抽象欲求的牺牲品。

在乌有乡社会复杂的变革过程中,压榨、剥削劳动者的社会制度被摧毁了,为资本家代言的资产阶级国家机器也一并崩溃,人们的价值观也随着社会历史的发展发生了显著的变化:人们开始将劳动视为必然的、快乐的、自发的,而不是非必然的、痛苦的、被迫的(这一转化过程将在下一部分进行详细分析)。正如诺斯指出的,包括政治制度在内的国家上层建筑"在社会中具有更为基础性的作用,它们是决定长期经济绩效的根本因素"[③],随着资本主义社会中占主体地位的生产资料私有制的瓦解以及崭新的处于共产主义萌芽状态的生产资料公有制的逐步确立,生活在莫里斯所构建的乌有乡社会中的人们甘心在所谓"联合工场"中付出自己的劳动,为全体同胞进行生产活动,而不是为特定的某位资本家卖命。在这时,乌有乡所处的大英帝国——全世界最老牌的资本主义国家中长期存在的深刻的基本矛盾,即生产的广泛社会化与生产资料私人占有之间的矛盾终于行将消弭。

我们必须承认,莫里斯对于解决资本主义国家基本矛盾过程的描述显得较为模糊,在细节的处理上比较草率。例如,庇古认为"人们自然而然地倾向于将其过多的资源用于现在的服务,而将过少的资源用于未来的服务"[④],莫里斯描述的乌有乡社会显然不具有这样的问题,但他并未提到全民所有制的具体实施制度如何、是否有一个代表全体人民的统筹机构、物品的生产标准是什么、同种或不同种物品生产者之间如何协调生产等问题。也许作者因篇幅所限而未能详尽描述,但笔者认为,书中描绘的整个经济结构的融通再造过程对于身处 19 世纪的莫里斯来说过于超脱现实,他没有机会也没有能力对成熟的社会主义社会

---

① 威廉·莫里斯:《乌有乡消息》,第 56 页。

② 马克思:《1844 年经济学哲学手稿》,人民出版社 2000 年版,第 120 页。

③ 道格拉斯·C·诺思:《制度、制度变迁与经济绩效》,杭行译,格致出版社 2008 年版,第 147 页。

④ A·C·庇古:《福利经济学》上卷,朱泱等译,商务印书馆 2011 年版,第 35 页。

经济结构进行观察研究,"毕其功于一役"的做法不符合当时的时代背景。

但不可否认,莫里斯的乌托邦构想中极具进步意义的一点,正是广大劳动人民在资本主义腐朽统治的压迫下团结一致并进行长期艰苦卓绝的斗争,才建立了属于全体人民的独立自主的政权。也正是在这时,从缓和到逐步解决劳动者与劳动产品所有者之间矛盾的经济基础才被真正建立起来。在解决这一矛盾之后,原本涣散的其他各类经济制度也随之建立起来,并愈发与新的经济基础相弥合。卡尔·波兰尼(Karl Polany)扬弃了莫里斯的主张,他认为传统的单纯以交换价值为首要目标的生产活动使得"对工人体力的剥削,对家庭生活的破坏,对邻里关系的破坏,滥伐植被,污染河流,败坏行业规范,损害社会风气,使包括居住环境和艺术在内的生存状态以及不影响利润的无数私人和公共生活方式普遍堕落"①。

三、人的维度:价值观念的嬗变

马克思指出,"全部人类历史的第一个前提无疑是有生命的个人的存在"②。从历史的、发展的观点来看,被旧式分工所奴役的人虽然是"有生命的",但却是不自由的,说到底,这样的"人"是作为一件人形工具存活于物质世界,是被异化的"会呼吸"的劳动工具。"异化劳动时间占用了个人需要时间,从而也规定了需要本身,"③与此同时,人的价值观念也被束缚住,并反过来作为统治工具奴役人。

在莫里斯构建的乌有乡中,人的异化问题终于得到解决,过去腐朽的经济基础、压迫性的社会制度、日益紧张的人际关系对作为社会生活的个体——人本质的改变与扭曲终于得到"拨乱反正",人的物质生产、精神生活及其产物再也不是邪恶的、反人性的,它们作为人自身的派生物,再也不能奴役作为主体的人了。历史唯物主义深刻指出,社会意识取决于社会存在,上层建筑的变化发展也取决于经济基础的变化发展。《乌有乡消息》中原本生活在传统资本主义社会的人们经过不懈斗争建立了全新的经济基础——生产资料全民所有制,提高了人们对于新生社会主义社会生活的社会意识,尤其推动了各类价值观念的转变。

"劳动"观念的变化在莫里斯所描绘的乌托邦中具有根本性意义。所有身处乌有乡的人们都因此变得真诚、友好、平和、快乐,他们对身边的平常事物也抱有

① 卡尔·波兰尼:《大转型:我们时代的政治与经济起源》,冯钢、刘阳译,浙江人民出版社2007年版,第114页。
② 《马克思恩格斯选集》第1卷,人民出版社1995年版,第67页。
③ 赫伯特·马尔库塞:《爱欲与文明》,黄勇、薛民译,上海译文出版社2005年版,第84页。

极大的类似孩童的好奇心:"这些乡村居民对于在田野里、树林里和高地上的一切活动非常有兴趣,好像他们是刚由砖头和灰泥的压迫下逃出来的伦敦人似的。"①

人们对包括"劳动"观念在内的经济总体观念的转变,从根本上导致了其他一切社会观念的颠覆性变革。人们的特殊教育观念在莫里斯所描绘的乌托邦中极具代表性,书中有关教育的观念被颠覆得如此彻底,以至于"教育""学校"等词本身及其原有的概念都近乎消失了。从教育的目的看,莫里斯认为,真正的优质教育应当侧重于教会人们生活。在书中,莫里斯借老哈蒙德之口对"大水漫灌式"的教育进行了激烈控诉:"儿童到了在传统上认为是适当年龄的时候,就应该关到学校里去,也不管他们的才能和性情彼此多么不相同。在学校里,也同样不考虑实际情况,硬要儿童学习一些传统的课程。我的朋友,这种办法意味着对身心发展的忽视,你难道看不出来吗?"②莫里斯认为经流水线式教育所训练出来的人,除非具有极强的反抗精神,否则,他们的个性都会被完全摧毁。只有艺术性的生活教育,才是真正的教育,才能使人们的生活富有艺术性,为人带来快乐,最终使得"快乐产生快乐"③。从教育的内容和途径看,莫里斯提倡的教育以"劳动的报酬就是生活"④为主题,启发人们将劳动作为一种使命,通过劳动学习生活所必需的各类知识。"劳动"是莫里斯教育概念的核心,它既是生活的目的,也是艺术性生活的奖励,莫里斯主张切勿将劳动作为一桩苦差事,因为劳动、工作的报酬就是创造的快乐。具体来看,莫里斯认为"生活即教育",从孩童、青年、成年直至老年,所有人终生都处在学习的过程中,并且热衷于这一过程。他们依据个人的兴趣、劳动的需要自发选择自己的学习内容,而不是靠"学校"、社会教育等硬性制度机制进行统一学习。"知识随处都有,一个人只要自己愿意去寻求,就可以很容易地得到知识。"⑤处于这种氛围下的人们,因为有充足的实践教育,以至于他们在精神上已经相当富有了。由于乌有乡社会的人们热情好客、淳朴善良,因此,他们擅长语言,尤其是德语和法语。与此相对的是,很多人并不精通历史等学科,甚至只有尚在牛津大学的部分人员在研究相关内容,正如劳斯所说:"科学哲学家很大程度上并不关心科学实践和科学成果在实验室之外的拓展。"⑥莫里斯认为其原因在于人们在和平、富足的时期不会非常关心历史,对于

---

① 威廉·莫里斯:《乌有乡消息》,第217页。

② 威廉·莫里斯:《乌有乡消息》,第83页。

③ 威廉·莫里斯:《乌有乡消息》,第81页。

④ 威廉·莫里斯:《乌有乡消息》,第118页。

⑤ 威廉·莫里斯:《乌有乡消息》,第83页。

⑥ 约瑟夫·劳斯:《知识与权力》,盛晓明等译,北京大学出版社2004年版,序言第Ⅱ页。

人们来说,"历史"的概念与意义正在渐渐失去它的色彩。这不得不说是莫里斯构建乌有乡的又一大缺憾。历史,尤其是包括社会主义革命斗争在内的阶级斗争的历史,不应该被淡忘,在任何社会反对历史虚无主义的观点都不会偏狭、过时。

"婚姻"观念的嬗变是人们总体价值观受"劳动"观点影响的又一例证。当女性的生产地位被提高到与男性地位完全一致时,传统的婚姻观念自然会发生变化。管理家务这一活动越来越被人们认为是一项令人尊敬的工作。"一个聪明的女人能把家务处理地井井有条,使得周围和她同屋居住的人都感到满意、都感激她,这对她是莫大的快乐……所有的人都愿意接受一个漂亮女人的使唤:不消说,这是男女之间调情的一种最有趣的方式。"①由此,为了财产分配不均而诉诸法院之事也不再发生,与此作为对比的是,19世纪的英国妇女只有名义上的"平等权利",男人们根本不在乎自己的一日三餐从何而来,他们是哈蒙德口中"无用的白痴"。

四、生态维度:自然美学的复兴

书中的主人公盖斯特作为一个地道的英国人,熟悉自己家乡的地理风貌与风土人情,而其乌有乡之旅沿着泰晤士河展开,他自然会对直观的环境变化感到深刻的震撼。他数次在游览的过程中沉思:19世纪,作为"世界工厂"的英国为了争夺全球的市场,满足本国掠夺财富的欲望,致使机械化、工业化的机器与建筑过多地占领本应属于自然的领地。比如肥皂厂、机械厂、造船厂使得泰晤士河浑浊无鱼,各种粗俗至极的建造物使泰晤士河丑陋不堪,为赚取利益的强盗们把英国变成了腐败和丑陋的国家。作者借盖斯特的心理活动,表达了他对19世纪英国生态环境的遗憾与愤懑,他认为正是不计后果、不计代价的工业化破坏了本属于英国的自然之美、恬静之美。"曾经有一个时期,这个美丽的小国家被它的居民当作是一片丑陋的、毫无特点的荒野。他们认为它没有什么值得保护的雅致的风景,他们完全不注意循环交替的四季、变化多端的气候、性质不同的土壤等等不断给人们带来的新的乐趣。"②书中爱伦作为英国未来土地上的居民,对前人漠视自然而崇尚机械文明进行了深刻的控诉。

莫里斯对于过度工业化的摒弃还引申出了另一个问题:人们在什么样的环境中进行劳动、休闲活动? 英国艺术史论家威廉·冈特(William Gaunt)认为,

---

① 威廉·莫里斯:《乌有乡消息》,第78页。

② 威廉·莫里斯:《乌有乡消息》,第54页。

"莫里斯非常欣赏古代艺术审美,并在早年就形成了厌恶机械文明的审美旨趣"①。在莫里斯看来,富有自然美学审美情趣的环境是最适合人们生活的。然而,这正是19世纪的英国所缺乏的,工业文明仿佛是机械降神般席卷社会并肆意扩张,生态伦理与自然美学旨趣遭到人们漠视。人们"把自己生来已有的权利局限在一碗汤上,而对于其他东西,我们似乎懒得去想它们,或者说,对之缺乏十分优雅的爱好。总之,在这一个时期缺乏一种休闲哲学与休闲美学,休闲仅仅因为'工作',因为'创造剩余价值'而存在"②。身为乌有乡的一分子,"人的本性谋求的不仅是能够胜任劳作,而且是能够安然享有闲暇"③,自然美学的应用已经使得城市与乡村的界限消失,以至于乌有乡的人们"不明白'乡下人'是什么意思"④。乌有乡的建筑设计注重生态环保,它们一方面与水草为邻、融入生态,居民的"屋前都有花园,花园一直伸展到水边"⑤,另一方面极具自然美学意趣的花园彰显了人与自然和谐相处的生机与活力,形成了一种"恬静的田野美景"⑥,花草树木、虫鱼鸟兽莫不如此;自然美学让人们十分讲究穿着,但这并不是出于攀比或虚荣,而是人们为与大自然协调,使人"可以从中享受人生的乐趣"⑦,同时人们身体结实、既健康又强壮,性格开朗热情、和蔼快乐,极具自然美与野性美,"丝毫没有一点羞赧和矫揉造作的样子"⑧;乌有乡的高龄者也较显年轻,一方面是因为他们坚持"劳动创造快乐"的劳动观,另一方面是因为长期在蕴含绝对自然美的环境下生活使他们充分享受到大自然的恩泽。

莫里斯作为自然美学的坚定维护者,其坚持"与自然相一致"的观点描绘了一幅生动的生态图景。"跟大自然协调并有助于她的,就是美的;跟大自然不协调并有害于她的,就是丑的。"⑨人在自然天地中,实现了最和谐、最深沉的协调——自然美学。"一代人的环境会产生持久的结果,因为它会影响未来几代人的环境。简言之,环境像人一样,也有子女。"⑩自发动革命推翻资产阶级政府,建立社会主义国家以来,乌有乡的人们世代相传的自然美学传统不仅维系过去,也指向未来,书中所描绘的生态景象不是莫里斯妄自的空想,而是未来可期的生

---

① 威廉·冈特:《拉斐尔前派的梦》,第264页。

② 刘慧梅、张彦:《西方休闲伦理的历史演变》,《自然辩证法研究》2006年第4期,第95页。

③ 亚里士多德:《政治学》,颜一、秦典华译,中国人民大学出版社2003年版,第256页。

④ 威廉·莫里斯:《乌有乡消息》,第32页。

⑤ 威廉·莫里斯:《乌有乡消息》,第10页。

⑥ 威廉·莫里斯:《乌有乡消息》,第242页。

⑦ 威廉·莫里斯:《乌有乡消息》,第242页。

⑧ 威廉·莫里斯:《乌有乡消息》,第17页。

⑨ 威廉·莫里斯:《乌有乡消息》,第46页。

⑩ A·C·庇古:《福利经济学》上卷,第27页。

活图景。

结语

　　作为一部兼具革命性与启发性的乌托邦式文学作品,《乌有乡消息》集中了莫里斯社会主义—共产主义的乌托邦式想象,由于社会历史条件所限,莫里斯在某些方面虽然具有强烈的空想社会主义倾向,有些学者将其斥为"悲观主义"①,但这是完全错误的,莫里斯绝对是一个对社会主义发展抱有殷切期望的坚定的实践型社会主义者。存在这样一种可能,即莫里斯从未将自己所描绘的乌有乡的景象作为未来社会主义(或共产主义)社会的标准蓝图,而是受到自然美学观念的影响,仅仅将其作为自身个性的酣畅表达。莫里斯在晚年回忆过去时说道:"我觉得自己又变年轻了,好像我是泰晤士河游船上其中的一员,那是我过去非常陶醉的时光,我太高兴了,以至于都忘记了哪里存在缺陷。"②

　　"人类依然拥有没有束缚的想象力、创造力和道德能力等资源,这些资源可以被动员来帮助人类摆脱他的困境。"③莫里斯运用他的想象,坚持将自我的社会主义社会建构主张与自然美学取向联系起来并在乌有乡中贯彻实施,形成一个奇妙的有机共同体。在这一共同体中,如果生态社会主义的自然美学是核心设计理念,那么"劳动"就是贯穿始终的线索,一个多维度的理想乌托邦形象由此得以展现:千篇一律的机械文明已经成为乌有乡建设的历史镜鉴,城乡界限消弭的花园式乌托邦得以建立,崇尚自然之美的价值观念也随之得以重塑。正如卡西尔所说:"一个乌托邦,并不是真实世界即现实的政治社会秩序的写照,它并不存在于时间的一瞬或空间的一点上,而是一个'非在'。但是恰恰是这样的一个非在的概念,在近代世界的发展中经受了考验并且证实了自己的力量。"④总体而言,《乌有乡消息》宣示了社会主义战胜资本主义的历史必然,深化了我们对于社会主义从初级阶段发展至高级阶段的前景认识,展示了自然美学与社会各个方面之间更为宏富的内在联系。它不仅为生态社会主义的后续发展提供了思想基础,也为新时代中国特色社会主义建设以及社会主义现代化强国建设提供了具有复归性的启发意义。

---

　　①　陈后亮、贾彦艳:《生态社会主义视角下的〈乌有乡消息〉》,《中北大学学报(社会科学版)》2010年第5期,第66页。

　　②　May Morris:*Artist*,*Writer*,*Socialist*,*Oxford*,England:Basil Blackwell,1936,p.505.

　　③　詹姆斯·博特金:《回答未来的挑战——罗马俱乐部的研究报告〈学无止境〉》,林均译,上海人民出版社1984年版,第5页。

　　④　恩斯特·卡西尔:《人论》,甘阳译,上海译文出版社2003年版,第177页。

对马克思主义劳动价值观的
坚持和发展
——学习习近平总书记关于劳动的重要论述①

蒋从斌

摘　要： 习近平总书记关于劳动的重要论述全面而深刻地总结了马克思主义劳动价值观,鲜明而集中地体现了习近平总书记在新时代对马克思主义劳动价值观的继承和发展。他坚持了马克思主义劳动价值观关于劳动的价值内涵、价值主体和价值评价的基本观点,肯定了劳动的三维价值,将工人阶级和广大劳动群众作为劳动的价值主体,坚持劳动平等的价值判断。同时习近平总书记丰富和发展了马克思主义劳动价值观中价值导向、价值实现和价值评价的内容。"四最"的提出和对"敬业"在内的社会主义核心价值观的强调丰富了马克思主义劳动价值观的价值导向;劳模精神、劳动精神、工匠精神等内容的提出也对完善马克思主义劳动价值观中价值的实现内容做出重大贡献。习近平对辛勤、诚实、创造性劳动的论述丰富和发展了马克思主义劳动价值观中价值评价的内容。新时代坚持和弘扬马克思主义劳动价值观有利于维护马克思主义意识形态安全以及更好地构筑中国精神和夯实社会主义核心价值观。

关键词： 习近平;劳动观;价值观

"任何一个民族,如果停止劳动,不用说一年,就是几个星期,也要灭亡。"② 在马克思主义的视域中,劳动是创造物质财富和精神财富的关键范畴,它影响着人们当前赖以生存的客观物质世界,贯穿着人类的历史、人的发展和人本身,因此具有十分重要的地位。人们能否正确地认识劳动的价值至关重要。马克思主义劳动价值观是从马克思主义的立场、观点和方法出发,对劳动能否满足人们的需要和满足人们需要的程度的根本看法和总的观点。"以辛勤劳动为荣、以好逸恶劳为耻的劳动观"实质上正是劳动价值观。21 世纪以来,科学技术的迅速发

---

① 作者通信地址:蒋从斌,武汉大学马克思主义学院,湖北 武汉 430072。

② 《马克思恩格斯选集》第 4 卷,人民出版社 1995 年版,第 580 页。

展和我国市场经济发达程度的不断提高使人们劳动的形式、劳动分工的复杂变化日益明显。脑力劳动与体力劳动的比例日益发生变化，脑力劳动的新形式、新业态不断涌现，劳动要素的分配和发展造就了一大批"食利者"。随之产生的是人们对体力劳动日益严重的价值贬抑、对资本和食利阶层的羡慕及向往等价值观念。不同的劳动价值观在中国社会相互碰撞、交锋、交融。马克思主义者该如何看待这些现象？马克思主义劳动价值观该如何自处？中国特色社会主义进入新时代以来，习近平总书记就劳动模范、劳动精神、工匠精神等与劳动相关的主题作出了一系列深刻而精辟的论述。习近平总书记的重要论述创造性地回答了"劳动究竟有无价值、有多大的价值""什么样的劳动有价值、什么样的劳动最有价值""如何实现劳动的价值"等根本问题，解决了人们面对新时代、新发展、新问题所产生的关于劳动价值的思想困惑，进一步坚持和发展了马克思主义劳动价值观。

一、习近平对马克思主义劳动价值观基本观点的坚持和继承

马克思主义劳动价值观凝结着马克思、恩格斯等经典作家对劳动的科学判断，浓缩着马克思主义者们对劳动的价值内涵、价值主体、价值创造与选择、价值实现、价值评价等内容的总的看法和根本观点。尽管"劳动"的具体形式会随着时代变迁发生深刻变化，但是马克思主义劳动价值观的基本观点仍然闪烁着无穷无尽的真理光辉。"无论时代条件如何变化，我们始终都要崇尚劳动、尊重劳动者。"①习近平总书记的重要论述始终贯彻着马克思主义劳动价值观的基本观点。

一是坚持马克思主义劳动价值观中关于劳动价值内涵的基本观点。马克思主义劳动价值观将劳动价值归为三类。宏观层面上，劳动对人类以及人类社会存在和发展具有基础性价值，这主要体现在劳动创造了人和人类社会。劳动的出现和工具的制造在人类的诞生中起着决定性作用。"首先是劳动，然后是语言和劳动一起，成了两个最主要的推动力。"②劳动分工所产生的生产关系是人类社会产生的基础。这种基础价值还体现在劳动推动人类社会的发展进步上。劳动的不断升级——生产力的发展是人类社会进步的根本动力。中观层面上，马克思主义劳动价值论最直接的启示即为劳动创造"价值"（指的是经济价值）。商品中凝结的无差别的人类劳动决定着商品的价值量。劳动可以创造物质财富和

① 习近平：《庆祝"五一"国际劳动节暨表彰全国劳动模范和先进工作者大会上的讲话》，《人民日报》2015年4月29日第1版。
② 《马克思恩格斯选集》第4卷，第377页。

精神财富,因而它在财富创造中具有极其重要的地位。正如马克思深刻指出的,"劳动是创造价值的东西"①。微观层面上,劳动是个人实现人生价值的根本途径。

习近平总书记关于劳动的重要论述阐明了劳动价值的内涵,该论述在面对投机取巧、不劳而获、贪图享乐等价值观念的冲击时对"劳动有无价值"这个问题做出了掷地有声的肯定回答,它是对"劳动的价值是什么"的时代阐释。其一,在这些论述中,有"劳动是一切幸福的源泉"②这一提纲挈领的语句。习近平总书记坚持马克思主义宏观视野下"劳动是整个人类生活的第一个基本条件"③的基本观点,并对劳动的价值做出了纲领性的概括。幸福是一种主观感受,必然以"人的存在"和"劳动可以满足人"为前提。"劳动是一切幸福的源泉"④实际上贯彻着劳动创造人和财富以满足人的需要的思想。早在 2012 年十八届中共中央政治局常委同中外记者见面时,习近平总书记就指出:"人世间的一切幸福都需要靠辛勤的劳动来创造"⑤。2013 年,习近平总书记在参加全国劳动模范代表座谈时也提出"劳动是财富的源泉,也是幸福的源泉"⑥。这样的反复强调彰显着劳动作为人们一切幸福来源的重要地位,体现了习近平总书记对马克思主义劳动价值观的一以贯之。其二,习近平总书记还就劳动的基础意义做出过直接论述:"人类是劳动创造的,社会是劳动创造的。"⑦"劳动是推动人类社会进步的根本力量。"⑧这些论述无不体现着马克思主义劳动价值观的基本观点。在马克思主义劳动价值观的基础上,习近平总书记进一步指出了劳动对中华民族的重要意义:"劳动创造了中华民族。"⑨劳动不仅造就了中华民族的辉煌历史,也必将创造出中华民族的光明未来。我们当前要实现两个一百年奋斗目标,也要依靠劳动创造。"全面建成小康社会,进而建成富强民主文明和谐的社会主义现代化国家,根本上靠劳动、靠劳动者创造。"⑩其三,"人生也靠劳动创造"⑪。习近平总

---

① 《马克思恩格斯选集》第 2 卷,人民出版社 2012 年版,第 772—773 页。

② 习近平:《在全国劳动模范和先进工作者表彰大会上的讲话》,《人民日报》2020 年 11 月 25 日第 1 版。

③ 《马克思恩格斯选集》第 3 卷,人民出版社 2012 年版,第 988 页。

④ 习近平:《在全国劳动模范和先进工作者表彰大会上的讲话》,《人民日报》2020 年 11 月 25 日第 1 版。

⑤ 《习近平谈治国理政》第 1 卷,外文出版社 2014 年版,第 4 页。

⑥ 《习近平谈治国理政》第 1 卷,第 46 页。

⑦ 习近平:《在知识分子、劳动模范、青年代表座谈会上的讲话》,《人民日报》2016 年 4 月 27 日第 1 版。

⑧ 《习近平谈治国理政》第 1 卷,第 44 页。

⑨ 《习近平谈治国理政》第 1 卷,第 46 页。

⑩ 习近平:《在庆祝"五一"国际劳动节暨表彰全国劳动模范和先进工作者大会上的讲话》,《人民日报》2015 年 4 月 29 日第 1 版。

⑪ 习近平:《让孩子们成长得更好》,《人民日报》2013 年 5 月 31 日第 1 版。

书记在多次讲话中对广大群众殷殷叮嘱,要"通过劳动创造更加美好的生活"①。人们不仅可以创造精彩的生活、闪光的人生,还可以在劳动中"体现价值、展现风采、感受快乐"②。

二是坚持马克思主义劳动价值观中关于价值主体的基本观点。对"谁劳动谁创造价值""劳动满足谁的需要才有价值"问题的回答决定了人们认同的是马克思主义劳动价值观还是别的什么劳动价值观。马克思主义将以工人阶级为代表的广大劳动人民作为劳动的价值主体。毛泽东同志曾经很明确地指出了劳动人民的范围:"所谓劳动人民,是指一切体力劳动者(如工人、农民、手工业者等)以及和体力劳动者相近的、不剥削人而又受人剥削的脑力劳动者。"③劳动只有满足广大劳动人民的需要才有价值,广大劳动群众既是创造价值的主体,又是实现价值、享受价值、评价价值的主体。因此其中自然蕴含着劳动为了广大劳动人民、劳动依靠广大劳动人民、劳动成果由广大劳动人民共享的意义。在广大劳动人民当中,工人阶级是最值得依靠、最能代表劳动人民的群体。

习近平总书记关于劳动的重要论述包含着对广大劳动人民作为劳动价值主体的反复肯认,也是对"谁劳动谁创造价值""劳动满足谁的需要才有价值"的清晰回应。"我们的根扎在劳动人民之中。"④习近平总书记这句话指出了我国的劳动人民——工人阶级和广大劳动群众,才是劳动的价值主体。这主要体现在两个方面:其一,我国工人阶级和广大劳动群众是创造劳动价值的主力军。习近平总书记尤其强调"必须紧紧依靠工人阶级和广大劳动群众",因为"实现中华民族伟大复兴的中国梦,根本上要靠包括工人阶级在内的全体人民的劳动、创造、奉献"⑤。其二,我国工人阶级和广大劳动群众是享受劳动价值、评价劳动价值的主体。习近平总书记多次强调,让人民群众过上更加幸福的好日子是我们的奋斗目标。要让广大劳动群众在享受劳动快乐的同时也享受到劳动成果。

尽管所有的群体都平等地创造劳动价值、享受劳动价值,但是一些群体在价值创造的过程中起着非同一般的作用。在劳动的价值主体中,有四个群体地位突出。其一是劳动模范。劳动模范是一个非常特殊的群体,习近平总书记将之

① 《习近平谈治国理政》第 1 卷,第 46 页。

② 习近平:《在庆祝"五一"国际劳动节暨表彰全国劳动模范和先进工作者大会上的讲话》,《人民日报》2015 年 4 月 29 日第 1 版。

③ 《毛泽东选集》第 4 卷,人民出版社 1991 年版,第 1287 页。

④ 习近平:《在庆祝"五一"国际劳动节暨表彰全国劳动模范和先进工作者大会上的讲话》,《人民日报》2015 年 4 月 29 日第 1 版。

⑤ 习近平:《在同中华全国总工会新一届领导班子集体谈话时强调:竭诚服务职工群众 维护职工群众权益为实现中国梦再创新业绩再建新功勋》,《人民日报》2013 年 10 月 24 日第 1 版。

称为"我国工人阶级中一个闪光的群体"①。劳动模范在创造劳动价值的过程中发挥着十分重要的模范和带头作用,为广大劳动人民争学赶超树立了光辉的榜样。其二是共产党党员。中国共产党代表着工人阶级和广大劳动群众,它在劳动价值的创造过程中发挥着领导作用。九千余万中国共产党党员都是广大劳动人民的一分子,他们为劳动价值的创造汇聚磅礴能量。习近平总书记尤其强调中国共产党员的劳动属性:"共产党员永远是劳动人民的普通一员"②,"每一个共产党员,不论职位多高,都是人民的勤务员"③。其三是劳动人民中的知识分子。知识分子具有某个领域、某个方面的特长,他们文化水平高、知识丰富,也是劳动人民中的一员,并且主要从事脑力劳动。习近平总书记认为知识分子"在推动经济社会发展、推动社会文明进步中能够发挥十分重要的作用"④。其四是劳动人民中的青年群体。在劳动价值的创造过程中,青年是重要的生力军和突击队。习近平总书记寄语青年:"党和人民对广大青年寄予厚望。"⑤

三是坚持马克思主义劳动价值观中关于劳动价值评价的基本观点。"劳动有无满足人民的需要、在何种程度上满足人民的需要"是对劳动的价值评价。不同的劳动是有差异的,农民种田和教师育人这两种劳动就差异巨大。如何判断此劳动比彼劳动更有价值或者是二者价值等同?其中,对具体劳动的考察至关重要。马克思主义劳动价值论认为,劳动的价值(这里的价值指的是经济价值)是可以度量的。度量劳动价值的方式即计算劳动时间,马克思用"必要劳动时间"来统一度量劳动的经济价值⑥。有的劳动需要消耗更多的社会必要劳动时间,因此该劳动具有更多的经济价值。这是否说明消耗社会必要劳动时间多的劳动会更高贵呢?从经济价值上可以如此衡量,但是从整体价值来看未必如此。因为不同类型的劳动都是为了满足人民的需要,它们只有满足这个需要和满足那个需要的区别,而没有高低贵贱的区别。衡量劳动价值要区分劳动的经济价值和整体价值。

习近平总书记关于劳动的重要论述包含着其对马克思主义劳动价值观中价值评价基本观点的坚持,也是对"哪种劳动更有价值"的有力回应——同样有价值。从经济价值来看有差异,从整体价值来看无差异,这其实是职业平等观背后

---

① 习近平:《在同全国劳动模范代表座谈时的讲话》,《人民日报》2013 年 4 月 29 日第 1 版。

② 习近平:《在十八届中央纪委二次全会上的讲话》,《人民日报》2013 年 1 月 23 日第 1 版。

③ 习近平:《在纪念刘少奇同志诞辰 120 周年座谈会上的讲话》,人民出版社 2018 年版,第 16 页。

④ 习近平:《在知识分子、劳动模范、青年代表座谈会上的讲话》,《人民日报》2016 年 4 月 27 日第 1 版。

⑤ 习近平:《在知识分子、劳动模范、青年代表座谈会上的讲话》,《人民日报》2016 年 4 月 27 日第 1 版。

⑥ 仇德辉:《统一价值论》,中国科学技术出版社 1998 年版,第 101 页。

隐藏的深刻价值内涵。其一,习近平总书记旗帜鲜明地表明"劳动没有高低贵贱之分"①"梦想属于每一个人"②。他一再强调,体力劳动和脑力劳动只有分工上的差异,而没有价值上的差异,两种劳动都同样值得我们尊重和鼓励;个人创造和集体创造也只有劳动形式的差异,它们同样值得尊重和鼓励。其二,他鼓励劳动者们在各自的岗位"勤于学习、善于实践、兢兢业业、精益求精"③。劳动者们只要"肯学肯干肯钻研,练就一身真本领,掌握一手好技术"④,就能创造巨大的劳动价值,为社会做出巨大的贡献,也让自己发现劳动的广阔天地。

二、习近平对马克思主义劳动价值观的丰富和发展

马克思主义劳动价值观的基本观点对社会具有稳定和持久的影响,但马克思主义劳动价值观本身并非是一成不变的。因为劳动并不是一个简单、停滞、虚幻的概念,而是人们有意识地改造固有的物质世界和精神世界以满足自身需要的特殊实践活动。劳动创造历史,其自身也在历史发展过程中不断发展和变化,因而使人们对劳动价值的看法发生变化。现实的劳动与原有的马克思主义劳动价值观之间的巨大张力,推动着马克思主义劳动价值观在马克思主义理论与实践相结合的过程之中不断丰富和发展。习近平总书记关于劳动的重要论述就是针对新时代社会主义劳动进行创新的结果,它以回应人们对劳动价值的思想困惑为直接目的,在坚持马克思主义劳动价值观的基本观点的基础上进一步丰富和发展了马克思主义劳动价值观。

一是在新时代的背景下进一步丰富了劳动的价值导向。马克思主义劳动价值观的完整逻辑应当是"劳动的价值是什么——我们应该怎么办"。尊重劳动、尊重劳动者、努力劳动是马克思主义劳动价值观针对这一问题给出的回答。习近平总书记关于劳动的重要论述进一步丰富了这个回答。其一,习近平总书记做出"劳动最光荣、劳动最崇高、劳动最伟大、劳动最美丽"的价值判断,将劳动的价值提到了新高度,进一步回答了"劳动怎么样"的问题。习近平总书记以"光荣""崇高""伟大""美丽"来形容劳动尚嫌不够,还要冠之以"最"字,突出了劳动的重要价值,这是旗帜鲜明的价值引导。早在建国初期,毛泽东同志就曾以"光荣"形容劳动模范,邓小平等几代领导人都曾做出过劳动光荣的判断:"一切光荣

① 习近平:《在知识分子、劳动模范、青年代表座谈会上的讲话》,《人民日报》2016年4月27日第1版。
② 习近平:《在知识分子、劳动模范、青年代表座谈会上的讲话》,《人民日报》2016年4月27日第1版。
③ 习近平:《在知识分子、劳动模范、青年代表座谈会上的讲话》,《人民日报》2016年4月27日第1版。
④ 习近平:《在庆祝"五一"国际劳动节暨表彰全国劳动模范和先进工作者大会上的讲话》,《人民日报》2015年4月29日第1版。

都是劳动的产物。"①习近平总书记在此基础上也曾指出："劳动光荣、创造伟大是对人类文明进步规律的重要诠释。"②胡锦涛同志提出了"两个最"："让全体人民特别是广大青少年都懂得并践行劳动最光荣、劳动者最伟大的真理。"③习近平总书记则提出了"四个最"，要求在全社会营造"四最"氛围。劳动最美丽还体现了劳动的审美价值，这是对劳动价值内涵的极大丰富。其二，以社会主义核心价值观中的"敬业"价值明晰个人层面劳动的价值导向。劳动价值在个人层面主要体现为创造生活、创造人生。那人们在日常生活中应该怎么办呢？以习近平总书记为核心的中国共产党以"敬业"作为回应。党的十八大报告提出要倡导社会主义核心价值观，敬业便是其中之一。此后，习近平总书记在多次讲话中进一步明确，将"敬业"价值作为个人层面应当践行的重要价值。敬业价值中蕴含的是人们对生产劳动的尊重和责任，包含的是人们对劳动的敬畏和精益求精，这实际上是马克思主义劳动价值观的集中体现。"希望我国广大劳动群众以劳动模范为榜样，爱岗敬业、勤奋工作，锐意进取、勇于创造，不断谱写新时代的劳动者之歌。"④

　　二是进一步完善了马克思主义劳动价值观中劳动价值实现的途径。劳动价值的本质是"劳动满足人民的需要的程度"，劳动价值是否实现取决于劳动人民的需要是否得到满足。简言之，实现劳动价值，一方面要靠辛勤劳动创造更多的价值，另一方面要保证创造出来的价值能够满足人民的需要。中国特色社会主义进入新时代以来，中国社会的主要矛盾已经发生了深刻变化。习近平总书记关于劳动的重要论述为如何以劳动满足人民日益增长的美好生活需要、实现其对中华民族伟大复兴中国梦的价值提供了完善路径。其一，弘扬劳模精神、劳动精神和工匠精神，以此为广大劳动群众凝心聚气。先进的意识对物质具有反作用，伟大的精神可以促进伟大的事业。劳模精神、劳动精神和工匠精神贯穿着社会主义核心价值观，是改革创新时代精神的重要体现。以"爱岗敬业、争创一流，艰苦奋斗、勇于创新，淡泊名利、甘于奉献"为核心概念的劳模精神反映着工人阶级的杰出代表——劳动模范的精神面貌，是所有劳动群众都尊敬尊崇、心向往之的精神状态，它激励着每一个普通劳动者在平凡的岗位创造不平凡的业绩。以"崇尚劳动、热爱劳动、辛勤劳动、诚实劳动"为核心要素的劳动精神是每一位平

---

① 《邓小平文选》第1卷，人民出版社1994年版，第242页。

② 习近平：《在庆祝"五一"国际劳动节暨表彰全国劳动模范和先进工作者大会上的讲话》，《人民日报》2015年4月29日第1版。

③ 胡锦涛：《在2010年全国劳动模范和先进工作者表彰大会上的讲话》，人民出版社2010年版，第12页。

④ 习近平：《在知识分子、劳动模范、青年代表座谈会上的讲话》，《人民日报》2016年4月27日第1版。

凡劳动者在劳动过程中应当展现出的精神面貌,是所有劳动群众应当达到的基本精神风貌,它鼓励劳动群众以辛勤、诚实劳动为荣。以"执着专注、精益求精、一丝不苟、追求卓越"为基本要素的工匠精神是不甘平凡、勇于超越的劳动者在自我创新、自我突破、臻于至善的过程中展现出来的精神风貌,它鼓励劳动者们更上一层楼。其二,发挥工人阶级和广大劳动群众在创造价值过程中的主力军作用。工人阶级和广大劳动群众是创造劳动价值的"价值主体",更是"主人翁"。因此要充分调动广大劳动群众的积极性、主动性和创造性,鼓励广大劳动群众辛勤劳动。正如习近平总书记指出,"把蕴藏于工人阶级和广大劳动群众中的无穷创造活力焕发出来,把工人阶级和广大劳动群众智慧和力量凝聚到推动各项事业上来"①。尊重劳动者主体地位和劳动者首创精神,根本上需依靠工人阶级和广大劳动群众。其三,努力建设高素质劳动大军。高职业素质的劳动者可以创造更多的经济价值,他们对国家和民族的复兴也具有重大价值。不断完善劳动者队伍建设的体制机制,让劳动者能够掌握核心技术,为满足人民美好生活需要创造更多价值。其四,最重要的是,要充分保障劳动成果被用于"不断提升工人阶级和广大劳动群众的获得感、幸福感、安全感"②。不能满足人民需要的劳动是没有价值的。因此我们要"全心全意为工人阶级和广大劳动群众谋利益"③,要"使广大劳动者共建共享改革发展成果,以更有效的举措不断推进共同富裕"④,"特别是要实现好、维护好、发展好广大普通劳动者根本利益"⑤。

三是进一步发展了马克思主义劳动价值观中劳动价值评价的内容。虽然整体上每种劳动的价值都等同,但是从个人层面来看每个人的劳动却并不相同。积极的劳动态度应更受到提倡,因此,在价值评价中应当对此种态度更有倾向性。习近平总书记提出,"必须依靠辛勤劳动、诚实劳动、创造性劳动",对回答"什么样的劳动更有价值"的问题提出了新的创见。其一,辛勤劳动更有价值。辛勤者,勤劳而能吃苦者也。辛勤劳动是指能勤于劳动且能自觉克服劳动中的困难苦楚的劳动方式。当前很多娇生惯养的新生代劳动者们视劳动为畏途,他们缺乏劳动自觉性和主动性,遇到职业上的困难就频繁跳槽,他们的劳动多是应

---

① 习近平:《在庆祝"五一"国际劳动节暨表彰全国劳动模范和先进工作者大会上的讲话》,《人民日报》2015年4月29日第1版。

② 习近平:《在全国劳动模范和先进工作者表彰大会上的讲话》,《人民日报》2020年11月25日第1版。

③ 习近平:《在庆祝"五一"国际劳动节暨表彰全国劳动模范和先进工作者大会上的讲话》,《人民日报》2015年4月29日第1版。

④ 习近平:《在全国劳动模范和先进工作者表彰大会上的讲话》,《人民日报》2020年11月25日第1版。

⑤ 习近平:《在庆祝"五一"国际劳动节暨表彰全国劳动模范和先进工作者大会上的讲话》,《人民日报》2015年4月29日第1版。

付任务型、敷衍了事型、贪图享乐型、三天打鱼两天晒网型的劳动。由此产生了劳动相同而劳动成果不同的结果。广大劳动群众应当养成辛勤劳动的良好品质,将其作为一种习惯入脑、入心、入行。其二,诚实劳动更有价值。所谓诚实劳动,与偷奸要滑、投机取巧的劳动相反,真正的诚实劳动者都是勤恳踏实、一步一个脚印的。人在劳动过程中要把握劳动生产的规律,利用规律脚踏实地做出卓越的劳动成果,而不是空有大志、不明所以、妄取捷径。习近平总书记以三个"只有"来形容诚实劳动的重要意义:"人世间的美好梦想,只有通过诚实劳动才能实现;发展中的各种难题,只有通过诚实劳动才能破解;生命里的一切辉煌,只有通过诚实劳动才能铸就。"①习近平总书记更是指出:"提倡通过诚实劳动来实现人生的梦想、改变自己的命运,反对一切不劳而获、投机取巧、贪图享乐的思想。"②其三,创造性劳动更有价值。创造性劳动与普通劳动的区别在于其劳动方式的创新性和劳动成果的突破性。创造性劳动是在既有劳动方式的基础上利用劳动规律来获得更有质量或数量的劳动成果,它是对辛勤劳动、诚实劳动的有益补充。习近平总书记不仅要求广大劳动者树立辛勤、诚实、创造性劳动的思想理念,还要求劳动者"将辛勤劳动、诚实劳动、创造性劳动作为自觉行为"③。

三、新时代坚持和弘扬马克思主义劳动价值观的重大意义

"克勤克俭,无怠无荒。"历史和现实都启示我们,唯有劳动才能强国,唯有劳动才能富家,唯有劳动才能实现人生价值。思想是行动的先导,价值观是人的灵魂。只有正确认识劳动的价值才能激励人们辛勤劳动。为什么习近平总书记对马克思主义劳动价值观如此重视?因为马克思主义劳动价值观是对劳动的正确认识,是指引亿万劳动人民以劳动开创未来的科学价值观。习近平总书记对马克思主义劳动价值观的坚持与继承、丰富和发展使马克思主义劳动价值观与新时代的中国社会相适应。因此,新时代坚持和弘扬马克思主义劳动价值观具有十分重要的意义。

一是维护马克思主义意识形态安全的根本需要。其一,坚持马克思主义,就必须要坚持马克思主义劳动价值观。劳动贯穿着马克思主义的理论体系,是马克思主义的核心范畴。辩证唯物主义是劳动世界观;历史唯物主义是劳动基础上的社会历史观;政治经济学是劳动基础上的经济观;未来的共产主义社会是劳动基础上的未来观。马克思主义劳动价值论更是马克思主义政治经济学的基础

---

① 《习近平谈治国理政》第 2 卷,外文出版社 2017 年版,第 46 页。
② 习近平:《在知识分子、劳动模范、青年代表座谈会上的讲话》,《人民日报》2016 年 4 月 27 日第 1 版。
③ 习近平:《在全国劳动模范和先进工作者表彰大会上的讲话》,《人民日报》2020 年 11 月 25 日第 1 版。

理论。由此可见,劳动在马克思主义中是最基本的概念,劳动价值是马克思主义价值体系的核心,劳动价值观是马克思主义价值观的根本。其二,关于劳动的价值判断是区分资本主义和社会主义的最鲜明标准。马克思在《共产党宣言》中说:"在资产阶级社会里,活的劳动只是增殖已经积累起来的劳动的一种手段。"①资本主义将劳动视为增殖资本的一种手段,将劳动者看作工具。劳动的价值低于资本,资本创造价值,劳动为资产阶级服务而不是为劳动者服务,劳动的成果反过来支配劳动者。而"在共产主义社会里,已经积累起来的劳动只是扩大、丰富和提高工人的生活的一种手段"②。共产主义将劳动的目的看作是满足劳动者们的需要,而不是增殖资本。如果放弃马克思主义劳动价值观而采取别的什么劳动价值观,那么中国特色社会主义的本质就会受到威胁。其三,马克思主义劳动价值观是抵御西方"普世价值"输入的重要凭借。长期以来,西方资本主义社会对我国采取和平演变政策,西方的价值输入和文化侵略愈演愈烈。所谓普世价值观一旦与马克思主义劳动价值观相对照就愈发显现出普世价值观的虚伪性。没有生产和生活资料的劳动者是没有自由可言的,与资本家相比他们也没有平等可言,在资本和利益面前人权也只是可以利用的工具。而马克思主义劳动价值观以构建劳动生产资料公有的共产主义社会为目的,只有在物质财富充分涌流的共产主义社会,自由人的联合体才能真正实现。马克思主义是实现这一最终价值目标的指导思想,因此,我们一定要长期坚持,不可偏废。

二是构筑中国精神的重要价值观基础。河流无水即枯,人无精神则萎,国无精神则颓。中国精神是中华民族主体性精神风貌的精华,是新时代支撑中华民族走向伟大复兴的巨大精神力量。党的十九大报告指出,要"更好构筑中国精神、中国价值、中国力量,为人民提供精神指引"③。由以爱国主义为核心的民族精神和以改革创新为核心的时代精神构筑而成的中国精神有着深厚的价值观底蕴,其深处凝聚着中华民族亿万儿女在不同历史时期的共有价值观。马克思主义劳动价值观是构筑中国精神的重要价值观基础。

民族精神中的"勤劳勇敢、自强不息"以及时代精神中的"改革创新"都渗透着马克思主义劳动价值观的精髓。其一,马克思主义劳动价值观构筑中华民族精神。"中华民族是勤于劳动、善于创造的民族。"④自古以来,中华民族都是勤

① 《马克思恩格斯选集》第1卷,人民出版社2012年版,第415页。
② 《马克思恩格斯选集》第1卷,第415页。
③ 习近平:《决胜全面建成小康社会 夺取新时代中国特色社会主义伟大胜利——在中国共产党第十九次全国代表大会上的报告》,人民出版社2017年版,第23页。
④ 习近平:《在庆祝"五一"国际劳动节暨表彰全国劳动模范和先进工作者大会上的讲话》,《人民日报》2015年4月29日第1版。

劳的民族,中华民族的先民们饱含着对劳动的珍视和热爱,他们将劳动作为立身之本、治家之道、兴国之基。这与马克思主义劳动价值观不谋而合。马克思主义传入中国后,马克思主义劳动价值观逐渐在中国得到确立,并进一步形塑了中华民族的民族精神。南泥湾精神、两弹一星精神、载人航天精神等民族精神都是人民践行马克思主义劳动价值观的重要精神成果。可见,中华民族"勤劳勇敢、自强不息"的精神得到了进一步丰富和发展。其二,马克思主义劳动价值观构筑时代精神。时代精神源自中国改革开放的实践,它以改革创新为核心要义,改革创新的主题是以经济建设为中心,而经济建设的核心正是亿万中国人民的生产劳动。时代精神反映着亿万劳动人民在马克思主义劳动价值观的引领下改革创新的良好精神风貌。解放思想、实事求是、积极探索、勇于创新、艰苦奋斗等时代精神的内涵正是马克思主义劳动价值观所崇尚的。

如今站在"两个一百年"奋斗目标的历史交汇点上,更好地构筑中国精神必须要始终坚持和弘扬马克思主义劳动价值观。十九届五中全会指出,我国决胜全面建成小康社会、决战脱贫攻坚已经取得了决定性成就,发力全面建设社会主义现代化国家正当其时。只有坚持和弘扬马克思主义劳动价值观,在全社会树立起"以辛勤劳动为荣、以好逸恶劳为耻"的价值导向,中国精神才更有价值和底气、才能给人民提供无穷无尽的精神能量;亿万劳动人民才能各司其职、各守其成、各拓其业;全面建设社会主义现代化才能落到实处,而不会沦为空中楼阁。而这反映出广大劳动人民全面建设社会主义现代化的伟大劳动必然也涵养着更加伟大的中国精神。

三是夯实社会主义核心价值观的必要途径。马克思主义劳动价值观与社会主义核心价值观相互交叉,二者同源同种、同向同行。两者都属于社会主义社会的价值观,都是马克思主义价值观体系的一部分。社会主义核心价值观中个人层面的"敬业"就直接来源于马克思主义劳动价值观,其他的核心价值也都与马克思主义劳动价值观不谋而合。马克思主义劳动价值观的重要价值目标就是要通过劳动建立一个富强、民主、文明、和谐的国家,马克思主义劳动价值观中也含有劳动自由、劳动平等和追求公正、法治的社会秩序的要义,爱国、敬业、诚信、友善也符合马克思主义劳动价值观的本质内涵。因此,在全社会培育和践行社会主义核心价值观,也是在为坚持和弘扬马克思主义劳动价值观做贡献。反之亦然。社会主义核心价值观是从全社会所有价值观中抽取的最大公约数,培育践行社会主义核心价值观绝对不能单刀直入,必须与坚持和弘扬其他良好的价值观共同推进,马克思主义劳动价值观便是其中之一。坚持和弘扬马克思主义劳动价值观可以促进社会主义核心价值观更加深入人心。

劳动幸福论的四层仁学视界①

李长泰

摘　要： 马克思主义劳动幸福论认为劳动使人得到发展和解放，并且给人带来自由和幸福。劳动本身具有仁学基础和内涵，因而劳动幸福论主要体现为四层仁学视界：劳动具有生生不息之仁性的特征，人通过劳动认识宇宙之仁；劳动具有仁者爱物之境界，人通过劳动产生仁爱之心；劳动以大道为公作为道德标准，人通过劳动形成社会仁的共同体；劳动以天下达善为目标，人通过劳动实现仁美的目标。劳动幸福论的四层仁学视界即宇宙生存之仁、个人仁爱之仁、天下共同之仁和理想美善之仁。

关键词： 劳动；幸福论；仁学

马克思主义劳动幸福论认为劳动可以使人实现自我、得到解放并获得自由，最终实现最高形态的幸福。何云峰教授认为"劳动人权马克思主义"的核心是劳动幸福，"所谓劳动幸福，简单来说就是指人通过劳动使自己的类本质得到确证进而得到深层愉悦体验的过程"②。学界多以马克思主义的世界观、历史观和实践观对马克思主义劳动幸福论进行深层剖析，该剖析模式把握思想精准，富有内涵深度，因此得到了大力宣扬和发展。马克思主义劳动幸福论的内涵除了以马克思主义本身为视角进行诠释，还可以从多维度、多学科角度进行剖析，以此挖掘出劳动幸福论的多层次内涵。劳动幸福论体现了仁的思想，即是说劳动除了作为具有创造性、改造性的活动而使人达到身心幸福愉悦，劳动还是一个具有仁学意义的精神性活动。劳动本身是仁的发生、丰富和实现的过程，也是融入仁的

---

①　基金项目：2019 年度重庆市社科规划项目"习近平立德树人教育目标的伦理向度实现路径研究"（2019YBZX116）；2020 年国家社科基金项目"新时代中国特色社会主义劳动观及其践行研究"（20XKS007）。作者通信地址：李长泰，重庆师范大学马克思主义学院，重庆 401331。

②　何云峰：《劳动幸福论》，上海教育出版社 2018 年版，第 19 页。

世界、获得仁的精神、推行仁的道德和达到仁的美感的过程。本文拟从儒家仁学的四层逻辑视界诠释马克思主义劳动幸福论的内涵。

一、劳动有生生不息之仁性：以劳动识宇宙

劳动即是马克思主义所说的实践活动，是改造世界的活动，劳动首先面对的是人与自然的关系问题，人为了生存从自然界获取生活资料，通过劳动改造自然界，获得吃喝穿住的物质基础。恩格斯说："人们首先必须吃、喝、住、穿，然后才能从事政治、科学、艺术、宗教等等；所以，直接的物质的生活资料的生产，从而一个民族或一个时代的一定的经济发展阶段，便构成基础，人们的国家设施、法的观点、艺术以至宗教观念，就是从这个基础上发展起来的，因而，也必须由这个基础来解释，而不是像过去那样做得相反。"①因此，劳动具有生生不息的性质。生生不息是仁学的特征，因而劳动的性质也是仁的性质。

首先，劳动是宇宙仁性的体现，人们因劳动生生不息而幸福。生生不息的性质是宇宙论中的仁性，宇宙本身即有仁性，仁性体现为生生不息。劳动本身即是宇宙仁性的体现，宇宙有生生不息之性，天地有生生不息之德。《周易》说："天地之大德曰生，圣人之大宝曰位。何以守位曰仁，何以聚人曰财。理财正辞，禁民为非曰义。"②天地有生长的本性，生长是天地的大德，生的大德体现为生存发展和变化创新。既然生生不息是宇宙的本性，而劳动和实践推动了人的生存发展和变化创新，那么劳动就是宇宙生生不息本性的体现。"显诸仁，藏诸用，鼓万物而不与圣人同忧，盛德大业至矣哉！富有之谓大业，日新之谓盛德。生生之谓易，成象之谓乾。"③天地有仁性，天地因为生生不息而体现出仁性。宇宙因劳动而生生不息，劳动是宇宙之仁的显现；天地因劳动而不断迎来新发展，劳动也是天地仁性的显现。董仲舒说："天，仁也。天覆育万物，既化而生之，有养而成之，事功无已，终而复始。"④天地宇宙本身是仁性的，仁通过事功成就仁性和仁德，事功即是劳动之功，劳动是仁性的活动，劳动因达到宇宙仁德而幸福。

其次，劳动是实现仁性的中间环节，人们因劳动成就仁性而幸福。劳动生产改造了自然界和人的思维世界，提升了人的技能，使人获得了生存所需的物质生活资料。劳动实践养育了人类，劳动活动本身是仁性的生存活动，人类因为劳动

---

① 《马克思恩格斯文集》第 3 卷，人民出版社 2009 年版，第 601 页。

② 阮元：《十三经注疏》，中华书局 1980 年版，第 86 页。

③ 阮元：《十三经注疏》，第 78 页。

④ 苏舆：《春秋繁露义证》，中华书局 1992 年版，第 329 页。

而生存发展。人类通过劳动摆脱自然界的束缚,一方面认知了自然界,另一方面驾驭了自然界,人类由此得到解放,劳动也实现了宇宙仁性。劳动对人类自身而言是仁性的活动,劳动使人类具有了仁的性质并得到了仁的结果。人类因为劳动而统一了人与自然的关系,劳动使人成为人;劳动成就了人自身;劳动是人对自身推行仁的活动;劳动使人与宇宙之仁达到统一,成就了仁性;劳动因为仁的实现而使人达到幸福。宇宙本身具有仁性,天地有仁,养育万物,万物养人,但天地养育人需要借助劳动实践实现。劳动成就了天人之功,人从自然界获取物质资料而生存发展,劳动是宇宙仁性实现的中间环节。恩格斯说:“自然界为劳动提供资料,劳动把材料转变为财富。”①朱熹说:“仁,便如天地发育万物,人无私意,便与天地相似。但天地无一息间断,‘圣希天’处正在此。”②人通过劳动尽量与天地之仁靠近,天地之仁体现为天地给人提供物质资料,劳动是获取物质资料的过程,劳动将天地仁性贯穿到人类生活的全过程中,劳动是实现仁性的活动,人通过劳动实现了宇宙的仁性,并且通过劳动使自身成仁。

最后,劳动是认知宇宙仁性的过程,人们因仁性劳动提升了主体价值而幸福。劳动使人成为人自身,使人与自然界、万物相区别,使人的主体价值得到提升。恩格斯说:“劳动是整个人类生活的第一基本条件,而且达到这样的程度,以致我们在某种意义上不得不说:劳动创造了人本身。”③劳动改造了人原有的生物性质,使人具有人性;使人从世界万物中独立出来;使人具有创造性和仁性。孔子说:“天地之性,人为贵。”④人之所以是天地的中心和主体,其关键原因在于劳动的创造,劳动提升了人的价值。荀子说:“水火有气而无生,草木有生而无知,禽兽有知而无义,人有气、有生、有知,亦且有义,故最为天下贵也。”⑤人不同于万物,关键在于劳动的创造,其中最重要的是劳动使人具有仁性。主体的价值通过劳动实现,劳动提升了主体的地位,劳动是仁性的活动,劳动使主体的人区别于客体的自然界,人由此显现了主体的价值而得到幸福。“天之生物,便有春夏秋冬,阴阳刚柔,元亨利贞。以气言,则春夏秋冬;以德言,则元亨利贞。在人则为仁义礼智。”⑥人的仁义礼智之性,是在劳动中形成的,劳动使人从世界万物中独立出来。人的仁性劳动使人成为世界的主体;使人的价值地位得到凸显;使主体内心愉悦而幸福。

① 《马克思恩格斯文集》第9卷,人民出版社2009年版,第550页。
② 黎靖德:《朱子语类》,中华书局1986年版,第2415页。
③ 《马克思恩格斯文集》第9卷,第550页。
④ 阮元:《十三经注疏》,第2553页。
⑤ 王先谦:《荀子集解》,中华书局1988年版,第164页。
⑥ 黎靖德:《朱子语类》,第476页。

二、劳动有仁者爱物之境界：以劳动生仁爱

劳动改造了自然界，也改造了人自身。劳动使人产生仁爱之心；使人具有仁爱的精神境界；使人产生了热爱世界的心境而达到内心愉悦和幸福。劳动使人在解决人与自然的关系中进入到解决人与自身的关系；使人逐渐在自身的束缚中解放出来；使人具有热爱世界的大仁大义精神，即热爱自然、热爱他人、热爱自身的精神。这种具有大爱的精神境界也是仁学的精神境界。孟子说："亲亲而仁民，仁民而爱物。"①劳动使作为主体的人产生爱人爱物的心境。

首先，劳动使人获知世界知识，使人对世界产生仁爱心境而幸福。劳动使人认识自然界，人由于对自然的认知而掌握自然规律和法则，逐渐了解自然、顺应自然和热爱自然。因此劳动使人产生仁爱；使人产生爱物之心；使人产生对世界仁爱的心境而内心愉悦和幸福。《论语》中曾点说："莫春者，春服既成。冠者五六人，童子六七人，浴乎沂，风乎舞雩，咏而归。"朱熹解释说："曾点之学，盖有以见夫人欲尽处，天理流行，随处充满，无少欠阙。故其动静之际，从容如此。而其言志，则又不过即其所居之位，乐其日用之常，初无舍己为人之意。而其胸次悠然，直与天地万物上下同流，各得其所之妙，隐然自见于言外。"②意思是人与自然合一，与天地同流，认知大自然，热爱自然界。人在劳动的过程中掌握了自然规律，一方面顺应自然，另一方面利用自然。人对自然有热爱的心境，这是仁爱心境。仁学也是劳动过程中的仁学，人通过劳动产生仁爱，热爱自然界。王夫之说："人物同受太和之气以生，本一也；而资生于父母、根荄，则草木鸟兽之与人，其生别矣。人之有君臣、父子、昆弟、夫妇、朋友，亲疏上下各从其类者分矣。于其同而见万物一体之仁，于其异而见亲亲、仁民、爱物之义，明察及此，则由仁义行者皆天理之自然，不待思勉矣。"③人在劳动的过程中发现人与天地之气同一，热爱天地才能热爱自己，劳动使人产生仁爱的心境，劳动具有仁学的精神境界，人在劳动中结成人与自然的关系，人热爱自然，即是天地仁爱精神之体现。

其次，劳动增加了人际交往，使人产生关爱人的心境而幸福。劳动的过程是人与人结成关系的过程，人们通过劳动关系结成劳动友谊，认知劳动伙伴，结成人际关系，增加交往。人们明白四海之内皆是劳动兄弟。人通过劳动而形成主体之间的仁爱关系，通过劳动而增加人际交往，因此人们对劳动者群体产生关爱

---

① 朱熹：《四书章句集注》，中华书局 1983 年版，第 363 页。

② 朱熹：《四书章句集注》，第 130 页。

③ 王夫之：《船山全书》第 12 册，岳麓书社 2011 年版，第 221 页。

的心境而幸福。恩格斯说:"劳动的发展必然促使社会成员更紧密地互相结合起来,因为劳动的发展使互相支持和共同协作的场合增多了,并且使每个人都清楚地意识到这种共同协作的好处。"①在劳动过程中主体相互协作,彼此相互关爱,形成了劳动友谊和仁爱心境。因此,劳动是仁心产生的过程,劳动者通过劳动过程建立了劳动关系,劳动培养了人们的仁爱精神,劳动使人产生了幸福,因此达到张载所说"民吾同胞,物吾与也"②的仁学境界。

最后,劳动解放了人自身,使人因实现内心通达无碍而幸福。劳动的过程是解除困惑的过程,不断的劳动实践使人自身得到解放,内心的困惑逐渐消解,使人实现内心无碍,达到仁通的境界。劳动消除了人的疑虑和困惑,使人把握了自然界的规律,掌握了自身的认知,形成了自然的心境,因此不会盲目地追求超出自然规律和自身条件的目标。恩格斯说:"我们对自然界的整个支配作用,就在于我们比其他一切生物强,能够认识和正确运用自然规律。"③人在劳动中认识了自身的主体地位,同时认识到自身受自然规律制约,人的心境在必然和自由的双重条件中存在和发展,人最终会通过劳动实现自由。劳动使人认识人与自然,实现从心所欲但不逾矩。孔子说:"吾十有五而志于学,三十而立,四十而不惑,五十而知天命,六十而耳顺,七十而从心所欲,不逾矩。"④劳动的结果即是从心所欲不逾矩,人通过劳动实现了通达,仁学也是通达之学,仁是物我相通、人我相通。谭嗣同认为仁以"通"为要义:"仁以通为第一义。以太也,电也,心力也,皆指出所以通之具。""通有四义:中外通,多取其义于《春秋》,以太平世远近大小若一故也;上下通,男女内外通,多取其义于《易》,以阳下阴吉,阴下阳吝,《泰》《否》之类故也;人我通,多取其义于佛经,以'无人相,无我相'故也。"⑤通达即是仁爱,人内心无碍,对世界有大爱心境,劳动的通达与仁学通达一致。

三、劳动以大道为公作标准:以劳动为同仁

人在劳动的过程中形成了劳动道德,即热爱劳动、热爱劳动者群体,正确处理人与人的关系,由此形成了天下共同遵守的道德。劳动者尊重每一个从事劳动的人,他们在劳动中结成劳动关系,形成劳动共同体,以天下大道为标准形成

① 《马克思恩格斯文集》第9卷,第553页。
② 《张载集》,中华书局1978年版,第62页。
③ 《马克思恩格斯文集》第9卷,第560页。
④ 朱熹:《四书章句集注》,第54页。
⑤ 谭嗣同:《仁学》,华夏出版社2002年版,第6页。

共同的劳动规则和准则,具有仁学精神和仁道规则。

首先,劳动追求天下大道的精神,天下为公。劳动者追求平等的劳动,通过劳动过程获得平等的权利和遵守平等的规则,这种规则和权利是大道精神,大道精神即是仁道精神,劳动者共同劳动即是共同践行天下仁道思想,劳动者被视为同仁。恩格斯说:"无产阶级平等要求的实际内容都是消灭阶级的要求。"①无产阶级的劳动是平等的劳动,只有通过劳动消灭阶级不平等,人人才能获得平等的劳动权利。"把资本变为公共的、属于社会全体成员的财产,这并不是把个人财产变为社会财产。这里所改变的只是财产的社会性质。它将失掉它的阶级性质。"②共产主义社会的劳动最终是全体社会成员的劳动,共产主义社会是达到共同仁道精神的社会。马克思说:"劳动是一切财富和一切文化的源泉,而因为有益的劳动只有在社会和通过社会才是可能的,所以劳动所得应当不折不扣和按平等的权利属于社会一切成员。"③劳动是一切社会成员的平等权利,社会成员既要有劳动权,又要有平等劳动的权利。《礼记》说:"大道之行也,与三代之英,丘未之逮也,而有志焉。大道之行也,天下为公。选贤与能,讲信修睦,故人不独亲其亲,不独子其子,使老有所终,壮有所用,幼有所长,矜寡孤独废疾者,皆有所养。男有分,女有归。货恶其弃于地也,不必藏于己;力恶其不出于身也,不必为己。是故谋闭而不兴,盗窃乱贼而不作,故外户而不闭,是谓大同。"④中国古代以仁道为大道精神,社会运行以大道为原则,天下为公。中国古人在劳动的过程中形成大道仁义原则和天下为公精神,他们的勤劳勇敢产生社会道德,形成大道为公的思想,该思想超越了个人利益的思想局限,形成劳动共同体的仁道精神。"劳动幸福权的实现需要超越狭隘的个体生存界限,走社会化生存道路。"⑤劳动的社会化即是仁道精神形成的原因。

其次,劳动追求和而不同的精神,求同存异。劳动者在劳动的过程中相互协作,和谐和睦,求同存异,和而不同。劳动者依据自身能力和技能分工协作,他们具有包容精神、仁道精神以及忠恕和宽容的品格。劳动者既能尽情展现自己的能力而勤奋劳动,又能容忍存在技能差异的其他劳动者拥有一定范围内的生存发展空间,这体现了仁者的包容和谐精神,也体现了仁道精神。这种精神是在尽其劳动能力前提下的包容精神,是在劳动过程中形成的仁道精神。仁道即是和

① 《马克思恩格斯文集》第9卷,第113页。

② 《马克思恩格斯文集》第2卷,人民出版社2009年版,第46页。

③ 《马克思恩格斯文集》第3卷,第428页。

④ 阮元:《十三经注疏》,第1413—1414页。

⑤ 何云峰:《劳动幸福论》,第197页。

谐精神,和而不同。列宁说:"当社会实现'各尽所能,按需分配'的原则时,也就是说,当人们已经十分习惯于遵守公共生活的基本规则,他们的劳动生产率已经极大提高,以致他们能够自愿地尽其所能来劳动的时候,国家才会完全消亡。"①劳动者尽最大能力投入劳动,必然得到彼此的宽容和包容,劳动者们和而不同,求同存异,劳动使人产生仁道精神。孔子说:"己所不欲,勿施于人。"朱熹注释说:"推己及物,其施不穷,故可以终身行之。"②儒家力求以仁道化解社会的一切矛盾,实际上儒家的这一理想在劳动的过程中可以得到一定程度的实现。以劳动为终生目标可以形成君子精神,和而不同。"君子和而不同,小人同而不和。"③以劳动为人生追求的人必然是具有和而不同精神的人。劳动者具有高尚的道德情操,在劳动过程中互帮互助,他们是君子精神的典范、仁道精神的典范。

最后,劳动讲求诚信礼智的精神,名实相符。劳动者在劳动的过程中以诚信为本,追求实践的客观性,崇尚科学精神,做到名实相符。诚信之道即是劳动者尊重自然规律,不远离客观事实,追求实干精神,诚实不虚伪。恩格斯说:"人们就越是不仅再次地感觉到,而且也认识到自身和自然界的一体性,那种关于精神和物质、人类和自然、灵魂和肉体之间对立的荒谬的、反自然的观点,也就越不可能成立了。"④劳动者实事求是,讲求客观诚信,与儒家仁学精神相一致。儒家仁学精神讲究以诚为本,孟子说:"是故诚者,天之道也。思诚者,人之道也。"⑤儒家以诚信为本,名实相符。劳动者在劳动过程中遵守共同的仁道精神,具有仁性品质,劳动即是仁性的活动。

四、劳动以天下达善为目标:以劳动创造仁美

人在劳动的过程中认识了自然界、自我和社会,形成了道德,产生了仁爱。他们热爱劳动,热爱劳动者群体,能够正确处理人与人、人与自然界的关系,同时力求达到人与自然、人与人、人与心的和谐统一,形成美的情感,达到美的效果。劳动以天下达善为最终目标。人们通过劳动彻底解放人自身,推动人的发展,最终创造美。仁学的最高境界也是美的境界,人类通过仁的修为,达到美的效果,使劳动美学与仁的美学在理想层面上达成一致。人通过劳动实现仁美,因内心

---

① 列宁:《论马克思主义》,人民出版社 2009 年版,第 267 页。

② 朱熹:《四书章句集注》,第 166 页。

③ 朱熹:《四书章句集注》,第 147 页。

④ 《马克思恩格斯文集》第 9 卷,第 560 页。

⑤ 朱熹:《四书章句集注》,第 282 页。

达到愉悦而幸福。

首先,劳动是以人为本、以发展为目标的劳动。劳动发展人,使人生生不息,劳动本身即是仁的行动。同时,人的本质行为即是劳动实践活动,这种实践活动体现了人的类本质特征,人的类本质也是仁义,劳动生养了人即是仁义行动。孟子说:"人之所以异于禽兽者几希,庶民去之,君之存之。舜明于庶物,察于人伦,由仁义行,非行仁义也。"①孟子认为人与动物的区别是人有仁义,动物没有仁义,仁义是人文精神,是美、善,是人的类本质。劳动是人类特有的行动,劳动使人得到发展,体现了仁义的本质,创造了美。马克思说:"在共产主义社会高级阶段,在迫使个人奴隶般地服从分工的情形已经消失,从而脑力劳动和体力劳动的对立也随之消失之后;在劳动已经不仅仅是谋生,而且本身成了生活的第一需要之后;在随着个人的全面发展,他们的生产力也增长起来,而集体财富的一切源泉都充分涌流之后,——只有在那个时候,才能完全超出资产阶级权利的狭隘眼界,社会才能在自己的旗帜上写上:各尽所能,按需分配!"②劳动体现了人特有的类本质行动,劳动不仅仅是谋生活动,还推动了人的发展,达到了美、善的效果。人在劳动中感受到幸福的美感。幸福使人得到全面发展,人在劳动的过程中确定自身的存在,通过劳动过程实现自我完善和发展进步。劳动实现了人的尊严,确立了人的主体地位;劳动不仅仅作为对象而存在,还作为人类活动而存在;劳动既是价值的存在,又是作为价值的源泉而存在。同样的,仁不仅仅是人的特征,还是劳动的目标。

其次,劳动是自由的、以解放为目标的劳动。劳动使人得到发展,推动人的类本质的实现,即劳动解放了人,使人获得了自由,将人从自然界和人自身的束缚中解放出来,达到自由美感的目标。马克思和恩格斯说:"在共产主义社会里,已经积累起来的劳动只是扩大、丰富和提高工人的生活的一种手段。"③劳动在发展的过程中逐渐从工具性劳动进展到价值性劳动,劳动成为人的第一需要,它进入美的享受层次和价值层次,人在劳动中实现了自由,自由是美的体现。一方面,人有规律和规矩意识;另一方面,人在规律和规矩的前提下从心所欲展现出人的自由。劳动自由体现了仁学自由的特征。孔子说:"仁远乎哉?我欲仁,斯仁至矣。"朱熹注释说:"仁者,心之德,非在外也。放而不求,故有以为远者;反而求之,则即此而在矣,夫岂远哉?"程子说:"为仁由己,欲之则至,何远之有?"④仁

---

① 朱熹:《四书章句集注》,第293—294页。
② 《马克思恩格斯文集》第3卷,第435—436页。
③ 《马克思恩格斯文集》第2卷,第46页。
④ 朱熹:《四书章句集注》,第100页。

内化于心,既是本心的规矩,又是人对自由的遵守,仁是人的第一需要,为仁由己,仁的修为最终达到一种解放和美的享受。劳动是否幸福体现在人的解放程度中,最后将劳动理解为非劳动,将劳动的折磨性理解为享受性,使劳动本身成为幸福,劳动过程成为享受幸福的过程,随着自由劳动的发展,幸福也不断发展。同样的,仁在修为的过程中不断得到提升,仁的行为成为一种享受,劳动即是仁的自由享受和解放。

最后,劳动是美、善、以仁美为目标的劳动。劳动使人得到发展和解放,劳动成为评价美、善的标准,即是说劳动就是美和善,劳动本身是仁美的行动。董仲舒说:"仁之美者在于天。天,仁也。天覆育万物,既化而生之,有养而成之,事功无已,终而复始,凡举归之以奉人,察于天之意,无穷极之仁也。人之受命于天也,取仁于天而仁也。"①董仲舒认为仁是天之美,人以天仁为美。孔子认为"里仁为美",朱子注解说:"里有仁厚之俗为美。择里而不居于是焉,则失其是非之本心,而不得为知矣。"②乡里以仁为美,仁体现了人的完善和德善的精神境界。"仁是儒家所认为的最高精神境界,有这种境界的人,就是一个完全的人,即所谓'完人'。"③仁是美的目标,人的存在就是追求仁。同样的,仁美是劳动的追求目标,劳动成为美的享受而达到幸福,劳动追求美也就成为具有普适性的社会文化价值导向,正如仁成为人的文化导向一样,劳动即是仁义的美。

综上所述,马克思主义劳动幸福论认为劳动使人得到发展和解放,给人带来自由和幸福。劳动幸福论与仁学思想精神具有一致性,劳动体现了仁学的内涵和精神,劳动本身具有仁学的基础和内涵,以仁学精神诠释劳动幸福论可以丰富马克思主义劳动观的内涵。劳动幸福论主要体现为四层仁学视界:劳动具有生生不息之仁性特征,人通过劳动认识宇宙之仁;劳动具有仁者爱物之境界,人通过劳动产生仁爱之心;劳动以大道为公作为道德标准,人通过劳动形成社会仁的共同体;劳动以天下达善为目标,人通过劳动实现仁美的目标。劳动幸福论的四层仁学视界即是宇宙生存之仁、个人仁爱之仁、天下共同之仁和理想美善之仁。

---

① 苏舆:《春秋繁露义证》,第 329 页。

② 朱熹:《四书章句集注》,第 69 页。

③ 冯友兰:《中国哲学史新编》下,人民出版社 2007 年版,第 9 页。

积极劳动才配追求美好生活[①]

刘 兵

摘　要： 在经济环境普遍好转、生活理念有了显著改变的情况下，人们对美好生活的追求意愿愈发强烈，由此产生了"怎样做才能获得美好生活"的讨论。结合社会发展实践以及幸福家庭的综合研究可知，美好生活的根本实现途径是劳动，而且是积极劳动。"靠勤劳双手创造美好生活"阐述了劳动和美好生活的关系。总之，美好生活与积极劳动密不可分，文章就二者的相关内容作出分析与讨论，旨在明确劳动与美好生活的关系，从而指导实践。

关键词： 积极劳动；追求；美好生活

现阶段，我们社会的主要矛盾是人民日益增长的美好生活需要和不平衡不充分的发展之间的矛盾。我们国家已通过制定十四五规划和2035年远景目标来实现我们对美好生活的追求，至于当前存在的不平衡不充分发展的问题，我们可以通过积极劳动来解决。鲁迅说过，伟大的成绩和辛勤劳动成正比例，有一分劳动就有一分收获，日积月累，奇迹就可以创造出来。那我们的奇迹就是2035年基本实现现代化，2049年建成富强、民主、文明、和谐的社会主义现代化国家，让人们过上美好生活。

美好的生活是舒适、惬意、幸福的，人人都希望过上这样的生活。美好的生活让人羡慕，那种开心美好的时光，让人无比向往，人人都想去追求美好的生活，但是如何才能拥有美好的生活？美好的生活是怎样创造出来的？很多人却并不清楚。世人常说美好的生活需要靠勤劳的双手创造，"自己动手，丰衣足食"也是这个道理，即美好生活需要通过劳动来获得。那么，为什么追求美好生活需要付出劳动？很多人觉得劳动是一件非常辛苦的事情，所以总是幻想着不劳而获，这样的思想影响了他们的具体行为。他们不愿意劳动，过着无所事事、优哉游哉的

---

① 作者通信地址：刘兵，重庆交通职业学院智能制造与汽车学院，重庆402247。

日子,既幻想着美好生活,又不愿意付出劳动,一边抱怨有钱人为富不仁、唯利是图,一边又感叹命运不公、自己运气不好。实际上,当今社会的主流风气是劳动创造幸福美好生活,只要付出劳动,一分辛勤耕耘就会有一分收获,实现美好生活并不是难事。美好生活和劳动之间肯定有着密切的关系,为了美好生活,我们必须弄清楚它们之间的联系。关键是如何定义劳动与美好生活,如何为了实现美好生活而努力。

一、劳动的定义

具体分析劳动的定义对于科学认知劳动有重要的现实意义。就目前的研究来看,基于不同的角度对劳动进行分析与理解,劳动的定义会有显著的不同。从哲学角度看,劳动是主体、客体和意义的内涵集成体[1]。从社会发展的历史看,人类和社会的结合主要体现在人类的劳动发展上,人类通过劳动得到发展,社会也随之得到发展。劳动指的是生产物质资料的整个过程,通常是指能够对外输出劳动量或劳动价值的人类运动。维持人类生存和发展的唯一手段是劳动,劳动在人类社会发展中的价值不言而喻。

基于现阶段的大众认知,我们将劳动主要分为两大类:(1)体力劳动。所谓的体力劳动具体指的是以人体肌肉与骨骼的运动为主,以大脑和其他生理系统的运动为辅的主体运动。越古老的时代,体力劳动对生存产生的影响越多。通过不断的社会实践,体力劳动发挥着重要的作用,体力劳动是改造世界的最直接方式[2],对人类社会的形成和发展产生重要影响。在目前的社会行业发展实践中,诸多行业的发展基础便是体力劳动,所以在实践中必须要关注体力劳动内容。(2)脑力劳动。脑力劳动是指以大脑神经系统的运动为主,以其他生理系统的运动为辅的主体运动。在社会实践中,脑力劳动也占据着重要角色,大脑是体力劳动的指挥部,这更加说明了脑力劳动的作用也非常重要。体力劳动的具体开展需要脑力劳动的支持,脑力劳动者是决策者,体力劳动者是最后的实施者,两者关系十分紧密。总的来讲,社会劳动包含体力劳动和脑力劳动,社会的发展是体力劳动和脑力劳动的具体体现,也是实现美好生活的重要元素,社会劳动得到充分发展,会对美好生活的创造产生显著的影响。

① 朱哲、何林:《马克思劳动价值论中的劳动主体性思想及当代价值》,《当代经济研究》2019年第7期。
② 徐祥临:《劳动的重新定义与劳动二重性理论的创新》,《中共中央党校学报》2001年第3期。

二、美好生活的理解

要研究积极劳动和美好生活的关系,还需要对美好生活进行分析与探讨。通过分析目前的资料与总结社会实践,美好生活需要从以下两个层面理解。

首先是物质层面[①]。美好生活需要有物质保障。就目前的相关研究来看,很多人将美好生活定义为大房子、好车子,这种简单的认知实际上是从物质层面理解美好生活。确实,美好的生活离不开物质基础。很多人会疑惑,有的人虽然没有房子、车子,但是生活依然惬意,这难道不是美好生活吗? 其实,美好生活的必需品不是房子和车子,而是吃穿住用这些基本的物质保障,追求美好生活,这些物质保障不可缺少,否则人的生存就会出现很大问题,如果连生存都无法保障,何来美好生活呢? 总之,美好生活不可能离开基本的物质条件。

其次是精神层面[②]。说到美好的生活,很多人首先联想到的是物质,而忽视了精神层面,其实美好生活对精神层面的要求也比较突出。从人的角度进行思考,人类生存不仅包含物质需要,更包含情感需要,在保证了物质的基础上,人们会对情感有更加强烈的渴望。通过分析研究幸福美满的家庭可知,这些家庭或许不是大富大贵,但都家庭和睦、情感充实。通过社会实践调查可知,很多有良好物质条件的人依然过得不幸福,当问及他们现在的生活是否是美好生活时他们也摇头否认,一个重要的原因是他们的情感空虚。有物质保障,有情感寄托,这才是美好生活,才是现阶段社会实践中绝大多数人所追求的美好生活。

三、积极劳动和美好生活的关系解读

积极劳动和美好生活的联系紧密,对二者的关系进行全面分析与解读,对于充分理解"积极劳动才配追求美好生活"有重要的价值。

(一)积极劳动为美好生活提供条件

在上文中提到,美好生活的一个重要条件是物质保障,而获得物质保障的主要途径便是积极劳动,从这个角度来看,积极劳动能够为美好生活提供有利条件。[③] 基于上文的具体分析可知,劳动具有脑力劳动和体力劳动的区别,脑力劳动和体力劳动的侧重点不一致,二者互相弥补,其中体力劳动可以直接进行物质

---

① 钟莉君:《新时代人民美好生活需要的内涵及实现路径》,《中共南昌市委党校学报》2021年第1期。

② 杨金华、李梦圆:《论美好生活的精神维度及其建设之道》,《长江论坛》2020年第6期。

③ 崔兴红、吴翠丽:《马克思劳动观视域下新时代美好生活的三重逻辑》,《中共南京市委党校学报》2020年第3期。

生产,而脑力劳动能够为体力劳动的具体目标和方向进行规划。因此脑力劳动和体力劳动相辅相成,缺一不可。

以幸福家庭为例,家庭成员会认为自身所过的就是美好生活,即他们对美好生活有两点认知:(1)生活富足,即日常生活等各方面条件都不差,虽然不能大富大贵,但是吃得好,住得也好,且没有什么大的困难,家人身体也都健康。(2)精神状态良好,家中成年人有稳定的工作,相互之间体谅、关怀,有情感寄托。家中孩子活泼可爱,与成年人关系亲近,一家人其乐融融。可见,幸福家庭主要是通过家庭成员的努力换来的。一方面,成年人有稳定的工作,他们通过在工作岗位付出劳动获取工资,并用工资维持着一家人的生活,他们积极工作是对家人生活的保障。另一方面,家庭成员为了家庭的稳定都付出自己的劳动,即使是未成年人也会做一些力所能及的家务从而帮父母分担生活劳动。正是因为一家人的劳动,才创造了稳定、富足的生活环境,实现了美好生活。从这个家庭的整体分析来看,塑造家庭环境的根本要素是劳动,如果家庭成员失去了劳动,物质保障将不存在,而由物质问题导致的矛盾也会加剧,这样一来,这个家庭便不再是人们所追求的理想家庭状态。简言之,积极劳动不管是对个体还是对家庭都有着重要的价值,因为其是美好生活构建的最基本条件,是追求美好生活必须要付出的努力。

(二)对美好生活的追求刺激了劳动生产

生活有保障,就要积极劳动。积极劳动是美好生活的保障,反之,美好生活是积极劳动的重要刺激要素,所以在美好生活的诱惑下,更多的人会投入到积极劳动中。[1] 劳动作为社会实践中普遍的物质资料生产方式,不少人都对其有明确的认知,但是也有很多人对劳动一无所知,在这些人的意识里,之所以劳动,只是因为别人也在劳动,劳动能带来什么他们却不知道。

基于社会实践可知,在很多人的意识里,美好生活需要通过积极劳动创造,所以为了美好生活,许多人付出了劳动。可以说,美好生活就是社会大部分人努力的目标和方向。有人认为,住大房子是美好的生活,所以这些人会为了大房子而积极地劳动。也有人认为到处旅游是美好的生活,这些人会为了攒旅游资金而积极地劳动。总的来讲,每个人所定义的美好生活是不同的,但是在他们的眼中,不管什么样的美好生活,都可以通过积极劳动来获取,所以在将美好生活作为自身追求的目标之后,这些人会义无反顾地加入到劳动大军中。[2] 可以说,在

① 孙月红、张路:《习近平美好生活思想研究》,《洛阳理工学院学报(社会科学版)》2019 年第 1 期。

② 于春玲、曾孟:《马克思〈1844 年经济学哲学手稿〉中的美好生活观》,《东北大学学报(社会科学版)》2020 年第 2 期。

社会生活实践中,小部分人浑浑噩噩,大部分人非常清醒,他们知道自己想要的是什么,知道自己的目标是什么,未来要做什么,也能够对美好生活进行规划,所以他们会为了实现自己规划的美好生活而拼搏、努力,积极付出自己的劳动。在他们的意识里,只要积极劳动,哪怕多花些时间,美好生活总是可以实现的。

四、追求美好生活的劳动付出

基于上文的具体分析可知,要追求美好的生活必须付出劳动,也就是说,只有付出了积极劳动才配追求美好的生活。当然,并不是说一味地劳动便一定能获得美好的生活,所以在追求美好生活的过程中,关注劳动的具体付出同样非常重要。下文就追求美好生活过程中的劳动付出作详细阐述,旨在为劳动者的劳动付出提供指导与参考。

(一)劳动的差异与价值分析

在上文的分析中提到,体力劳动和脑力劳动是劳动的两种基本形式,这两种劳动既有密切联系,又有明显区别,它们互相补充,不能单独存在。体力劳动和脑力劳动虽然都称为劳动,它们本应无高低贵贱之分,却存在着明显的价值差异,以下是对体力劳动和脑力劳动价值差异的分析。

首先是体力劳动和脑力劳动的付出方式不同。[1] 通过对体力劳动和脑力劳动具体付出方式进行分析,体力劳动具有直接性,即其对社会生活的改造是直接的,而且体力劳动直接参与物质资料的生产。从另一个角度进行分析,体力劳动是最为普遍的劳动形式,所以其价值可以通过劳动直接体现。脑力劳动和体力劳动不同,脑力劳动对社会生活的改造具有间接性,即脑力劳动不会直接完成对社会的改造或者实现物质资料的生产,因为它从根本属性上看是一种思维活动。脑力劳动只有在体力劳动的基础上才会产生价值,脑力劳动最终的落脚点是体力劳动,体力劳动是脑力劳动的表达方式,离开了体力劳动,脑力劳动就无法直接创造价值。以企业的经营为例,在企业发展实践中,企业高管对企业决策的思考、规划属于脑力劳动,但是需要工作人员制定具体的落实方案,同时需要公司人员配合执行相关的措施,采取具体的实际行动,这样,企业决策的价值才会体现出来。方案的制定是脑力劳动和体力劳动共同作用的结果,决策方案的实施则为体力劳动。

其次是体力劳动和脑力劳动的影响范围不同。[2] 体力劳动和脑力劳动有着

---

[1]　章乐:《从割裂到融合:论当代劳动教育的时代转向》,《教育发展研究》2020 年第 24 期,第 21—27 页。

[2]　孙宇:《脑力劳动与体力劳动共同创造价值》,《经济研究导刊》2019 年第 26 期。

各自的影响区域,它们的影响范围不同,所以二者的价值也有显著的差异。就相关资料分析来看,但凡个体的身体机能健全,都可以从事体力劳动,然而个体体力劳动的作用范围比较小,社会影响力也比较小。所以要想让体力劳动的影响扩大,需要让不同个体和体力劳动联合起来,这样才能扩大影响范围,让更多的体力劳动参与进来,而能够联合体力劳动的重要方式便是脑力劳动的运用。通过脑力劳动思考、分析和总结,明确获取生产资料需要使用的体力劳动,并组织与联合体力劳动者,这样,体力劳动的影响范围会显著扩大,其价值也会明显提升。总的来讲,体力劳动和脑力劳动的付出方式差异决定了其影响范围的不同,尤其是在互联网经济大环境下,脑力劳动的影响范围进一步扩大,所以其价值表现更加突出,这是体力劳动所不能比拟的。

最后是体力劳动和脑力劳动的价值回报不同。[1] 劳动的差异造成社会影响力不同,所以社会对不同劳动形式的肯定也不同,最直接的表现体现在价值回报方面。对现阶段的社会产业类型做划分,社会产业中的每个类型都有脑力劳动和体力劳动,将这两类劳动进行梳理分析,并将脑力劳动行业与体力劳动行业进行对比发现从行业整体发展看,脑力劳动者的收益远远高于体力劳动者,这印证了脑力劳动者价值更加突出的结论。虽然有部分体力劳动者的劳动收益比较高,但这更多是因为从事该行业的人员稀少,供不应求导致价格提高,比如精准焊工等行业。总而言之,劳动的差异决定了劳动价值的不同,所以在认清价值差异的基础上做相应的劳动分析有重要的现实意义。

(二)美好生活对劳动的要求

只有积极的劳动才配获得美好的生活,但并不是所有的劳动都能够实现美好的生活,因为要真正达到美好生活的状态,付出积极的劳动不仅有质的要求,还有量的要求。以下是基于美好生活对积极劳动的要求分析。

第一,美好生活的标准影响着积极劳动的付出。[2] 在上文中提到过,美好生活主要有两个层面,分别是物质层面和精神层面,任何一个层面的缺失都没办法达到美好生活的状态。由于个体差异的存在,每个人对美好生活的标准要求不同,即便如此,美好生活的物质层面和精神层面依然不可缺少。在追求物质生活的过程中,付出积极劳动是必需的,且为了维持物质生活的稳定,积极劳动的付出需要具有持续性。不同的美好生活标准影响着劳动付出的持续状态。简言之,美好生活的标准界定的差异对积极劳动的具体付出程度有显著的影响,所以

---

① 李松龄:《简单劳动和复杂劳动的理论深化及其当代意义——基于新时代美好生活需要的思考》,《湖南社会科学》2020 年第 1 期。

② 陈学明、毛勒堂:《美好生活的核心是劳动的幸福》,《上海师范大学学报(哲学社会科学版)》2018 年第 6 期。

在劳动的时候,劳动者需要基于自身对美好生活的定义开展积极劳动。

第二,在对美好生活的追求中,美好生活对积极劳动的要求是劳动必须积累一定的量。上文提到,积极劳动必然会获得回报,它是追求美好生活的基本保障。美好生活包括物质和精神两个层面,作为实现美好生活途径的积极劳动,必须要满足物质生活和精神生活的需要。如果积极劳动的回报不高,那么需要通过更多的劳动才能获取足够的回报,从而满足物质生活和精神生活的需要。如果积极劳动回报比较高,依然需要通过持续积累劳动量获取更多回报,因为随着物质生活的改善,人们对精神生活的要求会更高,且生活是持续性的状态,为了维持高品质的美好生活,需要通过持续不断的劳动,为劳动者提供保持劳动积极性的能量。总之,不管是什么样的标准,要保持美好生活状态的稳定,靠一时的劳动难以满足具体要求,需要通过劳动量的积累实现。

第三,在对美好生活的追求中,积极劳动不仅要有量,还要重质[1],量和质都要得到保证。劳动往往是量大质差,量小质优,量变和质变互相影响。要想保持劳动的量和质的高度统一,就要在支付劳动者报酬时不仅要看劳动者的劳动数量,更要对劳动者的劳动质量进行考量。以某生产企业为例,在"按劳分配,多劳多得"原则的基础上,劳动者的劳动数量越多,所获取的报酬也会越多,但是如果劳动者所付出的劳动不合标准与规格,即生产制作的产品没有达标,是残次品,那么在计算他们的劳动量的时候会有相应的扣除。如果造成严重后果,还会追究劳动者的责任。因此在劳动的过程中,对劳动提出高标准高要求,强调劳动质量是非常重要的。简言之,美好生活需要通过劳动来创造,不过要真正达到美好生活的状态,必须要对劳动的数量和质量有更加深刻的认知,这样,劳动收益会更加突出,美好生活的追求过程也会更加高效。

(三)基于美好生活的劳动付出

在生活实践中,脑力劳动和体力劳动的差异决定了它们价值的不同,且美好生活对劳动也提出了具体的要求,所以在追求美好生活的过程中,认真对待劳动,重视科学的劳动付出,将能够实现收益最大化,这样,追求美好生活的过程才会更加轻松。以下是针对追求美好生活过程中的劳动付出提出的措施与建议。

第一,需要对自身的能力进行分析,明确自身的定位,从而找到合适自己的岗位,从而充分实现自身的价值。中国有句古话叫"男怕入错行,女怕嫁错郎",放在如今的社会环境中,不管男女都怕入错行。因此,人们需要对自己的能力、兴趣和爱好有充分的认识,自己适合做什么、天赋程度如何、后天努力能有多大程度改善,这些需要人们认真思考。为了让自身的劳动价值更好地实现,在入行

---

① 吴宏政、吴瑕:《新时代美好生活的"劳动价值论"》,《湖湘论坛》2019 年第 5 期。

的时候,劳动者需要进行自我能力的审视:(1)对自我的综合能力素质进行分析,
比如专业能力、交往能力、吃苦耐劳能力、创新能力等,基于自我能力的认真分析
与综合解读,个体对自我会有基本了解。(2)判断自我价值的体现方式。在了解
自我价值的基础上对自我价值的表现方式进行分析,确定自我价值实现的途径,
这样,劳动者能够基于自身定位寻找更加适合自己的岗位。

　　第二,需要对行业进行分析。目前的社会实践中有众多行业,但并不是每一
个行业都有发展前景。综合社会发展趋势可知,部分行业目前虽然表现不错,但
在技术革新的大趋势下,行业发展前景势必受到影响,如果选择在这样的行业进
行劳动,未来的劳动价值很可能会大打折扣,所获得的劳动报酬自然也可能受
限。基于此,劳动者在付出劳动的时候,需要进行市场分析与行业调查,充分了
解这个行业的当下状况和未来前景。行业分析主要针对脑力工作劳动者。他们
通过全面、综合的行业分析和市场考察确定具有发展潜力的行业,然后在自身能
力和价值定位的基础上进行行业选择,这样,劳动者所获取的劳动报酬会更加丰
厚,基于劳动的美好生活的实现也会更加高效。

　　第三,在积极劳动过程中,劳动者需要不断地进行学习并提升自身的劳动技
能,这样,劳动者的劳动才会体现出更加突出的价值[①]。在社会发展的大环境
下,各个行业都在进步,相应的行业技术、思想以及理念等也在发生明显的变化,
在这样的变化趋势下,不改变意味着落后,而落后则意味着淘汰,因为在整体环
境快速发展的情况下,思想落后、技术落后的劳动者所提供的劳动创造的价值减
少,所以他们会被行业淘汰。基于这样的情况,劳动者在劳动的过程中需要关注
行业发展的动态,需要对行业发展的方向进行掌握,同时要积极地学习和了解行
业变化的思想、理念以及技术。劳动者基于变化的现实不断地进行自我充实和
发展,实现自我与行业的共同成长,这样,劳动者在劳动的过程中便不会落伍。
基于对先进思想、理念、技术的掌握,劳动者提供的劳动能够满足企业发展的具
体要求,其对企业发展会贡献更多的价值,产生更大的社会价值,企业也会高度
重视这样的劳动投入,并通过提高报酬等方式进行鼓励,所以劳动者的所得会更
多。总之,劳动者自身的学习与进步对劳动报酬的提高具有积极意义,对美好生
活的追求也具有突出价值。

　　第四,在积极劳动的过程中,劳动者的劳动付出需要强调科学、合理、有效。
美好生活的追求以人为前提,以人为本,也就是说享受美好生活的个体是人。为
了追求美好生活,劳动者需要付出更多的劳动。在美好生活的追求中,劳动者自
身的安全和身体健康是第一位的。基于社会实践的分析可知,有不少劳动者在

[①]　石燕:《美好生活"四个全面"战略布局的价值追求》,《湖北文理学院学报》2019 年第 10 期。

劳动过程中因缺乏科学、合理的理念而不断透支自身的健康。确实,他们由于自身的劳动获取了不错的报酬,也换来了不错的物质条件,但他们的精神状态、健康状况却不理想,这种状态下的劳动者如何能够享受美好的生活?追求好的生活本身没有错,这是人之所向,但是在追求的过程中忽略自身的安全和健康是大错特错。没有了强健的体魄,再多的物质享受都不能称之为美好。基于此,在美好生活的追求中,劳动者要注重自身健康和安全,这样才能通过积极的劳动实现美好的生活。

第五,积极的劳动促成美好生活。积极的劳动会产生动能,使个体带动群体,让越来越多的人投入工作之中,使得劳动效率得到提高。积极的劳动会增强个人的成就感,体现个人价值。积极劳动弘扬社会正气,企业也会重视这样的积极效应,并通过提高劳动报酬和荣誉奖励鼓励劳动者。积极的劳动不仅带来物质奖励,也会给人们带来丰富的精神享受,提高生活品质,这正是美好生活的体现。如果劳动者不积极劳动,工作效率低下,创造的劳动价值不符合社会要求,必将影响自身的劳动收入,甚至面临被解雇的风险,使得美好生活难以实现。

结　语

综上所述,美好生活是每一个人的理想生活目标,所以在生活实践中,每一个人都在向美好生活的方向努力。当然,美好生活不是一句口号,而是众多社会成员的目标,是他们为之付出了积极劳动的结果。"劳动最美"是中国的传统理念,放在今天的社会中依然适用。劳动者用自己的劳动改变了世界,创造了属于自身的美好生活,他们对社会的贡献值得被肯定。本文在对积极劳动和美好生活进行定义的基础上讨论了积极劳动和美好生活的关系,并就美好生活的劳动付出进行了分析,目的在于促进劳动者更好地追求美好生活。

劳动幸福权与法权正义①

马文杰

摘　要： 法权正义是法律制度得到人民群众实际支持的基础,一般情况下,法权的正义基础越广泛,维护法制运行和社会稳定的社会成本越低。非马克思主义的法权正义包括契约式正义和主观利他式正义,马克思主义的法权正义表现为主客观统一的利他性正义,而劳动幸福权属于马克思主义的利他性权利。从中国当前实际看,法权正义应建立在劳动幸福权的基础之上。

关键词： 劳动幸福权;正义观;利他性正义

一、法权与正义观的一般对立

正义是法权的基础,任何政治和法律主张都强调自身的正义性,而不同的政治和法律观点也把法权的正义性作为争论焦点,它们既不会承认自身是非正义的,同时也会攻击对立观点的正义性基础。一般来说,社会内部在法权正义性上的对立会削弱法权在社会成员中的普遍权威,会更易引发个人与社会的对抗和犯罪行为。在资本主义社会,正义观的多元化和世俗化必然加剧市民社会的内部对立,而市民社会的内部对立又必然要求加强法权的强制性,尽管资本主义国家为缓解社会矛盾做出了很大努力,例如政治民主制度和社会保障制度,但仍然需要强大的暴力机器来维护社会秩序。即便是英国这样的发达资本主义国家,维护社会稳定所面临的挑战也很严峻,例如,英国人口总数为六千多万人②,从英国和中国检察机关的工作报告中可以看到,在 2014 年英国被提起公诉的人员

---

① 作者通信地址:马文杰,辽宁金刚石律师事务所,辽宁 大连116300。
② 外交部:《英国国家概况》,https://www.fmprc.gov.cn/web/gjhdq_676201/gj_676203/oz_678770/1206_679906/1206x0_679908/,2021 年 2 月 25 日检索。

约 60 万①,而中国约 140 万人②。当然,英国的数据也反映出其资产阶级的强大和司法体系的发达,对于中国当前的综合国力而言,是否可以应对像英国那样的高犯罪比例,这是值得担忧的。

法权的正义基础涉及教育、宣传,甚至道德和宗教等各个方面,但在阶级社会,任何上层建筑都无法突破其经济基础的限制,法权的阶级性是客观存在的,人民群众可能在一定时期内被某一阶级或阶层鼓动甚至蒙蔽,但他们终究会认清社会现实,认清某项具体权利的正义究竟是全民的正义,还是某个阶级或阶层的正义。例如,私有财产权在资产阶级社会被认为是民众的基本权利,而在实际社会生活中,对于多数社会成员来说,所谓私有财产权实质是由劳动者"自由"支配的劳动力成本所决定的,其成本表现为工资及其对价,即衣食住行所需的基本消费品的价格和质量。也可以说,劳动大众的私有财产权就是衣食住行的权利,是从事社会劳动和满足基本生活的权利。由于私有财产权对于处在不同社会关系中的不同群体具有不同的实际内容和正义性,所以在实际社会生活中,其并不能得到所有社会大众的支持,而是需要依靠强大的暴力机器,消耗大量社会资源去维护所谓神圣的私有财产权。

对于法权与正义的对立,有学者主张应强化"法律就是正义"这一基本认识,他们想借此一劳永逸地解决法权的正义基础问题,但这种形而上的论断完全经不起现代思辨的推敲。况且,人类历史上虽然有苏格拉底那样宁可失去生命也要维护法制的守法典范,但也有纳粹德国所制定的反人类的法律制度。解决法权的正义基础问题,不能仅仅通过形而上的机械教条和道德教化,反言之,如果真能有什么捷径可走,西方发达国家也不需要消耗大量社会资源来维护其法权制度了。对于处在社会主义初级阶段的中国而言,其面临人口众多、资源紧张的实际国情,因此,中国的法律制度和社会秩序的维护必须走群众路线,筑牢民心基础,正如中共中央印发的《法治中国建设规划(2020—2025 年)》中要求的,"坚持法治建设为了人民、依靠人民,促进人的全面发展,努力让人民群众在每一项法律制度、每一个执法决定、每一宗司法案件中都感受到公平正义"③。

---

① 英国政府网:《皇家检察署年度报告(2014—2015)》,https://assets.publishing.service.gov.uk/government/uploads/system/uploads/attachment_data/file/438548/49940_CPS_Annual_Report_2015_print.pdf,2021 年 2 月 25 日检索。

② 曹建明:《最高人民检察院工作报告》,https://www.spp.gov.cn/spp/gzbg/201503/t20150324_93812.shtml,2021 年 2 月 25 日检索。

③ 中国政府网:《法治中国建设规划(2020—2025 年)》,http://www.gov.cn/zhengce/2021−01/10/content_5578659.htm,2021 年 2 月 25 日检索。

二、契约式正义和主观利他式正义

柏拉图在《理想国》中提到这样一种观点:关于正义,人们既想从不义行为中获得利益,又害怕自己会遭受不正义行为所导致的损失,二者相较,那些没有能力从不义中获利的人们便达成一种契约,要求大家都遵循正义,以求利益最大化。[①] 在这种观点看来,社会正义本身就具有契约的属性,或者说本质上就是契约正义。这种契约式正义的观点具有深远的影响,包括社会契约、市民公约、文明公约等许多概念都体现出契约式正义的观点。在政治实践中,少数服从多数的民主立法原则也具有契约特点,只是对于反对某项法案的少数人来说,这种正义是外在和强加的。在国际公法领域,则更能体现契约式正义。一般来说,某个国家只有自愿加入了某个条约才会受到该条约的约束,反之,这个条约对这个国家来说就不具有法律约束力。

契约式正义在本质上是形式和外在的,其本身不具有实质内容,只要多数人同意或赞成,就是正义。当然,从辩证逻辑上看,形式可以包含着内容,外在可以转化为内在,在契约式正义的形成过程中,每个"缔约者"都是以个体理性和正义为基础的。但契约式正义的形式与内容处于基本的对立关系之中,在资本主义社会中,任何一条法律和任何一项权利,都会遭受部分人反对,都存在着对立和斗争。虽然在民主体制下,不同阶级、阶层以及不同个体达成了社会契约,在形式上赋予了法权的权威性和正义性,但仍然无法回避两个基本问题。首先,契约式正义不是人们的最高追求,而是现实妥协,是建立在能够促成妥协的现实力量的基础之上的,如果缺乏足够的现实力量,民主制度下的妥协也无法实现。其次,从社会个体的角度看,正义契约的实际功能在于约束别人保护自己,所以必须有外在的或异化的力量来实现正义对"别人"的约束,而这种力量的强弱和效率高低,直接决定了法律在社会生活中的实施效果。

契约式正义虽然在形式上超越了个体正义,实现了社会正义,形成了所谓"公意",但也造成了社会正义与个体正义的对立,形成了权力和权利的对立。对于西方唯心主义而言,契约式正义下的社会对立是个"问题",是应该并且可以在民主制度下解决的,但从马克思主义的观点来看,这种对立不是"问题",而是"答案",是契约式正义的必然逻辑结果。契约式正义之所以成为西方发达国家的主流正义观,是因为其符合当前的社会实际。从阶级力量上看,面对社会的对立和斗争,发达资本主义国家的资产阶级完全有能力应对和解决,他们能够维持社会稳定和经济发展。从经济基础与上层建筑的基本关系看,契约式正义与资本主

---

① 柏拉图:《理想国》,外语教学与研究出版社1998年版,第38—39页。

义当前发展阶段相符合，资产阶级对于人民大众的虚伪说教和欺骗都是建立在其阶级力量和经济基础之上的。反之，如果缺乏这样的基础，就无法应对和解决社会的对立和斗争，无论是什么具体形式的资产阶级道德伦理学说和资本主义民主制度，都注定要面对"缺乏民主精神和公民意识"的社会大众，而难以真正实现。

契约式正义的个体正义观以利己观念为核心，在其社会普遍性之下，每个人都是"己"，是普遍的利己主义。黑格尔在《法哲学原理》中认为，市民社会的意识基础是普遍利己导致的相互需要，其基本表现为社会成员在人身安全和财产方面的权利，即每个人都有权利和机会从社会中得到个人利益上的保障和满足。从逻辑发展阶段上看，家庭作为市民社会的逻辑前身，国家作为市民社会的逻辑发展，二者都更强调社会身份和与之相对应的社会责任。例如，家庭成员身份和公民身份都包含着固有的"利他"的责任，黑格尔认为，这种身份责任既不属于个体道德责任，也不同于契约中以互利为目的的相互责任，而是绝对理念在人类中的体现。柏拉图在《理想国》中所推崇的城邦正义也是以利他性为核心的，城邦中不同职业身份的人各司其职，可以实现城邦的整体利益，进而实现每个社会成员的应得利益。在柏拉图看来，城邦正义是比个体正义和契约正义更高级的正义。

在许多社会主义学者和革命者看来，利他式的正义与资产阶级利己主义相对立，他们寄希望于通过利他观念与利己观念的斗争来实现社会变革，进一步纠正资本主义社会的矛盾和压迫。在空想社会主义运动中，许多革命者和改革家尝试构建以无私奉献等观念为精神基础的社会团体，虽然在短期内获得一定成功，但都难以为继。而上述运动的失败又一定程度上助长了人性自私论，这一理论认为利己作为人的本性是难以改变的。在马克思主义唯物史观确立之前，人们过多地纠结于利己和利他的思想观念，认为社会变革的核心问题是人的思想觉悟。然而，从逻辑关系上看，在普遍性的前提下，利己和利他并没有本质区别，每个人既是"己"也是"他"，只是视角不同，二者作为抽象人格的对立，在社会普遍性背景下只是个体性的矛盾，而不是社会的基本矛盾。

综合来看，契约式正义构成抽象的公共意志和片面的共同利益，它依靠暴力机器保护资本主义体制内的个体利益，压制体制外的个体利益，该体制在发达资本主义国家是否行得通，主要取决于资产阶级的力量和资本主义国家的综合国力。主观利他性正义借助于空想或理想的高尚人性，人为营造出团结和谐、无私奉献等文化氛围，必然造成两面派和潜规则等社会问题。当社会问题愈演愈烈，其必然导致社会价值体系的崩塌和社会矛盾的失控。因此，《法治中国建设规划（2020—2025 年）》中要求，"坚持从中国实际出发。立足我国基本国情，统筹考虑经济社会发展状况、法治建设总体进程、人民群众需求变化等综合因素,汲取中华法律文化精华,借鉴国外法治有益经验,循序渐进、久久为功,确保各项制度设计行得通、真管用"①。

三、劳动幸福权是马克思主义利他性权利

有学者认为,马克思并没有专门论述正义问题,正义的概念和观念在共产主义社会也会连同非正义一起消失。笔者对上述观点无从质疑,但认为马克思主义并不是不关注正义问题,而是不仅仅抽象地从人性、道德、法律范畴内探讨正义。从马克思主义基本观点来看,正义观念作为社会上层建筑,是与经济基础相对应的,正义观与经济基础的对应性赋予了正义观相对客观性,使正义观不仅仅作为个体意识中关于正义的主观意识而存在。

马克思主义正义观可以从"自由联合体"的政治结构和"自愿分工"的经济结构中引申出来。马克思指出,"代替那存在着阶级和阶级对立的资产阶级旧社会的,将是这样一个联合体,在那里,每个人的自由发展是一切人的自由发展的条件"②。基于上述论述可以认为,马克思主义新社会的政治结构是普遍自由基础上的联合体,它超越了资本主义社会的社会对立和社会压迫。需要指出的是,这种普遍性不是契约式的普遍性,在新社会下,每个人能够自由生活和发展,具有完全的意志自由,具有"绝对权利"。这种状况在旧社会不可想象,也不可能实现,原因在于旧社会并不具有普遍自由和普遍权利,只具有"我尊重你的权利,你也要尊重我的权利,否则国家就出面暴力镇压你"这样的契约自由和权利,而其根本原因在于旧社会存在不可调和的社会对立,通俗地说就是,"你自由就会妨碍我自由,让你行使权利,我就要做出某种让步和付出"。在新社会中,每个人行使权利,是一切人行使权利的条件,通俗地说就是,"你不自由我就没法自由,让你行使权利我才能更好地行使权利"。那么,这是什么样的自由、什么样的权利呢?笔者认为,"自由联合体"的制度基础是利他性权利。

马克思主义的"利他"不是单纯要求一个人主观地为别人谋利。从行为学角度看,一个人主观地为他人谋利,同样是在满足个人需求,只不过这种需求可以定义为高尚的精神需求。这种高尚的个人需求一方面同自私自利的思想观念相对立、相斗争,另一方面也需要自私自利的思想观念来促使其产生,或者说,是自私自利的社会文化环境让一些高尚的人有了高尚的精神需求。因此,个体的主

---

① 中国政府网:《法治中国建设规划(2020—2025 年)》,http://www.gov.cn/zhengce/2021－01/10/content_5578659.htm,2021 年 6 月 30 日检索。

② 《马克思恩格斯选集》第 1 卷,人民出版社 1972 年版,第 273 页。

观利他观念注定占社会中的少数,人们虽然推崇和崇拜这种精神,但这种高尚的精神对于以利己观念为核心的社会主流文化来说终究无法取胜。马克思的"自由联合体"思想表明,取代旧社会的是自由联合的社会,是不需要任何外在强制力,即不需要外在社会道德和暴力机器约束的社会,正如毛泽东在《关于正确处理人民内部矛盾的问题》中认为的,"马克思主义者从来就认为无产阶级的事业只能依靠人民群众,共产党人在劳动人民中间进行工作的时候必须采取民主的说服教育的方法,决不允许采取命令主义态度和强制手段"[①]。

从社会成员的行为关系看,在自由联合的社会里,每个人自由自在、遵从内心就完全可以对社会、对他人承担社会责任,这种利他性权利不仅是一种制度设计或道德素养,而且具有社会发展必然性。马克思主义的利他性权利是以社会分工为经济基础的,并且随着社会分工在由"自发分工"向"自愿分工"持续递进的过程中不断发展。当然,在经济基础发展的不同阶段,利他性权利也具有不同的内容和地位,只有当经济基础发展到一定程度时,利他性权利才能成为社会规则体系的主体内容。

从人类分工的本质内容看,每个人的个体劳动不仅通过劳动者之间的协作转化为社会劳动,也可以使社会劳动中的"他人"具有更高的生产效率和劳动自由,或者说,社会分工劳动的利他性不仅体现在量上,而且体现在质上。因此,分工和交换并不仅仅是对社会生产力和产品的简单组合与重新分配,而是通过社会分工所包含的质的利他性使个体劳动能力及劳动成果产生"社会增殖"。从社会分工的发展历史看,分工制度的优越性在资本主义制度下爆发式地体现出来,正如《共产党宣言》中指出的,"资产阶级在它的不到一百年的阶级统治中所创造的生产力,比过去一切世代创造的全部生产力还要多,还要大……过去哪一个世纪能够料想到有这样的生产力潜伏在社会劳动里呢?"[②]

在以私有财产权为核心的资本主义生产方式下,社会分工处在以自发分工为主的发展阶段,劳动者不能自愿选择从事的工作,只能在私有财产的指挥下进行工作。古语有言,"吴王好剑客,百姓多疮痍;楚王好细腰,宫中多饿死"。在资产阶级私有财产的指挥下,社会分工和社会生产的发展水平很大程度上取决于资产阶级的整体水平及其政府的治理能力。劳动者在社会生产关系中基本上充当"智能工具",其所享有的劳动自由程度以及生产效率得以提高的程度也取决于资产阶级发展的层次和能力。当然,随着资本主义社会的不断发展,劳动者也

---

① 毛泽东:《关于正确处理人民内部矛盾的问题》,http://www.cctv.com/special/756/1/50062.html,2021 年 2 月 25 日检索。

② 《马克思恩格斯选集》第 1 卷,第 256 页。

可以逐步获得更多的主体地位和劳动自由。

从社会关系上看,自发分工所包含的个体利益与共同利益的矛盾,使劳动者处在以资产阶级利益为核心的"共同利益"的压迫之下。对于资本主义自发分工所包含的对立和异化,马克思做出过论述,"只要私人利益和公共利益之间还有分裂,也就是说,只要分工还不是出于自愿,而是自发的,那么人本身的活动对人来说就成为一种异己的、与他对立的力量,这种力量驱使着人,而不是人驾驭这种力量。原来,当分工一出现之后,每个人就有了自己一定的特殊的活动范围,这个范围是强加于他的,他不能超出这个范围"①。资产阶级作为资本主义社会的统治阶级,在形式上代表公共利益,在这种异化的制度下,劳动者为社会创造价值,反而成了"自私"地为自己讨生活,资本家自私地捞取利润,反而成了公共利益的维护者和社会价值的创造者。这种对立和异化也体现在一般认识上,例如,庸俗经济学家认为,工人工作越辛苦、拿的工资越少就会为社会创造越多价值;而资本家越成功、挣的钱越多就表示社会经济越繁荣。

当然,上述庸俗经济学家的认识已经被西方发达资产阶级所抛弃,他们在一次次的经济危机中不得不认识到资本主义私有制的局限性,正如马克思指出的,在资本主义私有制与社会化大生产的固有矛盾下,资产阶级"一方面不得不消灭大量生产力,另一方面夺取新的市场"②,使资本主义制度无法充分释放社会分工所蕴含的社会生产力。因此,发达资本主义国家把对劳动者生活水平与权利自由的维护和促进都提到了体制的高度,使之体现在法律制度上,这不是由单个资本家根据自身"慈善"品格任意决定的,也不是国家"施舍"给劳动大众的,而是劳动大众的权利,这主要体现在社会保障和人权保障等方面。当然,资本家这样做是为了更好地维护自身利益,因为从生产关系上看,劳动幸福权是"利他"的权利,劳动幸福的普遍受益者是社会公共利益,当然,在资本主义社会主要是资产阶级利益。

与自发分工相区别,自愿分工强调社会分工中的自由意志因素,从社会规则层面看,就是劳动者有权利自由地从事劳动。对此,马克思浪漫地表述为"因而使我有可能随我自己的心愿今天干这事,明天干那事,上午打猎,下午捕鱼,傍晚从事畜牧,晚饭后从事批判"③。马克思所描绘的"随心所欲"的工作状态并不是不务正业,而是表明自由劳动是适合于共产主义社会生产的劳作方式。何云峰进一步认为,"获得劳动幸福的根本路径无疑是使劳动回归到跟人的类本质同一

---

① 《马克思恩格斯选集》第1卷,第37页。
② 《马克思恩格斯选集》第1卷,第257页。
③ 《马克思恩格斯选集》第1卷,第38页。

的自由劳动状态"①。劳动幸福从社会层面看,不仅仅在于劳动者个体的幸福和自由,而且在于以更好地推动生产力发展为核心,充分发挥劳动者主观能动性的价值判断和制度安排。

分工中的自愿因素不只存在于共产主义社会,从分工的基本内涵看,其本身就不同程度地包含着自愿分工的因素,即便是处在强制劳动状态下的劳动分工也会考虑到劳动者的天资、兴趣等因素,自愿的主体状态对于劳动效率的重要性在日常生活中即可感知,例如人们常说,兴趣是最好的老师,要干一行爱一行,等等。自愿分工在量上可以区分出一系列梯度,从质上看,每一个梯度也可以被赋予不同的定义,何云峰把劳动发展阶段定义为"奴役劳动、谋生劳动、体面劳动和自由劳动"②,这也代表着分工劳动中所包含的自愿因素的具体发展阶段。从劳动发展的整体上看,劳动幸福权可以作为贯穿劳动发展的统一度量,即在不同历史发展阶段和社会状态下,劳动幸福权概念所指向的实质内容也标示着社会分工中所包含的自愿因素的度量。

四、劳动幸福权的基础地位

在现阶段,权利的利他性是权利正义性基础的基本内容。首先,从社会生产以及全球化的现状来看,资产阶级和无产阶级是长期共存的,在这种社会现实下,社会正义不能只是一个阶级或阶层的正义,而应该是具有广泛利他性的正义。其次,法律面前人人平等是基本的法治原则,然而,在实际法律制度中,权利主体实际上都是有限的,而且也很难找到一项每个社会成员都能够实际享有的权利。在这种矛盾之下,权利的正义基础就取决于对权利主体有限性和权利内容利他性的制度建构。例如,在间接选举制度下,实际行使选举权的人数是有限的,但通过制度建构,行使选举权的具体个人不是单纯地自由行使权利,而是代表人民意志行使选举权。如果选举权的制度建构体现了权利的利他性,群众就会支持,如果选举权被当成一己私利,甚至存在出卖选票进行贿选等行为,就会损害间接选举制度在人民群众心目中的正义性,群众就会反对该选举制度。

我们说劳动幸福权是具有最广泛正义性的权利,这也意味着劳动幸福权具有最广泛的利他性。何云峰指出,"社会需要这样的基本信念:劳动幸福并不意味着个体只为自己而劳动,它要靠社会一起努力才能实现"③。劳动幸福权与私

---

① 何云峰:《从劳动作为人的类本质的视角看劳动幸福问题》,《江汉论坛》2017 年第 8 期,第 53 页。

② 何云峰:《劳动人权马克思主义散论》,《上海师范大学学报(哲学社会科学版)》2016 年第 3 期,第 11 页。

③ 何云峰:《马克思劳动幸福理论的当代诠释和时代价值》,《上海师范大学学报(哲学社会科学版)》2018 年第 5 期,第 34 页。

有制经济下狭隘地追求个人幸福的权利有着本质区别,劳动幸福权是人民大众在以公有制为主体的社会化大生产背景下,追求社会发展和人民幸福的权利,也是每个人在这一过程中获得个人幸福和美好生活的权利。社会在保障和促进劳动幸福权的过程中,也在发展社会分工中所包含的自愿因素,同时也在优化劳动者提高劳动能力所需要的基础条件。基于劳动幸福权的利他性,如果在劳动幸福权得到较好保障的社会,人人都能受益,反言之,损害劳动幸福权虽然可能获得短期局部利益,但整个社会都要付出更大更深远的代价。

虽然我国社会经济制度与资本主义制度相比具有本质区别和优越性,社会经济中的制度性剥削和压迫已经消除,但我国也存在着劳动幸福权的发展短板、社会分工发展不充分以及社会整体生产力受到压抑的情况。例如,有的行业劳动幸福权发展水平低,损害了从业人员的劳动幸福感,压抑了从业人员的劳动积极性。如果仅仅孤立地看,行业劳动幸福权发展水平低导致这些行业无法得到深入发展,但从产业格局上看,它却可能成为整个社会生产发展的瓶颈,甚至在"劣币驱逐良币"的效应下,拉低其他行业的发展水平。同样,对于同一行业的具体公司而言,如果少数公司搞血汗工厂,其恶劣影响就会波及整个行业,甚至沿着产业链波及下去,贻害深远。

劳动幸福权所代表的正义在本质上是全社会的最高正义,正如何云峰所指出的"因劳称义"[①]。劳动幸福权在促进社会分工发展、提高生产力、凝聚社会成员等方面具有核心作用,也可以更直观地理解为,劳动幸福是全体社会成员幸福的基本条件。从这个意义上说,社会正义的基础就是劳动幸福权,而损害劳动幸福权就是最大的非正义,侵权人也是真正的"全民公敌",甚至可以戏谑地说,一个负责任的资本家也会是劳动幸福权的有限支持者。我国目前虽然没有在法律政策层面明确采用劳动幸福权的语汇,但从各个方面的法律政策看,我国十分重视劳动幸福的维护和发展。但我们仍然应该看到,我国当前的劳动幸福水平同西方发达国家相比存在着一些差距,这在一定程度上降低了人民群众对经济制度以及法律制度的认同度;损害了法权的正义基础;加大了法制运行的成本。因此,只有进一步加强劳动幸福权在法律体系中的基础地位,才能更切实地得到人民群众对法律制度的认同和在实际行为上的支持,减少违法犯罪和法律纠纷。也只有这样,社会主义法制建设才能在现有综合国力和司法资源的基础上更好地进行。

---

① 何云峰:《马克思劳动幸福理论的当代诠释和时代价值》,《上海师范大学学报(哲学社会科学版)》2018 年第 5 期,第 31 页。

日常劳动幸福何以可能？

——论具体劳动的道德情感及情气涵养①

陈　兵，董朵朵

摘　要： 对马克思的异化劳动及自由劳动的真理性理解，并不能代替当代中国社会主义社会现实之下的"劳动"讨论。当代中国的劳动哲学叙事，除了继承马克思异化劳动的政治经济学批判思想，还要积极寻求内在于个体劳动实践的情感体验与生命领悟。这意味着，这种针对劳动的内在心性体认需要直面生存困境，以求积极的解悟，与西方马克思主义者从个体心理情欲、哲学直观出发的否定性批判相区别。本文所要探讨的思想主题是日常劳动中幸福即具体劳动中的道德情感塑建及情气涵养如何可能，以便回应时下流行的"劳动幸福论"的先验伦理目标。而异化劳动并非一切社会的普遍本质，人在劳动中持守情感的纯正并消除劳动苦难，于技术化劳动的生存悲感中燃起生命的真诚，成为日常劳动幸福的人。

关键词： 当代；情感性劳作；忧患意识；情气涵养；劳动幸福

现代汉语"劳动"（labor）一词是舶来词汇，马克思主义哲学的"劳动"内涵则主导了人们对这一词汇的通俗理解。众所周知，马克思对资本主义私有制下的雇佣劳动的考察，分别是从哲学心理学的浪漫批判和政治经济学的冷静分析两方面综合展开的，这在他的两部代表性著作《巴黎手稿》《资本论》中可见一斑。马克思使哲学关注具体人的感性生命活动，对资本主义的"异化劳动"实质予以否定性揭露，并就共产主义未来性的"自由劳动"做了预言式的讨论。然而，无论是马克思的"异化劳动"还是"自由劳动"的思想，都不能代替当代中国社会主义社会的劳动问题讨论，因为"如果没有对中国状况及其未来发展趋势的深刻把

————————

① 基金项目：安徽省人文社科规划青年项目（AHSKQ2020D205）。作者通信地址：陈兵，南华大学马克思主义学院，湖南 衡阳 421001；董朵朵，南华大学马克思主义学院，湖南 衡阳 421001。

握,就不会有中国文化语境中的马克思主义哲学的出场"①。最早反思马克思"异化劳动"理论的中国学者是当代哲学家李泽厚,他在《美学四讲》中提出以审美心理的"情感本体"克服过度技术化导致的存在异化、追寻诗意劳动的观点②。这一思想创见的思想史意义在于:当代中国的劳动哲学叙事,除了继承马克思异化劳动的政治经济学批判精神,还要积极寻求内在于个体生产活动的情感体验与生命领悟。此意味着,这种针对劳动的内在心性体认,与西方马克思主义者从个性心理情欲(弗洛姆、马尔库塞)、哲学直观(海德格尔)出发进行否定性批判存在本质区别。劳动的内在心性体认所要思考的问题是"日常劳动幸福如何可能?"因此本文旨在探究具体劳动中的道德情感塑建和情气涵养,以此呼应时下流行的"劳动幸福论"的先验伦理学目标③。笔者将立足于古典情理圆融的生命学问传统,从情志感发的中正平和视角去揭示个体在具体劳动操作情境中的情气涵养与德性自觉,从而开出有情生命因劳动安身立命的诗意幸福人生。

一、礼乐文化中的情感性劳动

首先,通过反省马克思、恩格斯关于农业劳动诗意的论述所植根的启蒙理性立场,可引出本节探讨的主题即礼乐文化中劳动的情感性特征。资本主义时代以前的劳动,并非纯粹理性的科学活动,而是感性的生命活动。这时的劳动体现为农业和家庭手工业的形式,由于亲近自然和孕育于家庭的因素,人间温情充斥其间,不可避免地带有田园诗的韵味。在东西方,农业劳动皆偏重情感性而呈现浪漫主义的特征。古希腊的忒奥克里托斯、古罗马的维吉尔等人的农事赞美诗,古典中国《诗经》中的农事诗和晋人陶潜的农事田园诗都是其明证。在《英国工人阶级状况》的导言中,恩格斯以田园诗的笔调,刻画了宗法家庭关系下农民劳

---

① 叶险明:《当代中国政治经济学批判的缺失与马克思主义哲学研究的困境》,《学术界》2019年第2期,第14—15页。

② 李泽厚:《美学四讲》,生活·读书·新知三联书店1989年版,第78—86页。李泽厚所理解的感性是通过劳动实践其也可以成为涵融理性于其中的积极的、主动的审美情感活动。与马克思不同,李泽厚是在儒道互补的传统文化和公有制经济的文化语境中来谈论中国的劳动,把传统的审美心理作用于当代社会生产和生活。他并未有详论的审美情感与诗意劳动的论断来指明本土语境中的劳动哲学叙事的基本方向和精神。

③ 何云峰:《劳动幸福论》,上海教育出版社2018年版,第17—21页。其第一章第一节题为"劳动幸福论的逻辑假设",阐述了劳动人权马克思主义的四个核心主张和两个原初假设,毫无疑问采取的是先验预设的理论进路,断言劳动与幸福具有"天然的联系"。但问题在于,劳动与幸福的这种"天然联系"在现实中是如何可能的?

动的平静、祥和、恬淡,并对此种生存样态作了启蒙理性的批判。"诚然,这种生活很惬意,很舒适,但到底不是人应该过的。他们确实也不算是人,而只是一部替一直主宰着历史的少数贵族做工的机器。工业革命……剥夺了他们独立活动的最后一点残余。也就促使他们去思考,促使他们去争取人应有的地位。"①恩格斯认为封建式的农奴劳动的诗意是非人的,缺乏人之为人的主体性。如果冷静对待启蒙理性立场,似可质疑此种论断而有一个保留的态度,即过着男耕女织、守望相助的农业劳动生活也是"人的生活",此中自有一定真理,非启蒙理性可完全概括。

事实上,马克思、恩格斯真正要批判的是欧洲中世纪的带有人身依附性质的封建领主土地所有制及其农奴制度,以及这种土地所有制的各种东方形式,而非"其温情的一面"②。在基督教传统中,农民对劳动有着崇高的解释:土地是上帝的,劳动是为了供奉神,上帝、神和自然界是劳动的主宰。力图确立劳动者主体性的马克思,自然不能容忍宗教化的劳动阐释。"神从来不是劳动的唯一主宰。自然界也不是。况且,在人通过自己的劳动使自然界日益受自己支配的情况下,在工业奇迹使神迹日益变得多余的情况下,如果人竟然为讨好这些力量而放弃生产的乐趣和对产品的享受,那岂不是十分矛盾的事情。"③马克思坚持启蒙理性的目的是强调人在劳动中完全彰显自己的主体性,把神迹祛除殆尽,尽情体验生产的乐趣、享受商品带来的满足。他认为"讨好神恩"与"享受生产乐趣"是互相矛盾的事情,这意味着工业化的机械性劳动只是人的理性和激情运动的产物。马克思没有看到的是,启蒙理性过度发展造成的神人区隔,神性作用在劳动生产中的废黜使人与自然的实践关系的神圣基础消失不见,从而造就人的自我膨胀的科学技术的神话。一个更为关键的问题是,马克思所设想的既理性又温情的情理俱得的劳动实践形态,只能由农业劳动、资本主义的雇佣劳动的历史扬弃而产生。④

然而,耐人寻味的是,尽管马克思在《巴黎手稿》中对"异化劳动"的揭示诉诸心理学的体验,但《资本论》中对"劳动""自然"的哲学本体论阐释,其理论立场和修辞却是客观理性的,并没有贯彻上述情理俱得的生命存在的思想。马克思仅

---

① 《马克思恩格斯选集》第 1 卷,人民出版社 2012 年版,第 89 页。

② 马克思:《1844 年经济学哲学手稿》,人民出版社 2018 年版,第 41 页。马克思甚至设想,通过合理的所有制以否定封建的生产关系,来恢复人与土地的温情关系。

③ 马克思:《1844 年经济学哲学手稿》,第 55 页。

④ 质言之,劳动主体在摆脱私有制后,在社会主义、共产主义的自由劳动中才可以积极充分地运用并发展自己的理性和情感。农业劳动缺乏启蒙的理性,雇佣劳动则失于情感的压抑和消极性对抗。

把劳动阐释为人与自然之间的物质性运动。"劳动首先是人和自然之间的过程，是人以自身的活动来中介、调整和控制人和自然之间的物质变换过程。人自身作为一种自然力与自然物质相对立。"① "劳动作为使用价值的创造者，作为有用劳动，是不以一切社会形式为转移的人类生存条件，是人与自然之间的物质变换即人类生活得以实现的永恒的自然必然性。"② 无论如何，我们从"物质变换的过程""自然力""自然物质"等字眼中看不出理性主体关于"温情"的丝毫痕迹。所以，近代西方在突出人的主体地位的同时，以理性化、功利化的劳动将具有神性的自然贬抑为物质世界。马克思承认土地（即自然）作为物质财富"源泉"的地位，他也只是从人类利益的方面去认定，而不是像东方文化那样，把"自然"作为人的道德情感崇拜的"造化之父母"来肯认。劳动不只是人与自然之间的物质变换关系，与此同时还意味着精神性的、情感性的生命感通。不过，此种精神性的、情感性的生命感通不仅是宗教性的（此一点为启蒙理性的宗教批判所彻底否定），还是世俗人伦性的。

如果进行跨文化的考察，马克思在"情理俱得的劳动"问题上语焉不详，受制于西方天人隔绝的理性主义的传统，答案只有到中国"天人合一"的礼乐文化中寻找，古典儒道传统提供了农业劳动寄情自然的生命超越智慧。换言之，在马克思认为对象性的、受动的作为人的本质力量的激情、热情的感性③，在儒家看来是可以通过合乎礼乐的生产生活行动，涵养成以亲情为本根的伦理化、审美化的积极主动的感性。此情理俱得的感性，使人从物我对立的对象性追逐中超脱、挺立出来。得益于天人合一的生命智慧，古代中国人以礼乐斋戒仪式净化、整齐自身庞杂、汹涌的需要和激情，使感性知觉和感性意识纯粹并升格为光明肃穆的人间亲情，开启了感性合理化和社会化的德气涵养路径，即将自发的喜怒哀悲等具有好恶意向的情气，转化成有秩序条理的伦理性的类型化道德情感。《礼记·乐记》之《乐本篇》便盛言礼乐之道引导喜怒哀乐悲等情气归于性情之正。关于人的感性与理性在行动、实践中的相互转化、融通和一体的道理，是中国文化对于世界哲学的独特贡献。④ 这一点在西方文化中则不可能，比如康德就认为人只有感性直观而上帝才有理智直观。

那么，将以操纵工具的社会活动为中介的人与自然的物质变换关系，放在中国礼乐文化背景中去阐释和理解，其将获得一定的重置、调整。要言之，劳动是

---

①　马克思：《资本论》第 1 卷，人民出版社 2004 年版，第 207—208 页。

②　马克思：《资本论》第 1 卷，第 56 页。

③　马克思：《1844 年经济学哲学手稿》，第 104 页。

④　李泽厚：《伦理学纲要续篇》，生活·读书·新知三联书店 2017 年版，第 7 页。

人以工具性活动为中介体证"自然"神性的情理交融的生命过程。而劳动生产过程延续着祭祀性特征,劳动者将生产成果归功于天地造化而不据为己有,人不过是用自己的劳动表达对自然的感恩和敬畏之情。例如在礼乐文化当中,就有严密规定节制各种劳动生产的祭祀,如就有籍田礼、祭祀社稷、报赛礼等各种农祭礼仪庆典,祈求养殖牲畜健肥的禂祭,祈求做工顺利成功的行业工匠祖师爷拜祭,等等。在传统的礼乐文化中,劳动涵摄于祭祀之礼当中而不是相反,由于这种特殊的祭祀氛围,劳动成为人们始终面对一切神祇或祖先鬼神的诚敬行动,而劳动产生的物品、财富则为仰仗祖先德业获得的福报。[①] 李泽厚认为,人类祭祀中具有强烈宗教意味的诚、畏、敬等情感,其依据是经验性的人类总体的生存延续(或"大写的人"),即对具体的时代、社会、民族、集团、阶级等背景和环境下的特定群体的经验利益、幸福的观照和领悟,它可以发展为修齐治平的仁爱道德情感,也可以承接康德先验理性的"绝对律令"。[②] 因而在劳动中前定的这种宗教性情感基础,又蕴含总体理性而体现个体性特征的情感化理性或理性化情感。

　　劳动的情感奠基包含了人为什么劳动、怎样劳动和劳动如何等全部劳动过程,它将紧扣人的具体内在情感体验去解释,而不是将其简单视为"生产的乐趣和欲望的满足"。马克思认为,"商品首先是一个外界的对象,一个靠自己的属性来满足人的某种需要的物。这种需要的性质如何,例如是由胃产生还是由幻想产生,是与问题无关的"[③]。紧接着马克思援引了尼古拉斯·巴尔本的话:"欲望包含着需要;这是精神的食欲,就像肉体的饥饿那样自然……大部分〈物〉具有价值,是因为他们满足精神的需要。"[④]可以看到,马克思肯定了人的部分欲望的正当性,但马克思不加区别地对待精神需要则不可取。以孔子为代表的儒家肯定了"饮食男女"为人之必需与必然,但由于人的欲望无止境,因此强调礼对欲望的节制。[⑤] 由此,我们可以引申,要使商品始终能够正向地满足人的需要,欲望则要节制,而人在劳动中不仅生产着自己的需要,也在节制需要和欲望的劳动中生产着自己的情感。

---

　　① 王一胜:《礼仪变迁与传统工匠的现代转型》,《浙江社会科学》2015 年第 4 期。该文指出,在劳动者看来,福报不能只归功于自己的劳力,毋宁还是天地神灵或者祖先鬼神对辛勤专注劳作的恩赐。即使在传统社会的工匠行当中,手艺人给主人家做活并非简单的劳动力的买卖,还意味着高超精湛手艺劳动中的德行肯认与嘉奖,因此工资的支付与收受极为讲究,以免辱没、亏损祖先与行业祖师的荣耀,从而形成手艺人与主人家的衣食父母的关系。

　　② 李泽厚:《哲学纲要》,北京大学出版社 2011 年版,第 7—11 页。

　　③ 马克思:《资本论》第 1 卷,第 47 页。

　　④ 马克思:《资本论》第 1 卷,第 47—48 页。

　　⑤ 陈焕章:《孔门理财学》,韩华译,商务印书馆 2015 年版,第 151—153 页。

二、当代语境中的劳动忧患意识

对劳动者在具体劳动过程中的情感状态的考察,即日常的劳动幸福体验如何可能,成为劳动哲学叙事不可回避的话题。摆脱了资本束缚的劳动者,不只是出卖自己每日定额的劳动力,还要对自己的工作环境、生产节奏有情感的融入与体会。换言之,劳动者自由地劳动,是介于需要与享受之间的一种既功利又审美的生命活动。与马克思所经历的工人阶级与资本家处于怨恨、对抗状态的情感色调不同,社会主义社会的工人则在劳动中获得情感的自由舒展,他们与生产资料的关系是亲密的而非对抗的,整个生产氛围像团结的大家庭一样其乐融融。李泽厚说:"我不赞赏现代浪漫派对科技工艺的感伤、否定的历史虚无主义……所以,不必去诅咒科技世界和工具本体,而是要去恢复、采寻、发现和展开科技世界和工具本体中的诗情美意。"[1]显然,李泽厚关于劳动的关键阐发在于否认现代生存苦难与科技工艺之间的必然联系,尝试探索工业化劳动操作的审美维度,主张劳动过程中的诗意体验和幸福感受。换言之,李泽厚主张劳动过程中情感的积极性正面表达及超功利的审美升华。当然,劳动者审美情感的自由运用是基于他们在劳动过程中的情感倾注和美学训练,而个人原始情感冲动充当生产世界诗情美意的催化剂。李泽厚 20 世纪 80 年代的这一关于劳动的诗情画意的哲学预言,终于在二十多年后得到迟来的回应。[2] 当代劳动者极其艰涩却又富含生机的劳动诗歌,开辟了劳动叙事的新方向。

究其实质,本土语境中的劳动伦理性及其情感奠基,开辟了贴近劳动者本身的关于劳动的内在理解向度。在马克思将劳动客体化为体现时间的"量"的劳动力的外在考察之外,还发掘出一条劳动的情感化的思想脉络。但是,劳动的情感奠基并不直接导致劳动的诗意,而是由对劳动主体生命的尊重和伦理责任去激发对劳动过程中风险性的"筹划"和"戒惧",从而产生劳动的"忧患"意识。这也是下面考察劳动的灾难性、分析劳动者"忧患"意识及其情感理性化何以可能的原因。

劳动有时是创造价值和使用价值的肯定性过程,有时也可能是人器俱伤的否定性运动。在中国社会经济发展的现代化进程中,农民工所从事的工作集中

---

[1] 李泽厚:《美学四讲》,第 85、99 页。

[2] 详见秦晓宇主编的《我的诗篇:当代工人诗典》一书,作家出版社 2015 年版。这是当代中国第一部关于产业工人(包括农民工)的诗歌选集,其非凡历史意义在于中国劳动者在现代工业的生产制度中保持着难能可贵的情理圆融的生命态度,展现了劳动的审美艺术维度。

于建筑、加工制造、服务等基础性行业,这些行业因劳动强度大、生产安全系数低、环境恶劣等特征,安全事故高发,工人生命遭受伤害甚至死亡的人数以千万计,经济高速发展奇迹的背后是血泪斑斑的工伤历史。① 尽管研究者们从生产管理、法律救济、文化反思等方面谈论工伤问题并提出解决方案,但如此广泛、持续而严峻的社会问题刺激我们反思本土劳动哲学的理论结构与思想指向,即在承认劳动作为人的创造性活动的肯定性方面的基础上,揭示劳动的否定性方面,也就是与创造性相区别的劳动的灾难性,为劳动道德情感的塑造寻找可能性。② 这里所谈论的劳动的否定性,不是指在生产资料私有制下资本指挥劳动的"物化"现象,而是指一般劳动过程中由于操作机器的技术失范导致人身心受创伤的工伤遭遇。从本质上看,工伤是人与机器的借重关系向侵夺关系的畸变,是劳动的"自然"向不尊重生产操作规律的劳动者和资本家的报复。古语有言,人役物的最高境界是物成为人的亲密伙伴,人物各得其宜。役物而不伤物,亦不自伤,即"君子不过乎物"(《礼记•哀公问》);"物,吾与也"(《张载集•西铭》)。劳动安全事故作为一种偶然的必然性,可以通过劳动主体的"忧患意识"杜绝。

　　劳动的情感奠基并不意味着对整个劳动过程的盲目乐观,相反意味着由敬畏情感的反身而形成的对主体操劳自身生命的忧患意识和劳动灾难的风险预感。前面已经提及,劳动成果事先在工人的头脑中"观念地存在",乃是理性的纯粹运作。劳动的情感奠基,则是要人们在情感认知中直面劳动过程中灾难的可能性,意识到机器"利维坦"的狰狞面目,由此而生敬畏以克服对未知的劳动命运的恐惧、不安情绪,促使人们为正常的劳动准备敏锐的知觉和平稳的情绪状态,保持劳动过程中的精神专注。敬畏之情也是开启劳动者谨慎、规范地操纵机器的前键,把劳动者的身体从血气散漫的休闲状态调整为高度戒备的工作状态,以备随时流畅而迅速地潜入机器的运动节奏中。而程序化的机器操作流程是纯粹的理性化推演,工人的身体行为必须符合这样的机械化的理性过程。这一过程越严密,身体的形态变换和机器的开阖翕辟越一致,人与机器的和谐关系才有一个可能的场域。关于此点,可与人伦中孝子的忧患意识相联系,在儒家的人伦践履中,孝子思父母养育之情,便有很强的忧患自保意识。"故孝子之事亲也,居易以俟命,不兴险行以徼幸。孝子游之,暴人违之。出门而使,不以或为父母忧也。险涂隘巷,不求先焉,以爱其身,以不敢忘其亲也。"(《大戴礼记•曾子本孝》)由

---

　　① 刘开明:《身体的价格:中国工伤索赔研究》,人民日报出版社 2004 年版,第 6—11 页。

　　② 一般的劳动损伤,如表现为劳动力耗费的工人筋肉、精力的损耗,是劳动过程的正常现象,这个马克思就劳动力的生理极限和道德极限问题已经有过论述。工伤作为非正常的劳动损伤,则是由生产资料的严重耗损和生产管理中的人为失误共同作用引发的必然性劳动损伤导致。

孝子的这种重孝保身的忧患意识推及劳动生产，我们可以发现劳动者保身的忧患意识不仅来自对亲人的责任，还有他们为"天下"安全地持续生产、服务的先验情感承诺。劳动者在日常生活中虽然只和机器照面，却因为祭祀性情感在生产过程中的渗透使劳动仪式化，实现了和亲人生命的整体性的先验感通。敬畏之情还能激发人类原始而超越的见微知著的察觉能力，这种敏锐的感受力是受理性分析能力锻炼而形成感性直观能力，其往往能超前地感知事物的发展情势、细微端倪。中国古人对事物的初始发展进行极为细腻的辨别，区分事物端倪中消极的可能性，并且趁它们萌芽的脆弱时期进行具体的对治，从而充分掌控事物的发展趋势并作引导。"其安易持，其未兆易谋；其脆易泮，其微易散。为之于未有，治之于未乱。合抱之木，生于毫末；九层之台，起于累土。"（《道德经·第六十四章》）昔者荀子以性恶设定来预估人性发展的消极性趋势，以此形成尊师、隆礼和重法的积极防范性教化措施。与此相同，对劳动灾难性的预感和觉知，事实上也是工人进行自我保护的生命策略，而劳动过程将紧紧围绕克服劳动灾难即预防工伤的主题严丝合缝地展开。

　　然而，工伤之偶然性、灾难性使劳动者不得不洞见到个体生命的脆弱，以明"应物而无伤"的道理。"应物而无伤"是指人在与物的机械性交往中既不浪费物资的功用，又能保全自己的生命不为外物所奴役、桎梏。具体言之，其指人与生产工具的关系是一体的血肉联结，此必以人对工具、机器的安全驾驭而规避风险为前提。但人总有侥幸、因疲惫而疏忽之时，所以发生机器伤人的状况，此即为人与机器矛盾斗争的特殊状态。马克思之所以力争工人的 8 小时工作制以及强调工人对生产资料的绝对占有，就在于承认人之体力和精力有特定的生理极限，而必依据此生理极限节制机器的生产节奏以适宜工人的正常劳动，避免劳动伤害的发生。工人的超负荷劳动无异于对人的折磨，并且会使工伤事故易发。"啤塑时，产品未落，安全门/未开从侧面伸手入模内脱/产品。手……压烂/中指及无名指/中指二节，无名指一节/属'违反工厂安全操作规程'/据说/她的手经常被机器烫出泡/据说/她已连续工作了十二小时……"[1]此诗充满着强烈悲愤的工伤抒情性叙事，刻画了女工因过度劳累而违反安全操作程序，手动脱模所遭遇工伤的生存情境。啤机的运行速度飞快才能产生高额利润，但其一合一闭总有停滞、故障之时。女工既已习惯机器的快速飞转，手动违规操作非不知工伤之害，而是异常的工作时长导致身体疲劳，才使她遭遇断指的祸患。由此看来，欲达到劳动的"应物而无伤"的生命自由状态，应当在充分了解机器性能、节律的基础上审慎把握自身劳动的快慢节奏，创立合乎生命自然节律的生产制度和营造

----

　　① 　谢湘南：《一起工伤事故的调查报告》，见秦晓宇主编：《我的诗篇：当代工人诗典》，第220页。

体现忧患意识的文化氛围。

三、具体劳动中的情气涵养

不过,工伤的偶然性又决定了主体须有直面劳动灾难的态度,在当下身体的残缺中求心意的端正,避免怨恨、怀疑、懊悔等消极情绪的郁积不化,而持守情气的顺畅平和。人在此遭逢的偶然性中方能体察到个体生命的特殊性和有限性,体会到生命的可怜和生存的悲剧性。其特殊性在于,个体的切肤之痛、亲人的嫌弃、生活不适、后悔、自责、虚无感、荒诞感等生活的情感性体验如此深切芜杂,这些交织在一起反复汹涌的内在力量完全是个人式的,即便是形成语言、文字也很难为他人所"感同身受"。有此情感体验的特殊性,"残缺"的劳动者被忙碌着的、一般的群体所抛弃而成为游离在生产—社会之外的"天地之弃才"。由于其劳动能力的丧失造成自身社会性(以出卖劳动力为务)的无所附着,开启了个体以总体的一分子重返历史总体的回归运动的契机,即通过对工伤带来的消极性情感体验的条理、涵化和提升而确立恒定的道德情感的生长方向,以实现生命价值与意义的挺立。要建立这一向上的道德主体性,必明了生命"栖息"于机器生产的有限性和中介性,以瓦解生命的功利执着而关注于自身的情感与德性,恢复自由活泼的生命本性。理性的执着乃根源于人对自身欲望的无限夸大,人承认理性的有限是觉悟节制欲望的必要。所以如怨恨(对机器、制度、管理人员)、懊悔(对过往的错误的生产行为)、自责(对处于过去状态的不可逆的自我)等外求悬空而无着落的情感欲求,因欲望有节制趋于恒定自持方能裁减或收摄,向内凝聚为在我一身的澄明、平定的情气系统。要言之,人于工伤的消极性的情感体验中为生命的特殊性和有限性所警醒,从而开启个体经由劳动灾难性进至自身情气舒畅化的道德主体性豁显之路,就自然切中了劳动过程向情气涵养的"情境"转化的关键。

尽管劳动作为目的性的活动,因强调理性的密集运用,而持久地形成对情感的贬抑和压制,但情感始终是统摄劳动过程的弥漫性因素,其伴随劳动过程逐渐理性化并形成超越性的道德情感。也就是说,劳动为人的情感的道德性养成提供了充要条件,劳动即是道德践履。

当然,揭示劳动之为道德情感生成的内在省视维度,并非意味着与以人的日常亲情交往乃道德培养之根本的儒学观点相违背,反而是对后者的肯认及批判性考察。儒家的宗法道德观念毕竟是一种历史的观念,这是本土语境下劳动的现实基础,即劳动成为养生送死并摆脱家庭贫穷的生活方式。但又要注意到,从源头上看传统宗法道德是社会化并不充分的氏族部落生存的情感体验,是包裹着一层巫术礼仪面纱的人文理性。因而前文重提劳动的祭祀性并将其放在道德情感的维度来考察,就是要在劳动这个"情境",即社会化程度极高和理性充分发展的人与自然、人与人和人与物(生产原料、生产资料和产品)的三重关系脉络中分析劳动者的道德情感活动,此亦即李泽厚所说的"内在自然的人化"[①]。因而我们便获得对"劳动"更为深刻的理解,即在理性化的目的活动中求得人与自然、人与人、人与物和人与自我的身心一体。而情气条理化、功与德相称和超然物外则是劳动之为道德践履的题中应有之义。

首先,劳动创生了人的情感,开启了原始生猛的情气力量的条理化过程。劳动过程在其内容、形式和节奏变化等方面所含有的节律性,会赋予劳动主体的内在情气活动以秩序化的层次和结构。人的混沌、微妙和幽暗的情气活动开始分化、分流和多变,以结构性的动态系统透显于内在心灵世界中,从而形成与具体情境氛围相关联的明晰而准确的情感体验,为人的意象性意识即形象思维所捕捉和确认。这一创造性的活动过程,犹如宋真宗的《送张无梦归天台山》所云"浮云舒卷绝常势,流水方圆靡定形",但其归宿则是突破一切固定形、势窒碍的轻浮流变的自由运动。情气自身的条理是由人的社会化生产活动的具体规律和价值取向所建构的。例如劳动最初的愉悦感体验就来自人的身体力量在特定方向上的密集输出形成的有效矢量所带来的通透、充盈的轻快感:开启罐头的有力一拧、对烧红的铁块的节律性锻捶、瞄准猎物的命中性的一次投刺等经典性的动作行为。但此处我们不欲对人的喜、怒、哀、悲、忧、愤、惧等多样的情气进行心理学或生理学的研究,也不机械地将其与特定的身体动作联合起来考察,只是就其作为一般的劳动现象做哲学的分析和探讨。但须明白这种建构虽标志人文性,却也是人为创造,以人们生产活动中的身体暴力(狩猎中的击、刺;铁匠的捶、敲等)、机器暴力和技术暴力为支撑,非达到生命之自然。

在儒家传统中,人的喜、怒、哀、悲等感性的情气活动被认为是人的本性,是人生而就有、不学而能的。"喜怒哀悲之气,性也。"(郭店简《性自命出》)但依李泽厚看来,人的感性能力实际上是由在物质生产实践中的理性生命活动潜移默化而成。此看法的重要性,并非在于喜、怒、哀、悲等情气的形成可以诉诸人类学资料的实证性考察,而在于承认社会化的历史实践对主体的"潜移默化"的物理的或技术的塑造作用,而人的感性能力会随着实践而转移、变化和调整。因此,对于人的喜、怒、哀、悲等情气,既可以做历史的回顾式动态考察,也可立足于特定社会实践的静态分析。儒家以"喜"开情气之端绪,而以"悲"为情气之收束,全副人生践履不脱其养生送死的人伦亲情的乐感精神,并对世俗生命的价值予以

---

① 　李泽厚:《哲学纲要》,第5页。

正面的肯定,主张个体的健动不息,以此区别于佛家以情为毒为苦、道家无情不仁的思想路线。人有喜、怒、哀、悲四气,如天有春夏秋冬四时,人的情气活动配合着天道节气的规律而行。喜为新婚中心之乐;怒为受外境逼迫而情气盛发难忍;哀为丧亲死别的剧烈疼痛;悲则是直面物逝时变时对生命卑微的感伤。此四气形成人的情气十字打开的骨架,而忧、愤、惧、畏、恐、惊等情境性情绪不过是整体性情气的"大海"与具体情境交感的"浪花"。人的混沌情气在生命践履中有喜、怒、哀、悲等类型的分化,面对吉凶祸福以礼乐的道术引导、促发,使其始终伦类不乱而有节度秩序,体现为一种内蕴身心的体系化的能量团。喜怒哀悲未发之前是一团和气,已发则合乎礼仪度数,能和物宜人从而致福于天地。

在工业化时代转型中,传统的行情之道作为既有的价值规范,也参与工业化生产劳动中工人的情感系统的建构。这种建构是一种"转化性的创造",即在工业化的机器生产中安置并生发出具有传统行情之道的中和精神的情感表现图景。历史性的情感传统由血缘宗法的旧有组织形式(区域性的家族)向生产权力关系下的工友组织形式(经济或政治部门性的单位)转变,具备更高程度的社会性及其相应的人身自由属性。按照既定的情感传统限制和规定机器化生产劳动的内容、形式,现代化的生产节律又对传统情气感发的规范有所突破和调整,以维护工人的正常劳动与身心和合。以当前中国生产资料所有制形式的多样性,劳动的内容、形式和氛围并不能完全以机器化程度和劳动强度等一般性的指标笼统观之,不同阶层、身份和职业的差异影响了劳动者对于生产资料的态度和情感,如体制内产业工人与农民工对劳动、机器的情感,就有着抑或本质性的差别[1]。而由于资本主义的生产制度下生产资料与工人的对立及其财富的分配不均所产生的弥漫于社会的"怨恨"是指对自身困窘境遇的无力却又无节制妒羡优越价值的敌意情绪,它是情感脱离常道而走向萎缩与极端的消极性情绪。马克斯·舍勒以此为现代资本主义市民伦理和道德建构的根源,他也认识到怨恨情绪是心灵的自我毒害,其包含了报复冲动、仇恨、恶意、羡慕、忌妒和阴毒等负面情绪。[2] 但很显然的是,"怨恨"在中国的情感体认传统中皆处于"仁德"的统摄之下,循礼而发以体现主体内在的道德涵养,并非用来败坏个人德性。其也被用来指认人的非本真生存状态,对治方法不是强行克制而是以诗礼教化、疏导、战胜和升华,最后达到心情"无怨"的安和平静。[3] 如"身有所忿懥则不得其正"

---

① 秦晓宇主编:《我的诗篇:当代工人诗典》,第417—421页。

② 马克斯·舍勒:《道德意识中的怨恨与羞感》,罗悌伦、林克译,北京师范大学出版社2017年版,第6—7页。

③ 陈兵:《论君子之养——"唯女子与小人为难养也"正释》,《青海师范大学学报》2020年第3期。

《礼记·大学》）说的是怨恨影响身体回归平常的端正,而"劳而不怨"（《论语·里仁》）则意味着人甘于尽己无求而怨恨情绪无所由生。由此可见,即便是在工业化生产的劳动氛围中,工人的情感亦应该根基于反求诸己、身心平和的传统,不以怨恨等负面情绪毒害身心。[①]

其次,有必要来审视劳动中的功、德一致问题,即询问劳动者如何更好地劳动而非只是身体血气的锻炼或损耗,针对劳动过程中的每一个细节劳动者都有真切的体认和玩味,从生产琐细中品味劳动的意义、滋味。劳动中只有身体的介入则只是在做功,即生产某种产品而已;而对自身的工具性活动的细节和意义有内在理解和整体领悟,即有得于己、全身心地投入劳动才算劳动的"德"。马克思在论述异化劳动时提到工人身体连同精神的麻木不仁,实际上是在指认一种极不正常的劳动状态即人沦为动物而丧失了一切知觉和精神活动。处于这种状态中的工人,可以说只是在劳动中"立功",即生产了有使用价值的商品,仅此而已。这种"功"只有一个目的,那就是工人为了获得既定的工资（特定的"利"）,其劳动成了低级的生理活动而逃脱不了功利的考虑。单纯功利层面的"劳动"正是身心分离的非本真生存,因为人在劳动中"心不在焉""不知其味",既不可能从工业化生产中汲取某种程序性知识和完成理性塑造,也不会有什么情感上的共鸣、变化,劳动完全变成了谋生的空洞手段。在现实中,很多劳动者只是在最低的层次上对待"劳动",使生命沦落为有功而无德、功德分离的流俗生存。而劳动的"立德",则意味着劳动者伴随劳动过程有知识的提升、技艺的长进和道德的觉悟等内在理性（实践的或理论的）的建构。换言之,劳动者将劳动体验成一场意义丰富的"学习"活动,其可以是一种体育锻炼,可以是一种技艺比赛、音乐合唱和舞蹈表演,抑或日常的道德涵养工夫。[②]

当然,劳动的功与德在具体分辨上又有深浅厚薄的差异性,这就要求劳动者要"既能其事又能其心"[③]。功力的深浅全靠劳动者日复一日地勤学苦练;技艺的生熟则依赖心灵的悟性和灵巧;道德的觉悟则需要对整个劳动过程的体悟和思辨。马克思认为通过生产,工人的活劳动以物的方式转移到产品中凝聚为商

---

① 秦晓宇主编:《我的诗篇:当代工人诗典》,第424页。

② 引而申之,劳动本身的意义不仅为生产力、生产关系、劳动地点乃至特定社会环境所决定,还为厕身其中的劳动者（主体）以如何的态度和情感所主宰,人本身的能动性和创造性的发挥成为事物意义的源泉。

③ 所谓劳动的"能其心",意指工人主体在技艺的熟练中能够动心忍性成就沟通神明的积极向上的觉悟,也就是劳动者净化自身的情感而向祭祀性的敬畏情感复归,达到身心虚灵不昧的状态。主体由之鉴照和预知劳动过程中的创造性和灾难性,从而做出积极的劳动状态调整。此亦即劳动的"正心诚意"之关键所在。

品的使用价值,有必要指出的是相较于外在的使用价值,商品中灌注的劳动者的
道德情感和德性工夫更内在而幽微不显,后者正为马克思的劳动哲学叙事严重
忽略。也就是说,作为劳动过程及其产品,不仅是某种具体功用的生产,还是劳
动者自身道德工夫与德性的展示和感通。千差万别的劳动形式以空间化的时间
计量转化成一般的抽象劳动,以作为使用价值的实际承担者,但劳动者自身的道
德情感和德性践履却难以被量化的理论视角所把握,其具体而独特的个体化特
征只能为审美的、体验的艺术化方法所把握和玩味。劳动道德维度的开辟以及
对商品的内在价值(德性凝聚)的发现,将是我们摆脱商品拜物教物化状况的唯
一出路,劳动者的内在觉悟与德性也是决定工人命运的现实力量。毋庸讳言,这
一关于劳动内在情感的哲学考察,乃是一种强调生命实践的整体性和体验性的
新思想形态,其主张从身心合一的角度去内在地生成对劳动的理解和把握,从而
明确劳动中的生命本然面貌及其意义脉络。

最后,因人在劳动中能节制生机淋漓的情气,做精细的涵养工夫,故能有超
然物外的气概,所以生起生命的悲悯之情。直奔私欲的劳动,愈是劳动,欲望愈
是无穷,难免怨恨丛生,遂于流水线上人心浮浪,疏忽之间酿成事故而工伤连连。
人们的仁爱之心日丧而情欲膨胀,对遭遇工伤的劳动者则无动于衷,不知自身为
劳动者总体之一分子,沦为机器生产链条上一个麻木不仁的工具。"她们被简化
成为一双手指 大腿/她们成为被拧紧的螺丝 被切割的铁片/被压缩的塑料 被弯
曲的铝线 被裁剪的布匹/……她们周围是一群观众 数天前 她们是老乡/工友
朋友 或者上下工位的同事/她们面无表情地看着四个跪下的女工/她们目睹四
个工友被保安拖走……她们眼神里/没有悲伤 没有喜悦……她们目无表情地走
进厂房"①女工们被诗人以"她们"的第三人称复数表象为客体化的集合,确如马
克思的异化劳动所指认的那样,"她们"都成了机器动物,同乡、工友之情被这种
体系化的机器——资本的力量所摧毁,"她们"亦成为碎片化的物的杂合而对自
己同类的不公遭遇麻木不仁。②

工具、机器并非僵滞的死物,亦非吃人的怪兽,其根据劳动的道德而有人、器
和谐共生的诗意劳动画面。由此可见,人与机器的关系并非主客分立的矛盾征
服,而是情气熏习下的和谐共生。人因机器而有机械的理性思维和结构性的力
量系统,机器因人的情感灌注而有其"文化的生命",人机合一以呈现机械性与生

① 郑小琼:《跪着的讨薪者》,见秦晓宇主编:《我的诗篇:当代工人诗典》,第278页。
② 值得注意的是,工人中流俗的老乡、工友情感,如果得不到劳动工夫的锤炼,即老乡情、工友情不
能当即呈现于专门化、部门化的机械劳动中以产生"集体劳动"的共鸣与共情,便只是徒具形式的、无根基
的情意。

命性的情理圆融的生命境界。"锻锤有它豪迈的声音/马达有它优美的赞歌/而电火永远是轻轻地/小声诉说它的快乐……你用奇异的光彩、全部的热/使钢梁用锦缎系腰/让机床开出一束束花朵。"①此诗描写的是在新中国初期的国营工厂中，工人以其稚嫩的流光溢彩的情感赞美拥有机器生产的高效能生产力，锻锤、马达、钢梁和机床等生产工具在主体火热情感的包裹下，成了有乐感、美感的会开花结果的生命机体。与此相反，对于改革开放以后在工业生产资料私有制下的新工人（即拥有土地、农村户籍的农民弃农进城务工群体）来说，机器则是冰冷无情的"管理者"，是限制、侵夺他们人身自由与生命健康的异己的抽象权威。而他们亦以近乎诅咒的情感来表达自身在机器化生产中的劳动苦难，将这种资本主义的雇佣劳动视为前现代田园文明的批判对象和养家糊口的无奈之举。②如"鸣叫的机台也打着瞌睡/密封的车间贮藏疾病的铁/薪资隐藏在窗帘后面/……工业向他们收缴来不及流出的泪/时辰走过，他们清醒全无/产量压低了年龄，疼痛在日夜加班/还未老去的头晕潜伏生命/皮肤被治具强迫褪去"③。事实上，李泽厚的所谓"诗情画意的工具本体"，不过是社会主义工业化初期积极的"现代化工业田园"的历史叙事在当代哲学美学建构上的"回光返照"。毋庸置疑，生产资料及其生产制度乃至整个生产关系，只有出自劳动者内在德性的安排，体现为道德的、人文的制度和社会关系时，人与机器相和谐的本真劳动状态才能呈现。

结　语

一言以蔽之，道德情感是人之为人的本根性，而以情气涵养为内在性特征的劳动则是通向这一本根性的唯一道路，此即当代中国劳动哲学叙事的主题。尽管中国极其繁复深广的工业化状况，使数量庞大的劳动者群体很难以确定的称谓缓解内部的分化并达到共同的身份认同，但不意味着这个群体作为创造历史（世界的又是中国的）的主要力量对自身的主体性无所自觉：所有打工人皆在以亲情为本根的内在性劳动中安身立命。劳动主体以敬畏谨慎的情感及其道德践履克服劳动的灾难性以实现创造性的自由劳动，这正是当代中国人之为人的即劳动和道德的时代精神的新发展。如果说封建时代的士大夫阶层以道德主体性挺立了人之为人的意义，那么现代中国的劳动者则在劳动这一普遍的生存方式

---

① 于德成：《电火》，见秦晓宇主编：《我的诗篇：当代工人诗典》，第361页。
② 秦晓宇主编：《我的诗篇：当代工人诗典》，第458—459页。
③ 许立志：《最后的墓地》，见秦晓宇主编：《我的诗篇：当代工人诗典》，第356页。

中生长出自身的道德主体性；如果说士大夫阶层的道德主体性，是特定阶级集团的精英主义文化意识形态，那么当代劳动的情感性道德及主体性，便突破了阶级的局限从而具有强烈的中国现代性特征。这是关于马克思主义哲学与儒学相会通的可能性的持续探索①，也是马克思主义哲学中国化在中国特色社会主义新时代的题中应有之意。并非如有些人所指出的异化劳动乃是一切社会的普遍本质，中国劳动者在劳动中持守情感的纯正并消除劳动苦难。劳动主体在工业化劳动的生存悲感中生发生命的忧患和满足感，成为面向天地并向其奉献自身的纯粹的人，成为日常劳动幸福的人。

---

① 　陈兵：《从马克思主义与儒学的会通看劳动与闲暇的关系》，《渭南师范学院学报》2019 年第 9 期。

关于当代中国"异化劳动"现象与实现"劳动幸福"的研究①

王虹又

摘　要： 劳动是人无法割离的实践活动，它伴随着人的一生，人无法孤立于劳动活动之外而存在。马克思对私有制下的劳动进行研究，发现私有制的存在使劳动发生了异化，因此提出了异化劳动理论。"异化劳动"是马克思主义理论的重要概念，实现劳动幸福与人自由而全面发展是马克思毕生的追求。由于种种历史条件的限制，今日的中国仍然存在"异化劳动"现象，分析其成因，探究解决的对策并付诸行动是提高人民幸福感的重中之重。

关键词： 马克思主义理论；异化劳动；劳动幸福

一、"异化劳动"与"劳动幸福"的理论溯源和内涵价值

"异化劳动"是由马克思首次提出并使用的，要了解这一概念就必须回到马克思原本的理论中去。"劳动幸福"作为一个崭新的概念其实早已是社会主义发展的题中之意，也是中国千百年来的重要价值追求之一，社会各界的专家学者对此有着不同的研究与看法。

（一）马克思创造性的理论构建

在马克思青年时期的著作《青年在选择职业时的考虑》中，他就谈到了对于幸福的看法，他认为，实现一个人的幸福是十分局限且自私的，这并不是真正意义上的幸福，人作为社会存在物，与社会是紧密联系在一起的，因而个人幸福与社会幸福也是紧紧联系在一起的，只有做到"为全人类工作"才能获得并享受到最高意义上的幸福。

在马克思从事研究的早期，他便关注劳动异化的问题。他首先将"工人劳动"与"异化"联系起来，在《1844年经济学哲学手稿》中第一次提出了"异化劳

---

① 作者通信地址：王虹又，西南大学马克思主义学院，重庆400715。

动"的概念,并从"劳动者生产的财富越多,他的产品的力量和数量就越大,他就越贫穷"①。这一现实中推断出劳动者正在从事一种异化的劳动,这种异化劳动表现为由工人所创造的产品变成了一种异己的存在物,并反过来控制了工人的活动。随后在《德意志意识形态》中,他进一步揭示了异化劳动产生的原因在于分工。他从人类分工的角度出发,指出私有制度下的分工是暂时的,它只是社会发展的一个阶段,绝不是永恒不变的,从而揭示了这种分工下所进行的劳动是一种异化的劳动,而绝非劳动的最高形态。真正的劳动应该是"每个人都可以在任何部门内发展……上午打猎,下午捕鱼,傍晚从事畜牧,晚饭后从事批判,但并不因此就使我成为一个猎人、渔夫、牧人或批判者"②。此时劳动获得了真正意义上的自由,不再受到外在力量的捆绑而回到劳动的本来模样,这样的"劳动自由"正是劳动幸福的内在本质,人们不再受到各种外在条件的限制,而能够遵循自己的意愿从事劳动,并享受劳动带来的成果。随着马克思对于工人斗争和政治经济学研究的深入,他开始将自己的眼光更多地投入现实的活动当中。后来,他又在《资本论》中谈到这种"异化劳动"在肉体与精神上双重压迫着工人。"在机器生产中,这个主观的分工原则消失了。"③由于资本家对工人剩余价值的剥削与压榨,工人们只能拿到少部分属于他们的劳动产品,他们从事着机械麻木的生产,而机器成为真正意义上的操控者,工人不仅没有享受到机器带来的福利,反而成了机器的附属,仿佛成了机器生产中一个不停转动的齿轮。

马克思终生都在为工人解放而斗争,他始终关注着工人阶级的生存状态,渴望从现实社会中开辟一条通往"幸福"的共产主义社会的道路,从而实现无产阶级乃至全人类的解放。

(二)古今对于"劳动幸福"的不懈探索与追求

作为中国封建王朝的正统学说,儒家文化早在四千多年前就提出了"大道之行也,天下为公"的大同社会理念,其中就反映着对"劳动幸福"的追求。《礼记》中有记载:"力恶其不出于身也,不必为己。"④能劳不劳是可耻的,劳而不尽其力也是可耻的,劳动只为了自己同样是可耻的。人们都愿意为公众之事竭尽全力,而不是为自己谋私利;人们都将劳动作为分内之事,而不是仅仅为了个体的生存与利益,这体现了人与其内在本质之间的统一。社会处于一种人与人之间诚信和睦、相互信任的状态之下,"是故谋闭而不兴,盗窃乱贼而不作"⑤。即使是在

---

① 马克思:《1844年经济学哲学手稿》,人民出版社2018年版,第75页。
② 《马克思恩格斯选集》第1卷,人民出版社2012年版,第165页。
③ 马克思:《资本论》第1卷,人民出版社2004年版,第455页。
④ 陈涛编著:《四书五经》,云南人民出版社2011年版,第385页。
⑤ 陈涛编著:《四书五经》,第385页。

儒家文化遭到猛烈冲击的近代中国,"劳动幸福"依然是人们的重要价值追求。太平天国运动中提出的"凡天下田,天下人同耕"的思想反映的就是农民阶级想要直接获得并支配自己的劳动产品和实现"无处不均匀,无人不饱暖"的美好愿望。

"异化劳动"理论作为马克思主义的重要理论之一,专家学者们都对此进行了富有创新性的阐发。众多专家学者提倡在学习马克思主义"异化理论"的同时,要将其与当下实践活动充分结合起来,要正确地看待异化劳动并进行合理的扬弃。如今异化劳动已经不仅仅局限于资本主义条件下的雇佣劳动,而且还涉及人类生活的各个方面,要对发生在各个领域的异化劳动进行扬弃,从而实现人的自由而全面发展。

何云峰教授率先提出了劳动幸福与劳动人权的概念,这一观点不仅是共产主义社会的题中之意,而且对于全世界的发展方向也具有普适性的价值。劳动并非自人类出现以来就是与人类本身相异化的活动,而是在社会发展的过程中,特别是在资本主义社会发展的过程中逐渐变成了异己的活动。实现劳动幸福就是要把劳动创造变成一种幸福和享受,使劳动本身变成美好生活的一部分。周书俊教授对劳动幸福进行了进一步的阐释,他认为劳动自由是劳动幸福的本质属性,劳动人权应该是人的基本权利。当人拥有这一权利时才能实现劳动自由,最终实现"劳动幸福"。

(三)"异化劳动"与"劳动幸福"的具体内涵

马克思认为人的"劳动幸福"是指在无外在限制的条件下,劳动者能够自由地劳动。劳动者在劳动的过程中,拥有一个优良的工作环境,其中包括良好的人际交往、优美的现实环境、完备的劳动工具等。在劳动结束后,劳动者能够基于自身意志自由地支配劳动产品,人与人之间处于相互信任、互相帮扶的状态之中。劳动是幸福而美好的,就其本身而言不会带来任何不幸,"劳动异化"是私有制引起的,它导致人们无限制地追求利益,以至于迷失了自我。

"人世间的美好梦想,只有通过诚实劳动才能实现;发展中的各种难题,只有通过诚实劳动才能破解;生命里的一切辉煌,只有通过诚实劳动才能铸就。"[①]在习近平总书记的话语中,我们可以清楚地了解到劳动本身就是创造幸福生活的手段,可以说劳动与幸福二者之间是密不可分的。

何云峰教授提出并不是所有劳动都能带来相同程度的劳动幸福,有些劳动可能总体上不幸福,但它们在低程度上又有一定的劳动幸福。中国如今要实现的"劳动幸福",应该是社会整体的幸福,也即尽可能地保障人们的最低生活水

---

① 习近平:《在同全国劳动模范代表座谈时的讲话》,《人民日报》2013 年 4 月 29 日第 2 版。

平,让更多的人有能力追求自身的发展。

总之,劳动是以不触犯法律与道德底线为前提,通过劳动者消耗自身的脑力或体力进行的创造性活动。就劳动本身而言,劳动绝非纯粹地满足人生存需要的手段,也非单纯地追求功名利禄的工具。总的来说,劳动不是与人的本质相异化的东西。人之所以为人就在于人的活动不同于动物的本能活动,而是要实现自身价值和得到灵魂上愉悦的活动,每个人绝非单纯地想要"苟活",那样生活的人与动物无异。当人的劳动活动仅仅是以生存为目标导向或以自我利益为出发点时,"劳动异化"便发生了,因而人的"类本质"也发生了异化。人活于世是为了幸福地生活,这样的生活的前提条件是劳动幸福,真正的劳动幸福是人们不再把劳动看作是自己以外的事情,而是看作自身内在的本质需要;人们不再因为劳动而受奴役,相反正是劳动给人们带来由衷的欢乐与灵魂的愉悦。幸福本就是一种主观的感受状态,它代表着个体内心期望与现实结果的高度一致。劳动幸福更多地强调整体性,要尽可能地使大多数个体在大多数时间处于"劳动幸福"的状态。然而,不管是在目前的生产力状态下,还是在共产主义社会中都无法保证每个人始终处于幸福的状态中。

二、当代中国"异化劳动"的现实表现和形成机理

中国共产党带领中国人民实现了民族独立,建立了新中国,但由于生产力发展水平不足、社会制度不够完善等种种条件的限制,在现阶段我们还无法完全地避免"异化劳动"这一问题。"异化劳动"在当今社会的各个领域中仍有发生,促使其发生的因素也纷繁复杂。

(一)"异化劳动"的现实表现

随着时代的变化发展,"异化劳动"有了许多新变化,在如今的中国社会中,劳动者与私营企业主之间的矛盾在一定程度上得到了缓和,但并未得到根本上的消除。"异化劳动"有着各式各样的表现形式,笔者大致将其归纳为四个方面:

从劳动产品上看,在我国现行的经济体系中,劳动者仍然没有办法完全地享有属于自己的劳动成果。尤其是在非公有制经济中,私营企业主为谋取更多的利润,往往将大多数劳动产品攥在自己的手中,只将一小部分分给劳动者,一些底层劳动者虽不至于"陶尽门前土、屋上无片瓦",但也只享受到了小部分劳动成果。而大多数私营企业主对此往往是不为所动,他们继续享受着十指不沾泥、奢靡安逸的生活。

从劳动活动上看,在如今知识经济的时代大背景下,部分拥有着较高知识文化水平的劳动者的确能够享受到劳动带来的乐趣,他们能够凭借自身较高的知

识文化水平获得高额稳定的劳动报酬,追求自由劳动。但我国目前仍然以劳动资源型企业为主,底层的普通工人仍然处于一种相对恶劣的工作环境中,他们长期进行着重复、单调、乏味的流水线型劳作活动。在这样的条件与环境中,劳动者的幸福感较低,他们甚至会抱怨社会的不公以及自己没有出生在"大户人家"中,劳动仿佛成了一种对其肉体施加折磨与让其精神饱受摧残的存在。

从劳动的类本质上看,人与动物的差别就在于动物所开展的活动与它的生存活动本身是统一的,它是以生存本能来开展自己的活动的。而人的活动则是自己意志的体现,自由的有意识的活动恰恰是人的类特性,正是在改造世界的实践中,人证明了自己是类存在物。"劳动的类本质"是指人之所以为人的一种根本特质。在如今的社会中,许多劳动者被束缚于以谋生为目的的劳动上,其思想也被束缚在了最基本的生存需要之上,人失去了和自己的群体、社会之间的和谐关系,变成了彼此对立的、孤立的个人。而巨大的工作压力、高度相似的工作内容也降低了劳动者对生产与工作的积极性,他们的劳动热情下降,"迟到、早退、消极怠工、混时间"等工作中的消极现象时常出现,劳动倦怠现象也频频发生。

从人与人的关系来看,部分劳动者在劳动过程中为谋取更多的自身利益,也逐渐丧失了"诚信"。当遭遇"监管死角""灰色地带"时,他们往往利用职务之便来谋取私利。在劳动的过程中,他们不会百分之百地投入自身的力量,上班偷懒、消极怠工时有发生,这都源于他们将劳动当作了与自我相对立的活动,对企业缺乏归属感与责任感。而一些私营企业主为了榨取更多的利润,不仅对员工缺乏人道关怀,还在制定公司制度、签订劳务合同时苛刻要求员工,想要以最少的支出换取最大的员工劳动回报,对此他们不惜克扣员工工资、强迫员工"义务加班",因此大多数劳动工人与私营企业主之间的关系对立而紧张。

(二)异化劳动的形成机理

"异化劳动"形成的原因是复杂多样的,在资本主义社会,"异化劳动"与资本主义对剩余价值无止境的追求是紧密相关的,是无法由资本主义自身去解决的根本性矛盾。而在如今中国特色社会主义实践中"异化劳动"属于发展性问题,随着中国生产力的不断提高和社会发展的进步,它是迟早会被解决的问题。中国在现阶段上的"异化劳动"主要由以下几个方面的因素造成:

首先,社会主义初级阶段的历史局限是导致"异化劳动"在中国仍然存在的根本原因,无论何时,"异化劳动"问题应该根据具体的历史发展和社会实践去考究。马克思所设想的"共产主义"是不存在"异化劳动"的,因为全社会实行的是统一的公有制,社会交换的是产品而不是商品,成员也不再有阶级差别。但他同时也谈到实现共产主义是需要一个过程的,这个过程在无产阶级取得政权以后,表现为从资本主义到共产主义的"过渡时期"。马克思所讲的共产主义的实现,是以完成过渡时期的生产力的发展任务为前提的。而近代以来中国长期遭受外来侵略,国家经济饱受摧残。中国是在资本主义都没能彻底建成的情况下,开始直接建设社会主义,这也导致了我们的生产力水平还达不到马克思所要求的水平。我们党在"十三大"对中国当前所处的历史阶段与国情做出了科学的判断,提出,我们正处于社会主义并将长期处于社会主义的初级阶段。正因为中国的生产力水平还不够高,为早日建成共产主义社会,我们仍需大力发展生产力。自改革开放以来,党领导人民始终"以经济建设为重心,大力发展生产力",利用市场经济进一步推动中国经济的发展。为适应今日中国的发展阶段,我们建立了以公有制为主体,多种所有制并存的所有制度,其中私营经济的存在导致了中国现阶段不可避免地存在着"异化劳动"的问题。私营企业主往往存在着短视的问题,为了将自身利益最大化,一些企业家没有能够将社会利益与个人利益充分结合起来,他们置法律于罔顾,视道德于无物,将自身利益追求放在首位,穷尽一切办法压榨劳动工人。同样由于生产力水平的限制,我国在改革开放初期为了推动经济迅速发展,开设了大量的劳动资源型企业,这一类传统企业数量比重过大,也容易导致"异化劳动"的发生。这类企业的工作内容单一、重复,处于流水线上的生产工人长期进行着单一、重复的劳动,会产生极大的精神压力。

其次,行政监督管理体系和劳动保障体系不够完善也是造成"异化劳动"的重要原因之一。自改革开放以来我国一直强调生产力的提高与经济的增长,这使得我国在具体考察官员政绩的时候,将经济增长指标放在了过于突出的位置,表现出了明显的"重资本、轻劳动"倾向。部分官员在解决私营企业的相关问题和处理政府与市场的关系时,为了维持经济指标的增长,对于私营企业破坏环境、浪费资源、侵权等行为采取了姑息纵容的态度,没有科学地认识和把握社会主义初级阶段的任务,反而为了突出自身的政绩,对此类行为采取"睁一只眼、闭一只眼"的监管态势,私营企业更是将此当作了自己的"免死金牌"和侵害工人权益的"尚方宝剑"。而部分企业更是得寸进尺,大肆开展权钱交易、官商勾结,以损害人民利益为代价换取自身利益。相关劳动者劳动保障制度的不到位也使得部分私营企业在剥削工人时有机可乘,他们往往利用法律的漏洞来损害工人利益以壮大自身,例如,签订不合理的劳资合同、故意克扣或不按时发放工资、承诺的条件不予兑现等。

最后,劳资双方力量过于悬殊也直接导致了"异化劳动"的产生。在劳资关系中,劳动者与私营企业主之间力量对比悬殊,根据马克思主义政治经济学的理论,劳动者为维持自己的家庭与生活,不得不出卖自己的劳动力给资本家以换取生活必需品,且劳动者没有选择的余地,因为劳动者要换取的是"生存的权力"而不是为了实现自身发展的需要。资本家拥有对劳动者进行挑选的权力,因为劳动者为了生存就必须出卖他的劳动力,市场上拥有足够的劳动力供资本家选择。而就劳动者本身而言,其本身素质不够高也是导致"异化劳动"的重要因素。由于很多劳动者没能够接受足够的教育,一些文化素质较低的劳动者在自身权益遭到侵害时,对于如何合理维护自身的权益缺乏相应的知识指导,这一现象在"农民工"群体中更为突出。许多农民工在签订劳资合同时容易掉入私营企业所设置的"陷阱",当自身合法权益受到了侵犯时,他们往往选择忍气吞声,或采用极端的行为以维护自身利益。工会作为维护职工合法权益的代表,在实际运行的过程中往往面临着各式各样的困难。例如,许多中小企业没有建立工会,其本身的稳定性较差,其中的劳动者往往因为流动性大等因素不愿意加入该工会;工会本身的行动也受到各种限制,其集体谈判和集体行动缺乏合理性的基础,许多工会在实际操作中也缺乏相应经验;部分工会甚至成为帮助私营企业主榨取劳动者剩余价值的机构。

正是由于社会生产力水平的不够发达、行政监督管理体系和劳动保障体系不够完善、劳资双方力量过于悬殊这三个方面因素的影响,今日的中国才会存在"异化劳动"。

三、"劳动幸福"的当代探索和实践路径

没有经历过彻骨的寒冷,哪有梅花扑鼻的芳香?共产主义作为我们党的最高纲领并非一蹴而就的目标,但也绝非空中楼阁、镜花水月。要实现马克思所描绘的自由幸福的劳动需要经历一个长期的实践建设过程,在中国社会生产力尚且不够发达的今日,仍然需要在一定程度上允许私营经济的存在。但这绝不意味着我们可以无视劳动者的利益,相反,正是因为"异化劳动"仍然存在,中国更要努力去保障劳动者群体的利益。中国共产党始终不忘初心和使命,坚决为中国人民谋幸福,为中华民族谋复兴,在追求共产主义这一远大理想的同时,我们也要做好对当下劳动者群体的保障工作。

(一)加强正确的劳动教育,培养劳动幸福观

"劳动幸福"的实现需要双向的付出,仅仅靠社会力量的强制干涉是远远不够的,还需要劳动者自身付出努力的同时科学认识"劳动幸福",因为劳动者本身的认识水平与精神境界对于实现劳动幸福同样具有至关重要的作用。只有认识到劳动的真正价值与意义,明白劳动是幸福的源泉,"劳动幸福"才有可能实现,如果不知幸福为何物,就会迷失在对自我利益无休止的索取中。

人类是有意识的类存在物,其类本质表现为有目的的劳动实践。人类可以通过自身有目的的社会劳动实践去改造客观世界,进而在劳动过程中获得物质

或精神上的满足,感受到自身是幸福的创造者。我们国家一直提倡人民通过自身的勤奋与努力去改变生活、创造幸福。但事实上,劳动产生幸福这一理念并未为人们所重视与广泛接受。社会上大部分人仍对不劳而获抱有幻想,他们形成了错误、扭曲的劳动观以及拜金主义和享乐主义的幸福观。因此,加强国民的劳动教育十分必要。尤其对于正处在一个思想大活跃、观念大碰撞、文化大交融的社会大变革时期的中国来说,各种社会思潮兴起,"利己主义"逐渐发展为"精致的利己主义",人与人之间的诚信越来越缺失,此种社会大背景下,正确的劳动观的培养就显得尤为重要。而正确的劳动观念的培养离不开正确的劳动教育。只有发展完善好我国的劳动教育,才能使劳动者充分认识"劳动幸福"的真谛。

要发展完善好我国的劳动教育,帮助劳动者树立正确的劳动价值观,要做好以下三个方面:

首先,要提高"劳动教育"在我国教育体系中的比重,将"劳动教育"贯穿我国教育的各个方面与整个过程。习近平总书记曾说,"人生的扣子从一开始就要扣好"[1]。正确的劳动教育对于处于成长时期的青少年具有至关重要的作用。只有通过正确的劳动,促使他们内在的知情意向正确的方向转换,才能使他们正确认识到劳动的本质及其重要性,才能在日常的生活中将其内化于心、外化于行。

其次,任何科学的教育都是通过理论与实践相结合展开的。要发展完善好劳动教育不仅仅要依靠科学的劳动理论教育学生,还要在课余时间安排和开展相关的劳动实践活动,让学生养成劳动观念,形成劳动意识;让学生在日常生活中养成良好的生活习惯和健康习惯,增强自立意识;让学生在生产劳动中体验工农业生产创造物质财富的过程,体会平凡劳动中的伟大;增强学生的社会责任感,让学生能够用学到的知识和技能服务他人和社会。

最后,要努力推动全员育人教育局面的形成。劳动教育绝不仅仅是学校的任务与责任,只依靠学校单向度发力是行不通的,需要社会、学校、家庭三方共同努力,只有这样才能形成教育合力,让劳动教育步入常态化轨道,使劳动教育贯穿学生成长发展的方方面面。家庭要有一个良好的家风,父母是孩子最好的榜样,家中长辈要以身作则推动后辈的劳动教育,防止因错误观念或行为令孩子形成错误消极的劳动观。国家也要让社会中典型模范人物发挥好带头示范作用,推动社会营造劳动光荣的氛围,破除不良的社会风气。

(二)提高劳动者地位,保证劳动者尊严

习近平总书记曾说:"人类是劳动创造的,社会是劳动创造的。劳动没有高

---

① 中共中央文献研究室编:《十八大以来重要文献选编》(中),中央文献出版社 2016 年版,第 6 页。

低贵贱之分,任何一份职业都很光荣。"①那么尊严到底是什么？在亚伯拉罕·马斯洛所构筑的需求层次理论中,"被尊重的需要"排在了金字塔仅次于"自我实现"的位置,是一种层次级别较高的心理需求,是希望他人不要伤害其脆弱的自我,希望能获得一种他人对其个体最起码的尊重。正是从这种基本的精神性需求中,个体产生了对尊严的价值诉求,而当人本身的需求都被满足后,就会产生精神上的愉悦。

正如前面所提到的,尽管人从事着"异化劳动",但其或多或少还是能够感受到幸福,而外在的尊重无疑是令其感到幸福的重要因素之一。笔者认为应该从以下三个方面提高劳动者的地位、保证劳动者的尊严:

首先,应该提升劳动与劳动者的地位,破除劳动的差别等级观念。我们要将劳动本身作为一个尊重的对象,充分承认与尊重劳动者通过体力、脑力或者体力脑力结合对社会发展做出贡献的每一项劳动,不能单纯地根据劳动开展的形式是否体面对它们进行高低分类。对此,习近平总书记这样说:"一切劳动,无论是体力劳动还是脑力劳动,都值得尊重和鼓励;一切创造,无论是个人创造还是集体创造,也都值得尊重和鼓励。"②同尊重劳动一样,我们也应当尊重每一位劳动者,打破原有的劳动差别等级观念,明确每一位劳动者都有自身存在的价值,不能单纯地根据其经济收入对其进行评价,同时要继续加强对事迹突出的劳动者的表彰和宣传。树立劳动榜样,在社会中营造以劳动为荣、崇尚劳动的良好氛围。

其次,要推进法律和管理制度的完善,保障劳动者的合法权益。党和国家一直不断完善关于保护劳动者基本权益的法律法规,近年来我国劳资关系越来越契约化、规范化。政府在对官员进行考察时,降低了经济指标的地位,而民意调查等成了官员考核的重要指标。政府还为劳动者们开辟了专门的维权通道,帮助劳动者维护自己的合法权益。但在取得重大成效的同时,也存在一些不足,这要求党和国家在接下来的发展当中完善立法与司法体系,健全行政制度,进一步加强对有关用人单位的监管,切实维护普通劳动者的劳动主体地位和权益,确保劳动者享有公平公正的工作待遇,让诚实劳动和合法劳动成为我们社会的共识。

最后,要加强对于生活极度困难群体的保障力度。当人最为基本的生存与生理需求都无法得到满足时,人的尊严与自我实现的需要也就无从谈起了。当代的中国正在努力完善收入分配结构,争取早日实现收入分配从金字塔型向橄榄型的转化。脱贫攻坚任务的圆满完成满足了生活水平低下的群众最基本的需

① 习近平:《在知识分子、劳动模范、青年代表座谈会上的讲话》,《人民日报》2016年4月27日第1版。

② 习近平:《在庆祝"五一"国际劳动节暨表彰全国劳动模范和先进工作者大会上的讲话》,《人民日报》2015年4月29日第1版。

要,但是这并不意味着扶贫工作的结束,最重要的是防止已脱贫群众的返贫并逐步提高处于温饱线以上的群众的生活水平。

(三)努力实现共同富裕,坚持人民共享成果

劳动从来不是一个孤立进行的活动,它总是与我们的家庭幸福、民族复兴、国家前途命运息息相关。就如同马克思所言:"任何一个民族,如果停止劳动,不用说一年,就是几个星期,也要灭亡,这是每一个小孩子都知道的。"[①]人类最大的实践活动——劳动创造了我们的物质文明与精神文明,要实现劳动幸福就要坚持继续大力发展生产力,做大社会财富这块"蛋糕",只有具备较高的物质生产水平,我们才可能消灭"异化劳动",才有可能实现劳动幸福。当前我国存在"异化劳动"的现象与问题看似是因为我国的所有制度与分配制度造成的,但究其根本还是因为我国生产力水平不够发达导致的。为促进经济的稳步提升,当下的中国要加快科技发展的步伐,坚持"供给侧改革"战略,争取早日在"卡脖子"的技术领域取得突破,延长传统行业的产业链条,提高附加值,充分利用国际分工,逐步形成以国内大循环为主体、国内国际双循环相互促进的新发展格局。

在做大"蛋糕"的同时,我们也要分好"蛋糕"。共产主义与资本主义最大的差别就在于共产主义要实现的幸福从来不是上层阶级或是少部分人的幸福,它所要实现的是全体人民的幸福,所要创造的是"自由人的联合体"。共产主义对于当下中国的发展阶段来讲仍然是一个长远的价值追求,但这并不意味着当下我们可以忽视人民的"劳动幸福"。邓小平同志提出了"共同富裕"的目标,我们的生产力建设绝不能只看到"富裕"的目标,而忽略了"共同"的发展,从而导致社会发展的红利不能被大多数人所享有。

在习近平总书记提出的"五位一体"的新发展理念中,"共享"作为其中的一个重要方面,意味着党不忘初心,始终关怀人民的切身利益。"共建共享"理念中,"共建"是基础,"共建"不仅意味着人民要积极地投入到劳动生产之中去,也是希望人民能够在社会的各个方面建言献策,共同治理好国家,这一项建设也是新时代中国建设的重要一环;"共享"意味着党在坚持社会主义基本经济制度和分配制度的同时,也要努力调整收入分配格局,完善以税收、社会保障、转移支付等为主要手段的再分配调节机制,维护社会公平正义,解决好收入差距问题,积极推动"共建共享"理念的贯彻落实,使发展成果更多更公平惠及全体人民。

总之,不管是对于个人或是国家而言,要实现"劳动幸福"更多的要依靠劳动人民自己的辛苦奋斗,只有付诸行动与努力才能早日消灭"异化劳动",让劳动真正成为一种自由幸福的活动。

---

① 《马克思恩格斯选集》第4卷,人民出版社2012年版,第473页。

恩格斯劳动观的逻辑向度及其对创造美好生活的现实启迪[①]

陆亭君,潘　宁

摘　要： 恩格斯劳动观是历史唯物主义的核心,在马克思主义发展史上占有极其重要的历史地位。恩格斯的劳动观以劳动为中心,实现了辩证法与唯物主义的统一;以劳动为纽带,实现了自然观与历史观的统一;以劳动为基础,实现了合规律性与合目的性的统一,从而展现劳动由自在到自为的发展。恩格斯劳动观启示我们:劳动是创造美好生活的现实前提,实现美好生活是劳动的最终目标。恩格斯劳动观对于构建新时代和谐劳动关系,为人类创造美好生活奠定雄厚的物质基础具有重要的现实启迪作用。

关键词： 恩格斯;劳动;美好生活

人类历史是人民群众通过自己的劳动实践创造出来的,因此,社会历史就是在人类的实践活动中生成和发展的。"历史不过是追求着自己目的的人的活动而已。"[②]同样,人的全部活动构成历史真实的客观内容。"全部历史正是由那些无疑是活动家的个人的行动构成的。"[③]劳动是人类社会赖以生存和发展的前提条件,劳动的发展推动着人类社会的前行。恩格斯作为"第二小提琴手",他对于劳动的研究既受马克思劳动思想的影响,又在马克思对劳动的研究基础上不断发展和完善,恩格斯对劳动的新见解不仅推动着唯物史观的创立与深化,而且其弥久的价值意蕴对人类美好生活的实现仍然具有重要的理论和现实意义。

---

①　基金项目:国家社科基金一般项目"人民主体观的当代中国形态研究"(项目编号:15BKS041)的阶段性课题。作者通信地址:陆亭君,上海对外经贸大学马克思主义学院,上海 201620;潘宁,上海对外经贸大学马克思主义学院,上海 201620。

②　《马克思恩格斯文集》第 1 卷,人民出版社 2009 年版,第 295 页。

③　列宁:《论辩证唯物主义和历史唯物主义》,人民出版社 2009 年版,第 26—27 页。

一、恩格斯劳动观的逻辑向度

恩格斯劳动观起源于对工人现实问题的考察,发展于对人类起源问题的溯源,旨归于对人类发展与解放问题的探索。以劳动为视角,青年恩格斯在投身于社会实践劳动中时对下层劳动人民的劳动现状表示深切的同情与叹息;中年恩格斯与马克思共同钻研劳动的目的与价值;晚年恩格斯从投入巨大精力所整理的马克思文稿中进一步完善劳动观。恩格斯对劳动在自然和人类社会发展过程中发挥的重要影响的具体阐发直接构成了其丰富的劳动观,实现了辩证法与唯物主义、自然观与历史观、合规律性与合目的性的统一,是其劳动观由自在阶段发展到自为阶段的具体表现。

(一)恩格斯以劳动为中心,实现辩证法与唯物主义的统一

早在乌培河谷时期,恩格斯的唯物主义思想就已开始萌芽,他虽对劳动有所提及,但只局限于劳动的表现形式,并没有深入揭示其本质。恩格斯对工人恶劣的劳动环境表示同情和叹息,他从劳动出发,揭露了"下层阶级,特别是乌培河谷的工厂工人,普遍处于可怕的贫困境地"[①]、学生的教育问题、童工等现象,把爱北斐特现存的悲惨境遇归因于"首先是工厂劳动大大助长了这种现象"[②],也就是工厂主雇佣工人进行强制性劳动。但恩格斯并没有停留于对无产者劳动的同情,而是继续对工人劳动的现实状况进行深入探究。

《德法年鉴》时期,恩格斯对劳动的关注以政治经济学为起点,研究个人之间的竞争关系,尤其是劳动与劳动者的相互竞争,即劳动的产物以工资的形式和自身相对立。恩格斯揭露了资本主义关系的非人道性质以及劳资矛盾,指出这些矛盾的解决必然要通过以消灭私有制为目的的革命。恩格斯在《政治经济学批判大纲》中探讨资本与劳动时指出:"劳动是生产的主要因素,是'财富的泉源',是人的自由活动。"[③]此时,恩格斯就已提出劳动的本质特征是人的自由活动,而非与自身相对立的活动,但恩格斯并没有使用"异化劳动"这一概念。与同时期马克思的《1844 年经济学哲学手稿》中有关的劳动思想相比,无疑有异曲同工之处。在马克思看来,"劳动产品作为一种异己的存在物,作为不依赖于生产者的力量,同劳动相对立"[④],"劳动这种生命活动,这种生产生活本身对人来说不过

---

① 《马克思恩格斯全集》第 1 卷,人民出版社 1956 年版,第 498 页。

② 《马克思恩格斯全集》第 1 卷,第 498 页。

③ 《马克思恩格斯全集》第 1 卷,第 611 页。

④ 《马克思恩格斯选集》第 1 卷,人民出版社 2012 年版,第 51 页。

是维持肉体生活需要的手段",而"自由的有意识的活动恰恰就是人类的特性"。① 马克思和恩格斯都强调了劳动的自由特性,认为在资本主义条件下工人被压迫,劳动的自由特性被湮没,变成与工人和自身相对立的东西。在这期间,恩格斯对劳动观的诠释已经走向了唯物主义。

关于劳动,恩格斯在《英国工人阶级状况》中有过具体而深入的论证。在恩格斯那里,工人阶级的状况是当代一切社会运动的真正基础和出发点。恩格斯注重实地调查,他从实际情况出发对工厂劳动等社会问题进行研究,其理论蕴藏着辩证法和唯物主义的思想。他在书中分析道,由于工人一无所有,所以只能出卖自己的劳动力给雇主,而资本家雇佣工人,使工人通过劳动创造出更多的劳动产品和更大的劳动价值,为自己赚取利润。"工人颓废堕落的另一个根源是他们的劳动的强制性","工人越是感到自己是人,他就越痛恨自己的工作",而"分工更把强制劳动所具有的使人动物化的这种作用增强了好几倍"。② 雇佣劳动表面上披着公平公正的外衣,让工人心甘情愿地出卖自己的劳动而获取相应报酬。但事实上,工人是被强迫劳动的,因为他们除了出卖自己的劳动别无选择。恩格斯通过将劳动置于资本家和无产者两种不同视角上进行考察,论证了劳动对于无产者生活的影响。同时,恩格斯科学论证了英国的伟大是由工人阶级用自己的发明和自己的劳动创造出来的。

马克思和恩格斯在《德意志意识形态》中从现实的物质生产出发来说明人与劳动的关系,创立了唯物史观。"无论是通过劳动而达到的自己生命的生产,或是通过生育而达到的他人生命的生产,就立即表现为双重关系:一方面是自然关系,另一方面是社会关系。"③马克思和恩格斯以"现实的人"为逻辑起点,从人与自然的关系以及人与人的社会关系中把握人的社会实践劳动,从而把握住了人的本质。由于个人隶属于某个阶级,个人劳动就具有阶级性,因此,许多人仅仅依靠自己劳动为生是不足以达到人的全面发展的,而要消除这种现象,只有通过消灭私有制和消灭劳动本身。在《共产党宣言》中,马克思和恩格斯继续深入分析资本主义制度下无产者作为劳动工具的秘密并呼吁全世界无产者联合起来一同消灭私有制和劳动本身。因为雇佣工人靠劳动只够勉强维持生存,随着资本家不断追求更大的利润,工人的劳动时间也就越长、劳动强度也就越大,"工人也就变成了机器的单纯的附属品"④。显然,此时的马克思与恩格斯立足于辩证唯

① 《马克思恩格斯选集》第1卷,第56页。
② 《马克思恩格斯文集》第1卷,第432页。
③ 《马克思恩格斯选集》第1卷,第160页。
④ 《马克思恩格斯选集》第1卷,第407页。

物主义的高度看待劳动,他们一方面意识到劳动是人生产和生活的重要手段;另一方面也看到了在私有制下劳动是异化的劳动,阻碍着人自由而全面地发展。

恩格斯在《自然辩证法》中将辩证唯物主义引入对自然科学发展的观察中,集中展现了辩证法与唯物主义的统一,而其中与劳动观相关的思想主要集中在《劳动在从猿到人的转变中的作用》一文中,但其逻辑向度主要表现为把自然观与历史观联系起来,实现了两者的统一。

(二)恩格斯以劳动为纽带,实现自然观与历史观的统一

人类的实践劳动把自然观与历史观统一起来,与二者有着紧密的联系。《自然辩证法》是恩格斯运用辩证唯物主义在自然和历史领域之间架起桥梁的经典著作。其中,恩格斯以"劳动创造了人本身"[①]的观点彰显了自然辩证法,这是对马克思辩证法研究的继承与发展、补充与完善,实现了自然辩证法与历史辩证法的统一。关于人的起源问题,恩格斯以劳动为纽带,在《劳动在从猿到人的转变中的作用》中系统论述了人是怎样从自然界中产生的,又是如何向人类社会过渡的,劳动作为自然史与社会史的交汇点,在其中发挥了重要的作用。

恩格斯认为,劳动不仅创造了人本身,而且创造了人类历史,在人类社会的发展过程中还具有推动性作用。类人猿的行走方式在自然进化的过程中摆脱了作为主力支撑的双手,逐渐以双脚直立行走,这是从猿到人的具有决定意义的一步。在行走中解放的双手,一定程度上增强了类人猿适应自然和改造自然的能力,使成员彼此间的交往更为密切,由此促进了口部器官的发展,产生了语言。在劳动中产生的语言又在劳动中获得新的发展,进而猿脑也就逐渐过渡到人脑,产生了意识。手、语言、人脑、思维等作为人类的基本特征,都是在改造自然的劳动过程中形成和发展起来的,这也就使猿变成了人;使猿的劳动成了人的劳动;使猿的动物群体成了人类社会。正如恩格斯所说的劳动是人类社会区别于猿群的特征,劳动还推动着人类和人类社会的发展。

自然资源是劳动创造的前提,社会交往是劳动创造的核心。劳动在推动猿演化为人之后,并不意味着人和自然界与劳动就脱离了关系。人类自身就属于并存在于自然界,而且依靠自然界生活。在劳动的作用下,人从动物界独立出来并具有社会性,人通过获得和改造自然资源来满足自身肉体和精神发展的需要,并实现新的发展。劳动一开始就使自然界与人类社会在真正意义上实现统一,人从直立行走到制造工具,再到发展畜牧业、农业、科学、艺术、宗教、哲学等,这些都是通过劳动来完成的。在以劳动为纽带的作用下,社会关系也不断革新,进而推动社会制度变革,使人类社会得以形成并朝着由低级向高级的发展方向前

---

① 《马克思恩格斯选集》第 3 卷,人民出版社 2012 年版,第 988 页。

进。人是自然界中的一部分,劳动不仅使其具有了社会性,而且进一步推动了人类社会的形成、发展和变革。

劳动的发展需要协调人与自然、人与人、人与社会之间的关系。在人类的生产劳动过程中,人类为了生存和满足生活的需要,必须依托一定的自然资源作为载体或者媒介进行交往,而在这一过程中,人与自然、他人、群体之间形成的关系既相辅相成,又相互制约。自然界对人的制约限制着人的发展,而人生产生活的无节制性又制约着人与自然关系的发展,甚至会打破人与自然的平衡,不仅污染环境,还威胁人自身发展。关于人与自然的矛盾关系,恩格斯曾呼吁:"我们不要过分陶醉于我们人类对自然界的胜利。对于每一次这样的胜利,自然界都对我们进行报复。"①因此,恩格斯告诫人们:"我们决不像征服者统治异族人那样支配自然界,决不像站在自然界之外的人似的去支配自然界——相反,我们连同我们的肉、血和头脑都是属于自然界和存在于自然界之中的;我们对自然界的整个支配作用,就在于我们比其他一切生物强,能够认识和正确运用自然规律。"②恩格斯十分强调在协调人与自然的关系中,人发挥着至关重要的作用,因此必须认识到自身和自然界的一体性,才能实现人与自然和谐共存。关于人与人以及人与社会的矛盾关系,恩格斯提道:"到目前为止的一切生产方式,都仅仅以取得劳动的最近的、最直接的效益为目的"③,而"以自己的劳动为基础的私有权,必然进一步发展为劳动者丧失所有权"④。恩格斯在这里提及的人与人、人与社会之间的矛盾关系就表现为资本主义条件下的雇佣劳动关系,而要协调两者之间的关系关键还是要消灭私有制。

由上观之,恩格斯用人的实践劳动把自然观与历史观联系起来,既阐明了人类是自然界的一部分,又诠释了人和动物有着本质的区别,因而也就说明了劳动使人类社会发展史产生于自然史而又高于自然史的科学观点,深化了唯物主义历史观。

(三)恩格斯以劳动为基础,实现合规律性与合目的性的统一

人是劳动的主体。人的实践劳动之所以能实现合目的性与合规律性的统一,是因为与其他动物相比,人具有自然属性和社会属性。作为自然界的一部分,人和其他自然存在物都要遵循自然发展的客观规律,同时人的社会属性又决定着人必须遵循人类社会历史发展的客观规律。此外,人除了是有生命的个体

---

① 《马克思恩格斯选集》第3卷,第998页。

② 《马克思恩格斯选集》第3卷,第998页。

③ 《马克思恩格斯选集》第3卷,第1000页。

④ 《马克思恩格斯选集》第3卷,第1000页。

存在物外,人还是有意识、有思维的个体,人的劳动也是有目的的活动,这意味着人能够发挥自身主动性、积极性和创造性对历史进行总结、对现状进行分析、对未来进行规划。因为"历史不过是追求着自己目的的人的活动而已"①。因此,恩格斯以劳动为基础,实现合规律性与合目的性的统一,这一统一主要表现为两个方面:其一是人的劳动以不同的表现形式遵循着客观规律而发展;其二是人作为劳动主体具有主观能动性,在合规律性与合目的性之间发挥着创造性的作用。

人的劳动以不同的表现形式遵循着客观规律而发展。人的劳动只有合规律性的合目的性,合目的性才能积极地展开。正是人的劳动在自然界和人类社会历史发展中的不同表现形式使得世界上存在着两种客观规律,即自然规律和人类社会历史发展规律。恩格斯在批判黑格尔的哲学中论述道:"这两个系列的规律在本质上是同一的,但是在表现上是不同的,这是因为人的头脑可以自觉地应用这些规律。"②"实践是实现从必然向自由的转化,使人类成为自然界主人的决定性环节。"③也就是说,劳动是自然界中普遍的行为,它受自然规律制约的同时也受社会规律的约束,但人的劳动必须合规律性,才可发展起来。

此外,人作为劳动主体具有主观能动性,在合规律性和合目的性之间发挥着创造性的作用。没有脱离合目的性的合规律性,尤其是人类社会历史发展规律离不开人,因为社会历史发展规律是人的历史实践活动规律的总结,人的实践劳动总是有意识、有目的的指向性活动,因而合规律性正是形成和贯穿于合目的性的人类历史活动的过程之中,合目的性建立在对规律的认识和利用之上。"自由不在于幻想中摆脱自然规律而独立,而在于认识这些规律,从而能够有计划地使自然规律为一定的目的服务。"④恩格斯还提出,人的主体实践劳动的作用体现为人们不同的意志所产生的合力。因此,实现人与自然、人与人、人与社会之间的和谐发展需要以劳动为基础,但只有在科学地认识自然客观规律、社会发展客观规律的基础上才能充分发挥劳动的主观能动性,为人、自然和社会的发展创造一切条件。

总之,合规律性与合目的性二者统一于人的实践劳动以及历史的发展过程之中,二者相互影响。同时,在劳动中人的主观能动性也作为推动力对自然和社会的发展进行能动地改造和利用。人在劳动中表现为人与自然和社会的双重关系,而人的劳动也需要遵守自然的客观规律和人类社会历史的发展规律,在客观

---

① 《马克思恩格斯文集》第 1 卷,第 295 页。

② 《马克思恩格斯文集》第 4 卷,人民出版社 2009 年版,第 298 页。

③ 潘宁:《恩格斯和列宁关于"自由和必然"思想的比较》,《教学与研究》2010 年第 4 期,第 26 页。

④ 《马克思恩格斯选集》第 3 卷,第 491 页。

规律的前提下追求自身发展的目的。

二、恩格斯劳动观对创造美好生活的现实启示

"人民创造历史，劳动开创未来。"①一方面，劳动是创造人民美好生活的现实前提。另一方面，劳动的最终目标指向是实现人民美好生活。劳动已经成为生活中的最基本状态，也是新时代人们追求美好生活的最基本途径。当今中国，对美好生活的向往成了人们劳动追求的目标，为人民谋求美好生活是中国共产党全心全意为人民服务的具体体现。但在创造美好生活的过程中，人与自然和人与社会发展之间的问题渐显，新时代人民对美好生活的需求已构成我国社会主要矛盾的主要方面，美好生活仍需要广大人民群众共同在劳动中创造。

（一）扬弃异化劳动，构建和谐劳动关系

人类社会发展的历史是阶级斗争的历史，也是人类劳动发展的历史，是一个循序渐进发展的过程。劳动是人的存在方式，是创造价值的唯一源泉，是创造美好生活和促进人的自由全面发展的重要手段。自人类诞生之日起，劳动就作为人类赖以生存和生活的技能而存在。在原始社会时期，人们通过狩猎、捕鱼、畜牧、耕作等劳动方式获取生存的食物；在奴隶社会时期，人们的劳动范围逐渐扩大，工业和海外贸易逐渐发展起来；在封建社会时期，随着等级分化，劳动分工也具有阶级性；在资本主义时期，无产者仅靠出卖劳动为生，异化劳动导致人的肉体受折磨，精神受摧残，致使劳动者与劳动产品相异化、劳动者与劳动本身相异化、人与人的类本质相异化、人与人相异化。但自中国共产党成立以来，基于唯物史观，"党在革命、建设、改革各个历史时期，坚持从我国国情出发，探索并形成了符合中国实际的新民主主义革命道路、社会主义改造和社会主义建设道路、中国特色社会主义道路"②。这充分表明了劳动是通向中华民族伟大复兴的必要途径。中国共产党为实现人民美好生活不断添砖加瓦，为改善人民生活和促进和谐劳动关系的形成夯实物质基础。习近平总书记多次强调中国共产党的初心使命和价值追求，即"人民对美好生活的向往，就是我们的奋斗目标"③。而要实现人民对美好生活的向往这一奋斗目标，就"必须牢固树立劳动最光荣、劳动最崇高、劳动最伟大、劳动最美丽的观念，让全体人民进一步焕发劳动热情、释放创

---

① 《习近平谈治国理政》，外文出版社 2014 年版，第 44 页。

② 中共中央文献研究室编：《十八大以来重要文献选编》（上），中央文献出版社 2014 年版，第 117—118 页。

③ 《习近平谈治国理政》，第 4 页。

造潜能,通过劳动创造更加美好的生活"①。也就是说,从古至今,劳动仍然是通往美好生活的唯一路径,是推动人类社会进步的强大力量。

扬弃异化劳动,构建和谐的劳动关系,引领社会劳动风尚。从劳动概念界定上看,创造美好生活的劳动属于扬弃异化之后的人的劳动,这里的劳动使人们有选择劳动方式的自由,使人们明确为什么要劳动、用什么样的方式进行劳动、通过劳动创造要达到怎样的结果等,美好生活的劳动是区别于异化劳动的劳动。马克思和恩格斯所指的异化劳动在私有制条件下存在着严重的剥削,阻碍着人们实现自由而全面的发展。因此,新时代创造美好生活必须防止和克服劳动过程的异化,必须充分发挥劳动主体的主观能动性和创造性,构建新时代和谐劳动关系,为创造美好生活助力奋进。当今,科技使社会生产力得到进一步发展,劳动也朝着高质量的生产劳动发展。人工智能给人们带来高质量生活的同时,也取代了人们的部分劳动,"劳动的急剧增长总会引起发明的出现,这些发明大大地增强了劳动力量,因而也就降低了对人的劳动需要"②。但是劳动者的创造能动性是不可替代的,人的劳动价值也是不可低估的。正如人与动物的本质区别在于人的活动是有意识的生命活动,人与人工智能的区别也是如此。这就鞭策着人的劳动要往更复杂的脑力劳动发展,建构人和社会和谐的劳动关系。这样,劳动就成了劳动主体创造美好生活的需要。

(二)保护生态和发展生产,为美好生活夯实物质基础

良好的自然环境是人类生存和发展的基础,也是创造美好生活的根基。面对当前生态环境的问题,习近平总书记十分重视恩格斯的自然观思想,他在其基础上结合现实发展的情况,提出:"保护生态环境就是保护生产力,改善生态环境就是发展生产力。"③生态、生产、生活三者息息相关,生态既影响生产的可持续发展,又影响人们的生活质量。因此,保护生态既为经济的发展提供物质生产资料,使社会民生问题得到协调与解决,也为推进人类命运共同体和积极开展生态文明的全球治理提供中国智慧。

社会生产力的高度发展是实现美好生活的必要前提和条件。恩格斯提出:"一方面是生活资料即食物、衣服、住房以及为此所必需的工具的生产;另一方面是人自身的生产,即种的繁衍……劳动越不发展,劳动产品的数量、从而社会的

---

① 《习近平谈治国理政》,第46页。

② 《马克思恩格斯全集》第1卷,第624页。

③ 中共中央文献研究室编:《习近平关于社会主义生态文明建设论述摘编》,中央文献出版社2017年版,第23页。

财富越受限制,社会制度就越在较大程度上受血族关系的支配。"①作为社会生产劳动过程的主体,生产和再生产物质生活资料都是通过人的劳动而达到的,而生命的生产则是通过生育为人类的劳动注入新的活力。倘若生产力得不到发展,劳动得不到发展,劳动产品满足不了人民生产和生活的需要,就直接影响着人的生活质量。正如恩格斯在马克思墓前的讲话中所说:"人们首先必须吃、喝、住、穿,然后才能从事政治、科学、艺术、宗教等等;所以,直接的物质的生活资料的生产,从而一个民族或一个时代的一定的经济发展阶段,便构成基础,人们的国家设施、法的观点、艺术以至宗教观念,就是从这个基础上发展起来的。"②劳动不仅具有经济和生态价值,而且对政治、文化、社会等领域也发挥着重要的作用,因此,劳动具有综合性意义。对于现阶段而言,我国处于"十四五"规划和全面建设社会主义现代化国家新征程的开启之初,实现人民对美好生活的向往仍然是关系国家全局发展的重要指标,关系中华民族伟大复兴后势发展的潜力。而对劳动在创造美好生活中的肯定,既体现了对马克思和恩格斯的劳动观的继承和发展,也体现了对改革开放以来全面深化改革、不断调整社会关系、推动创新发展的需要,对劳动的肯定可在社会上形成良好的劳动观念,激励着人民群众通过自己的劳动实现人生目的,为实现中华民族伟大复兴的中国梦凝聚力量,进而推动人类社会的进步,促进人的全面发展。

(三)坚定劳动价值旨归,为人类创造美好生活

早在《共产主义原理》中,恩格斯对于未来社会的基本特征就做了简要概述。恩格斯对于未来社会进行了科学的预见,其中也包含着他对于未来社会劳动形式的合规律性和合目的性的独到构想。在未来社会,消除私有制、消灭劳动、解放劳动;生产劳动按照全社会和每个成员的需要进行而不再是生活的手段;个人劳动直接成为社会劳动的一部分,两者达成直接的统一;劳动主体的体力和智力能够得到充分的发展,人类从必然王国进入自由王国。总之,劳动的价值旨归就是为人类创造更加美好的现实生活。值得注意的是,恩格斯所指的消灭劳动就是消灭资本主义私有制下的雇佣劳动;解放劳动就是实现共产主义公有制下的自由自主的劳动,它是人的解放的必要前提和内在动力。在恩格斯看来,劳动为人的解放和发展创造条件,人的劳动所创造的物质生活资料为劳动作为人们追求幸福的第一需要创设经济条件,也为人的解放奠定了坚实的物质基础。在此基础之上,实现人的自由而全面的发展才有可能。

基于恩格斯的劳动观,以习近平同志为核心的党中央将为民族谋复兴和为

---

① 《马克思恩格斯文集》第 4 卷,第 16 页。
② 《马克思恩格斯选集》第 3 卷,第 1002 页。

人民谋幸福的初心外化为实践行动,他们所做出的一切努力都是为了实现人民对美好生活的向往。习近平总书记在全国脱贫攻坚总结表彰大会中强调:"经过全党全国各族人民共同努力,在迎来中国共产党成立一百周年的重要时刻,我国脱贫攻坚战取得了全面胜利……完成了消除绝对贫困的艰巨任务,创造了又一个彪炳史册的人间奇迹!"①不仅在脱贫攻坚战上,党和政府在经济、政治、文化、生态、教育、医疗、乡村建设等诸多方面也身体力行,收获了丰硕的成果,人民的生活质量显著提升,幸福感不断攀升。事实充分证明,在中国共产党的带领下,中国人民才能团结一致为实现美好生活共同努力,投身于各行各业的劳动中,推进社会发展。中华民族在历史的长河中站了起来、富了起来和强了起来,向世界发出中国的声音,贡献中国的力量。

综上所述,实现美好生活的向往是人类万古不变、亘古如斯的追求。恩格斯劳动观不仅科学阐明了人与自然、人与社会之间的关系,而且揭示了经济基础和上层建筑之间的关系,聚焦现实问题并具有丰富的理论说服力和强烈的历史穿透力,为人类提供了未来社会发展的实现路径,为中国共产党实现人民美好生活的价值旨归提供了理论指南。习近平总书记指出:"实现中国梦,创造全体人民更加美好的生活,任重而道远。"②劳动创造美好生活对人们来说是一场持久战,需要站在新时代的起点上,直面历史与未来,以人民为中心,向着实现人的自由全面发展笃定前行。

---

① 习近平:《在全国脱贫攻坚总结表彰大会上的讲话》,《人民日报》2021年2月26日第2版。
② 《习近平谈治国理政》,第41页。

休息权立法与劳动力市场的博弈机制[①]

黄　镇

摘　要： "996工作制"的违法性毋庸置疑，然而人们对它的合理性却存在不同的看法，这提示休息权立法与劳动力市场之间并非仅仅是单向的调控，而是存在某种互动机制。以"工时博弈"为切入点，以法律经济学中的"信号传递模型"为分析工具，对影响工作时间分配的社会规范之形成逻辑展开研究，我们可以发现：制度意义上的自由时间起源于工时博弈；工时博弈促使劳动力市场形成分离均衡；分离均衡引发工作时间分配规范的生成；法律干预工作时间分配应当以维持劳动力市场的分离均衡为边界。由此得出结论：在经济意义上，符合社会经济发展规律的工作时间制度取决于劳动力市场是否在加班问题上形成了分离均衡，而非人们单方面的主观意愿或法律的强制干预。

关键词： "996"；工时博弈；休息权立法；劳动力市场；法律干预

一、问题的提出

2019年3月27日，一个名为"996.ICU"的项目在开源项目托管平台GitHub上线。"996"是指早上九点上班，晚上九点下班，一周工作六天的一种工作模式，其普遍存在于互联网企业、初创企业之中。发布者用"工作996，生病ICU"来表达对这种工作制的不满，并且呼吁企业停止"996工作制"。

在我国现行劳动法体系中，"996工作制"的违法性毋庸置疑，然而对于它的合理性却存在不同的认识。有学者认为"形形色色的996类工作制在违法之同

---

①　基金项目：教育部人文社会科学研究青年基金项目"社会时间分配机制：马克思时间理论的法学重述"（项目号：19YJC820016）的阶段性成果。作者通信地址：黄镇，浙大城市学院法学院，浙江 杭州310015。

时，在道德上与经济上皆不合理"，甚至会"破坏劳动力资源配置的市场机制"。[①]然而，合法性只是人们关于工时制度意见冲突的一个方面，其更深层次的冲突在于制度的合理性能否得到普遍接受。

例如，中国社会科学院旅游研究中心发布的《休闲绿皮书：2017—2018 年中国休闲发展报告》着重提到了我国居民"休闲时间不充分、不均衡、不自由"的问题。该报告建议"在我国劳动生产率达到一定水平的前提下，可实行每天工作九小时，每周工作四天的四天（36 小时）工作制"[②]，报告一出，便引起了人们广泛的讨论，有人力挺，也有人质疑。人们讨论的焦点主要集中在"双休制都没有普及，三休制又如何能落地"。不仅用人单位，甚至连劳动者自己都对缩短工作时间、增加休闲时间的各类建议存在疑虑。这一现象反映了我国劳动者内心希望缩短工时，然而他们对通过休息权立法直接限制工时的方式能否产生预期的效果表示怀疑。

这便引出了本文试图探讨的核心问题：什么样的休息权立法才是合理的？或者展开来说，什么样的工作时间分配的社会规范符合社会经济发展规律并为各方所接受，以及这样的社会规范如何成为法律？

二、工时博弈与信号传递模型

工时博弈常常被理解为用人单位剥削劳动者的手段，即便在有相应补偿制度的前提下，加班仍意味着劳动者对工作的一种消极评价。然而，当我们运用法律经济学的研究方法分析工时博弈现象时可以发现：加班也并不必然意味着某种道德的负面评价，相反，加班传递出了"好人"与"坏人"两种信号，并促成劳动力市场在重复博弈中出现分离均衡，最终形成影响工作时间分配的社会规范。因此，借用信号传递模型分析劳动力市场中的工时博弈现象，为我们理解影响工作时间分配的社会规范之形成过程提供了新的思路，同时也为我国工时立法的完善提供了更多元的理论参考。

信号传递模型（Signaling Model）是由经济学家迈克尔·斯宾塞首次正式提出，随后该模型被广泛应用于集体行动相关的研究之中。芝加哥大学法学教授埃里克·波斯纳在分析囚徒困境时便使用了这种分析工具。他"依贴现率的差

---

　　① 钱叶芳、徐顺铁：《"996 类工作制"与休息权立法——资本与法律的博弈》，《浙江学刊》2019 年第 4 期，第 59 页。

　　② 王琪延、韦佳佳：《北京市民"大中小休"满意度研究》，见宋瑞主编：《休闲绿皮书：2017—2018 年中国休闲发展报告》，社会科学文献出版社 2018 年版，第 183 页。

异把理性行动者划分为不同类型的博弈参与人,将博弈论的理论资源应用于社会规范的分析"①,从而提供了一种"能够系统分析法律与非法律合作机制的关系的方法论"②。在信号传递博弈(signaling game)中,"人们通过遵守行为的规律性来表明他们是合作事业中的理想伙伴。……关心未来收益(payoffs)的人们不仅会抵制在[合作]关系中欺骗的诱惑,他们还会通过服饰、言辞、举止、鉴赏力的形式显示出其抵制诱惑的能力"③。关心未来收益预示着重复合作的可能,而抵制诱惑的能力被抽象为贴现率的高低。贴现率低的一类人被称为"好人"或"合作者",而贴现率高的一类人则被称为"坏人"或"机会主义者"。④ "在其他因素都一样的情况下,好人在重复博弈的囚徒困境中会比坏人更可能合作,因为好人会更关注那些合作失败的情况下会失去的未来利益。"⑤

例如表 1 中假设的情形,甲、乙作为博弈参与者,均可以在合作与背叛两种策略中进行选择。甲、乙均选择合作则双方各收益为 2,总收益为 4;如果一方选择合作,另一方选择背叛,则背叛者收益为 3,合作者收益为 0,总收益为 3;若双方均选择背叛,则各方收益为 1,总收益为 2。在信息不对称的情形下,甲乙双方都不知道彼此将会做出什么样的决策。在初次博弈中,从参与者自身而言,背叛给个人带来的收益从概率上来说高于合作(参见表 2)。所以,背叛是双方最有可能做出的选择⑥。而从所有博弈对象的整体利益来看,双方合作给整体带来的收益在概率上大于背叛(参见表 3),即如果大家都不背叛,那么所有人的收益都将得到改善。因此,在初次博弈且没有重复博弈的情况下,背叛是所有人的最优选择。而当重复博弈存在可能的时候,情况便发生了改变,长期收益取代了短期收益,人们为了获得更多长期收益而不得不选择合作,更重要的是,人们要让别人相信自己会选择合作。一个具有好名声的人,能够使对方在博弈中更倾向于选择合作,他需要通过向外释放出信号来表明自己好人的名声,这类信号往往

---

① 埃里克·波斯纳:《法律与社会规范》,沈明译,中国政法大学出版社 2004 年版,第 6 页。

② 埃里克·波斯纳:《法律与社会规范》,第 6 页。

③ 埃里克·波斯纳:《法律与社会规范》,第 6—7 页。

④ 这里的"好人"或"坏人"衡量标准是贴现率的高低,即好人就是比坏人对未来回报做出更高估价的人,但并不必然意味着道德评价。

⑤ 埃里克·波斯纳:《法律与社会规范》,第 25 页。

⑥ 尽管在真实世界中,即便是在信息不对称的情况下,人们也未必会同时选择背叛。(John H. Kagel, Alvin E. Roth,eds, *The Handbook of Experimental Economics*, New Jersey, United States:Princeton University Press, 1995.)但这个模型的意义并不在于完美地再现真实世界中的博弈,而在于揭示出"干涉完美合作的动机"。

是"成本高昂而且可观察的行动"①。这种行动的规律性被称为"社会规范"（social norms），或是"合作的非法律机制"（nonlegal mechanisms of cooperation）。

表1　一种假设的博弈情景

甲 乙	合作	背叛
合作	2,2	0,3
背叛	3,0	1,1

表2　初次博弈个人收益排序

收益	策略组合
3	自己背叛+对方合作
2	自己合作+对方合作
1	自己背叛+对方背叛
0	自己合作+对方背叛

表3　初次博弈整体收益排序

收益	策略组合
4	自己合作+对方合作
3	自己背叛+对方合作
3	自己合作+对方背叛
2	自己背叛+对方背叛

三、制度意义上的自由时间起源于工时博弈

"996.ICU"与"4天工作制"都有一个共同的主张，即限制工作时间以增加劳动者的自由时间。然而，个体意义上的自由时间受到加班影响会有所减少，但制度意义上的自由时间，并不必然由于加班现象的存在而减少。甚至在某种意义上，正是由于工时博弈的存在，才产生了制度意义上的自由时间。

从不同的研究角度观察工时博弈会呈现出不同的样态。在马克思主义政治经济学中，超时工作被认为是资本家追求绝对剩余价值、剥削劳动者的工具，是一方对另一方施加的暴行。在法律经济学的研究进路中，研究者以"理性人"的假设为前提，对超时工作现象采取价值中立的研究态度。在法律经济学的视角下，超时工作是基于劳资双方以劳动为纽带形成的契约关系，在共同的劳动力市场中，超时工作是以实现自身利益最大化为目标而进行的工时博弈。它的要旨在于承认人是自利的，且人能够在自由市场中以自身利益为考量进行选择，并以此为基础展开合作。

超时工作的原因是多方面的，资方与劳方都有可能成为要求劳动者加班或

① 埃里克·波斯纳：《法律与社会规范》，第32页。

超时工作的发起人。在资方发起的加班中,资方可能因为要赶工期,尽管加班可能要支付劳动者额外的劳动报酬,但如果赶不上工期便会导致订单违约而带来更多的损失,所以资方在此时会选择成本较小的加班作为最优方案。还有一种情况可能就是资方不满足于初始契约所带来的利润(或由于劳动力市场价格普遍降低或由于其他生产成本升高),在这种情况下,资方可能会通过降低工资或者要求劳动者无偿加班的方式减少损失或赚取更多利润。而在劳方发起的加班中,劳方可能出于对更高经济收入的追求(例如法律规定的节假日三倍工资),自愿要求加班。还有一种更为特殊的情况,此情况多发生在外来劳动力集中的大型工业园区,在那里劳动者业余生活匮乏、出入不便,所以工人们在休息日感到无所事事,相比之下,他们认为与其闲着不如继续加班赚钱。[1]

当然,发起加班的原因远不止这些,但不论发起人是哪一方,发起加班的根本需求都是人们要在既定的情势下寻求利益优化。然而,发起加班要求仅仅是第一步,对方是否会配合取决于对方是否认为加班同样也有利于自身利益的优化。通常,劳资任何一方的要求并不会被另一方欣然接受,工时博弈便就此展开。在博弈过程中,双方必须依靠信号传递形成新的均衡,否则双方只能维持现状或结束合作。

市场在没有形成时间分配的社会规范之前,市场中的时间分配由劳动力的供求关系直接决定。在不考虑其他因素的情况下,劳动力供给量与工作时间的长度成正比,即劳动人口越多,单个劳动者的工作时间将会越长。这一点可能与我们的直觉并不一致。在一个封闭的任务系统中,完成某项任务的人数越多,每个人完成的任务量就越少。然而劳动力市场并非封闭的任务系统,资方并非与所有的劳方都有合作契约。相反,资方会利用劳动力供大于求的情况来压低劳动力价格、降低劳动力成本。资方采用的主要方式有两种:一种是工作时间不变,减少工资报酬;另一种是工资报酬不变,增加工作时间。前一种方式导向了最低工资标准问题;后一种方式导向了标准工时制度、最高工作时限问题。此时,单个劳动者的工作时间越长,用人单位的劳动力成本就越低。正因如此,第一次工业革命后,工人们为了争取休闲时间进行了大规模的反对超时工作的工人运动,由此将休息权推上了历史舞台。

当工时制度、休假制度等影响工作时间分配的社会规范出现后,市场进行再次合作的基础便发生了改变。此时用人单位通过增加单个劳动者的工作时间来降低劳动力成本的做法便有了最高的限度。然而"一旦立法完成,制定法也就在

---

[1] 凤凰网:《"我们要加班"喊出了什么?》,http://finance.ifeng.com/news/special/zhusanjiao/index.shtml,2019 年 11 月 1 日检索。

一定程度上脱离了决定它产生的社会基础,他们之间的张力也就随之产生"①。工时、休假等制度一旦出台,便与劳动力市场中的供需关系形成了张力互动。当市场中的劳动力供需关系发生变化时,制定法在短期内很难做出调整,"这股张力必然会促使人们通过其他某种途径去调整两种秩序重新达到平衡"②。

工时博弈就是市场中劳动力供需关系与工时制度、休假制度等制定法之间张力互动的集中体现。在特定的劳动力市场中,劳动力的购买方(资方)与提供方(劳方)形成了博弈格局。资方通过付给劳方工资来购买劳方的工作时间。作为自利的人,资方必然希望通过支付劳方更少的工资购买其更多的工作时间,以赚取更多的剩余价值。劳方则通过付出工作时间来换取工资,同样,劳方也希望付出更少的工作时间来换取更多的工资。因此,在劳资关系开始之初,双方会针对工作时间与工资之间的关系达成共识,使两者所得利益达到一种初始均衡。而加班要求的提出则是在生产经营环境发生变动的情况下,劳资双方为了实现各自利益的优化,试图打破初始均衡,以此建立一种新的均衡。

可见,在法律经济学的视角下,制度化的自由时间是劳资双方在不断的工时博弈中相互斗争、相互妥协的结果。然而自由时间制度与其他制度一样都具有社会历史性。随着劳动力市场供求关系的变化,自由时间与工作时间之间的矛盾也在发生变化。

四、工时博弈促使劳动力市场形成分离均衡

劳动力市场中的分离均衡是指拥有不同贴现率的人(资方与劳方)通过传递"好人"或"坏人"信号,把自己从群体中分离出来。其意义在于让博弈中的对方相信自己倾向于合作,同时也帮助自己分辨对方是否倾向于合作。

(一)信息不对称下的初次博弈

在初次博弈中,加班传递出"好人"和"坏人"两种信号。现实生活中,人们总是希望能够找到合适的员工或者老板,但在开放的劳动力市场中,劳资双方在首次缔结劳资契约时却不可避免地存在着信息不对称的情况。

资方会释放信号来表示自己是"好人",例如,展示其良好的企业形象、完善的管理制度、畅通的晋升通道等,以上都有可能被视为其看重长期利益的表现。

---

① 黄镇:《休息权实现机制的形式特征与内在动因——兼论我国休息休假制度的理论重构》,《学习与实践》2015年第12期,第63页。

② 黄镇:《休息权实现机制的形式特征与内在动因——兼论我国休息休假制度的理论重构》,《学习与实践》2015年第12期,第63—64页。

而劳方也会释放信号来表示自己是"好人",例如展示其较高的学历、健康的身体、丰富的经验等。这些信号对于劳资双方建立初次博弈具有重要意义(参见图1)。但由于信息不完全对称,这将导致初次缔结的契约与实际情况之间存在不符合双方预期的内容(Michael Spence,1973)。例如,对于劳方来说,某家企业常常加班,就可能意味着该企业向其发送了一个"坏人"信号。当企业被问及是否会经常加班时,大部分企业的回答都是含糊其辞的,因为人们一般认为经常加班可能意味着企业管理制度不完善,并且还隐藏着加班是否有补偿的问题,这些不确定因素对劳方来说是潜在的威胁。而对于资方来说,得知劳方能接受加班,通常意味着其接收到了来自劳方的"好人"信号。资方会认为愿意接受加班的员工具有奉献精神,这些员工更加看重自己在企业发展中的长远利益。

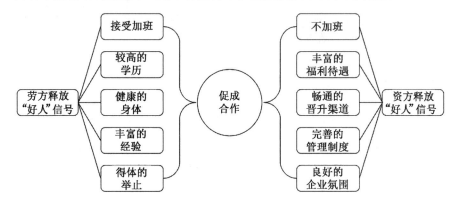

图1 劳资双方释放"好人"信号促成合作

可见,在缔结契约之初,加班作为信号在劳资双方中传递着截然不同的内容:劳方传递加班信号,资方通常会倾向于缔约;而资方传递加班信号则可能导致劳方放弃缔约。真实世界则更为复杂,博弈双方都有可能释放出虚假信号,贴现率高的"坏人"通过模仿"好人"的行为举止、谈吐、衣着,甚至伪造学历、工作经历等方式将自己伪装成一个贴现率低的"好人",从而增大对方与其合作的可能性。

因此,在初次博弈中,博弈双方信息不对称的存在和彼此间信任的缺失会造成合作结果的不确定性。而"重复博弈模型在解释合作行为上取得的成功依赖于博弈各方对过去的行为和目前的行动拥有广博的信息"[①]。所以,重复博弈与克服信息不对称之间存在着相互印证的关系,拥有广博的信息是进行重复博弈

① 埃里克·波斯纳:《法律与社会规范》,第24页。

的基础,而重复博弈也将获得更多的信息。

（二）重复博弈产生分离均衡

在重复博弈中,加班所传递的信号内容受劳动力市场的供求关系影响。在初始契约存在的前提下,双方如果继续合作,则需要进行重复博弈来弥补信息不对称所造成的损失。加班是重复博弈中传递的重要信号,为了达到重复博弈均衡,双方会围绕加班传递一系列的信号。然而与初次博弈不同,在重复博弈中,加班的信号传递方式与内容是由劳动力市场的供求关系决定的。

在劳动力市场供大于求的情况下,资方占有优势地位。不论其要求加班的原因是什么,对于劳方而言,在保留工作职位的情况下做出一定的让步是符合自身利益的选择。因为,劳动力市场供大于求会导致劳动力价格降低、待业人数增加、就业压力增大。在这种情况下,资方发出的加班信号尽管会让劳方利益受到一定的损失,但对于劳方来说并不意味着资方在博弈中选择了背叛策略,恰恰相反,加班是资方基于新的市场环境所提出的新的合作策略。此时,加班对于资方来说作为贴现率高的信号,其强度会减弱,甚至在极端情况下,加班有可能转化为贴现率低的"好人"信号(参见图 2)。

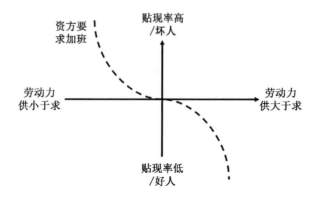

图 2　资方释放加班信号的贴现率受劳动力市场供求关系影响

在劳动力市场供小于求的情况下,劳方处于优势地位。此时资方仍然可能有加班的需求,其发出的加班信号就会被劳方视为一种压榨或不关心员工的高贴现率信号。劳方依据劳动力市场供小于求的现状可能会拒绝加班,或者要求更高的加班工资。此时加班现象会减少,并且加班的成本会变高。由于这种信号区分了"好人"与"坏人",因此造成了"好人"与"好人"合作,共同规避"坏人"的局面。在供求关系稳定的情况下,无论"好人"还是"坏人",都不会偏离当下的选择。这就形成了一种分离均衡，也就建立了一种可预期的行为常规。[①]

五、分离均衡引发工作时间分配规范的生成

制度意义上的自由时间来源于工时博弈，而直接促成工作时间分配规范形成的则是劳动力市场的均衡类型。从前面的分析中我们可以发现，加班在工时博弈中并非同对它的道德评价一样消极，它扮演着极为重要的信号传递角色，为劳资双方在信息不对称的情况下寻求合作提供了可能的路径。在供求关系稳定的劳动力市场中，加班所传递的信号最终会建立一种或一系列的工作时间分配规范。

全面的背景信息获取在重复博弈的框架下成为可能，博弈双方都将形成各自的分离均衡，双方在同一个市场中通过各自发出的信号来表明自己的身份。在重复博弈的市场环境中，"好人"与"坏人"都将具有较高的识别度，而"坏人"伪装成"好人"的成本和难度也将加大。这也解释了为何"打一枪换一个地方"的流窜作案团伙成员，在自己家乡却"兔子不吃窝边草"。"吃不吃窝边草"并不全然是道德或面子问题，从博弈论的角度来看，熟人社会比陌生人社会出现重复博弈的概率要高，此时的理性博弈者从长远利益出发，更倾向于"合作"而非"背叛"，他们一旦有过"背叛"的经历，便可能失去以后"合作"的机会。因此，社会规范的生成依赖于重复博弈，这也正是科尔曼的"社会系统模型"所表达的核心观点之一。

在科尔曼看来，"系统行为由低于系统水平系统组成部分，即个人或其他行动单位的行动综合而成"[②]，个体与社会系统（即规范体系）之间存在着首尾相连、协同发展的特征，可以简化表述为：

……➡社会系统 a➡个体 a➡社会系统 a➡个体 a……

这个过程实际上就是社会规范在重复博弈中不断制度化与再制度化的过程。更加注重长远利益的资方会通过健全的人事制度、财务制度等方式向劳方传递出信号，表示自己倾向于合作。而更加注重长远利益的劳方也会通过自己良好的教育和工作经历向资方发出同样的合作信号。当一方出现欺骗，例如一

[①] 陈坤：《信号传递、社会规范与法律——评 Eric A.波斯纳的〈法律与社会规范〉》，《环球法律评论》2011 年第 3 期。

[②] 詹姆斯·科尔曼：《社会理论的基础》（上），邓方译，社会科学文献出版社 2008 年版，第 5 页。

个贴现率高的资方通过发送虚假信号与一个贴现率低的劳方签订了劳动合同,但在合同执行的过程中资方违反了当初的合同约定,要求劳方加班。如果此时劳动力市场中存在着关于加班的行为常规,劳方很快可以确定在该企业加班是否符合自身利益的最大化。如果不符合,劳方可以依照该市场的常规与资方展开博弈。哪怕博弈不成功,劳方也可以辞职重新返回劳动力市场,寻找发送真实信号的合作者。而当这类信号达到了一定条件时,即注重眼前利益的博弈者无法负担合作终止所带来的损失时,或者说合作终止所带来的损失大于基于欺骗的合作所带来的收益时,劳动力市场中就形成了关于加班的合理行为常规。值得注意的是,根据科尔曼的社会系统模型,这种行为常规并非永远不变,而是随着博弈的继续发展不断调整和变化。

因此,在能够展开重复博弈的劳动力市场里,加班可以通过劳资双方的信号传递过程形成一种具有普遍性、合理性的行为常规,该规范使得劳资双方在工作时间的分配上形成基本一致的认识,而决定这个行为常规的关键要素是市场中的劳动力供求关系(这也是造成行为常规不断变化的原因)。此时,劳动力市场关于加班问题形成的“基本一致的认识”便是具有一定约束力的社会规范,劳资双方均可以遵守这样的行为常规来寻找适合的合作者。

例如,近些年香港就标准工时制度立法问题展开了广泛的讨论。2012年11月,香港劳工处发布了《标准工时政策研究报告》,希望推动社会各界就标准工时问题做出知情及深入的讨论。① 香港于2013年4月成立了香港标准工时委员会,为政府提供有关标准工时立法的意见,其核心目的是想通过广泛的社会参与尽可能地在劳资双方之间消除信息不对称,通过重复博弈促成劳动力市场形成分离均衡,最后由立法对分离均衡中既有的规范进行确认、微调,以达到整体利益的最大化。

在随后的几年中,劳资双方围绕是否立法、何时立法、如何立法等问题展开了针锋相对的讨论。劳工顾问委员会劳方代表认为标准工时制度确有必要,资方代表则认为标准工时制度将降低香港经济的竞争力。以香港工业总会为代表的行业商会更是直接表态:标准工时削弱市场灵活性、不获超时补偿的情况并不普遍、各行各业运作不同难以订立标准工时、劳工短缺问题将会恶化等。② 2016年4月,香港标准工时委员会提出了四个工时政策方向向公众展开咨询:(1)只

---

① 香港特别行政区劳工处:《标准工时政策研究报告》,http://www.labour.gov.hk/tc/plan/swh.htm,2019年8月24日检索。

② 香港工业总会:《香港工业总会就香港工时政策方向的意见》,http://www.industryhk.org/upload/news/attachment/6400e02adaede2df7b7842f52225d6ef.pdf,2019年8月24日检索。

实行"大框",以立法方式规定雇主与雇员必须订立书面雇佣合约,其中须包括指定的工时雇佣条款,如超时工作补偿安排;(2)只实行"小框",例如指定工时标准及超时工资率;(3)同时实行"大框"与"小框";(4)不推行"大框"也不推行"小框",但建议推行其他有关工时的政策或措施,例如:按行业需要制定自愿性指引。2017年6月,香港政府通过了标准工时委员会提交的报告,建议以立法的方式规定雇主须与月薪1.1万港币及以下的基层雇员签订书面雇佣合约,并列明工时及超时工作的补偿条款。[1] 尽管劳工界对该方案未能全面推行标准工时制表示不满[2],但不可否认该方案确实使一部分雇员受惠[3]。

六、法律干预工作时间分配的边界

在劳动力市场形成之初,博弈参与者主要是购买劳动力的资方和出售劳动力的劳方,关于工作时间和自由时间如何分配的问题基本是由劳资双方之间的契约予以规定。但自工业革命以后,法律在劳动力市场中的位置逐渐重要起来。尤其是随着福利国家逐渐登上历史舞台,社会法开始大规模干预劳动力市场。但关于工作时间与自由时间如何分配的问题有待进一步讨论,究竟是人权保护至上还是契约自由至上?或者是两者之间都需要兼顾?换种方式说,法律干预工作时间分配的边界究竟在哪?

波斯纳根据信号传递模型,提出了法律干预社会规范的四种方式。首先,法律可以改变发送信号的成本;其次,法律可以改变信号发送者和信号接收者在合作中获得的收益;再次,法律可以改变信号接收者关于低贴现率者在信号发送者中所占比例的信念;最后,法律可以激励规范博弈,提供新的焦点。这四种方式在我国法律体系中都可以找到具体的表现形式,例如我国《劳动法》第四十四条规定了用人单位在工作日、休息日、法定休假日三种不同时间安排劳动者加班应当支付劳动者不同比例的加班工资。这意味着用人单位在发送加班信号时需根据具体的情况承担不同的成本,这属于波氏说的第一种情形。而我国《劳动合同法》第八十五条则规定了用人单位在安排劳动者加班而不支付加班费时,由劳动部门责令用人单位限期支付,并可加付赔偿金。此时法律改变了用人单位与劳动者在特定情形(安排加班不支付加班费)中的收益情况,这属于第二种情形。前两种途径从手段来看,是法律根据人权保护原则直接干预劳资博弈的信号传

---

[1]　何宝怡:《合约工时出炉 月入万一受惠》,《文汇报》2017年6月14日A2版。

[2]　贲小烨:《劳工界不满无回应诉求》,《文汇报》2017年6月14日A2版。

[3]　何宝怡:《合约工时出炉 月入万一受惠》,《文汇报》2017年6月14日A2版。

递过程。第三种途径可以理解为一种对市场良好秩序的宣传,它并不直接干预信号传递的过程,但可以在信息不完全对称的环境中促使双方做出更倾向于合作的决策,例如 2015 年发布的《中共中央 国务院关于构建和谐劳动关系的意见》,其中专章提出要营造构建和谐劳动关系的良好环境。

第四条途径的关键在于:规范创立者如何确立信号? 被法律所确立的信号可以表现为各种形式,但不变的要求是其成本应当合理。那么,什么决定了某一行为能够成为信号? 或者说,是什么机制把信号从诸多价格合理的行为中挑选出来? 在波斯纳看来这就是规范创立者的工作,他可以人为构建一个新的焦点作为信号,也可以将某种已经存在的行为确立为信号。而在以下两种情况中,创立规范的成功率将显著提升。一是规范创立者不是提供一个全新的焦点,而是从人们已经在使用的诸多焦点中选择一个。① 二是规范创立者不是垄断的,而是多元的,竞争的存在促使人们可以选择成本更加合理的信号作为自身决策的依据。

由此可见,在特定的劳动力市场中,法律介入干预之前,关于工作时间如何分配的行为常规是一个已经存在的焦点。它有可能是一个混同均衡,劳动者和用人单位并未就工作时间分配问题区分出“好人”或“坏人”;也有可能是已经发展完善的分离均衡,市场中各方已经通过传递信号区分出了“好人”或“坏人”,且“坏人”模仿“好人”付出的成本高于收益。对于混同均衡,法律可以通过提高信号发送成本或改变信号传递中的收益情况,使得贴现率高的人从贴现率低的人群中区别开来,打破原有的混同均衡,建立新的分离均衡。但对于处于分离均衡状态的劳动力市场来说,由于分离均衡已经促成了合作双方的利益最优化,所以法律对信号成本的任何调整必然会导致博弈各方整体利益受损。所以,此时法律干预加班的最佳方式是确认已经达成的行为常规,从而不改变原有的博弈均衡。

回到我国工时博弈的语境中,根据第四条路径的解释我们可以推出:立法者如果将劳动力市场中已经存在的某些工时规范确认为法律,那么这项新的法律就为劳资双方工时博弈提供了一个新的、可提前预知的焦点,因此该法律得到良好运行的概率将显著提高。反观我国现行《劳动法》规定的八小时工作制、带薪休年假等制度在私营企业中的实施状况,尽管多数劳资双方在签订劳动合同时都知道法律规定的内容,但加班、有假不能休的现象却仍然普遍存在。这反映出现有法律(八小时工作制、带薪休年假等)作为博弈信号在现实劳动力市场中已

---

① 例如法律禁止随地吐痰,就是对一个已经存在的社会规范予以确认。张维迎:《社会与博弈》,北京大学出版社 2013 年版,第 332 页。

经失真,不能反映劳资双方的真实博弈格局。

我国《劳动法》中的标准工时制度规定劳动者工作时间每日不超过八小时、每周不超过 44 小时。在我国这一制度最早可以追溯到 1949 年制定的具有临时宪法性质的《中国人民政治协商会议共同纲领》,其中规定"公私企业目前一般应实行八小时至十小时的工作制,特殊情况得斟酌办理"①。这一规定的前半句体现了新中国"实行工人阶级领导的、以工农联盟为基础的、团结各民主阶级和国内各民族的人民民主专政"的决心,具有高度的政治性;后半句则体现了马克思主义政党实事求是的思想方法。然而,工时问题既有政治的一面,又有经济的一面。从香港的情况就可看出,忽略任何一个方面都会引发社会的连锁反应。新中国成立 70 多年来,尤其是改革开放 40 多年来,生产力的提高促使我国经济社会生活发生了翻天覆地的变化,劳动领域中过劳死事件频发、"996.ICU"引发广泛关注,现有工时制度的滞后性开始逐渐显现,因此工时制度改革迫在眉睫。尽管内地与香港法律体系不完全相同,但在"一国两制"的背景下,香港标准工时制度立法过程对内地工时制度改革仍具有一定的借鉴意义:首先,工时制度是一项复杂的社会系统工程,涉及劳方、资方、行业、社会等多方利益,因此立法应当尊重各方主体的合理诉求;其次,应当尊重行业差异性,避免"一刀切"的立法为部分行业带来不利影响;最后,应当预留出充足的时间供利益相关方了解、提议、讨论。总体而言,应当通过广泛的社会参与尽可能地在劳资双方之间消除信息不对称问题,通过重复博弈促成劳动力市场形成分离均衡,最后由立法对分离均衡中既有的规范进行确认、微调,以达到整体利益的最大化。

七、结论与思考

"996 工作制"引发的争议,不仅仅是加班现象的合法性争议,它带来的更深层的问题是休息权立法的合理性问题。然而,每个人对于合理的标准并不完全一致,甚至在利益冲突的情况下,合理的标准可能会截然相反。

我们从法律经济学的角度分析工时博弈,目的并不在于为支持或反对"996工作制"提供证成,而在于阐明符合市场规律、为各方所理解和接受的工作时间分配规范,是利益相关者在劳动力市场中相互博弈进而形成分离均衡的临时状态。这个临时状态受到诸多要素的影响,其中最为直接的要素是劳动力供求关系。当前我国互联网行业"996"工作制的盛行,正是该行业劳动力供过于求的一

---

① 一九四九年九月二十九日中国人民政治协商会议第一届全体会议通过:《中国人民政治协商会议共同纲领》,人民出版社 1952 年版,第 11 页。

种表现。因此,在经济意义上,符合社会经济发展规律的工作时间制度取决于劳动力市场是否在加班问题上形成了分离均衡,而非人们单方的主观意愿或法律的强制干预。

这也引发了人们关于法律稳定性的思考,如果"合理"的工作时间分配规范只是一种受制于劳动力供求关系的"临时状态",那么劳动法对工时制度的规定如何才能兼顾法律的稳定性和对市场变化的适应性?奥地利在这方面做出的一些尝试也许值得我们借鉴,新的政策允许员工可以在增加工资和增加自由时间之间做出选择。① 这样的调整既兼顾了对金钱、时间有不同价值判断的员工,也考虑到了企业的劳动力成本。

---

① Gerold S, Nocker M, More Leisure or Higher Pay? A Mixed − methods Study on Reducing Working Time in Austria, *Ecological Economics*, Vol.143(2018), pp.27−36.

王阳明的"致良知"对劳动教育的启示①

何杨勇

摘　要： 王阳明的"致良知",有达到良知、实践良知和扩充良知三层意思,良知人皆有之,偏重德行,易被私欲蒙蔽。在"致良知"上,王阳明提出事上磨炼、静心体悟、立志勤学、改过责善、省察克己、贴近生活、体认生活、因材施教、盈科而进、知行合一、反对空谈等主张,给劳动教育提供了启示和借鉴。新时代劳动教育要重视德性培养,注意劳动教育的平等性和普遍性;要动静结合,遵循德性发展的逻辑;要贴近生活、讲求体认、因材施教、循序渐进,达到知行合一。

关键词： 致良知;事上磨炼;知行合一;劳动教育

2018 年 9 月,习近平总书记在全国教育大会上提出了构建德、智、体、美、劳全面培养的教育体系的总要求。2020 年 3 月,《中共中央 国务院关于全面加强新时代大中小学劳动教育的意见》以及 2020 年 7 月教育部关于印发《大中小学劳动教育指导纲要(试行)》的通知,指出劳动教育的目标是使学生树立正确的劳动观念、具有必备的劳动能力、培育积极的劳动精神、养成良好的劳动习惯和品质。加强劳动教育,既是新时代面对社会经济发展的积极回应,也是对马克思主义劳动学说的发展,更是对我国优秀传统文化的继承。本文通过对王阳明教育思想的解读来更好地理解新时代劳动教育的本质、目标和举措,以此对当前劳动教育的实施提供新的启示。

王阳明(1472—1528),明代著名的思想家、军事家和教育家。王阳明一生讲学不辍,弟子遍布天下,其中他的"致良知"的教育目标,事上磨炼、静处体悟的教育路径,因材施教、顺应天性的教学方式,知行合一的教育原则,对于推进新时代劳动教育有较大的借鉴意义。

---

①　作者通信地址:何杨勇,浙江经贸职业技术学院职教研究中心,浙江 杭州 310018。

一、"致良知"的教育目的

(一)良知即是天理

王阳明曾说:"吾生平讲学,只是'致良知'三字。"[1]他认为,教育的主要目的是"致良知"。"致良知"包含了三层意思:一是达到良知。"致者,至也。"[2]王阳明认为,人人都有良知,但并非人人都一定能达到。不能把"致良知"看得太容易,需要切实用功。二是实践良知。王阳明认为,仅仅看到良知的好处,向往和喜欢良知是不够的,还需要推行良知、实践良知。王阳明说:"决而行之者,致知之谓也。"[3]他举例说,知道怎样是温清之节,知道怎样是奉养之宜,仅仅是知道而已,不是"致知",只有在实践中实行温清和奉养,才是"致知"[4]。三是体认扩充。王阳明认为,良知存在于内心,需要通过后天的经验活动去体认和扩充。他批评说:"后儒不明圣学,不知就自己心地良知良能上体认扩充。"[5]可见,"致良知"是一个对良知的体认扩充的过程。

那么什么是"良知"呢?王阳明认为,"良知"就是心的本体。他说:"良知者,心之本体。"[6]那么,"心之本体"又是什么呢?王阳明认为,"心之本体"就是"天理"。他说:"心之本体即是天理"[7],"良知是天理之昭明灵觉处,故良知即是天理"[8]。这里包含了这么几层意思:一是"良知"和"心之本体"是同一的事物。心中萌发的意念不一定是良知,良知和意念是有差别的,良知是至善的,意念则有是非、有善恶。王阳明说:"意与良知当分别明白。凡应物起念处,皆谓之意。意则有是有非,能知得意之是与非者,则谓之良知。"[9]二是"良知"和"天理"是同一的事物。在朱熹那里,"天理"是和"人欲"相对的,朱熹提出"存天理,灭人欲",他所谓的"天理",更多的是外在之理、客观之理,是使主观的"人欲"更多地去符合外在客观的"天理"。王阳明则认为,"天理"本在"心"中,所谓的"天理"也是主观的"心"所给予的,不问内心而求"天理",舍本逐末了。王阳明的弟子徐爱曾经提

---

[1]　王阳明:《王阳明全集》,吴光等编校,上海古籍出版社 2011 年版,第 1091 页。

[2]　王阳明:《王阳明全集》,第 1070 页。

[3]　王阳明:《王阳明全集》,第 308 页。

[4]　王阳明:《王阳明全集》,第 55 页。

[5]　王阳明:《王阳明全集》,第 36 页。

[6]　王阳明:《王阳明全集》,第 69 页。

[7]　王阳明:《王阳明全集》,第 30 页。

[8]　王阳明:《王阳明全集》,第 81 页。

[9]　王阳明:《王阳明全集》,第 242 页。

出过质疑,他说"至善"仅仅"求诸心"是不够的,因为天下还有很多的道理,是我的"心"不向外求所不知道的。王阳明回答说:事父、事君、交友、治民的"理",并不在外在的对象上,而在做这些事的时候的"心","心即理也"①。

(二)良知人皆有之

孟子认为,"良知良能"人人生而有之,是先天的。王阳明说:"孟子云:'是非之心,知也。''是非之心,人皆有之。'即所谓良知也。"②王阳明继承了孟子的良知先天之说,把良知看成是"人皆有之""不虑而知""不学而能"③的。王阳明的良知先天说,可以概括为三层意思:一是"良知"与人的圣愚无关。王阳明认为,良知是人人具有、人人相同的,无论是圣人还是愚人,都有良知。他说:"良知良能,愚夫愚妇与圣人同。"④圣人与其他人的差别,不在于"良知",而在于"致良知"。王阳明说:"自然而致之者,圣人也;勉而致之者,贤人也;自蔽自昧而不肯致之者,愚不肖者也。愚不肖者,虽其蔽昧之极,良知又未尝不存也。"⑤他举例说,即使是盗贼,他们也是良知未泯,知道自己不应该做盗贼。如果有人称他们为盗贼,他们心里也会羞愧。⑥ 良知人人有之,无疑给普通大众打开了"致良知"的方便大门。二是日常活动之中,良知无处不在。如上文所述,在王阳明看来,良知即天理,天理所在,良知所存。无论是事君还是事亲、无论是富贵还是贫贱都有良知存在。⑦ 王阳明说:"盖日用之间,见闻酬酢,虽千头万绪,莫非良知之发用流行。"⑧三是良知容易被私人欲望所蒙蔽。王阳明认为良知是心的本体,不用向外去求,但人的私欲则是"致良知"的障碍。"天下之人心,其始亦非有异于圣人也,特其间于有我之私,隔于物欲之弊,大者以小,通者以塞,人各有心。"⑨"致良知"是排除私欲,与私欲做斗争的过程。"然在常人不能无私意障碍,所以须用致知格物之功。"⑩

(三)良知重德性

王阳明特别指出,他所谓的"致良知",不是为了扩充经验知识,更不是为了让人沉迷于辞章和科举之学,而是发展德性。经验知识相对简单,他认为,"温清

---

① 王阳明:《王阳明全集》,第2页。

② 王阳明:《王阳明全集》,第211页。

③ 王阳明:《王阳明全集》,第90页。

④ 王阳明:《王阳明全集》,第56页。

⑤ 王阳明:《王阳明全集》,第312页。

⑥ 王阳明:《王阳明全集》,第105页。

⑦ 王阳明:《王阳明全集》,第7页。

⑧ 王阳明:《王阳明全集》,第81页。

⑨ 王阳明:《王阳明全集》,第61页。

⑩ 王阳明:《王阳明全集》,第7页。

之节、奉养之宜"的经验知识,"可一日二日讲之而尽"①。他反对脱离德性去追求和钻研"闻见之知",他说:"故不务去天理上着功夫。徒弊精竭力,从册子上钻研,名物上考索,形迹上比拟。知识愈广而人欲愈滋,才力愈多而天理愈蔽。"②王阳明特别把良知和"闻见之知"区分开来,良知更多地与"道德""人伦"联系在一起。他把"良知"看成是善和道德的本体。他说:"天命之性,粹然至善,其灵昭不昧者,此其至善之发见,是皆明德之本体,而即所谓良知者也。"③王阳明指出,孟子所谓"是非之心"中的"智",不是"闻见之知",而是"德性之良知"④。良知属于德性之知,是恒常不变的,无论经验活动发生还是不发生,良知都是存在的。如果想通过扩充"闻见之知"的多见多识的方式来提升良知,则会不得要领。他说:"'致知'云者,非若后儒所谓充扩其知识之谓也,致吾心之良知焉耳。"⑤良知不因经验活动而存在,反而是经验活动的主宰,经验活动是良知的发动和应用。他举例说,孝亲是良知,冬温夏清是经验活动,有了孝亲的心,自然能够懂得冬温夏清的道理,并产生相应的经验活动。⑥

王阳明的"致良知"学说充满了辩证法的色彩。他指出,"德性之知"和"闻见之知"虽然有区别,但两者并非水火难容,"德性之知"的习得要以"闻见之知"等经验活动作为材料,"闻见之知"的习得要以"德性之知"为目标。他说:"岂有尊德性只空空去尊,更不去问学?问学只是空空去问学,更与德性无关涉?如此,则不知今之所以讲习讨论者,更学何事!"⑦良知是先天的,不因经验活动而产生,但后天的经验活动,都是良知的体现和应用。良知不能停留在闻见之知上,但也不能疏离于闻见之知。"良知不由见闻而有,而见闻莫非良知之用,故良知不滞于见闻,而亦不离于见闻。"⑧也正是在这个意义上,王阳明认为要正确处理举业和修德之间的关系,不应该将两者完全对立起来。他比喻说,种田养家,肯定不会与孝亲相冲突。同样,他认为只要把志向放在德性追求上,举业也就不应该成为德行的障碍。⑨ 他还认为农工商贾等事务,都应该以德行为目标。"下至闾井田野,农、工、商、贾之贱,莫不皆有是学,而惟以成其德行为务。"⑩

---

① 王阳明:《王阳明全集》,第3—4页。

② 王阳明:《王阳明全集》,第32页。

③ 王阳明:《王阳明全集》,第280页。

④ 王阳明:《王阳明全集》,第71页。

⑤ 王阳明:《王阳明全集》,第1070页。

⑥ 王阳明:《王阳明全集》,第3页。

⑦ 王阳明:《王阳明全集》,第138页。

⑧ 王阳明:《王阳明全集》,第80页。

⑨ 王阳明:《王阳明全集》,第34页。

⑩ 王阳明:《王阳明全集》,第61页。

王阳明认为,学校应该把德行教育放在首位。他说:"学校之中,惟以成德为事,而才能之异或有长于礼乐,长于政教,长于水土播植者,则就其成德,而因使益精其能于学校之中。"①他对当时学校教育重视记诵、闻见和辞章等功利之学,忽视德性之知,提出了尖锐批评。他说:"圣人之学日远日晦,而功利之习愈趋愈下。……记诵之广,适以长其傲也;知识之多,适以行其恶也;闻见之博,适以肆其辨也;辞章之富,适以饰其伪也。"②这种重记诵、轻道德提升的风气必然导致"知识愈广而人欲愈滋,才力愈多而天理愈蔽"③。在制定学院教规、学规的时候,王阳明多次强调,学习应该以德为本,致力于德行,不要沉迷于举业,要向圣贤看齐。对于后世沉迷于辞章之学,他相对应地提出要教儿童"人伦"。他在《训蒙大意示教读刘伯颂等》中说:"古之教者,教以人伦,后世记诵辞章之习起,而先王之教亡。今教童子,惟当以孝、弟、忠、信、礼、义、廉、耻为专务。"④对于具体的教育教学目标来讲,他要把德行考核放在前面,背诵书籍放在后面。"每日工夫,先考德,次背书诵书。"⑤他还非常殷切地嘱咐各位老师,一定要领悟他强调德行的意思,不要受社会外在环境的影响。要"务体吾意,永以为训,毋辄因时俗之言,改废其绳墨,庶成'蒙以养正'之功矣。念之念之!"⑥

二、"致良知"的教学主张

(一)事上磨炼,静处体悟

王阳明认为,"致良知"的基本路径主要是两条,一是"事上磨炼",一是"静处体悟"。王阳明十分重视事上磨炼,他指出,"人须在事上磨,方立得住,方能'静亦定,动亦定'"⑦。

王阳明在平定宁王叛乱之后,给弟子讲学,用切身的体会强调"事上磨炼"对于"致良知"的重要性。王阳明说:"我自用兵以来,致知格物之功愈觉精透。及其军旅酬酢,呼吸存亡,宗社安危所系,全体精神只从一念入微处自照自察,一些着不得防检,一毫容不得放纵。勿助勿忘,触机神应,乃是良知妙用,以顺万物之

① 王阳明:《王阳明全集》,第61页。

② 王阳明:《王阳明全集》,第63页。

③ 王阳明:《王阳明全集》,第32页。

④ 王阳明:《王阳明全集》,第99页。

⑤ 王阳明:《王阳明全集》,第101页。

⑥ 王阳明:《王阳明全集》,第100页。

⑦ 王阳明:《王阳明全集》,第14页。

自然,而我无与焉。"①当有官员向他抱怨簿书讼狱繁杂,没有精力从学时,王阳明批评说,这样的想法是错误的。簿书讼狱中也包含着良知,处理簿书讼狱,也是极好的"致良知"的路径。不能离开簿书讼狱等事务,去悬空求学。"簿书讼狱之间,无非实学。若离了事物为学,却是着空。"②王阳明说:"除却见闻酬酢,亦无良知可致矣。"③王阳明的"致良知"之所以得到后世的推崇,与他在军事上的精明能干、屡克强敌、所建功业有很大的关系。

当然王阳明也不否认静处体悟的作用,他认为,事上磨炼和静处体悟并不矛盾。他在被贬为贵州龙场驿丞的时候,日日夜夜,静静默坐,从而得以悟道。"(阳明)日夜端居澄默,以求静一;久之,胸中洒洒。……忽中夜大悟格物致知之旨。"④他提出,对于初学者来说,心猿意马,私心杂念过多,应该"教之静坐,息思虑。久之,俟其心意稍定"⑤。王阳明认为,无论是静还是动,都要讲求度。当大家空口讨论,意见不一致的时候,静上一静是有好处的。"吾昔居滁时,见诸生多务知解,口耳异同,无益于得。姑教之静坐,一时窥见光景,颇收近效。"⑥他认为过分强调静处体悟会有厌动的弊端,而且有时还会让人产生幻觉。"(静)久之渐有喜静厌动,流入枯槁之病,或务为玄解妙觉,动人听闻。"⑦他认为,仅有静处体悟,没有事上磨炼,在碰到具体的事务处理的时候,就会手忙脚乱,不知如何应对。⑧王阳明点出他主张的"静坐"和佛家所说的"禅定"是有区别的。前者是以"静坐"为主,而他如此主张"静坐"是因为日常事务繁多,在处理事务之余,需要静下来收敛心神。王阳明说:"前在寺中所云静坐事,非欲坐禅入定。盖因吾辈平日为事物纷拏,未知为己,欲以此补小学收放心一段工夫耳。"⑨

(二)立志勤学,改过责善

王阳明时代,有的人把登科及第作为自己的人生理想,"学者溺于词章记诵,不复知有身心之学"⑩。他提出人生的理想不应该是登科及第之类,而应该是学做圣贤。"使人先立必为圣人之志。"⑪更有的人浑浑噩噩,不知进取,"今学者旷

---

① 王畿:《王畿集》,吴震编校,凤凰出版社2007年版,第343页。

② 王阳明:《王阳明全集》,第108页。

③ 王阳明:《王阳明全集》,第81页。

④ 王阳明:《王阳明全集》,第1354页。

⑤ 王阳明:《王阳明全集》,第18页。

⑥ 王阳明:《王阳明全集》,第18页。

⑦ 王阳明:《王阳明全集》,第18页。

⑧ 王阳明:《王阳明全集》,第104页。

⑨ 王阳明:《王阳明全集》,第15页。

⑩ 王阳明:《王阳明全集》,第1352页。

⑪ 王阳明:《王阳明全集》,第1352页。

废隳惰,玩岁愒时,而百无所成"。他认为,这是由于"志之未立耳"①。"立志而圣,则圣矣;立志而贤,则贤矣。"②他认为立志有使人排除私心杂念、专心致志、凝聚方向和力量的作用。"只念念要存天理,即是立志。能不忘乎此,久则自然心中凝聚。"③在他看来,志向就是"气之帅""人之命""木之根""水之源",对人的身心发展起着决定性的作用。只要坚定为圣人之志,就能够做到退私欲、不懈怠、不妒忌、不愤怒、不急躁、不骄傲等。总而言之,"责志之功,其于去人欲,有如烈火之燎毛,太阳一出,而魍魉潜消也"④。王阳明认为,志向好比是船上的舵,指引着人生前进的方向。王阳明说:"志不立,如无舵之舟,无衔之马,漂荡奔逸,终亦何所底乎?"⑤

在立志上,王阳明认为这样几点非常重要:一是立品德之志。他说立为圣人之志,圣人之志更多的是"切己自修"的品德之志,而不是指具体的事情。王阳明说朱熹有"继往开来"的气魄,但是他在"考索著述上用功",没有"切己自修",写了很多书,到了晚年,后悔了,"是倒做了"⑥。二是坚定志向,没有止境。王阳明认为,因为义理无穷尽,无论在人生的什么阶段,都会有对志向的考验。王阳明说:"义理无定在,无穷尽。吾与子言,不可以少有所得而遂谓止此也,再言之,十年、二十年、五十年未有止也。"⑦三是志向要融会贯通。王阳明认为,对于初学者而言,立下志向,专心致志,勇往直前,没有问题。王阳明提出:"持志如心痛,一心在痛上,岂有工夫说闲话、管闲事。"⑧但在有的时候,志向并不是坚守就一定存在,放弃就一定失去,要知道志向要能进退,不要过于死板,为志向而志向。"但要使知'出入无时,莫知其乡'。心之神明,原是如此,功夫方有着落。若只死死守着,恐于功夫上又发病。"⑨四是立志结合实际,不要好高骛远。王阳明说:"后儒不明圣学……一味只是希高慕大;不知自己是桀、纣心地,动辄要做尧、舜事业,如何做得?终年碌碌,至于老死,竟不知成就了个甚么,可哀也已!"⑩五是立志贵专一。王阳明指出,立志要像种树那样专一,需要长时间坚持。他说:"诸公须要信得及,只是立志。学者一念为善之志,如树之种,但勿助勿忘,只管培植

---

① 王阳明:《王阳明全集》,第 1073 页。

② 王阳明:《王阳明全集》,第 1073 页。

③ 王阳明:《王阳明全集》,第 13 页。

④ 王阳明:《王阳明全集》,第 290 页。

⑤ 王阳明:《王阳明全集》,第 1073 页。

⑥ 王阳明:《王阳明全集》,第 32—33 页。

⑦ 王阳明:《王阳明全集》,第 14 页。

⑧ 王阳明:《王阳明全集》,第 15 页。

⑨ 王阳明:《王阳明全集》,第 30 页。

⑩ 王阳明:《王阳明全集》,第 36 页。

将去,自然日夜滋长,生气日完,枝叶日茂。树初生时,便抽繁枝,亦须刊落,然后根干能大。初学时亦然。故立志贵专一。"①

王阳明认为,除了立志之外,"省察克己""勤学""改过"和"责善"也必不可少。王阳明把良知比喻为明镜,"其良知之体皦如明镜,略无纤翳,妍媸之来,随物见形,而明镜曾无留染,所谓'情顺万事而无情'也"②。私欲杂念,犹如镜上的灰尘,需要省察克治。他说:"天理人欲,其精微必时时用力省察克治,方日渐有见。"③要把恶念扼杀于萌芽状态,"必欲此心纯乎天理,而无一毫人欲之私……非防于未萌之先,而克于方萌之际不能也。防于未萌之先,而克于方萌之际"④。

王阳明认为要实现志向,"勤学"必不可少,"勤确谦抑"胜过"聪慧警捷"。他说:"已立志为君子,自当从事于学。凡学之不勤,必其志之尚未笃也。从吾游者,不以聪慧警捷为高,而以勤确谦抑为上。"⑤王阳明认为,人都会犯错误,犯错误不可怕,可怕的是有错不改。他说:"夫过者,自大贤所不免,然不害其卒为大贤者,为其能改也。故不贵于无过,而贵于能改过。"⑥王阳明认为良知自明,如果有过错,个人的良知自然能够知道,但更重要的是能够改正过错。"本心之明,皎如白日,无有有过而不自知者,但患不能改耳。一念改过,当时即得本心。人孰无过? 改之为贵。"⑦王阳明认为,有朋友在旁边忠告提醒,对个人成长很有好处,他说:"责善,朋友之道,然须忠告而善道之。"⑧王阳明提醒弟子,在官场仕途中致良知,比处山林中致良知要困难,因此更要求朋友间能相互砥砺、警醒。在"人在仕途,比之退处山林时,其工夫之难十倍,非得良友时时警发砥砺……若良知一提醒时,即如白日一出,而魑魅魍魉自消矣"⑨。

(三)贴近生活,体认生活

王阳明认为,良知就存在于人们的日常事务之中,人们处理日常事务的过程,就是"致良知"的过程。"致良知"就是用自己的心,对世界万物"体认",在日常生活事务中"实践"的过程。他说:"若鄙人所谓致知格物者,致吾心之良知于事事物物也。"⑩"区区格、致、诚、正之说,是就学者本心日用事为间,体究践履,

① 王阳明:《王阳明全集》,第 37 页。
② 王阳明:《王阳明全集》,第 79 页。
③ 王阳明:《王阳明全集》,第 28 页。
④ 王阳明:《王阳明全集》,第 74—75 页。
⑤ 王阳明:《王阳明全集》,第 1073 页。
⑥ 王阳明:《王阳明全集》,第 1074 页。
⑦ 王阳明:《王阳明全集》,第 193 页。
⑧ 王阳明:《王阳明全集》,第 1074 页。
⑨ 王阳明:《王阳明全集》,第 244 页。
⑩ 王阳明:《王阳明全集》,第 51 页。

实地用功,是多少次第、多少积累在。"①

王阳明善于运用生活中的案例作为材料,或批判,或赞扬,或引申,使教学活动生动活泼,充满生活情趣。一日,阳明与弟子听到闹市中的争吵:甲曰:"尔无天理。"乙曰:"尔无天理。"甲曰:"尔欺心。"乙曰:"尔欺心。"先生闻之,呼弟子曰:"听之,夫夫哼哼讲学也。"弟子曰:"诟也,焉学?"曰:"汝不乎?曰'天理',曰'心',非讲学而何?"曰:"既学矣,焉诟?"曰:"惟知责诸人,不知及诸己故也。"②

王阳明善用比喻,常常用"明镜""种树""根与枝叶""水""气"等作为比喻来说明道理。有一次,他坐在井边上,就用井水和池塘水对比来说明有源之水,生意不穷的重要。"与其为数顷无源之塘水,不若为数尺有源之井水,生意不穷。"③王阳明的弟子陆澄接到家信,得知儿子病危,心中郁闷,王阳明因势利导指出:"此时正宜用功,若此时放过,闲时讲学何用?人正要在此等时磨炼。父之爱子,自是至情,然天理亦自有个中和处,过即是私意。"④弟子陈九川卧病虔州,王阳明问他:"病物亦难格,觉得如何?"陈九川回答:"功夫甚难。"他指导说:"常快活便是功夫。"⑤王阳明居越时,当时的郡守南大吉性格豪迈,不拘小节。他告诉王阳明,自己处理政事的时候,有很多过失,请王阳明指出来。王阳明问:"有哪些过失?"大吉就一一列举。王阳明说:"你的过失我已经说过了。"大吉问:"你没说呀?"王阳明说:"我不说,你怎么知道这些过失?"大吉回答说:"是良知。"王阳明说:"良知不是我经常说的东西吗?"大吉笑谢而去⑥。

在我国古代传统中,亲证和体认是通往德性之知、锤炼个人品格的重要方式。钱穆先生曾举例说:"《论语》的开篇就是子曰:'学而时习之,不亦说乎?有朋自远方来,不亦说乎?人不知而不愠,不亦君子乎?'不要先去计较前后的逻辑,而是先按照他的话,你也学而时习之,心悦不悦,有朋从远方来看你,你乐不乐?人家不知你,你自己的感觉又是怎样?"⑦王阳明认为,良知就在自己的心内,无须向外去求,因此要"致良知",很多情况下,无法用言语传达,只能依靠自己体认,旁人无法代劳。"良知即是天理。体认者,实有诸己之谓耳。"⑧弟子刘易仲问王阳明"道"可不可以说?他回答说:"(道是)哑子吃苦瓜,与你说不得。

---

① 王阳明:《王阳明全集》,第46页。

② 王阳明:《王阳明全集》,第1170页。

③ 王阳明:《王阳明全集》,第24页。

④ 王阳明:《王阳明全集》,第19页。

⑤ 王阳明:《王阳明全集》,第107页。

⑥ 王阳明:《王阳明全集》,第1423页。

⑦ 钱穆:《民族与文化》,东大图书公司1989年版,第182页。

⑧ 王阳明:《王阳明全集》,第243页。

尔要知我苦,还须你自吃。"当弟子陆澄问王阳明,"中和之德"的"中"的意义还未明了,他回答说:"此须自心体认出来,非言语所能喻。中只是天理。"①

王阳明认为有的人之所以没有能够"致良知",是因为他不知道从内心去体认良知,他甚至认为,不从内心去体认良知,就无法"致良知"。他说:"正为致知之学不明,不知在良知上体认之耳。"②但王阳明指出,"随处体认天理",绝不是捕风捉影,"驱于声利词章之习",被"似是而非之学兜绊羁縻,终身不得出头"③。王阳明曾毫不客气地指出:"若此者,皆是就文义上解释牵附,以求混融凑泊,而不曾就自己实功夫上体验,是以论之愈精,而去之愈远。"④王阳明告诫弟子:"为学之要,只在着实操存,密切体认,自己身心上理会。切忌轻自表暴,引惹外人辩论,枉费酬应,分却向里工夫。"⑤同时,他鼓励弟子,贵在自己用心体认,自得于心,反对盲目轻信。"夫君子之论学,要在得之于心。众皆以为是,苟求之心而未会焉,未敢以为是也;众皆以为非,苟求之心而有契焉,未敢以为非也。"⑥王阳明提出,即使是孔子的话,若没有经过自己的内心体认,也不可轻信盲从。"夫学贵得之心,求之于心而非也,虽其言之出于孔子,不敢以为是也,而况其未及孔子者乎!求之于心而是也,虽其言之出于庸常,不敢以为非也,而况其出于孔子者乎?"⑦

(四)因材施教,循序渐进

王阳明认为"良知"虽然"人皆有之",但是在"致良知"上,人与人之间还是有差别的。他和弟子通过对话、书信,针对弟子提出的问题,根据弟子的资质和条件,提出具体的回答,就是践行因材施教的范例。王阳明的弟子薛侃做事容易后悔。他在肯定后悔的价值的同时又提出了要求:"悔悟是去病之药,然以改之为贵。若留滞于中,则又因药发病。"⑧对于因材施教,王阳明有过总结。他认为天地万物,各不相同,各种技术技能各有特色,要完成一件事情,需要相互配合,应根据不同的人,给予不同的教育,发挥其特长和天赋。"天之于物也,巨微修短之殊位,而生成之,一也。惟技也亦然,弓冶不相为能,而其足于用,亦一也。匠斩也,陶垣也,圬墁也,其足以成室,亦一也。是故立法而考之,技也。各诣其巧矣,

---

① 王阳明:《王阳明全集》,第26页。

② 王阳明:《王阳明全集》,第82页。

③ 王阳明:《王阳明全集》,第224页。

④ 王阳明:《王阳明全集》,第95页。

⑤ 王阳明:《王阳明全集》,第151页。

⑥ 王阳明:《王阳明全集》,第891页。

⑦ 王阳明:《王阳明全集》,第85页。

⑧ 王阳明:《王阳明全集》,第35页。

而同足于用。因人而施之,教也。"①因材施教,需要针对不同材质的弟子,进行不一样的教学,但是王阳明提醒说,因材施教的具体方式可能有所差异,但是这些方式的目标还是一致的,就是"同归于善",他说:"同归于善者,定法矣。"②

王阳明认为,人的身心发展有其规律,能力发展有其过程,要根据自然的发展顺序"盈科而进"。他说:"为学须有本原,须从本原用力,渐渐'盈科而进'。……婴儿在母腹时,只是纯气,有何知识?出胎后方始能啼,既而后能笑,又既而能识认其父母兄弟,又既而后能立、能行、能持、能负,卒乃天下事无不可能。"③他用行路做比喻,说明打基础的重要性。"襁褓之孩,方使之扶墙傍壁而渐学起立移步者也。"而"年力健壮者"能够"奔走往来于数千里之间"。"年力健壮者"当然不用再扶墙学步,但是要能够"奔走往来于数千里之间"就是从扶墙学步开始的,可以说,扶墙学步是奔走千里的基础,没有前者,就不可能有后者。④王阳明认为读书学习要量力而行,主张学习要求和标准不要定太高,这样反而能够激发学习者的动力,感受到学习的快乐。他说:"凡授书不在徒多,但贵精熟。量其资禀,能二百字者,止可授以一百字。常使精神力量有余,则无厌苦之患,而有自得之美。"⑤由于种种原因,每个人会有不同的遭遇,面临不同的客观情况。王阳明告诫道,无论身处富贵贫贱,要根据不同条件,量力而行。《中庸》说:"君子素其位而行,不愿乎其外。素富贵,行乎富贵;素贫贱,行乎贫贱;素患难,行乎患难;故无人而不自得。"⑥王阳明对此非常赞同,他还补充说:"凡谋其力之所不及而强其知之所不能者,皆不得为致良知。"⑦

如果不根据身心发展规律,用力过猛,会适得其反。王阳明说:"与人论学,亦须随人分限所及。如树有这些萌芽,只把这些水去灌溉。萌芽再长,便又加水。自拱把以至合抱,灌溉之功皆是随其分限所及。若些小萌芽,有一桶水在,尽相倾上,便浸坏它了。"⑧王阳明认为,儿童大多喜欢游戏快乐,不喜欢被强制约束和体罚。对待儿童,要以鼓励为主,让他们心情舒畅,从而就能不断进步。⑨但如果教育反其道而行之,天天督促儿童读四书五经,强迫儿童遵守各种规矩规

① 王阳明:《王阳明全集》,第 259 页。

② 王阳明:《王阳明全集》,第 259 页。

③ 王阳明:《王阳明全集》,第 16 页。

④ 王阳明:《王阳明全集》,第 97—98 页。

⑤ 王阳明:《王阳明全集》,第 101 页。

⑥ 王国轩译注:《大学·中庸》,中华书局 2006 年版,第 76 页。

⑦ 王阳明:《王阳明全集》,第 82 页。

⑧ 王阳明:《王阳明全集》,第 109 页。

⑨ 王阳明:《王阳明全集》,第 99 页。

范。像对待囚犯一样,对儿童进行体罚,会使学生变得顽劣下流,学生将会"视学舍如囹狱而不肯入,视师长如寇仇而不欲见,窥避掩覆以遂其嬉游,设诈饰诡以肆其顽鄙,偷薄庸劣,日趋下流"①。

(五)知行合一,反对空谈

王阳明在十二岁的时候,向他的塾师提了一个问题:"何为第一等事?"塾师回答:"惟读书登第耳。"他却认为:"登第恐未为第一等事,或读书学圣贤耳。"②学做圣贤,自然不能坐而论道,汲汲于功名,要关心天下大事。在王阳明十五岁的时候,很多像他这个阶层的同龄人在一心一意为举业做准备,而王阳明却去考察边关,"询诸夷种落,悉闻备御策;逐胡儿骑射,胡人不敢犯。经月始返"③。这说明王阳明不但志向远大,而且将之落实于具体行动。

如前所述,王阳明"致良知",讲求内心体认,而体认往往需要落实到具体行动。他用吃东西和行路为比喻,强调"致良知"过程中行动的重要性。"夫人必有欲食之心然后知食。欲食之心即是意,即是行之始矣。食味之美恶必待入口而后知,岂有不待入口而已先知食味之美恶者邪? 必有欲行之心,然后知路。欲行之心即是意,即是行之始矣。路歧之险夷必待身亲履历而后知,岂有不待身亲履历而已先知路歧之险夷者邪?"④王阳明认为,学问思辨的求学过程,是一个行的过程。并不是像一般人认为的那样,学问思辨是求知的过程,与行无关。他说:"夫'学问思辨行'皆所以为学,未有学而不行者也。……盖学之不能以无疑,则有问,问即学也,即行也;又不能无疑,则有思,思即学也,即行也;又不能无疑,则有辨,辨即学也,即行也;辨既明矣,思既慎矣,问既审矣,学既能矣,又从而不息其功焉,斯之谓笃行。非谓学、问、思、辨之后而始措之于行也。"⑤王阳明认为,后世将知行分成两段,没有领会知行合一的真正含义。"后世之学所以析知行为先后两截,日以支离决裂,而圣学益以残晦者,其端实始于此。"⑥

朱熹也强调知行都不能偏废,两者同样重要。他说:"涵养、穷索,二者不可废一,如车两轮,如鸟双翼。"⑦但是在朱熹眼里,知行是有先后的。有的时候,朱熹认为知先于行,他说:"万事皆在穷理后,经不正,理不明,看他如何履践?"⑧

---

① 王阳明:《王阳明全集》,第 100 页。
② 王阳明:《王阳明全集》,第 1346—1347 页。
③ 王阳明:《王阳明全集》,第 1347 页。
④ 王阳明:《王阳明全集》,第 47 页。
⑤ 王阳明:《王阳明全集》,第 51—52 页。
⑥ 王阳明:《王阳明全集》,第 54 页。
⑦ 朱熹:《朱子语类》第 1 册,黎清德主编,中华书局 1988 年版,第 150 页。
⑧ 朱熹:《朱子语类》第 1 册,第 152 页。

"知行常相须,如目无足不行,足无目不见。论先后,知为先;论轻重,行为重。"①但有的时候,朱熹好像又主张行先知后:"若曰,须待见得个道理然后去做,则'利而行之','勉强而行之'工夫皆为无用矣!"②

在王阳明看来,在"致良知"的道路上,知和行是合一的,没有先后之别。王阳明认为知和行相互包含,知中包含了行的意愿,行是知的实践和手段。他说:"知是行的主意,行是知的功夫,知是行之始,行是知之成。若会得时,只说一个知,已自有行在;只说一个行,已自有知在。"③而且知和行可以相互依赖,相互转化。王阳明说:"知之真切笃实处,即是行;行之明觉精察处,即是知;知行功夫本不可离。"④从这里可以看出,王阳明所说的"行",既包括实践和行动,也包括观念活动上的"行"。杨国荣指出,王阳明把观念活动也理解成为"行",等于把"善念"等同于"善行","模糊了精神现象与践行的界限"⑤。

王阳明的弟子徐爱并没有深刻领悟他的知行合一,他举例说:"如今人尽有知得父当孝,兄当弟者,却不能孝、不能弟,便是知与行分明是两件。"⑥这与我们平时所说的,明明知道应该如何做是对的,但是却没有办法将之落实于行动之中颇相一致。例如,有的人明明知道坚持锻炼有益身体健康,但是很难落实到具体行动。王阳明认为,高尚的道德认同,无法落实到行动的主要原因是知和行"被私欲隔断"了,"知而不行,只是未知"⑦。他还举例引申:"见好色属知,好好色属行。只见好色时已自好了,不是见后又立个心去好。闻恶臭属知,恶恶臭属行,只闻恶臭时已自恶了,不是闻后别立个心去恶。"⑧

王阳明强调知行合一,知行并重,实际上是以行来定义知。他在《教约》中考察儿童,强调更多的是行的方面。他说:"教读以次。遍询诸生:在家所以爱亲敬长之心,得无懈忽,未能真切否?温凊定省之仪,得无亏缺,未能实践否?往来街衢,步趋礼节,得无放荡,未能谨伤否?一应言行心术,得无欺妄非僻,未能忠信笃敬否?诸童子务要各以实对,有则改之,无则加勉。"⑨王阳明特别反对简单地将知行合一中的知,变成"口耳之学"。他认为所有的学习环节,都要落实到具体

① 朱熹:《朱子语类》第 1 册,第 148 页。
② 朱熹:《朱子语类》第 1 册,第 159 页。
③ 王阳明:《王阳明全集》,第 5 页。
④ 王阳明:《王阳明全集》,第 47 页。
⑤ 杨国荣:《心学之思:王阳明哲学的阐释》,中国人民大学出版社 2009 年版,第 153 页。
⑥ 王阳明:《王阳明全集》,第 4 页。
⑦ 王阳明:《王阳明全集》,第 4 页。
⑧ 王阳明:《王阳明全集》,第 4 页。
⑨ 王阳明:《王阳明全集》,第 100 页。

的行为,不是仅仅从口头上讲授就能完成。他说:"学射则必张弓挟矢,引满中的;学书则必伸纸执笔,操觚染翰;尽天下之学无有不行而可以言学者。"①王阳明认为,良知有不可以用语言表达的部分,不通过行动体认和内心的省察,是无法领悟的。夸夸其谈讲天理,"不知心中倏忽之间已有多少私欲"②。

三、讨论和启示

王阳明的"致良知"理论,是对朱熹理学的一种反动,对后世产生了极其深远的影响,在中国教育思想发展史上有着极其重要的地位。王阳明提出的"知行合一""因材施教""盈科而进"等教学原则,与现代教育心理学的主张不谋而合。不可否认,王阳明的"致良知"理论,带有浓厚的主观唯心主义色彩,在碰到问题和困难之时,要求学生反求诸己,聆听良知,而忽视对外在自然世界的改造以及对不合理社会制度的批评。王阳明重视"德性之知",虽然也强调"见闻之知"的重要性,但他的"见闻之知"更多地局限于"诗歌""习礼""读书"和"行军打仗",这是比较狭隘的。尽管如此,王阳明的"致良知"理论还是对我们新时代推行劳动教育有一定的指导和借鉴意义的。

一是劳动教育要把德行放在首位。教育部关于印发《大中小学劳动教育指导纲要(试行)》的通知中指出,劳动教育的目标是"树立正确的劳动观念""具有必备的劳动能力""培育积极的劳动精神""养成良好的劳动习惯和品质"。总体而言,除了必备的劳动能力之外,其余三个目标和德性之知联系更为紧密。王阳明关于德性之知和闻见之知的见解可以给我们以下几点启示:其一,德性之知和见闻之知是有区别的,两者的逻辑不一样。例如,德性之知讲求省察克己,而见闻之知却不一定。王阳明特别反对用记诵的口耳之学来代替德性之学。劳动教育的重心也不能放在口耳的记诵之学上,甚至用记诵的手段来考核劳动教育的成果。其二,德性之知和见闻之知是有联系的。见闻之知是德性之知的体现和应用,德性之知是对见闻之知的超越和反思。在劳动教育中,我们当然要重视劳动知识和技能的习得,但更需要重视劳动知识和技能与品德之间的辩证关系,思考为什么劳动,劳动知识和技术为谁服务的问题,培养劳动者的德行。其三,王阳明批判只关注见闻之知的习得,无视道德品质提升的风气,更加反对沉迷于某一具体事务,不知德性修养的学习方式。劳动教育的目标中也提到必备的劳动能力。例如,让学生整理房间,涉及大量的劳动知识技能,而每一项劳动知识技

---

① 王阳明:《王阳明全集》,第51页。

② 王阳明:《王阳明全集》,第28页。

能可以达到专业精深、精益求精的地步。但现实是我们不可能让每一位学生在某一项日常生活的劳动技能上花费大量的时间和精力,这是不现实的,所以还是有一个适度的问题。

二是劳动教育的平等性和普遍性。其一,王阳明认为良知不分圣愚,人人皆有。劳动教育也是如此。无论怎样的社会地位,无论专业知识是否精深,无论天生的资质如何,在具备劳动能力的情况下,人人都需要劳动,接受一定的劳动教育。其二,王阳明认为,日常生活就是致良知的重要路径。同样,日常生活也是劳动教育的重要场所。脱离了日常生活的劳动教育,很可能变成作秀,没有意义。其三,王阳明认为,良知的敌人是私欲,致良知就是去私欲的过程。我们的劳动教育就是针对部分青少年不爱劳动、贪图享乐、希望一夜暴富等"私欲"提出来的,劳动教育也是去掉这些私欲的过程。

三是劳动教育要动静结合。所谓动静结合,就是劳动教育既要强调"事上磨炼",也要做好"静处体悟"。从事上磨炼而言,劳动就是做事,劳动教育不能脱离具体的做事。因为所有的劳动价值观的培养、劳动知识能力的积累和劳动习惯的养成都无法脱离劳动而存在。否则,遇到具体事情就会慌乱。从静处体悟而言,如果一味地忙于劳动和事务,不懂得静下来思考劳动的意义和价值等问题,或者放松一下自己的心神,感受一下劳动的美妙,就达不到劳动教育的效果。现在的很多青少年,有的埋头于书本学习,有的沉迷于电子游戏,他们非常需要动静结合的劳动教育来提升劳动素质,促进身心发展。

四是劳动教育要遵循德性发展的逻辑。王阳明强调的立志、省察克己、改过和责善,都是从德性修养的角度来说的,劳动教育可以借鉴和应用。从立志而言,王阳明提到劳动教育要立为圣人志,不要拘泥于具体的事件和见闻之知,要实现德行上的超越,不要被辞章之学和举业等功名利禄所诱惑;从省察克己而言,劳动教育要让学生多反求诸己,把私欲扼杀在萌芽状态;从改过而言,在劳动教育中,允许学生在劳动中犯错,倡导有了错误不掩饰、知错就改的风气;从责善而言,在劳动教育中,鼓励学生之间相互切磋、互相砥砺。

五是劳动教育要贴近生活,讲求体认。王阳明非常重视贴近生活,讲求体认。培养劳动精神、劳动品质和劳动习惯需要重视实践体认的重要性。其一,增加实践体验。在劳动教育中要给学生多安排实践体验的机会。在独立的劳动教育必修课中要如此,在专业和有关学科中也要如此。其二,联系生活实际。可以运用学生熟悉的生活案例,帮助学生解决生活中的实际困难,引导学生更好生活,提升学生对劳动教育的兴趣。其三,倡导自得于心。在劳动活动的反思总结中,要让学生敢于讲真话、讲真心得、讲真实体验。不能让劳动教育变成游离于真实体验之外的虚假教育。

　　六是劳动教育要讲究因材施教,盈科而进。其一,劳动教育在不同的背景下有不同的内涵。马克思认为,机械化大生产使西方传统的脑力劳动和体力劳动的分工更加趋向于不合理,导致了人的片面发展。针对当时资本主义社会中大量体力劳动者和青少年没有机会和时间接受教育的现象,马克思提出教育要与生产劳动相结合,并且说:"它(笔者注:教育与生产劳动相结合)不仅是提高社会生产的一种方法,而且是造就全面发展的人的唯一方法。"①新时代劳动教育是基于部分青少年们没有劳动意愿、没有劳动能力、不珍惜劳动成果的社会现实而提出来的。因而,新时代的劳动教育不仅要批判这些不正确的劳动观念,而且要帮助青少年树立正确的劳动观念,培养青少年的劳动能力,使之养成良好的劳动习惯,形成积极的劳动态度。其二,从整体劳动教育而言,要顾及德、智、体、美等方面发展的全面性,但是针对特定学生、特定群体和特定环境而言,劳动教育可能要有所差别,有所侧重。其三,劳动教育不是面面发展。扈中平教授指出:"要想有所为就要有所不为,要想有所重就得有所轻。"②所以劳动教育的全面发展,不是指面面俱到、平均发展、一律发展,更多地是指培养具有基本的劳动知识技能和价值素养,又在某一方面比较突出的劳动者。其四,劳动教育要循序渐进。大中小学不同阶段劳动教育的内容和方式,要根据学生的身心特点有所不同。关键是大中小学的劳动教育应该有前后衔接,有一定的层次和递进关系,尽量避免劳动教育的同质化和无意义的重复。

　　七是劳动教育要讲求知行合一。知行合一是王阳明"致良知"学说的一个亮点,但也有重大的缺陷。王阳明运用辩证思维,看到了知行的相互包含和转化,看到了知行合一的可能性,但是他把知行分开的原因过多地归结于心中的观念问题,而没有看到外在条件的制约性。在劳动教育中,我们要始终贯彻知行合一。当知行无法合一的时候,我们要反思自己的主观上是否有所不足。例如,远在千里之外,虽然有孝敬父母之心,但无法尽孝敬父母之力。从主观上而言,我们要反思是否失去了对父母的"孝敬"之心;从客观上而言,我们在制度设计上,尽量改变那些让劳动者夫妻分离、父母子女分离的社会制度,减少空巢老人、留守儿童的比例,让来自"良知"的知行合一真正落到实处。

---

① 《马克思恩格斯文集》第5卷,人民出版社2009年版,第557页。

② 扈中平:《"人的全面发展"内涵新析》,《教育研究》2005第5期,第8页。

劳动与教育相结合是人的
全面发展的必由之路①

陈志强

　　摘　要： 劳动教育简称"劳育"，没有劳动的教育是失败的教育。劳动教育是社会主义教育的内在要求，劳动育人是所有育人理念、方式和手段的根本。新中国成立以来，我国劳动教育经历了探索、发展和成熟的过程，积累了一定的历史经验，也面临着新时代所带来的现实困境。劳动概念的泛化、生活条件的优化和社会环境的变化对青少年劳动价值观构成了冲击，劳动观念和劳动教育在学校中被弱化、在家庭中被软化、在社会中被淡化，有教育无劳动、有劳动无教育现象没有从根本上得到纠正。因此，需要通过加强劳动教育内涵建设，推动"劳育"与其他四育的一体协同，将"劳育"融入教学改革和实践育人环节，充分发挥劳动育人在立德树人和青少年全面发展中不可替代的作用。

　　关键词： 劳动教育；历史经验；现实困境

　　在 2018 年召开的全国教育大会上，习近平总书记在讲话中强调："要在学生中弘扬劳动精神，教育引导学生崇尚劳动、尊重劳动，懂得劳动最光荣、劳动最崇高、劳动最伟大、劳动最美丽的道理，长大后能够辛勤劳动、诚实劳动、创造性劳动。"②随后，中共中央、国务院印发了《关于全面加强新时代大中小学劳动教育的意见》（以下简称《意见》），教育部印发了《大中小学劳动教育指导纲要（试行）》（以下简称《指导纲要》），对构建德智体美劳教育体系进行顶层设计和全面部署，这是党中央、国务院和教育部立足新中国成立 70 周年以来劳动教育的理论和实践，在充分把握全国大中小学生劳动教育的经验和教训、优势和不足的基础上，

---

　　① 作者通信地址：陈志强，上海商学院马克思主义学院，上海 201400。

　　② 习近平：《在全国教育大会上强调：坚持中国特色社会主义教育发展道路 培养德智体美劳全面发展的社会主义建设者和接班人》，http://www.xinhuanet.com/2018－09/10/c_1123408400.htm，2021 年 8 月 27 日检索。

对症下药,切实改进我国教育体制,落实"培养什么样的人""怎样培养人"和"教什么、怎么教""学什么、怎么学"的重要举措,具有深远的理论意义和现实针对性。

一、劳动教育是社会主义教育的内在要求

加强劳动教育反映了新时期党对教育的新要求,劳动教育是当前中国特色社会主义教育制度的重要组成部分,意义重大,我们需要从战略高度看待劳动教育的必要性和紧迫性。

(一)从劳动与教育的关系看,劳动教育事关教育的本质和目标能否实现

教育既是教书育人的过程,更是在劳动基础上获得体验的过程。"纸上得来终觉浅,绝知此事要躬行""实践出真知",以上两句都强调教育不仅仅是在固定场所中开展的理论说教,要获得真正的知识还需要"习"得。所以,教育重在"育",只有教没有育的过程,只能是纸上谈兵;学习重在"习",只有学没有习的过程,只能是隔靴搔痒。

那么什么是劳动呢? 劳动是劳动力的支出和使用,通俗一点讲,劳动指的是物质生活资料的生产过程及其所消耗的体力和脑力劳动,主要指体力劳动。马克思将之定义为:"劳动力的使用就是劳动本身。劳动力的买者消费劳动力,就是让劳动力的卖者为其提供劳动。"①

劳动是一种古老现象,无论在古代还是现代,劳动都是人们获得间接或直接知识的必要途径。教育从来都是理论和实践相结合的过程,半工半读是教育的主要形式,学以致用是教育的根本。在原始社会,由于物质资料匮乏,教育主要针对求生技能,因而教育必须与劳动相结合。到了古代社会,学校的产生和轻农现象使教育与劳动的关系开始疏远。教育逐渐有了专门的场所,教学活动主要在寺庙、家庭和学校开展,教育的内容开始脱离实际,侧重于人文历史知识的传授。到了近现代,由于大机器工业的出现和工艺流程的要求,操作工人的需求大量增加,从而在全社会开始倡导劳动的回归。到了 19 世纪中叶,在历史唯物主义和剩余价值学说的理论基础上,马克思提出人的全面发展学说,把人的全面发展看成现代化大生产的客观要求,指出教育与生产劳动相结合是实现人的全面发展的唯一方法、根本途径。

由此可见,教育的根本目的是给人以知识、技能,教育的第一目标是使受教育者在社会中能够独立谋生,并使其在此基础上获得发展的机会。这说明教育

---

① 马克思:《资本论》第 1 卷,人民出版社 1975 年版,第 201 页。

的初级功能是使个人能够找到工作岗位,安身立命,而教育的高级功能是使受教育者具有家国情怀,前者是后者的基础,后者是前者的升华。"一屋不扫何以扫天下""修身齐家治国平天下"讲的是同一个道理,即:教育以劳动为基础,培养学生的动手能力、实践能力,使其养成劳动习惯、劳动观念和劳动意识,获得相关技能,并在此基础上树立劳动伟大、劳动崇高、劳动幸福、劳动光荣等理念,弘扬劳动精神、工匠精神和劳模精神,为培养全面发展的人才奠定坚实的基础。

(二)从劳动与社会主义的关系看,劳动教育事关社会主义制度的优越性

马克思主义劳动观认为,劳动对人和人类社会的形成和发展具有决定性的意义。劳动创造了世界、创造了历史,也创造了人本身。同时,劳动和自然界一起构成财富的源泉,自然界形成生产资料,而劳动是对生产资料加工的过程,劳动过程中的人是劳动者,劳动者使用的工具是劳动工具,劳动的结果是劳动产品,三者共同构成社会生产力。在劳动过程中所形成的人与人的关系构成生产关系。资本主义和社会主义的本质区别在于资本主义社会由于生产资料私人所有制,导致占有生产资料的人(资产阶级)支配和剥削劳动者(工人阶级)的劳动,而社会主义社会由于生产资料实行公有制,导致任何个人不占有生产资料,从而任何人也就丧失了剥削他人劳动的机会,所有的人只有付出自己的劳动才能获得生存和发展的机会。由此可见,马克思主义劳动观最大的社会意义就在于揭示了资本主义劳动的异化和剥削,进而找到人类不平等的根源。要铲除劳动的异化和剥削,必须使全体社会成员成为不占有生产资料的普通劳动者,在收入分配上体现多劳多得、少劳少得、不劳不得的基本原则,从而在最大限度上实现人人平等和社会公平正义,将人类几千年美好社会的梦想从空想变成现实,这种美好的社会形态就是社会主义制度。

劳动教育有利于培养学生高尚的情操和树立远大的理想抱负。列宁曾经对劳动与共产主义的关系做过这样的解读:"什么是共产主义呢?共产主义是个拉丁词,communis 一词是'公共'的意思。共产主义社会就意味着土地、工厂都是公共的,实行共同劳动——这就是共产主义。"[1]"共产主义青年团必须把自己的教育、训练和培养同工农的劳动结合起来,不要关在自己的学校里,不要只限于阅读共产主义书籍和小册子。只有在与工农的共同劳动中,才能成为真正的共产主义者。"[2]

社会主义制度是以铲除不劳而获者,让所有人通过劳动获得生存和发展的机会为主旨,因而选择社会主义制度是美好的,这就是制度优势性的充分彰显。

---

[1] 列宁:《论无产阶级政党》,人民出版社 2009 年版,第 289—290 页。

[2] 列宁:《论无产阶级政党》,第 292 页。

在社会主义背景下,劳动的性质发生了根本变化,"劳动者从被迫地为剥削者劳动转变为自觉地为社会的需要和个人的需要而进行创造性的劳动"①,劳动由被动变为主动,由消极变为积极,由盲目变为自觉。在人们眼中,社会主义事业是劳动人民的事业,劳动人民既是物质财富的创造者,又是精神财富的创造者,是中国特色社会主义建设的主力军。这决定了社会主义的价值取向是劳有所得而不是不劳而获;决定了"劳动光荣"成为社会主义国家民众共同的道德标准和价值取向;决定了评价一个人的荣誉和地位的尺度不取决于他对财产的占有情况、家庭背景和职业差别,而要看他是否诚实劳动、合法经营、任劳任怨和勇于奉献。能否将这种价值取向融入大中小学教育,走进学生心灵,事关社会主义建设者和接班人的劳动精神面貌、劳动价值取向和劳动技能水平,事关中国梦能否实现,因而,劳动教育是中国特色社会主义教育制度的重要内容。只有有力开展劳动教育,才能保证社会主义的教育方向,才能保证大中小学生的全面发展。

(三)从劳动与经济社会发展的关系看,劳动教育事关社会主义建设兴衰成败

劳动创造价值,劳动拉动经济和社会的发展。劳动分为具体劳动和抽象劳动,具体劳动创造使用价值,抽象劳动创造价值。在资本主义社会,资本家要么通过延长个别劳动时间来获得超出社会必要劳动时间的剩余价值,要么通过改进技术设备减少个别劳动时间提高生产效率来获得相对剩余价值,这种相对剩余价值是建立在"机器排挤人"的基础之上。在社会主义国家,执政党的宗旨是全心全意为人民服务,这就决定了社会主义国家不会像资本主义国家一样唯利是图,利润至上,而是把社会效益放在首位,经济效益放在其次,社会主义经济发展追求的是又好又快,而不是又快又好。

然而,在经济全球化、科技信息化大背景下,科技革命和市场经济席卷全球,改革开放的中国已经深深融入世界经济大循环中。在上述因素影响下,我国某些领域和行业出现了劳动剥削现象,与此同时,劳动的概念开始泛化,价值中立现象开始弥散,违背社会主义价值取向的坑蒙拐骗、假冒伪劣、明偷暗抢、色情直播和贩毒嫖娼等行为也被称作劳动。好逸恶劳、不劳而获、啃老和傍大款现象在年轻人当中还具有一定普遍性,导致社会风气江河日下、人心不古,以上现象表现在经济和社会上就是重商轻农、重虚拟轻实体、重脑力轻体力。

当前,我国正处于发展的关键时期,按传统经济理论,GDP 式发展靠什么?一靠投资,二靠消费,三靠出口。但这三驾马车和生产劳动的关系都不太紧密。

① 杜德省:《新时代劳动精神的内涵解读》,见何云峰主编:《劳动哲学研究》第 2 辑,上海教育出版社 2019 年版,第 286 页。

随着第三产业的兴起,电商、直播和电竞行业越来越兴盛,与之相对应的是,实体经济和劳动密集型经济在国民经济中所占比例迅速下滑。劳动力价格,尤其是从事体力劳动的人员工资收入和社会地位早已经被边缘化。为了有效扭转这种不利趋势,必须在全社会大力倡导艰苦奋斗,弘扬劳动精神,动员全民参与劳动,打造"大众创业,万众创新"的发展环境,这样才能提振实体经济,形成劳动创造美好生活的价值共识。

二、新中国成立以来我国劳动教育的历史经验与现实困境

新中国成立以后,我国的劳动教育经历了从探索、发展到成熟的过程,出台了一系列劳动教育文件,并在不同时期获得了一定的经验,体现出不同的教育风格。其中,比较可圈可点的是,1957 年,毛泽东在《关于正确处理人民内部矛盾的问题》中明确提出,"我们的教育方针,应该使受教育者在德育、智育、体育几方面都得到发展,成为有社会主义觉悟的有文化的劳动者"①。1995 年颁布的《中华人民共和国教育法》规定"教育必须为社会主义现代化建设服务,必须与生产劳动相结合,培养德、智、体等方面全面发展的社会主义建设者和接班人"②。世纪更迭之际,江泽民同志提出:"坚持教育为社会主义现代化建设服务,为人民服务,与生产劳动和社会实践相结合,培养德智体美全面发展的社会主义建设者和接班人。"③党的十六大、十七大报告均提出"培养德智体美全面发展的社会主义建设者和接班人"的目标,在"德智体"的基础上增加了"美"。2018 年 9 月,习近平总书记在全国教育大会上指出:"要在学生中弘扬劳动精神,教育引导学生崇尚劳动、尊重劳动,懂得劳动最光荣、劳动最崇高、劳动最伟大、劳动最美丽的道理,长大后能够辛勤劳动、诚实劳动、创造性劳动",并在阐释教育目标时首次完整提出"培养德智体美劳全面发展的社会主义建设者和接班人"。④

(一)新中国成立以来我国劳动教育的历史经验

从"德智体"到"德智体美"再到"德智体美劳",反映了党和国家对教育本质、教育规律和教育目标认识的逐渐深化。"新时代劳动教育中所蕴含的实践特点,

---

① 人民教育出版社编辑部编:《毛泽东同志论教育工作》,人民教育出版社 1958 年版,第 180 页。

② 中国人大网:《中华人民共和国教育法》,www.npc.gov.cn,2021 年 10 月 18 日检索。

③ 《江泽民文选》第 3 卷,人民出版社 2006 年版,第 560 页。

④ 习近平:《在全国教育大会上强调:坚持中国特色社会主义教育发展道路 培养德智体美劳全面发展的社会主义建设者和接班人》,http://www.xinhuanet.com/2018-09/10/c_1123408400.htm,2021 年 8 月 27 日检索。

与实践育人具有相通之处,二者都强调通过劳动实践提升技能水平,培养综合素质,适应时代需要。"①之所以将劳动教育作为全面发展的重要内容,主要基于以下几点考虑:

一是劳动教育是马克思主义认识论的内在要求。马克思主义认为,认识是对客观事物的反映,真理是对客观事物的正确反映。由感性认识上升到理性认识,由谬误上升到真理,需要通过不断的实践来完成。毛泽东由此得出"实践出真知"的结论。他在《人的正确思想是从哪里来的?》一文中指出:"一个正确的认识,往往需要经过由物质到精神,由精神到物质,即由实践到认识,由认识到实践这样多次的反复,才能够完成。这就是马克思主义的认识论,就是辩证唯物论的认识论。"②

二是劳动教育是社会主义核心价值的重要体现。在社会主义核心价值体系中,社会主义荣辱观中的"以辛勤劳动为荣,以好逸恶劳为耻"将劳动态度作为社会道德标准之一,社会主义核心价值观所提到的"敬业",就是把劳动态度作为职业道德的重要衡量标准。在大中小学教育中开展劳动教育,增加劳动课时,开设劳动课程,就是要让广大青少年弘扬勤俭、奋斗、创新、奉献的劳动精神,明白"谁知盘中餐,粒粒皆辛苦"的道理;就是要让广大青少年明白今天的美好生活来之不易,培养学生爱父母、爱家庭、爱社会、爱国家的家国情怀。

三是劳动教育在培养学生全面发展方面具有独特的功能与作用。劳动教育是一切教育的核心,如果说德育侧重解决人生观问题,智育侧重解决心智开发问题,体育侧重解决身心健康问题,美育侧重解决陶冶情操问题,那么劳动教育则侧重解决劳动感情、劳动观念问题。在"五育"中,劳动可以树德、可以增智、可以强体、可以育美,因此可以说,离开劳动教育就没有真正的教育。正如苏联教育家苏霍姆林斯基所言:"劳动是一种极为复杂的现象,可以激发人的思想、情感、智力、美感、心理状态和创造激情,贯穿于教育的全过程,体现在教育的成效上。"③最近,教育部印发了《大中小学劳动教育指导纲要(试行)》(以下简称《指导纲要》)进一步明确了劳动教育的目标框架,即树立正确的劳动观念、具有必备的劳动能力、培育积极的劳动精神、养成良好的劳动习惯和品质;进一步明确了三类劳动教育的三种育人价值定位,即日常生活劳动教育、生产劳动教育、服务性劳动教育;进一步明确了大中小学校劳动教育主要内容和具体要求,为"教什

---

① 王莹:《新时代育人目标的丰富和拓展——从"德智体美"到"德智体美劳"的解读》,《学校党建与思想政治教育》2020年第4期,第55页。

② 《毛泽东文集》第8卷,人民出版社2009年版,第321页。

③ 苏霍姆林斯基:《培养集体的方法》,安徽大学苏联问题研究所译,安徽教育出版社1983年,第83页。

么？怎么教"提供了具体操作方案。

（二）当前我国劳动教育面临的困境

当前，我国劳动教育存在很多需要改进的地方。集中表现在以下几个方面：

一是对什么是劳动和劳动教育没有形成清晰的认识。随着体力劳动和脑力劳动界限打破，很多人在劳动内涵上存有很大误区，将劳动概念泛化，导致对劳动认识的思想混乱。有人认为劳动就是体力劳动，有人干脆将体育锻炼等同于劳动，甚至有人将偷盗等行为也视为劳动，还有人将劳动教育和实训画等号。那么，什么是劳动呢？《指导纲要》指出"劳动教育是发挥劳动的育人功能，对学生进行热爱劳动、热爱劳动人民的教育活动"[①]，它具有鲜明的思想性，强调劳动者的主体地位，无论是体力劳动还是脑力劳动，具有同等的尊严，必须旗帜鲜明地反对不劳而获、崇尚暴富、贪图享乐等错误思想；它突出社会性，要求引导学生知行并重，觉悟人生，奉献社会，培育家国情怀；它突出实践性，提出以体力劳动为主，手脑并用、言行一致，最后达到实现树德、增智、强体、育美的目的。

二是部分大中小学生由于从小娇生惯养，从事家务劳动和社会劳动、志愿活动和义务劳动少，没有形成正确的劳动观念，轻视体力劳动，尤其是看不起普通劳动者。这要求我们深入思考如何通过强化劳动教育，进一步培养学生尊重劳动的价值观；培育受教育者对劳动的内在热情与劳动创造的积极性；凝聚并提升学生的劳动精神。

三是"五育"各自为政，无法发挥协同效应。在实际应用中，德智体美劳往往被分割为五种不同的专业、学科、院系，导致五育不能协同协作，使育人效果大打折扣。这五种教育各自为政，无法综合施治。在劳动教育问题上，如何形成合力成为当前的重大课题。

四是在教育理念上，错误地将知识传授认为是素养提升，教师在课堂上往往侧重讲是什么？为什么？而没有指明怎么办。主要原因在于教学还没有摆脱教室、学校的场地束缚，教师还没有摆脱坐而论道的习惯定势。

五是劳动教育课时少、实训课程走形式、现场教学搞点缀，无法达到劳动育人的效果，甚至有的学校教育是"没有劳动的教育"。

由此可见，劳动观念和劳动教育"在学校中被弱化、在家庭中被软化、在社会中被淡化"现象仍未根本性扭转。

---

① 教育部：《关于印发〈大中小学劳动教育指导纲要（试行）〉的通知》，www.moe.gov.cn，2021 年 10 月 20 日检索。

三、劳动育人是所有育人理念、方式和手段的根本

课堂育人、科研育人、文化育人、实践育人、网络育人、管理育人、服务育人、心理育人、资助育人、组织育人是当今国内推行的十大育人理念,但如果离开了劳动,十大育人理念就是一句空话。列宁曾强调,没有年轻一代的教育和生产劳动的结合,未来社会的理想是不能想象的:无论是脱离生产劳动的教学和教育,或是没有同时进行教学和教育的生产劳动,都不能达到现代技术水平和科学知识现状所要求的高度。这说明无论什么样的育人方式,如果不同生产劳动和社会实践相结合,就不会产生真正意义上的效果。习近平总书记也一再强调,贯彻新时代党的教育方针需要坚持教育"同生产劳动和社会实践相结合"[①],并将劳动教育作为新时代习近平劳动观的重要内容。习近平总书记提出了新劳动主体论、劳动幸福论、劳动和谐论、劳动共享论、劳动发展论、崇尚劳动论,并在此基础上提出了劳动教育论[②]。他强调劳动涵育品德、劳动增进智能、劳动强健体魄、劳动孕育美好生活,是全面提升人才素质的基本要求和重要保障,也是实践教学的重要载体和培养学生正确的劳动意识、劳动态度和劳动习惯的重要途径。

当前,由于疫情影响和社会上奢靡之风盛行,好逸恶劳、不劳而获等消极劳动观对青少年价值观的冲击很大。试想,一个人如果不愿意劳动还想过奢靡生活,那靠什么满足上述要求?就只有干违法乱纪和伤风败俗之事了。由此可见,当一个社会形成多劳多得、少劳少得、不劳不得的风气时,这个社会才有公正可言,相反,如果一个社会穷奢极欲、奢靡成风,这个社会一定是混乱无序的。从就业群体来看,电子商务、直播带货和电竞等新业态逐渐取代传统销售模式,很多人幻想着一夜暴富,不甘于辛勤劳动、慢慢积累而实现致富。究其原因,这和社会生产力发展到一定程度、人民的生活条件进一步改善、生活水平进一步提高、生活便利化进一步提升有一定关系。正如国内学者刘宏森教授所言:"资源富集弱化劳动动力,技术进步改变劳动形态,理念错位淡化劳动意识,社会氛围错乱劳动价值。"[③]

那么,如何通过推动改革改变劳动教育疲软无力的现象呢?

首先,要通过加强劳动教育的内涵建设,彻底改变劳动教育形式化严重的问

---

① 《习近平谈治国理政》第3卷,外文出版社2020版,第328页。

② 陈志强:《论习近平劳动观对马克思劳动价值论的理论创新》,《工会理论研究》2019年第5期。

③ 刘宏森:《在劳动中走向"自立"——关于青少年劳动教育的一些思考》,《山东青年政治学院学报》2017年第5期,第3—6页。

题。劳动教育过去没有统一、系统的硬性要求,导致各学校做法不一、随意性很大、内容过于单一、形式主义严重、劳动技术课形同虚设。劳动教育作为课程需要提升到必修课层次,课时学分和考核标准都需要有明确的规定。可以将学生的劳动观念、劳动技能、劳动态度和劳动品质作为学生思想品德、优秀评选和入党入团的重要参考依据,它们直接反映了该学生是否具有劳动观念和奉献精神。同时要让学生认识到劳动不仅仅是洗衣、做饭、打扫卫生,也不仅仅是走马观花、蜻蜓点水,而是与实践实训和专业实习具有同等的工作量和难度要求。习近平总书记的七年知青岁月在劳动中度过,劳动锤炼了他的家国情怀和领袖气质。虽然今天我们不可能再来一次上山下乡,但是让青少年通过劳动涵育坚强体格和奋斗意志仍然是衡量教育水平的重要指标。

其次,要让体验式教学、情境式教学、参与式教学成为未来教学改革的方向。上述教学模式将课堂教学的场域搬到了现场,增强了互动性和体验性,体现了主体性和实践性,究其本质,就是让学生在听课过程中"动"起来,变固定课堂为"行走的课堂",如果再将劳动体验融入其中,不仅会使课程育人、课堂育人有滋有味,还会有起有伏、有声有色,这是对传统教学的革命性变革,符合当今世界寓教于乐、寓教于行的潮流,也符合教育知行合一的教育理念。

再次,要树立没有劳动的教育是失败教育的理念。没有劳动的教育培养的必然是自私和缺乏爱心的学生,修身齐家都做不到,更不用说治国平天下了。缺乏劳动教育,影响最大的是学生良好品德的养成和正确价值观的树立。缺乏劳动教育的学生很容易产生好逸恶劳、嫌贫爱富的价值观,他们对劳动者和劳动成果不尊重、不体恤父母的艰辛、不能忍受生活的贫苦、缺乏感恩,容易患小皇帝小公主病、"老儿童巨婴"等身心疾病;如果学生缺乏劳动能力,即使学生成绩再好也是高分低能,连最基本的生活自理都做不到,更谈不上树立正确的劳动观念;缺乏劳动教育将导致学生抗挫折能力差,遇事容易退缩,遇到挫败容易想不开;进入社会后,一个不愿意劳动的人总会希望别人多干一点,而自己少干一点,久而久之形成一种与生俱来的自私,缺乏责任担当,这种人在哪里都不受欢迎。

最后,劳动教育做得好的学校又是什么样的呢?在美国,有一所两年制大学——深泉学院,该校以"劳动、学术、自治"为校训。该校规定,除了课堂学习以外,学生平均每周要在校内农场劳动 20—40 个小时。学校有牛、马、羊、猪、鸡等动物,绿洲上种有蔬菜,学生们必须和校工一起在牧场放牛、耕种、做饭。结果该校十年内有 16% 的毕业生转学到哈佛大学,13% 转学到芝加哥大学,7% 转学到耶鲁大学,7% 转学到布朗大学,其他学生大部分转学到哥伦比亚大学、牛津大学、加州伯克利大学、康奈尔大学和斯坦福大学,并有约二分之一的深泉学院毕业生最终取得博士学位。仅从劳动教育方面,就可以看到中西教育还存在一定差距。有关数据显示,我国小学生每天劳动时间仅为 12 分钟,大中学生劳动时间更短。相比之下,其他部分国家小学生每日家务劳动时间分别是:美国 1.2 小时、韩国 0.7 小时、英国 0.6 小时、法国 0.5 小时、日本 0.4 小时。[①]

正是基于我国劳动教育的严峻形势,《意见》规定,中小学劳动教育课每周不少于 1 课时,学校要对学生每天课外校外劳动时间做出规定。普通高等学校要明确劳动教育主要依托课程,其中本科阶段不少于 32 学时。大中小学每学年设立劳动周,可在学年内或寒暑假自主安排,以集体劳动为主。《意见》对新时代劳动教育做了顶层设计和全面部署,意义重大、影响深远。《指导纲要》作为对《意见》的分解落实举措,要求各学校从独立开设劳动教育必修课、在学科专业中有机渗透劳动教育、在课外校外活动安排劳动实践、在校园文化建设中强化劳动文化四个方面明确劳动教育的途径,并对学时学周提出了具体要求。

总之,劳动教育作为社会意识对社会存在的反映,是马克思主义和中国特色社会主义道路、理论、制度和文化的重要组成部分,对于青少年全面发展具有不可替代的作用和地位。全面建成小康社会,进而建成富强民主文明和谐美丽的社会主义现代化国家,根本上靠劳动、靠劳动者。只有通过劳动教育,才能培养出千千万万社会主义建设者,实现我国立德树人的教育目标。从这个意义上讲,劳动教育要贯穿大中小学整个教育时段,融入各个育人手段、环节和过程之中。

---

① 转引自贺强:家务劳动好处多,《妇女生活(现代家长)》2017 年第 1 期,第 57 页。

新时代劳动精神融入思想政治教育的内涵要义与实践理路①

梁广东,赵 爽

摘 要: 新时代劳动精神内涵丰富,蕴含着勤俭、奋斗、创新、奉献的内涵特质;体现着教育导向功能、思想凝聚功能、行业规约功能等功能向度,其生成基础可以从理论、实践、文化三个层面进行理解和阐释。新时代劳动精神融入思想政治教育是落实立德树人根本任务的需要、弘扬社会主义核心价值观的需要、增强思想政治教育针对性的需要。努力推动新时代劳动精神融入思想政治教育需要坚持内容为王,增强课堂教学的针对性;创新话语体系,注重网络空间的主导性;传播劳动文化,弘扬校园文化的先进性;实现知行合一,提升实践养成的有效性。

关键词: 劳动精神;思想政治教育;实践理路

新时代将劳动精神融入思想政治教育,对教育引导青年学生形成热爱劳动、崇尚劳动、尊重劳动的意识,理解和深化劳动最光荣、劳动最崇高、劳动最伟大、劳动最美丽的道理,用实践行动践行习近平总书记"社会主义是干出来的,幸福是奋斗出来的"②的时代嘱托,都具有十分重要的理论和现实意义。

---

① 基金项目:黑龙江省教育科学"十三五"规划 2020 年度重点课题"新时代高校劳动教育的时代价值和实践路径"(GJB1320429);2020 年绥化学院教育教学改革项目思政课与课程思政专项课题"'五色劳动教育'融入思想政治理论课教学的理论与实践研究"(SZ2020010);黑龙江省哲学社会科学规划项目"新时代弘扬劳动精神助力黑龙江全面全方位振兴的价值与路径研究"(19KSE239);黑龙江省哲学社会科学规划项目"新时代大学生劳动教育创新研究"(19KSE237);2020 年度黑龙江省高等教育教学改革项目思想政治理论课及"习近平新时代中国特色社会主义思想"专题教学改革研究专项课题"'五色教育'文化资源在思想政治理论课教学中的理论与实践研究"(SJGSY2020051)。作者通信地址:梁广东,绥化学院马克思主义学院,黑龙江 绥化 152061;赵爽,绥化学院马克思主义学院,黑龙江 绥化 152061。

② 习近平:《在宁夏考察时强调:决胜全面建成小康社会 决战脱贫攻坚 继续建设经济繁荣民族团结环境优美人民富裕的美丽新宁夏》,《人民日报》2020 年 6 月 11 日第 1 版。

一、新时代劳动精神的内涵意蕴

劳动精神是劳动者在劳动实践过程中表现出的劳动形象、劳动观念、劳动态度,是引领劳动者实现个人价值和社会价值的重要精神支撑。勤俭、奋斗、创新、奉献的劳动精神作为我国社会主义先进文化的重要组成部分,彰显着马克思主义劳动思想的理论品格,闪烁着与时俱进的时代光辉。

(一)新时代劳动精神的内涵意蕴

1.劳动精神的"勤俭"之维。勤俭是中华民族的传统美德,也是劳动精神的核心内容。我国劳动人民创造的五千年发展史,正是一部勤俭节约、艰苦奋斗史。站在新时代的历史方位,习近平总书记高瞻远瞩,他提出:"勤俭节约的思想永远不能丢……勤俭节约是我们一路走来、发展壮大的重要保证,也是我们继往开来、再创辉煌的重要保证。"[1]"勤"体现的是一种行为态度,是在劳动精神引领下的社会实践过程中,呈现出积极进取、奋进向上的生活状态和生存态度。"俭"昭示的是一种朴素美德,体现人们对物品的节约使用,更进一步体现着人们对劳动成果的珍视和尊重。具体来讲,从古至今,勤劳的人都节约持家,经历辛苦劳作,体会到劳动成果的来之不易,并会更加珍视劳动成果,养成节约的优良品质。"勤"和"俭"的意蕴和内在关系,系统而深刻地诠释着劳动精神的"勤俭"之维。

2.劳动精神的"奋斗"之维。"奋斗是最为艰辛的劳动"[2],奋斗是推动个人和社会发展和前进的精神动力,也是劳动精神的重要基石。中华民族的发展历程和无数劳动者的奋斗故事成为劳动精神生成的重要实践逻辑。国家的富强、民族的振兴、人民的富裕靠就是一代又一代劳动者所进行的伟大斗争,靠就是中华民族凝聚起来的伟大劳动精神。习近平总书记曾寄语广大青年人"要勇于砥砺奋斗。奋斗是青春最亮丽的底色"[3]。因此,历史和实践告诉我们,劳动才能开创未来,奋斗才能实现梦想。新时代展示新使命、新任务、新特点,强烈呼唤奋斗姿态的劳动精神,劳动精神不仅为国家发展、社会进步提供现实关照和精神给养,同时也印证着中华民族发展变迁的奋斗轨迹,也将为实现民族复兴的伟大中国梦汇聚能量。

---

① 习近平:《在参加内蒙古代表团审议时强调:坚持人民至上 不断造福人民 把以人民为中心的发展思想落实到各项决策部署和实际工作之中》,《人民日报》2020 年 5 月 23 日第 1 版。

② 马其南、衣永红:《新时代劳动精神的理论传承、深刻内涵及时代价值》,《思想教育研究》2020 第 11 期,第 130 页。

③ 习近平:《在纪念五四运动 100 周年大会上的讲话》,《人民日报》2019 年 5 月 1 日第 1 版。

3.劳动精神的"创新"之维。创新是劳动精神的灵魂所在。劳动是一个富于创新创造的实践过程，人类社会的每一次飞跃和发展都离不开劳动者的艰辛劳动和持续的创新创造。新时代劳动精神的创新之维要求全体社会成员在劳动实践中践行创新创造精神，通过艰苦探索改变旧有的生产方式，逐步了解新知识、新领域，使用新方法、新技能，实现新发展、新提升，生产新产品，提供新成果，不断推动社会发展进步，助力人们对美好生活的追求和向往。新时代在全社会营造劳动创新氛围，就是要引导广大劳动者用首创精神激励创新探索，增强劳动者的主体创造力，提升主体的创新能力，创造新动能，为实现创新驱动高质量发展奠定基础。

4.劳动精神的"奉献"之维。奉献精神体现的是劳动者在面对个人与集体利益、部分与全体利益的关系时所秉持的先己后人、无私奉献的价值追求。奉献精神是社会主义核心价值观的重要内容，彰显出鲜明的时代精神和伟大的民族精神，是润育一个国家和民族日益繁荣的不竭动力。在我国，全体社会成员都是国家的主人，在充分展现主人翁姿态的同时，要发扬公而忘私、淡泊名利、勇于牺牲、甘于奉献的伟大劳动精神。在我国革命、建设和改革发展实践过程中，正是在党的领导之下，全国各族人民发扬奉献精神，克服了一个又一个困难，完成了一个又一个伟业。从铁人精神、大庆精神、北大荒精神的艰苦淬炼，到伟大的抗洪精神、抗震精神、抗疫精神的全新展现，涌现出王进喜、时传祥、郭明义、钟南山、陈薇、张桂梅等一大批爱岗敬业、无私奉献的时代楷模，他们将个人的小我融入国家的大我，他们用勤劳的双手书写着赤诚爱国的人生追求，构筑了时代楷模的特有精神和劳动品格，成为引领时代风尚的劳动精神坐标。

（二）新时代劳动精神的功能向度

新时代劳动精神在思想政治教育中发挥着重要的功能，集中体现为教育导向功能、思想凝聚功能、行业规约功能等功能向度。

1.教育导向功能。新时代的劳动精神是社会主义核心价值观在不同职业中具体和形象的精神表达，已成为社会主义先进文化发展的坚实力量。以丰富的内涵意蕴、鲜明的价值指向对全体社会成员起到价值引导作用。在普通的岗位上，无数的劳动者用辛勤的汗水、默默的奉献，浇灌出伟大的劳动精神，传递着一脉相承的美好梦想。在教育高质量发展的今天，迫切需要在青年学生中弘扬劳动精神，用劳动精神所蕴含的勤俭、奋斗、创新、奉献的价值引导学生树立劳动自信和劳动自觉，引领广大青年学生奋勇拼搏、砥砺前行，成长为堪当民族大任的时代新人。

2.思想凝聚功能。党的十九大报告指出："必须推进马克思主义中国化时代化大众化，建设具有强大凝聚力和引领力的社会主义意识形态，使全体人民在理想信念、价值理念、道德观念上紧紧团结在一起。"①优秀的中华儿女用辛苦的劳动汇聚而成的劳动精神正是凝聚和引导青年学生的意识形态。一方面,弘扬新时代劳动精神可以教育和帮助青年学生认清各种劳动错误思潮的理论本质与实践危害,从而减少劳动分歧,降低劳动关系治理成本,维护和谐社会秩序和劳动关系的良性运转。另一方面,弘扬新时代劳动精神既是对劳动人民的尊重敬仰,也是凝聚青春力量、坚定新时代青年学生中国特色社会主义共同理想以及崇尚马克思主义信仰的必然选择,是不断激励青年学生理论自信、制度自信、道路自信、文化自信的助推器和内驱力。

3.言行规约功能。新时代劳动精神不仅传递着精神力量,还彰显着道德伟力。劳动精神作为广大劳动人民认同的"最大公约数",体现出原则性规范和方向性规范的特征。原则性规范指向的是劳动在宪法和相关文件中的规定,宪法规定了每个公民都具有劳动的权利和义务,这是一种确定性、原则性的规约,用法纪性的规范对人们的劳动行为进行规范。方向性规范是要在全社会形成崇尚劳动、尊重劳动、热爱劳动的社会风尚,用积极的道义引领力与不劳而获、贪图享受、一夜暴富等不良社会现象做斗争。重视劳动精神的规约功能,有利于学生形成正确的劳动价值观,养成良好的劳动习惯,形成坚定的劳动自信。

二、新时代劳动精神的生成基础

新时代劳动精神是维系中华民族长久稳定发展的重要精神纽带,马克思主义劳动思想为劳动精神的生成提供了理论基础;以人民为中心的劳动实践为劳动精神的生成提供了实践指向;坚持文化价值引领为劳动精神的生成提供了应然指向。

(一)马克思主义劳动思想是劳动精神的理论基础

马克思主义认为,劳动是人类社会和历史发展的应然起点。马克思主义经典作家始终将劳动作为整个人类社会发展的重要动力,以宏大视野来审视劳动的根本价值。首先,劳动创造人本身。人类是劳动精神文化样态的弘扬主体,正是在劳动的实践过程中,人才不断实现自身的类本质,并在不断追求新的类本质的过程中,彰显着劳动精神。其次,劳动创造人类历史。人类漫长演进的历史就是一部劳动发展史,马克思主义认为,人类社会的全部历史都是以劳动为起点的。劳动是解开人类历史发展进步的一把钥匙。再次,劳动是一切财富的源泉。

---

① 习近平:《决胜全面建成小康社会 夺取新时代中国特色社会主义伟大胜利——在中国共产党第十九次全国代表大会上的报告》,人民出版社 2017 年版,第 41 页。

劳动创造物质和精神财富,人类在艰苦的生产劳动过程中创造着丰富的物质资料,保障着人类的基本需要,同时在实践过程中,随着时代变迁形成具有不同时代特色的劳动精神,成为推进人类进步的重要精神动力。最后,劳动是实现人类全面而自由发展的重要途径。劳动创造幸福,是劳动精神践行的重要结果。在中国特色社会主义制度下,让广大劳动者呈现积极向上、乐观愉悦的劳动态度和生存状态是中国共产党人的初心和使命。

（二）以人民为中心的思想是劳动精神的实践体现

习近平总书记曾指出:"马克思主义是人民的理论。"[1]在马克思主义人民立场的指导下,中国共产党人将维护好、发展好、实现好最广大人民群众的根本利益作为行动的根据指南和价值指向,广大人民群众的生动劳动实践过程集中体现了以人民为中心的思想光辉。新时代劳动精神肯定劳动者的地位、歌颂劳动者的伟大、珍视劳动者的成果、提升劳动者的幸福感。实现了劳动者的奋斗与共享的高度统一。一方面,劳动人民是财富的创造者。"人民是历史的创造者、人民是真正的英雄 ,必须相信人民、依靠人民。"[2]正是由于无数劳动人民在各行各业的辛勤劳动,才创造了日益丰富的社会财富,所以劳动人民是社会历史发展的鲜活实践主体,是社会发展变革的决定力量。另一方面,改革发展的成果最大限度地惠及劳动者。在以人民为中心的指引下,劳动人民不仅是实践主体,也是价值主体,更是成果分享的主体。中国共产党人在践行劳动精神的过程中,就是将满足人民日益增长的美好生活需要作为奋斗目标,让每一位劳动者体验到光荣的同时,享受到改革发展的成果,使劳动人民充分地体会到"因劳而获"。

（三）坚持文化价值引领是劳动精神的应然指向

劳动精神是对劳动人民实践的价值弘扬和精神认同,是新时代的文化诉求和精神需求。新时代劳动精神内蕴着丰富的文化基因,已成为实现两个一百年奋斗目标的重要的先进文化价值引领者。新时代的劳动精神深刻地确证了社会主义文化在多元因素激荡影响之下的合理性和正义性。新时代劳动精神的时代品质和核心价值体现在人类对自由而全面发展和对美好生活的执着追求上,这也成为建设中国特色社会主义的精神支柱,更彰显出劳动人民所应该遵循的行为准则和价值观念。从这个意义上讲,新时代劳动精神的文化内涵是对新时代劳动和劳动幸福的合理表达和生动诠释,不断引领广大劳动人民体会劳动精神之美,并使其内化为追求劳动幸福的文化自信。

---

① 习近平:《在纪念马克思诞辰 200 周年大会上的讲话》,《人民日报》2018 年 5 月 5 日第 1 版。

② 中共中央党史和文献研究院编:《关于"不忘初心、牢记使命"论述摘编》,党建读物出版社、中央文献出版社 2019 年版,第 145 页。

三、新时代劳动精神融入思想政治教育的时代价值

新时代劳动精神是民族精神和时代精神的延展和跃升,将新时代劳动精神融入学校思想政治教育有着多维的价值向度。

(一)落实立德树人根本任务的需要

习近平总书记曾指出:"人无德不立,育人的根本在于立德。这是人才培养的辩证法。办学就要尊重这个规律,否则就办不好学。"①这充分表明了高等教育落实立德树人根本任务的重要职责和使命。落实立德树人根本任务就是要把培养德智体美劳全面发展的社会主义建设者和接班人作为提升办学质量的根本出发点。弘扬劳动精神是弥补当前劳育短板的重要举措,而思想政治教育是落实立德树人的根本任务和培育全面发展的时代新人的主渠道、主阵地。能够担当民族复兴大任的时代新人需要具有勤俭、奋斗、创新、奉献的劳动精神。劳动人民身上展示出来的劳动精神从根本上影响着科学家的爱国精神,也从根本上影响着勤俭、奋斗、创新、奉献精神的生成与发展,这些精神无不诠释着劳动精神。所以说,只有深入地将劳动精神融入思想政治教育教学,才能更好地落实立德树人的根本任务,厚植伟大的劳动情怀,培育优秀的劳动品质,把劳动情、奋斗志、报国行融入实现中华民族伟大复兴中国梦之中。

(二)弘扬社会主义核心价值观的需要

社会主义核心价值观教育是思想政治教育的重要内容。新时代劳动精神与社会主义核心价值观有着高度的契合性,二者都具有源于中华优秀传统文化的同源性,都充分地汲取了中华优秀传统文化的营养;二者都具有共同价值追求的一致性,都以实现中华民族伟大复兴的中国梦作为崇高的精神和文化价值目标;二者在思想特质上具有高度的契合性,都属于文化样态范畴,均是中国特色社会主义发展的实际同思想文化紧密结合而形成的思想结晶,都具有弘扬时代主旋律和社会正能量的作用,都是激励广大劳动人民奋勇向前的精神旗帜。因此,将新时代劳动精神融入思想政治教育,要通过丰富思想政治教育内容、拓展思想政治教育教学渠道,使学生体会到劳动者为国为民艰苦创业、无私奉献的劳动情怀,从而有利于青年学生在拔节孕穗期形成正确的价值观,增强社会主义核心价值观的内化与外显效应。

---

① 习近平:《在北京大学师生座谈会上的讲话》,《人民日报》2018 年 5 月 3 日第 1 版。

（三）增强思想政治教育针对性的需要

习近平总书记高度重视思想政治教育,曾指出要"在改进中加强"①。这为学校开展好思想政治教育提供了理论指导和实践指南。当前,思想政治教育在教学实效性和针对性方面有了长足的进步,但仍存在教学"配方"单一、"工艺"陈旧、"包装"古老等问题。如何增强学校思想政治教育的实效性、针对性成为广大思政课教师努力的方向。在此背景下,将新时代劳动精神融入思想政治教育是增强教学实效性和针对性的有效方法。当前,一大部分学校存在劳动教育弱化、窄化问题,这导致青年学生劳动精神缺失、劳动意识淡薄、劳动技能低下等问题,出现了不尊重劳动人民、不愿珍惜劳动成果的现象。将劳动精神融入思想政治教育是对社会劳动问题的现实回应,也是提升思想政治教育教学质量和水平的重要途径。

四、新时代劳动精神融入思想政治教育的实践理路

新时代劳动精神的内在品质契合思想政治教育的教学目标和要求,劳动精神融入思想政治教育是一项系统工程,需要发挥学校、教师及学生等多元主体的作用。通过坚持教学内容为王、创新网络话语体系、传播优秀劳动文化、实现知行合一等措施,实现劳动精神和思想政治教育融合育人的目的。

（一）坚持内容为王,增强课堂教学的针对性

思想政治理论课是开展学生思想政治教育的主要途径,将劳动精神融入思想政治理论课要坚持内容为王,增强课堂教学的针对性。一是精准识别学生的认知规律和需求特点。思政课教师要根据时代特点和社会问题特征,精准识别学生个性化需求,运用价值塑造之"盐"融入知识传授和能力提升之"水",从而达成润物无声、如盐在水的教育效果。二是提高教师理论融合的教学能力。思政课教师要对"劳动精神"进行充分的认知和理解,要加深对"红船精神"的认识和理解。通过专题培训学习、走访劳动教育基地、访谈劳模人物等举措,使思政课教师结合时代形势和特点,理解新时代劳动精神的深刻内涵,明晰劳动精神的时代价值,找到理论融入的切入点和契合点。三是将劳动精神全面融入教材内容。内容为王是增强思想政治理论课课堂教学针对性的重要内容。教师要在精准掌握学生需求和提升融合技能的基础上,强化教学内容的设置,认真梳理各门课程教材与劳动精神相契合的内容。只有选取富有生活温度和理论锐度的内容,才

---

① 习近平:《在全国高校思想政治工作会议上强调:把思想政治工作贯穿教育教学全过程 开创我国高等教育事业发展新局面》,《人民日报》2016 年 12 月 9 日第 1 版。

能直抵学生心灵。如《马克思主义哲学原理概论》课程要重点将马克思主义的劳动观作为重点内容讲授,使学生明确劳动精神生成的理论基础。《毛泽东思想和中国特色社会主义概论》课程,在讲授习近平新时代中国特色社会主义思想时,重点讲述习近平总书记关于劳动、劳动教育、劳动精神的重要论述的内涵和意义,使劳动精神与民族复兴的中国梦的结合,让学生明白中国共产党的初心和使命体现着时时为人民的奉献精神。《中国近代史纲要》课程,可以讲授我国近代以来思想家、教育家的劳动思想构成,理清劳动精神生成和演变的历史进程。《思想道德修养与法律基础》课程,要将劳动精神内涵、劳模人物故事、劳动纠纷案例等融入人生价值、创新创业、中国精神、民族精神、法律法规等章节内容,通过详实的劳动事件、鲜活的劳模故事,让空洞晦涩的理论从"天边"走到"脚下",从根本上增强思想政治理论课的亲和力和针对性。

（二）创新话语体系,注重网络空间的主导性

思想政治教育要注重话语体系的创新,打破传统的知识话语的传播媒介,主动占领网络空间为思想政治教育发声,设计符合学生接受特点的网络话语体系,在网络话语的内容、方式、交往、语境等方面实现创新。一是建立符合思政课特点的思想政治教育网络话语体系。将符合时代特征、贴近学生生活的话语路径融入话语体系,增强劳动精神话语传播的亲和力和吸引力。二是要强化网络话语内容的设置。在信息多元、话题庞杂的网络舆论场中,从学生、课程、政治、时代需求去精选与劳动精神有关的议题和内容,最大限度地聚合学生思想,掌握网络话语权。三是强化网络平台建设。通过精准理解和掌握大数据、全媒体、智能算法等技术特点,建设网络教学平台。例如,可在劳动精神论坛、劳动教育成果展示天地、劳模事迹自选角等自建网络平台上,将有关劳动精神的文字、视频、图片等教学资源推送到网络平台上,增强网络空间的主导性。四是注重网络话语引导的效果。在网络空间话语体系中,要注重劳动相关舆论的引导,激浊扬清,消除对于劳动精神、劳模人物的认识偏差,防止劳动精神价值走偏,构建以青年学生生活、社交、学习等多个子单元为主体的网络空间,扩大劳动精神形成的认同场域。

（三）传播劳动文化,弘扬校园文化的先进性

校园是学生学习和生活的重要场域,校园文化是陶冶和培养学生形成良好品质和正确价值的重要文化样态。当前,多元思潮激荡涌起,因此,要自觉抵制不良文化思潮对校园文化的冲击和影响,构建健康向上的校园文化氛围。一是要充分认识到劳动文化的重要性。高等学校各级管理者、教师都要充分认识到劳动文化对学生的影响作用,着力构建积极向上的劳动文化氛围,用自己工作中的言行彰显劳动文化。二是将劳动精神融入校园物质文化中。充分挖掘校园建

设中的劳动元素,设置劳动精神景观墙,树立劳模人物塑像,在宣传栏、走廊、图书馆、校园广播处等地方设置劳动精神专题宣传板,使学生时时、处处感受"劳动精神"的存在。三是将劳动精神融入校园精神文化建设,将劳动元素融入对楼宇、实验室、工作室的命名中,开展劳动精神研讨会,开展融入劳动精神的"五好学生"评选活动。将劳动精神融入校园文化艺术活动,开展劳动光荣征文比赛、劳动成果展示大赛、劳动先进人物事迹展示等活动,用丰富的劳动文化增强校园文化对学生的润育作用。

(四)实现知行合一,提升实践养成的有效性

习近平总书记指出:"要强化实践育人,坚持教育同生产劳动和社会实践相结合,让广大青少年在投身实践、亲身参与中认识国情、了解社会,在增长才干和磨炼意志中感受劳动所带来的收获和乐趣,进而形成尊重劳动、热爱劳动的真挚情感。"①实践是思想政治教育的重要环节,要充分发挥实践教学环节的育人作用,遵循实践育人的规律特点,将劳动精神深度融入实践育人中。一是将劳动精神融入社会实践。依托军事训练,培养学生吃苦耐劳的品质;结合寒暑假,开展以"劳动精神"为主题的社会实践寻访或红色研学活动,重走红色劳动基地,访谈劳模人物;开展日常性社会实践,鼓励学生走入社区、农村、部队、厂矿开展"劳动足迹"社会实践;组织劳动精神宣讲活动,传播劳动知识,传递劳动正能量。二是开展劳动精神志愿服务。服务性劳动是劳动教育的重要内容。要将劳动元素嵌入团学组织各类活动,发挥第二、第三课堂的作用,组建劳动文化社团,通过开展劳动支教、赛事场馆服务、劳动快闪、三下乡慰问等志愿活动,引导学生将小我融入祖国的大我。三是将劳动精神融入创新创业。结合国家创新驱动发展战略,引导学生积极参与各类创新创业大赛,通过创新设计、实施创业项目,提升学生的创新创业能力。四是注重劳动精神教育基地建设,构建政府、社会、家庭、学校相互联动的劳动实践育人共同体,共同打造劳动协同育人资源图谱。

---

① 习近平:《在全国高校思想政治工作会议上强调:把思想政治工作贯穿教育教学全过程 开创我国高等教育事业发展新局面》,《人民日报》2016 年 12 月 9 日第 1 版。

马克思主义劳动观视域下职业院校
劳动教育与思政教育的贯通①

徐文越

摘　要：　职业教育范畴内的劳动教育与思政教育有着内在关联性和契合性，二者之间相互融通又互为支撑。这不仅是基于"五育并举"的分析框架，更是由职业教育的类型特质所决定。其中，马克思主义劳动观有着不可或缺的引领作用，是联通二者的中介和枢纽。以马克思主义劳动观为引领，不仅能赋予职业院校思政教育更为鲜明的特色，也能使劳动教育的思想品质得以加强，更能将二者相互融通的诸实践环节贯通起来。这种贯通又是紧紧围绕"立德树人"根本任务，在"三全育人"总体格局中，以课程思政为有效载体，贯通思政教育与劳动教育的课程体系，充分发挥劳模工匠的育人作用，注重实践环节的共享共育，以校园文化统筹各类育人资源，最终切实提升人才培养质量，更好培育全面发展的时代新人。

关键词：　马克思主义劳动观；职业教育；劳动教育；思政教育

职业教育从广义上来说就是一种劳动教育，与普通教育相比还可以说是专业版的劳动教育。因职业教育具有鲜明的实践性和职业导向，主要教授学生专业性生产劳动技能，最终目标是培养高素质的技能型人才，因此职业院校开展劳动教育就具有得天独厚的优势和条件。不过现实中职业院校并未自动地实现高水平的劳动教育，学生同样缺乏正确的劳动价值观、劳动实践观、劳动品质观等。这在根本上不是缺失劳动和劳动技能的训练，而是缺乏紧密贴合劳动实践的思想价值观念教育。也就是职业院校仍存在着劳动教育与思政教育的分隔，这既造成劳动教育的难以深入和成效乏力，又造成思政教育脱离职业教育的类型特质，从而缺乏针对性和实效性。根本的出路在于依据职业教育的类型特质，以马

①　基金项目：上海市哲学社会科学规划一般课题"基于《资本论》的历史唯物主义当代性研究"（项目编号：2020BKS005）。作者通信地址：徐文越，上海城建职业学院马克思主义学院，上海201415。

克思主义劳动观为引领,融通劳动教育与思政教育,并依据职业院校的优势和条件在实践环节中构建起贯通的机制和体系。

一、当前职业院校劳动教育与思政教育的相互分隔

在当前职业院校中,不断加强的思政教育与日益受到重视的劳动教育还存在着相互分隔与支撑乏力的问题,并未将职业教育在融通二者方面的优势真正转化出来,实现劳动教育与思政教育相互融通的引领机制与中介环节还未能完全厘清,这既影响着各自育人效果的发挥,又无法形成协同育人的合力。

首先,职业院校劳动教育的思想性和系统性还不强,更多囿于劳动任务的完成,而不是基于劳动本身深入展开思想道德的教育。尽管职业院校学生有更多机会参与多种形式的劳动实践,甚至还有更多专业性的生产劳动,但劳动教育并未由此深入开展,因而就存在着劳动本身所具有的独特育人价值被忽视、被淡化和被弱化的问题。学生的劳动观念依然淡薄,甚至还会鄙视劳动,他们并未真正树立起科学的劳动观。劳动教育还存在着"形式僵化、机制虚化、内容窄化"等问题,往往流于形式又内容空洞,学生也敷衍了事,应付性地完成劳动任务,而劳动本身蕴含的思政教育元素并未得到充分挖掘和运用。同样也存在着将劳动教育等同于简单的体力劳动锻炼,而并未理解其本质目标在于确立劳动价值观的问题。学生们也并未由此真正尊重劳动,而实际上"只有尊重劳动,才能尊重职业教育,才能尊重职业,对劳动的尊重既是职业教育入门的第一课,更是引导学生树立正确的价值观、涵养职业精神的重要一环,关乎个人素质的培养"[①]。

其次,职业院校思政教育还未与职教类型紧密贴合,也比较缺失结合劳动实践进行的思政教育。职业院校在思政教育的开展中还存在着与普通教育的同质化问题,没能更好探索出适合职业教育特点的思政教育模式。思政教育并未真正延伸到学生的劳动实践中,或者说通常的思政教育对于劳动教育还是有所忽略,与劳动教育并没能展开有效互动,一定意义上处于相互隔离之中。在思想政治理论课教学中,教师们也往往并未因职业教育的类型而聚焦马克思主义劳动观予以重点讲授,更没有意识地将马克思主义劳动观贯穿于整个思想政治理论课教学。同样在学生实习实训的专业劳动中,思政教育也并未及时、充分地跟进,课程思政还缺乏正确劳动价值观的引领,在实践环节中思政教育与劳动教育并未形成共育机制以及教育资源统筹共享。这也就使得职业院校的思政教育并未能发挥出应有的功效,针对性和实效性都未得以真正彰显。

---

① 李珂:《嬗变与审视:劳动教育的历史逻辑与现实重构》,社会科学文献出版社 2019 年版,第 30 页。

最后，劳动教育与思政教育之间还存在着相互分隔的问题，这实质上也是一种相互的缺失，彼此之间并未形成互为促进的机制。职业院校的劳动教育和思政教育还未能与职业教育特质紧密结合，其中引领和融通的枢纽环节也还未能理清。职业院校思政教育并没能同劳动实践相互结合，思政教育往往没有劳动实践，而劳动实践又缺失真正的思政教育。我们依然面临没有劳动的教育和没有教育的劳动这样的困局。在整个课程体系中，从思政课到专业课对于劳动教育都有所忽略或缺失，包括在实践课程体系中，同样缺乏通过实际劳动展开的有效教育。而在苏霍姆林斯基看来，"劳动以外的教育和没有劳动的教育是不存在、也不可能存在的"[①]。所以在职业教育中同样应"着力改变当前劳动教育被窄化、弱化，实施途径相对单一的现状；着力补齐劳动教育缺内容、缺渠道、缺载体、缺路径的突出短板；着力改变'以教代劳、以说代劳'的现象和解决劳动教育娱乐化、边缘化的问题；着力避免走入'没有劳动的教育'或'没有教育的劳动'的误区"[②]。真正破除劳动教育与思政教育之间存在的隔阂，实现二者从理念到机制上的实质融通。

二、劳动教育与思政教育在职业教育中的内在融通

职业教育的类型特质决定了职业院校劳动教育与思政教育有着内在融通的基础和条件。劳动教育是内在于而不是外在于职业教育，而思政教育应更多体现职教特色，也应充分结合劳动实践来开展。但融通的基础和条件并不意味着融通的自动实现，而是需要一种有意识的机制引领和各实践环节的构建与支撑，马克思主义劳动观在其中发挥着不可或缺的作用。

其一，学校劳动教育同思政教育本身就有内在契合性，而职业教育的类型特质更在根本上包含了二者相互融通的条件，也是职业教育规律的内在要求。劳动教育和思政教育都内置于"五育"之中，从价值目标上来看，都是为了培养全面发展的社会主义新人。普通院校的劳动教育与思政教育之间存在着天然关联，二者在教育途径和方法上具有高度契合性，本身也都要进行马克思主义理论教育，且都需融入教育全过程，都离不开社会实践。而在职业教育中，这种契合理应进一步推进二者的相互融通以及在实践环节中的贯通，原因就在于职业教育本身具有的内涵特质。职业教育是以职业为导向来培养技能型的实践人才的教育，具有鲜明的实践性和职业性特色，区别于理论型和学术型人才的教育模式。

---

① 苏霍姆林斯基：《教育的艺术》，肖勇译，湖南教育出版社1983年版，第127页。
② 曾天山、顾建军主编：《劳动教育论》，教育科学出版社2020年版，第339页。

职业教育独特的教育规律,一是表现为产教融合与校企合作的办学模式,二是表现为知行合一与工学结合的人才培养模式。也可以说,从宽泛的意义上来看,职业教育本身就是一种劳动教育。"与一般的劳动教育是普通教育的普及版不同,职业教育是劳动教育的专业版。职业教育的培养目标本身就包含工作或劳动技能,是与劳动操作密切相关的专业教育。"①所以开展并加强具体的劳动教育完全是职业教育的题中之义,更是一种内在要求,而且本身就具有得天独厚的条件优势。这种劳动教育在根本上侧重的是将劳动本身所蕴含的世界观意义、社会意义、道德意义、人生意义等阐发出来,使学生获得正确的思想价值观念和实践方式。这在一定意义上正是实现了思政教育所承担的使命,只不过是通过劳动实践而实现的一种教育,但这正是对单纯课堂的思政教育非常有益的补充。而职业教育努力实现的正是职业技能与职业精神培养的高度融合,同时健全德技并修和工学结合的育人机制。所以思政教育也正是劳动教育的本质维度或首要任务,同时思政教育与劳动教育的融通也正符合职业教育知行合一的教育规律。"德育与劳动教育有机结合有助于解决德育虚化问题,要在德育中引入社会公益性劳动,在生产劳动中渗透德育,端正学生生活态度和价值观,提高社会公德意识,增强社会责任感。"②

其二,职业院校劳动教育与思政教育融通的实现离不开马克思主义劳动观的引领,这是融通的思想交汇点,也是融通实现的枢纽环节。劳动教育的总体目标就是"通过劳动教育,使学生能够理解和形成马克思主义劳动观,牢固树立劳动最光荣、劳动最崇高、劳动最伟大、劳动最美丽的观念"③。而"我国社会主义制度下的劳动教育以马克思主义劳动观为基础,注重热爱劳动、尊重劳动人民、珍惜劳动成果的劳动价值观的养成。这既是劳动教育与技术培训的根本区别,也是学校德育有效融入劳动教育的切入点"④。因为马克思主义劳动观也正是马克思主义理论的基石与核心,思政教育就是以马克思主义劳动观教育为根本使命,职业院校思政教育更应将马克思主义劳动观教育作为引领与侧重。在马克思看来,"整个所谓世界历史不外是人通过人的劳动而诞生的过程"⑤,劳动不仅创造了历史,还创造了人本身,同时也创造了社会关系及道德关系。劳动不仅

---

① 赵伟:《试论劳动、劳动教育和职业教育的关系》,《中国高教研究》2019 年第 11 期,第 106 页。

② 曾天山、顾建军主编:《劳动教育论》,第 67 页。

③ 中共中央、国务院:《关于全面加强新时代大中小学劳动教育的意见》,《人民日报》2020 年 3 月 27 日第 1 版。

④ 唐爱民、王浩:《劳动教育与学校德育的融通:意蕴与路径》,《广西师范大学学报(哲学社会科学版)》2021 年第 2 期,第 97—98 页。

⑤ 《马克思恩格斯文集》第 1 卷,人民出版社 2009 年版,第 196 页。

是一切财富的源泉,也是幸福的源泉,"人世间的一切幸福都需要靠辛勤的劳动来创造"①。马克思主义劳动观被公认为是最权威、最科学的劳动观,并在实践中引领了整个社会主义事业的发展。在实现劳动教育同思政教育相融通的实践层面,马克思主义劳动观依然不可或缺,是联通各种实践路径的枢纽环节。马克思也曾明确讲道:"未来教育对所有已满一定年龄的儿童来说,就是生产劳动同智育和体育相结合,它不仅是提高社会生产的一种方法,而且是造就全面发展的人的唯一方法。"②教育与生产劳动相结合也是中国共产党历来坚持的教育方针,"早在 1934 年,毛泽东同志就把'教育与生产劳动联系起来'列为中华苏维埃政府文化教育总方针的主要内容。1958 年《中共中央 国务院关于教育工作的指示》又明确将'教育与生产劳动相结合'确立为党的教育工作方针。20 世纪 90年代,教育'必须与生产劳动相结合'的提法被写进了《中华人民共和国教育法》,并在 2015 年的修订稿中予以保留"③。

其三,这种融通不是将劳动教育与思政教育相归并,二者也并不能相互替代,而是以各自保有独立性为基本前提的。融通是为了打破分隔,形成育人的协同合力,探索融通的有效路径。实际上也是为了推动劳动教育与思政教育形成相互促进且共同发展的新教育生态,最终是为了围绕"立德树人"根本任务来切实提高育人实效。职业教育的目的就是培养高素质技能人才,实际也就是培养高素质的劳动者大军,所以树立科学的劳动观是首要的。但在现实情况中,理论和实践两方面又都有缺失。在通常的思政教育中,马克思主义劳动观教育是薄弱或缺乏的,在实际的劳动实践中,也往往更注重技能训练,劳动教育中的思政教育功能发挥还是不足的。"劳动教育虽然涉及劳动知识、技能、美感、体能等全面的培育,但劳动教育的核心目标只能是德育——劳动价值观(情感、态度、价值)的培育。"④职业教育的目标和使命就是培育高素质劳动者,使他们不仅具有劳动技能,更要具有正确的劳动观。劳动教育首先还是树立起劳动者自食其力、自力更生、独立自主的理念,同时在劳动协作教育中加强集体主义观念,一定意义上还可树立起自觉的工人阶级意识,确立起社会主义的理想信念。陶行知也曾指出,"劳动教育的目的,在谋手脑相长,以增进自立之能力,获得事业之真知及了解劳动者之甘苦"⑤。所以"劳动教育与思想政治教育的目标具有相关性,

---

①　《习近平谈治国理政》第 1 卷,外文出版社 2014 年版,第 4 页。

②　《马克思恩格斯文集》第 5 卷,人民出版社 2009 年版,第 556—557 页。

③　李珂:《嬗变与审视:劳动教育的历史逻辑与现实重构》,第 61 页。

④　檀传宝:《开展劳动教育必须解决好的三大理论问题》,《人民教育》2019 年第 17 期,第 35 页。

⑤　陶行知等:《生活教育文选》,四川教育出版社 1988 年版,第 6 页。

内容具有关联性,在实施路径的方式方法上也可以相互借鉴"①。

三、贯通劳动教育与思政教育的实践机制

职业院校劳动教育与思政教育在理念上有着相互融通的基础和条件,在实践中可将其转化为可行的现实举措,相对应地在形式上表现为两种教育相互贯通的具体机制,这一机制有着诸多环节的相互支撑,具有一种系统性的构架。劳动教育本身也融入整个育人体系之中,而并非孤立存在。"劳动教育是通过与专业课、思想政治教育、社会实践、创新创业、产教融合、校园文化建设等相结合来融入人才培养全过程。"②具体而言,这种贯通职业院校劳动教育与思政教育的实践机制又体现在这样几方面:

一是以马克思主义劳动观为引领。马克思主义劳动观在整个体系中发挥引领作用,既是贯通和联结各部分的理论基础,又是通过各环节的实施最终内化于教育对象的目标诉求。正如教育部《大中小学劳动教育指导纲要(试行)》中所强调,劳动教育具有鲜明的思想性,必须将马克思主义劳动观贯彻始终,强调劳动是一切财富、价值的源泉,劳动者是国家的主人,一切劳动和劳动者都应该得到鼓励和尊重。所以首先要加强对于马克思主义劳动观本身的研究,以此为教育教学以及贯通的实现提供理论支撑。其次,马克思主义劳动观是思政教育与劳动教育的思想交汇点,要将此转化为现实贯通的联结点,并将形成和树立马克思主义劳动观作为根本目标。再次,在具体实施中,各环节相互协同又各有侧重,共同置于"三全育人"的大格局之中。在思想政治理论课与劳动教育必修课中对马克思主义劳动观进行正面的理论讲授,在其他课程中以课程思政的方式有机融入马克思主义劳动观,在实习实训等实践活动中通过实际劳动来促成正确劳动观的养成,在校园文化及网络空间的建设和运用中营造良好氛围,并统筹各类育人资源以促进马克思主义劳动观在学生思想中的形成,再通过各种具体活动形式展现出来。

二是着重实现课程体系上的贯通。在课程体系上以"三圈"课程及三个课堂的贯通为整体构架,依托课程思政实现全课程育人,并将思政教育同劳动教育紧密结合。课程体系的"内圈"为思想政治理论课与劳动教育必修课,在这些课程中系统集中讲授马克思主义劳动观以及与劳动相关的理论,充分发挥主渠道作用;"中圈"是指综合素养课、思政选修课、劳动教育选修课等,以灵活多样的教育

---

① 刘向兵等:《新时代高校劳动教育论纲》,社会科学文献出版社 2019 年版,第 74 页。
② 李珂:《嬗变与审视:劳动教育的历史逻辑与现实重构》,第 87 页。

形式进行思政和劳动教育;"外圈"是指所有专业课程,以课程思政的方式将劳动教育寓于教学之中,这本身也是职业教育课程思政的侧重和特色。"除劳动教育必修课程外,其他课程结合学科、专业特点,有机融入劳动教育内容。"①注重三个课堂的相互衔接和贯通,第一课堂以正规教学的方式发挥教育主渠道作用,使课程都融入思政教育与劳动教育;第二课堂以丰富多样的实践形式来进行劳动教育并融入思政教育;第三课堂则以网络空间为主阵地,与现代信息技术紧密结合,又开放式融入各种社会育人资源,在思政和劳动教育中破除物理时空的界限。

三是将劳模(工匠)育人特色作为贯通主线。劳模与工匠是职业院校思政教育和劳动教育的最鲜活载体,可以直接发挥榜样育人的作用,而其承载的劳模(工匠)精神又是马克思主义劳动观的最生动体现。这本身既是思政教育,又是劳动教育,二者的融通也最直接体现在劳模(工匠)这一具象化载体之中。习近平总书记多次强调:"弘扬劳模精神和工匠精神,营造劳动光荣的社会风尚和精益求精的敬业风气。"②劳模(工匠)作用的发挥也是多重的,既可以请劳模(工匠)走进各类课堂,直接进行思政教育和劳动教育;也可让学生走近劳模(工匠)身边,在劳模(工匠)的实际工作场景之中进行浸润式或实践性的教育;还可以将劳模(工匠)精神转化为教育素材和资源有机融入各类课程的教学内容之中,对更多学生进行更深入更持久的教育。劳模(工匠)育人完全可以有形地贯通职业教育中的思政课、劳动课、专业课,这成为最鲜明的特色和亮点。同时劳模(工匠)精神育人还可完全无形地融汇于校园文化之中,营造良好育人氛围。比如一些职业院校基于办学类型和劳模资源优势,在实际探索中构建了劳模(工匠)精神育人的典型模式,包括聘请劳模教授,建立劳模育人实践基地,成立劳模(工匠)精神教育实验班等举措,搭建起教育教学平台、实践实训平台、创新创业平台和文化育人平台等,取得良好的育人效果。

四是注重实践环节的共享共育。实践性是职业教育最鲜明的特色,知行合一、工学结合也是职业教育育人的独特规律,这些也完全体现于职业院校的思政教育和劳动教育之中,两者的实践环节相互贯通,彼此实现共享共育。这又可从三个方面来着力,首先是实现场域的共享,统筹各类实践基地和实践场所,将思政教育的实践基地与劳模育人的实践基地以及各类实习实训基地都贯通起来,在内容上实际是将思政教育与劳动教育以及同专业教育都融通起来,使之都"在

---

① 中共中央、国务院:《关于全面加强新时代大中小学劳动教育的意见》,《人民日报》2020年3月27日第1版。

② 《习近平谈治国理政》第3卷,外文出版社2020年版,第24页。

场"。现在还存在的问题就是相互的阻隔和缺失,思政教育应延伸到劳动实践之中,而在专业技能的实践培训中也应加强思政教育。其次是实现师资的共享共育,特别是在产教融合、校企合作的职业教育中,思政教育和劳动教育都不能局限于学校的课堂之中,而且还要存在于实习实训的企业之中,承担教育的不仅有思政教师、专业课教师,还有企业中的师傅、劳模工匠等,要让学校的教师更多走进企业,也让企业的能工巧匠来到学校,实现师资上的多元共育。再次是在教学形式上充分体现实践性,并更多发挥学生的主体作用,让学生在真实的实践中体悟并接受教育,教师在其中做好引导。学生的真实实践并不能被替代,而这本身正适合于职业教育,也是思政教育和劳动教育不可或缺的教育方式。

五是以校园文化统筹各类育人资源。作为系统工程还需在精神文化层面对各类教育资源予以统筹融通,营造良好育人氛围。特别是职业院校可将劳模(工匠)文化作为校园文化主线,并注重马克思主义劳动观的宣传教育。"劳动教育发挥以文化人的作用方式具有间接性和潜在性,有利于增强思想政治教育的吸引力。"①在具体形式上充分发挥新媒体作用,以学生喜闻乐见的方式进行宣传教育,包括多注重朋辈间的教育,在学生中间开展小劳模(工匠)之星的评选活动等。更主要还在于发挥精神文化统领作用,一方面各条实践路径的探索成果要提炼、汇聚于精神文化层面,不断提升宣传推广效果;另一方面在校园文化建设中要进一步统筹更多社会性和开放性的育人资源,并将其提炼、转化,以便更长久地促进学生的思想成长。

贯通职业院校思政教育与劳动教育应置于"三全育人"的大格局中,以马克思主义劳动观为引领,围绕"立德树人"根本任务,紧密贴合职业教育特点和规律,最终切实提升人才培养质量。"新技术时代,职业教育人才培养模式改革必须注重'人'的发展,这不仅是工作世界与技术理性对职业教育的要求,更是立德树人价值理念在职业教育发展中的基础性、中心性、引领性定位所决定的。"②这也正是倡导这种融通的意义所在,而这种融通和贯通本身也正是职业院校开展劳动教育和思政教育的鲜明特色,且有着引领示范的积极意义。

① 李珂:《嬗变与审视:劳动教育的历史逻辑与现实重构》,第109页。
② 石伟平、林玥茹:《新技术时代职业教育人才培养模式变革》,《中国电化教育》2021年第1期,第38页。

高职学生工匠精神培育问题及策略研究①

李海萍

摘　要：　国家层面正式提出弘扬工匠精神已有五年多时间。通过对上海多所高职院校进行调研,笔者发现高职学生在工匠精神培育中还存在认识泛化、狭义化、浅表化以及职业素养中缺乏工匠精神等问题。本文通过探究其背后传统文化和现代社会观念、学校教育以及家庭教育等影响因素,提出要构建正确的价值导向体系和系统全面的工匠精神培育体系,营造崇尚劳动精神、劳模精神、工匠精神的良好社会氛围,发挥高职院校的育人主体作用,加强家庭劳动精神教育,奠定工匠精神培育的基础等策略,以期完善高职学生工匠精神的培育体系。

关键词：　高职学生;工匠精神;劳动精神;培育;策略

工匠精神在 2016 年的《政府工作报告》中首次被提出,并迅速成为激励制造业乃至各行各业广大劳动者敬业、精益、专注、创新的精神力量。高职院校作为培养高级技能型人才的前沿阵地,在我国由制造大国向制造强国转型、向社会主义现代化强国迈进以及向第二个百年奋斗目标奋进的时代背景下,发挥着培育和弘扬工匠精神的重大作用。

工匠精神孕育于古代,最早反映了工匠在劳动中和专业技术上精益求精的精神。从最初讲究"简约质朴、切磋琢磨"到"德艺兼修、以德为先",再到"心传体知、师徒相传"又到"精雕细琢、尽善尽美",工匠精神内涵的演变具有鲜明的时代烙印。在当今时代背景下,工匠精神又具有了新的时代内涵和意义。

2020 年 11 月 24 日,习近平总书记在全国劳动模范和先进工作者表彰大会上的讲话指出,"爱岗敬业、争创一流、艰苦奋斗、勇于创新、淡泊名利、甘于奉献的劳模精神,崇尚劳动、热爱劳动、辛勤劳动、诚实劳动的劳动精神,执着专注、精益求精、一丝不苟、追求卓越的工匠精神。劳模精神、劳动精神、工匠精神是以爱

---

①　作者通信地址:李海萍,上海城建职业学院马克思主义学院,上海 201415。

国主义为核心的民族精神和以改革创新为核心的时代精神的生动体现,是鼓舞全党全国各族人民风雨无阻、勇敢前进的强大精神动力"①。习近平总书记的讲话对当下的劳动精神、劳模精神、工匠精神的内涵和意义做了最好的诠释。

一、高职学生工匠精神培育中的问题

为找出高职学生工匠精神培育中存在的问题,笔者通过走访上海多所高职院校,对学生工匠精神培育情况进行了深入调查,发现当前高职学生对工匠精神的认知还存在泛化、狭义化、浅表化,职业素养中缺乏工匠精神等问题。

(一)对工匠精神认知的泛化、狭义化、浅表化

在大力提倡工匠精神的社会背景下,高职学生普遍都能认识到工匠精神的重要性,但是他们对于工匠精神的理解却存在一些问题。一是对于工匠精神理解泛化,分不清劳动精神、劳模精神、工匠精神之间的区别和内在联系,把工匠精神泛化为一般意义上的劳动精神,抓不住工匠精神的核心要义。二是对于工匠精神理解狭义化、浅表化,认为工匠精神仅仅是工人、匠人要有熟练、精湛的技艺,几十年如一日地坚守;认为工匠精神是制造业中低层次的"蓝领工人"、手工业者应该具有的精神,而并不适合从事高层次工作的"白领"和社会精英;认为在当前工业化的浪潮中,过分注重细节和情怀不适合标准化、模块化、快速化生产的要求,这样会削弱企业的竞争力,以致不能深刻把握工匠精神追求卓越、勇于创新的时代特质。

(二)职业素养中缺乏工匠精神

高职学生工匠精神主要体现在个体的职业素养上。在践行工匠精神的实际行动中,学生往往对未来充满了迷茫,难以认同将来从事的职业,缺乏必备的职业信念,不具备爱岗、敬业、奉献等基本的职业道德。在学习中学生不能够系统掌握必备的职业知识,缺乏完善的职业技能,对将要从事的职业缺乏脚踏实地、持之以恒、精益求精、追求卓越、勇于创新的精神。

二、高职学生工匠精神缺失的原因

(一)传统文化和现代社会观念的影响

在我国的传统文化中,儒家思想长期以来作为社会的思想准则,其强调的

---

① 习近平:《在全国劳动模范和先进工作者表彰大会上的讲话》,http://www.gov.cn/xinwen/2020—11/24/content_5563928.htm,2021 年 3 月 18 日检索。

"万般皆下品,唯有读书高"、倡导的"君子不器"等轻视职业技能的价值倾向深刻影响了人们对工匠的认识。在古代以"士农工商"为序的职业排名中,工匠往往处于社会的下层,被归为"三教九流",不被社会所重视,整个社会缺乏对工匠的尊重与认可。

而在当代社会,我国制造业当下虽然已经取得了重大成就,国家已处于由制造业大国向制造业强国转型阶段,但反观改革开放以来,我国制造业几乎是从零起步的。因此,它讲究的是"速度为王"和"实用为王","精益求精""追求卓越"的工匠精神很多时候并不适合社会发展的要求。而今天,我们已经完成了制造业的技术积淀,在个别领域已经从一个追赶者渐渐变成了一个领跑者,因此强调"精益求精""追求卓越"是维持领先优势的必然要求,但在传统社会观念下形成的对工匠精神的漠视,加之当下网络经济模式下形成的追求"短、平、快"的氛围,使得当下对工匠精神认知的转变还需要有一个过程。

(二)高职学校教育的影响

国家层面正式提出工匠精神的培育也仅有不足六年时间,延伸至学校培育的层面其时间更短,很多高职院校尚未把工匠精神的培育融入学生培养的全过程,没有完备的工匠精神培育体系,因而难以对学生进行全面系统的工匠精神培育。这主要表现在以下几个方面:一是大部分学校专业设置比较陈旧,难以和社会进行有效接轨,难以使学生产生职业认同感;二是专业知识全面、专业技术精湛的"双师型"教师缺乏,难以给学生传授必备的专业知识和技能;三是学校培育工匠精神的整体氛围不浓厚,难以使工匠精神深入到学生内心;四是学校在教学、研究、学生实习实训中没有形成一套完备的工匠精神培养体制,难以对学生进行全面系统的工匠精神教育;五是培育工匠精神的评价机制不健全,难以调动师生的积极性。

(三)家庭教育因素的影响

劳动是一切价值的源泉,劳动创造了人本身,劳动精神是每一位劳动者都应具有的精神,是成就具有工匠精神的优秀劳动者必备的条件。当下的高职学生绝大多数都是"00后",在笔者调查的学生当中,独生子女的比例达到了七成。计划生育政策下,独生子女成了家庭的"心头肉",是每一个长辈的掌上明珠,两代长辈共同抚养一个孩子,家长承担了孩子在成长过程中本该承担的劳动义务,这就无意中剥夺了孩子的劳动意识、职业意识以及应有的劳动权利。过度的溺爱使学生长期得不到劳动锻炼,因而难以形成正确的劳动观念和职业观念,也不懂得劳动是人类赖以生存和发展的首要条件。当一部分学生连良好的劳动习惯都没有养成,甚至连自我服务的劳动意识都没有时,培养吃苦耐劳的精神和精益求精的工匠精神只能是一句空谈。再加上这些学生的家长的成长过程伴随着我国改革开放的进程,那是经济发展以速度为王、劳动生产以满足人民基本生活需求为目的的年代,时代因素使重视脑力劳动、轻视体力劳动成为家长头脑中的固化思维,无形中也影响了孩子的劳动观和职业观念。对劳动价值的肤浅认识导致学生没有真正将具备良好的劳动素质作为自身全面发展的内在需要和缺乏通过各种措施来进一步提高自身劳动素质的意识,再加上没有一定的劳动实践活动作为保障,因此他们没有拥有良好的劳动精神和工匠精神,这就是必然的。

三、高职学生工匠精神培育策略

(一)构建正确的价值导向体系,营造崇尚劳动精神、劳模精神、工匠精神的良好社会氛围

挖掘优秀的传统文化、璀璨的文明成果,弘扬上下五千年历史中涌现出的"敬业专注、精益求精、一丝不苟、追求卓越"的工匠精神,激发炎黄子孙奋发进取、勇攀高峰、追求极致的动力。健全劳动法律制度,让大力弘扬劳动精神、劳模精神、工匠精神有法可依,大力营造尊重劳动、崇尚劳模、培育工匠的浓厚氛围。提升大国工匠、劳动模范的社会地位,提高他们的待遇,挖掘一线工匠中的大国工匠、劳模模范,使之成为社会推崇的明星,弘扬劳动最光荣、最崇高、最伟大、最美丽的社会风尚。建设知识型、技能型、创新型劳动工人大军,鼓励广大劳动者走技能成才、技能报国之路,切实提升技术工人的经济收入和社会地位,使之成为受尊敬和羡慕的对象。加强知识产权和技术专利的法律保护,积极推动科学技术创新,在关键技术和产品上领跑世界,提升"中国制造"的品牌内涵、国际知名度以及行业认可度。构建系统化的劳动教育培养体系,推动劳动精神、劳模精神、工匠精神进企业、进机关、进校园,切实形成崇尚工匠精神的社会氛围。

(二)发挥高职院校的育人主体作用,构建系统全面的工匠精神培育体系

高职院校应把培养具有工匠精神的技能型人才作为人才培养的一个重要目标,把工匠精神融入人才培养、学生管理、校园文化建设的全过程。创造各种条件,贯通工匠精神培养的实施路径和机制保障,培养拥有崇高精神追求和较高人生境界、职业素养与技能并重、"德艺双馨"的新型技能型人才,成为工匠精神继承者、传承人、弘扬者。[①]

1.繁荣校园文化,融入工匠精神

高职校园文化是传播工匠精神的软载体,将工匠精神融入到校园文化建设中,创造崇尚工匠精神的良好校园氛围,不断感染、浸润学生,使之对工匠精神产

---

① 杜恒杰:《"工匠精神"融入高职院校学生职业素养培养研究》,《现代职业教育》2018年第24期。

生共鸣,将其逐渐内化为自身的精神情怀。校园文化建设要明确目标、突出主线、全面开花。校风、校训、校徽、校歌等作为办学理念和治学精神的集中体现以及办学历史和优良传统的高度浓缩,是校园文化建设的重要内容。同时,校园文化建设应将工匠精神融入其中,成为学校办学的核心目标,引领师生为之共同奋斗。校园文化主线是引领校园文化建设的纲领,要体现新时代劳动精神、劳模精神、工匠精神的时代特质,融入创新元素,促进校园文化建设。以上海城建职业学院为例,将"新时代劳模文化"作为校园文化主线,围绕红色基因、工匠精神、创新能力和全球视野四个维度,建立了新时代劳模(工匠)精神教育中心;建设了劳模文化长廊、劳模(工匠)精神教育长廊;成立了大学生艺术团;开设了"城建讲坛""劳模讲坛",为工匠精神融入校园文化奠定了基础。此外,学校还要全面调动促进校园文化建设的各项软、硬件设施,创设各种文化场景,让每一处的校园文化建设都能体现工匠精神的元素。

2.优化专业布局,内化工匠精神

高职院校的专业设置要与国家对高职院校培养目标的要求和社会对人才类型的需求密切接轨,切实增强学生所学专业和从事职业的契合度,增加学生对未来职业的认可,提升职业素养,内化工匠精神。因此,高校专业的设置要勇于创新,及时优化。以上海城建职业学院为例,为适应时代发展和城市发展新需求,学校及时调整了专业结构,设置了和社会需求紧密相关的专业,提升了学生的就业对口率。学校围绕城市建设,对接上海产业发展需要,面向城市建设、城市管理和城市服务三大领域,通过整合校内外资源、调整优化布局,形成了具有"城建"特色、紧密对接产业链和创新链的专业布局。专业建设注重瞄准产业链和岗位群的发展态势,确立了专业群与产业链、岗位群紧密对应的建设逻辑,通过对相通、相近或相关的专业、技术领域、职业岗位、教学资源等进行整合,确立互联共享机制,探索各专业群特色发展、内涵发展的建设路径。围绕城市建设、城市管理、城市服务的办学定位,重点培育一批跨界融合专业,抢占专业建设制高点。学校的专业建设标准不能仅仅停留在对标上海一流,还要努力与世界接轨,推进国际认证进程,让学生的技能在国际上可交流、可对比、可参照。

3.建设"双师"队伍,传播工匠精神

和其他类型的教育相比,职业院校对教师具有特殊的要求:既要有良好的职业道德素养,又要有职业指导素质和能力;既要具有宽厚的行业知识、职业理论知识,又要具备一定的实践能力;既要具备一定的经济素养,又要善于在教学中融入经济知识元素;既要有一定的组织管理、协调能力,还要有相应的适应和创新精神。因此,打造一支综合素质过硬、理论知识丰富、专业技能精湛、教学能力一流的教师队伍是培养"大国工匠"的基础和保障。坚持"引、育、用"多策并举,提升师资队伍的整体水平。聘请行业专家、企业管理者以及技术骨干担任兼职教师,柔性聘用技能大师、引进高级工匠等各类高层次人才,给师生共同授课,提高课程质量。建立培训常态化机制,通过选送中青年、骨干教师参加专业理论学习,深入到一线进行技术锻炼,增强理论和技术水平,提升教学能力。开展在岗教师专业技能比武,强化专业技能培育,提升业务素质与业务能力。建立"传、帮、带"机制,"以老带新""以老传新""以强协弱""新老互助",构建一个团结协作的教师团队。定期开展理论学习、业务交流、座谈研讨,提升教师队伍的整体素质,为传播工匠精神奠定基础。

4.开设多维课堂,培育工匠精神

高职院校第一课堂以基础知识和专业技能的传授为主,应在教学目标、内容、管理与考核的过程中融入工匠精神意识的培养元素,通过专业的课堂教学进行全面渗透。建立以思想教育、服务实践教育、劳动教育、职业能力教育为主的第二课堂,创新教学模式,将工匠精神和职业素养培育融入教学中,师生互换角色,翻转课堂教学,利用大数据技术实施教学过程与效果的评估和调整,实现学生线上线下学校的融合,发挥第二课堂主阵地作用。探索第二课堂成绩单制度,与第一课堂有机衔接,协同第一课堂"以试促优"。通过优创融合,完善以"顶层设计、制度保障、平台构建、项目管理、学分认证、队伍建设、推广培训"为一体的管理制度,形成新时代大学生素质拓展培养体系,增强学校育人能力。构建第三课堂,将工匠精神全方位、多角度地贯穿融入,提倡学习和技能实践的有机结合,让学生通过实践深化对职业素养和工匠精神的认知。构建专业特色实训平台,通过现场教学让企业专家担任授课教师,让学生在实践中学习职业技能,涵养工匠精神。发挥学校特色项目,构建补充课堂,如我校以"新时代劳模(工匠)精神教育中心"为依托,通过建立劳模特聘教授团队、设置《走进劳模》课程、开设"劳模(工匠)精神教育实验班"等"十个一"项目,有机结合第一、第二、第三课堂,构建以劳模工匠精神为核心的大思政育人体系,使各领域劳模、工匠技师、企业专家广泛参与到专业建设、课程建设、思想政治工作、学生实习就业、创新创业指导等人才培养环节,增强劳模(工匠)在职业技能、职业规范、职业道德、职业素养等方面对学生的影响力和感召力,营造"劳动光荣、技能宝贵、创造伟大"的整体校园氛围,形成"技能成才、技能报国"的思想共识。[①]

5.加强实践教育,历练工匠精神

加强劳动教育,对学生在校园内的主要学习生活的场所进行网格化管理,开

---

① 第一教育:《把劳模精神、劳动精神、工匠精神融入课程思政》,https://h5.newaircloud.com/detailArticle/14454736_30593_dyjy.html? app=1&source=1,2021年3月18日检索。

发对应网格的工匠精神育人项目,引导学生参加各种校园活动项目,在活动中发现问题、分析问题、解决问题,培养专注、务实、精益、创新的学习习惯。开展职业体验活动,为学生搭建职业体验的多元学习与互动平台,引导大中小学生了解职业教育、体验职业乐趣、展望职业前景、树立职业理想,弘扬劳模精神、劳动精神、工匠精神。

建立以产教融合为核心的人才培养机制,深化产教融合,培养高层次应用型人才。深化校企合作、产教融合、工学结合、订单培养等实践教学模式,实现技能培养的核心目标。探索、共建专业和实际应用密切结合的协调创新中心和以管理技能传承为主导的各类大师(工匠)工作室,依托现代信息技术建立虚拟仿真实训中心,搭建各类资源共享平台,优化校内实训教育资源,为学生提供丰富的技术、技能学习资源和平台,培养学生的实践能力和创新精神。将校内导师教学与校外顶岗实习、产教融合零距离对接,实现实习实训与实际岗位需求无缝衔接。深化传统师徒"言传身教"的传习方式,探索企业新型学徒制、"学生—学徒—准员工—员工"四位一体新型育人机制和"招生—招工一体化"模式,以产教深度融合为目标,使职业技能的培养与工匠精神的传承有机结合。

构建"课训赛练孵"创新创业教育体系,借助各级各类技术技能大赛平台,积极办赛参赛,在校园里形成学习技术、提升技能的浓厚氛围,实现以竞赛促进交流、以竞赛开拓视野、以竞赛检验水平、以竞赛磨炼意志的良好机制。成立创新创业学院,逐步完善跨界融合、产品生产、创业孵化、创业投资的双创服务体系。

推进"学历证书+若干职业技能等级证书"制度改革,实现学历证书和职业技能等级证书的有机衔接,夯实学生可持续发展基础,拓展学生就业创业本领。

(三)加强家庭劳动精神教育,奠定工匠精神培育的基础

劳动是一切价值的源泉,劳动创造了人本身,劳动精神是每一位劳动者都应具有的精神,是成就具有工匠精神的优秀劳动者必备的条件。要把劳模精神、劳动精神、工匠精神融入人民群众的日常工作中,融入家庭教育之中。家长要改变重视脑力劳动、轻视体力劳动的传统思维,树立起热爱劳动、吃苦耐劳的典范,引导子女养成尊重劳动、注重劳动技能养成的习惯,培养孩子吃苦耐劳的劳动精神,使孩子主动承担在成长过程中自我劳动的义务,通过劳动锻炼、培养孩子坚韧不拔的品格,使他们形成正确的劳动观念和职业观念,为工匠精神的培育奠定基础。

结 论

工匠精神培育融入职业教育是职业教育改革创新与社会经济发展紧密接轨

的有效途径,"弘扬工匠精神、培育大国工匠"已成为高职教育的时代使命,是职业教育文化软实力的象征,关系着高职教育改革创新的成败①。高职学生工匠精神培育是一个长期、系统的浩大工程,需要社会、学校、家庭的共同参与。国家要引领并构建正确的劳动价值导向体系,营造崇尚劳动精神、劳模精神、工匠精神的良好社会氛围,通过创设劳动保障制度予以劳动者全面保障;高职院校要发挥育人主体作用,构建系统全面的工匠精神培育体系,创新培育路径,将工匠精神有效融入学生教育管理和人才培养的全过程,使之成为工匠精神的传承者与接班人;家庭教育要注重正确的引导,注重劳动精神教育,培养学生正确的劳动价值观,奠定工匠精神培育的基础。

---

① 李惠娜、马云雏、郭基伟、李万泉、王琴:《"工匠精神"视域下创新高职院校人才培养模式的可行性路径》,《现代职业教育》2018 年第 12 期。

基于劳模工匠精神的高职院校
劳动教育体系构建①

刘严宁

摘　要：　新中国成立70多年来,我国劳动教育的正反两方面的经验实践为高职院校劳动教育体系构建奠定了重要基础;当前国内学界对劳动教育的积极探索为高职院校劳动教育体系构建提供了思想资源;国外劳动教育的实践为我国高职院校劳动教育体系构建提供了他山之石。以劳模精神、劳动精神、工匠精神为基点开展高职院校劳动教育,促进理论课与实践课相融合、思政课程与课程思政相贯通、创新教学方法与创新效果评价相统一,构建符合高职院校特点的劳动教育体系。

关键词：　高职院校;劳动教育;劳模工匠精神;体系构建

2018年9月,习近平总书记在全国教育大会上提出坚持中国特色社会主义教育发展道路,培养德智体美劳全面发展的社会主义建设者和接班人,强调要在学生中弘扬劳动精神,教育引导学生崇尚劳动、尊重劳动,使学生懂得劳动最光荣、最崇高、最伟大、最美丽的道理。2020年3月,中共中央、国务院印发了《关于全面加强新时代大中小学劳动教育的意见》,2020年7月,教育部印发了《大中小学劳动教育指导纲要(试行)》,全社会对劳动教育的重视达到了前所未有的程度。我国现有高职院校1400多所,在校生1000多万人。高职院校人才培养的目标就是造就大批高素质劳动者,这就使得高职院校的劳动教育尤为必要和重要。

一、构建高职院校劳动教育体系的实践基础和理论来源

新中国成立70多年来,我国劳动教育的正反两方面的实践经验为高职院校

---

①　作者通信地址:刘严宁,上海城建职业学院马克思主义学院,上海201415。

劳动教育体系构建奠定了重要基础。按照新中国站起来、富起来、强起来的发展阶段，新中国的劳动教育大致也可以分为三个阶段。第一阶段，从新中国成立后到改革开放前，劳动教育在探索中曲折前进。新中国成立后，劳动人民成为国家的主人，劳动者的政治地位、经济地位、社会地位显著提高，但轻视劳动、鄙视劳动的观念依然存在。1954年，中共中央宣传部出台《关于高小和初中毕业生从事劳动生产的宣传提纲》，批判了社会上普遍存在的轻视体力劳动的思想，引导、鼓励毕业生从事生产劳动，①培养学生的社会主义劳动观，这体现了新中国教育培养社会主义劳动者的价值导向。基于此，1955年9月，教育部制定并公布了新的《小学教学计划》，要求各年级均要开设"手工劳动"课程，每周1节，共计204课时。② 之后，针对农村劳动力不足和生产力普遍落后的情况，教育部又在小学高年级增设农业常识课，培养学生的劳动技能、观点和习惯，使学生为毕业后从事农业生产做好准备。1958年，教育部党组提出教育必须与政治、劳动相结合，劳动教育开始和知识分子群体的思想改造联系在一起。1963年教育部下发《关于实行全日制中小学新教学计划（草案）的通知》，强调为了更好地服务工农业经济发展，必须加强学生生产知识、生产技能的教育。③ 应该说，这一时期国家对劳动教育高度重视，主要目的在于促进工农业生产和服务思想改造，从根本上说劳动教育还处于从属地位。由于教育普及程度的限制，当时劳动教育的对象主要是中小学生。1966年，教育部党组进一步指出要"组织他们学习和劳动，加强思想政治教育，有计划地输送他们上山下乡"④。之后，在"知识青年到农村去，接受贫下中农的再教育，很有必要"的指示下，1968年在校的初中和高中生，全部前往农村参加劳动，开启了大规模的知识青年上山下乡运动。这一运动实际上是"以劳动代替教育"，导致劳动与教育分离了，劳动教育变成了没有教育的劳动。

第二阶段，改革开放以来到十八大之前，是劳动教育地位不断上升，但实效性不强的阶段。早在1977年，邓小平就指出，劳动教育需要适时、适量进行，不能以劳动代替劳动教育，长时间的劳动会妨碍学生身心健康发展，⑤这实际上是对第一阶段探索中以"劳动代替教育"的错误倾向的纠正。1982年，教育部下发《关于普通中学开设劳动技术教育课的试行意见》，首次以独立文件的形式强调

① 何东昌主编：《中华人民共和国重要教育文献（1949—1975）》，海南出版社1998年版，第327页。

② 何东昌主编：《中华人民共和国重要教育文献（1949—1975）》，第508页。

③ 何东昌主编：《中华人民共和国重要教育文献（1949—1975）》，第1202页。

④ 何东昌主编：《中华人民共和国重要教育文献（1949—1975）》，第1400页。

⑤ 中共中央文献研究室编：《邓小平论教育》，人民教育出版社2004年版，第50页。

了劳动教育对我国现代化建设的重要性,劳动教育的地位进一步提高。1986年,国家教委将勤工俭学作为劳动教育的主要手段。尤其值得注意的是,1987年出台的《"七五"期间全国教育科学规划要点》,首次把劳育与德智体美并列提出,[①]劳动教育在教育体系中的重要性日渐凸显。1997年颁布的《普通中小学校督导评估工作指导纲要(修订稿)》,其中教育是否与生产劳动相结合成为检验中小学办学水平的标准之一。[②] 2001年颁发的《基础教育课程改革纲要(试行)》提出,必须从小学至高中设置综合实践活动并作为必修课程,还要把劳动教育纳入综合实践活动课程当中。2001年颁布的《义务教育课程设置实验方案》也明确规定劳动教育课程是必修课程。虽然国家层面高度重视劳动教育,不断完善政策,但由于应试教育的影响和劳动教育落实机制的不完善,并没有从根本上解决劳动教育长期被忽视的情况,劳动教育并未被很好地落实,劳动教育"在学校中被弱化,在家庭中被软化,在社会中被淡化"的问题并未从根本上得以解决。

第三阶段,党的十八大至今,是劳动教育在新时代"五育并举"教育体系中落实落细的新阶段。早在浙江工作期间,习近平同志就非常重视劳动和劳动教育,在《之江新语》中他先后指出:"靠劳动创造财富,让知识成为力量"[③],并要求基础教育"不仅要开发学生的智力,而且要培养学生的创新和实践能力"[④]。党的十八大报告将"尊重劳动"列为四个尊重之首,即"尊重劳动、尊重知识、尊重人才、尊重创造"。2013年"六一"前夕,习近平总书记在同全国各族少年儿童代表共庆"六一"国际儿童节时的讲话中勉励广大少年儿童,"生活靠劳动创造,人生也靠劳动创造。你们从小就要树立劳动光荣的观念,自己的事自己做,他人的事帮着做,公益的事争着做,通过劳动播种希望、收获果实,也通过劳动磨炼意志、锻炼自己"[⑤]。2015年"五一"劳动节前夕,习近平总书记指出,"让劳动光荣、创造伟大成为铿锵的时代强音,让劳动最光荣、劳动最崇高、劳动最伟大、劳动最美丽蔚然成风。要教育孩子们从小热爱劳动、热爱创造,通过劳动和创造播种希望、收获果实,也通过劳动和创造磨炼意志、提高自己"[⑥]。2015年教育部联合少

① 何东昌主编:《中华人民共和国重要教育文献(1976—1990)》,海南出版社1998年版,第2665页。

② 何东昌主编:《中华人民共和国重要教育文献(1991—1997)》,海南出版社1998年版,第4155—4156页。

③ 习近平:《之江新语》,浙江人民出版社2007年版,第82页。

④ 习近平:《之江新语》,第162页。

⑤ 中共中央文献研究室编:《习近平关于青少年和共青团工作论述摘编》,中央文献出版社2017年版,第89页。

⑥ 习近平:《在庆祝"五一"国际劳动节暨表彰全国劳动模范和先进性工作者大会上的讲话》,http://www.gov.cn/xinwen/2015—04/28/content_2854535.htm,2021年8月28日检索。

工委、共青团中央发布《关于加强中小学劳动教育的意见》，明确劳动教育的主要目标、坚持劳动教育的基本原则、抓好劳动教育的关键环节、完善劳动教育的保障机制，特别强调突出劳动的综合育人功能，以劳增智、以劳强体、以劳育美、以劳创新，促进学生德智体美劳全面发展。2018 年 9 月，习近平总书记在全国教育大会上强调，新时代教育的目标就是"培养德智体美劳全面发展的社会主义建设者和接班人"，因此，"要努力构建德智体美劳全面培养的教育体系"。① 这一论断从根本上确立了劳动教育在整个教育体系中的重要地位。2020 年 3 月，《中共中央 国务院关于全面加强新时代大中小学劳动教育的意见》（以下简称《意见》）公布，要求"把劳动教育纳入人才培养全过程，贯通大中小学各学段，贯穿家庭、学校、社会各方面，与德育、智育、体育、美育相融合，紧密结合经济社会发展变化和学生生活实际，积极探索具有中国特色的劳动教育模式，创新体制机制，注重教育实效，实现知行合一，促进学生形成正确的世界观、人生观、价值观"②。《意见》对劳动教育的重大意义、指导思想、基本原则、基本内涵、总体目标、课程设置、内容要求、评价制度、支撑保障能力、组织实施等做出了明确要求，成为我国各级各类学校开展劳动教育的基本遵循规则。

二、当前国内对劳动教育的探索为高职院校劳动教育体系构建提供了丰富的思想资源

国内理论界、教育界对劳动教育的研究大体从以下几个方面展开：

（一）在五育并举的教育体系中凸显劳动教育的重要性

杨德广教授认为我国的教育目标，很长一段时间忽视了"劳"，把劳动教育排除在培养目标之外。许多学生不会劳动、不爱劳动。习近平总书记把教育目标的"四育"提升到"五育"，把"劳育"作为五大目标之一，构建德、智、体、美、劳的大目标，非常必要和及时，意义十分重大。③ 徐长发教授提出，新时代中国特色社会主义教育发展道路需要劳动教育的奠基。"以劳树德、以劳增智、以劳健体、以劳育美、以劳创新"是中国特色社会主义劳动教育的重要特征。劳动教育是五育

---

① 习近平：《在全国教育大会上强调：坚持中国特色社会主义教育发展道路 培养德智体美劳全面发展的社会主义建设者和接班人》，《人民日报》2018 年 9 月 11 日第 1 版。

② 中共中央、国务院：《关于全面加强新时代大中小学劳动教育的意见》，http://www.gov.cn/xin-wen/2020−03/26/content_5495977.htm，2021 年 8 月 28 日检索。

③ 杨德广：《构建德智体美劳教育体系》，《中国教育报》2018 年 10 月 11 日第 6 版。

融合的起始点和凝结点。[①] 檀传宝教授强调要正确理解劳动教育与德智体美四育的关系,在学校教育中,劳动教育更多的是要通过德育、智育、体育、美育等日常教育生活去实现。[②]

(二)对新中国成立70年来劳动教育的经验总结与前景展望

宋乃庆等提出"五阶段"说,劳动教育政策发展历经探索、发展、调整、再探索、再加强五个阶段。在政策变迁中表现出:以社会需求驱动发展的动力机制;在摇摆和断裂中曲折发展的变迁形态;将劳动的思想政治教育功能贯穿始终的发展线索;以政府为主导自上而下的推进过程保障。[③] 张鹏飞等提出"四阶段"说,即劳动教育政策大致经历了促进工农业生产、服务思想改造、助力现代化建设和彰显个体价值四个阶段。我国劳动教育政策的变迁呈现出以下态势:从注重生产劳动向注重脑体并重转变;从注重国家需要向注重个人发展转变;从注重单一技能向注重综合素养转变。新时代推进劳动教育的深入发展,须树立多维目标共生的教育价值取向,制定多元主体联动的政策实施体系,构建明确、灵活的课程开发方案。[④] 胡斌武教授提出"三阶段"说,即新中国劳动教育研究经历了初步探索、日渐繁荣、纵深发展三个阶段,新时代劳动教育研究应聚焦于探究劳动教育体系设计,加强劳动教育课程开发,探讨劳动教育师资队伍建设,推进学校、家庭、社会劳动教育协同创新,健全劳动教育评价体系等。[⑤]

(三)准确把握当前高校劳动教育存在的问题

刘向兵认为当前高校劳动教育存在三大问题:一是"混同化""浅层化",对大中小学劳动教育的区别研究不够;二是"有劳动、无教育",将劳动和实践活动等同于劳动教育;三是"一招鲜""单打一",对劳动教育的系统建构不够。[⑥] 柳友荣认为高校劳动教育的三"非"倾向须关注:一是劳动教育"非教育化"倾向;二是劳动课"非课程化"倾向;三是劳动教育实践"非专业化"倾向。[⑦] 周光礼则认为当前高校劳动教育中存在四个突出问题:一是对高校劳动教育的理解不透彻、不到位;二是当前高校劳动教育的课程定位不是很明确;三是高校劳动教育的方式方

---

① 徐长发:《新时代劳动教育再发展的逻辑》,《教育研究》2018年第11期。

② 檀传宝:《开展劳动教育必须解决好的三大理论问题》,《人民教育》2019年第17期。

③ 宋乃庆、王晓杰:《新中国成立以来我国劳动教育政策发展:回眸与展望》,《思想理论教育导刊》2020年第2期。

④ 张鹏飞、高盼望:《新中国成立以来劳动教育政策的变迁与展望》,《当代教育科学》2020年第2期。

⑤ 胡斌武、沈紫晴:《劳动教育研究70年:回顾与展望》,《浙江工业大学学报(社会科学版)》2019年第4期。

⑥ 刘向兵等:《全面加强新时代高校劳动教育(笔谈)》,《中国高教研究》2021年第4期。

⑦ 刘向兵等:《全面加强新时代高校劳动教育(笔谈)》,《中国高教研究》2021年第4期。

法存在脱离专业、脱离实践等问题;四是高校劳动教育评价体系还没有建构起来。①

(四)新时代劳动教育的路径探索

杨德广教授提出,在教育大体系构建中,应借鉴20世纪五六十年代有效的学工、学农制度,加强劳动教育。大学应拿出一定的时间有计划、有目的地组织学生参加适当的农业劳动、工业劳动,让学生在劳动实践中去体验、去感悟、去锤炼。② 孟国忠提出扎实推进高校劳动教育的着力点:强化思想引领,凸显劳动教育的导向性;激发学生活力,强化劳动教育的认同度;凝聚教育合力,强化劳动教育的协同性;丰富教育形式,强化劳动教育的亲和力。③ 雷虹等提出新时代劳动教育的原则和具体路径:在全员参与的格局下,注重主体作用的发挥;在全程渗透的进程中,注重关键阶段的谋划;在全方位推进的体系下,注重重点维度的强化。④ 孙会平、宁本涛等以"五育融合"为出发点,探索劳动教育的新路径:以劳动教育促进学生综合核心素养与学业能力的提高,以劳树德;以劳动教育促进学生对其他学科课程的掌握,以劳增智;建立劳动教育实施协同创新体系,以劳育美;教育治理重心下移,持续进行实践基地和法制建设,保障劳动教育有效可持续实施。⑤ 廖辉提出了高校劳动教育课程化实施的有效路径,即高校劳动教育课程化一体化协同实施,有利于实现劳动的教育价值和教育的劳动价值,从而优化课程结构,发挥课程的整体功能,应遵循的基本原则是:强调综合性,加强选择性,确保均衡性,实现开放性,重视主体性。⑥ 张有奎认为高校劳动教育的核心在于马克思主义劳动观教育:一是教育学生形成对各种新劳动现象的正确看法;二是强调劳动创造了人本身,是人的本质性活动;三是强调劳动解放。⑦

三、国外劳动教育的实践为我国高职院校劳动教育体系构建提供了他山之石

从全球范围来看,各国都把劳动教育作为教育体系中的重要组成部分,探索形成了各具特色的劳动教育体系,这对于我国劳动教育特别是高职院校劳动教

① 刘向兵等:《全面加强新时代高校劳动教育(笔谈)》,《中国高教研究》2021年第4期。
② 杨德广:《构建德智体美劳教育体系》,《中国教育报》2018年10月11日第6版。
③ 孟国忠:《新时代扎实推进高校劳动教育的着力点》,《中国高等教育》2019年第21期。
④ 雷虹、朱同丹:《以学生为中心视域下高校劳动教育的意蕴解读及路径选择》,《黑龙江高教研究》2020年第3期。
⑤ 孙会平、宁本涛:《五育融合视野下劳动教育的中国经验与未来展望》,《教育科学》2020年第1期。
⑥ 刘向兵等:《全面加强新时代高校劳动教育(笔谈)》,《中国高教研究》2021年第4期。
⑦ 刘向兵等:《全面加强新时代高校劳动教育(笔谈)》,《中国高教研究》2021年第4期。

育具有积极的借鉴意义。

美国学校劳动教育的目的是为了培养学生的劳动习惯、劳动态度和尊重劳动的精神,美国大学广泛开展服务学习。如新泽西理工学院在每学年的春假、暑假、寒假甚至周末假期都会开展"假期项目",安排学生去校外考察,让学生与被服务者短期内近距离地生活在一起,合作应对当地社区必须解决的问题。普林斯顿大学的工程学教授曾带领一群学生开展贫困社区家庭节能项目,该小组向社区居民传授如何利用太阳能节约家庭燃料开支。通过社区参与,学生不仅学会了将课堂上所学的理论应用到实际问题的解决中,还懂得了在学校里学到的理论知识对于环境和人类社会发展的影响,进一步强化了自己的公民责任意识①。

德国有一个独具特色的、发达的职业技术教育系统,"双元制"的职业学院是典型形式,这些职业学院实行教育与生产劳动相结合的政策,为国民经济各个部门培训出大批熟练工、技术员、初级工程师,有力地促进了生产力的发展,促进了整个国民经济的迅速发展。德国的高等职业技术教育所培养出来的学生,是实用型的职业技术人才,他们在理论方面虽低于一般本科院校毕业生,但在实践方面却大大高于一般本科院校毕业生,有相当强的实践动手能力。学生在校期间要学习和实践工业、农业、商业的各种实用技术,他们善于把各种构思和设想变为现实,善于把科研成果转化为生产力。②

日本《学校教育法》第三章第三十六条规定,学校以"培养关于社会所必需的职业的基础知识与技能,尊重劳动的态度,以及选择适应个性的就职能力"为任务。大阪大学的经验是建立基础工学部,克服重理论轻实践、脱离生产劳动的弊端,改革教育方针,贯彻高等教育与生产劳动相结合的思想,注意培养学生的生产劳动技术和动手实践能力。岩手大学的经验是成立新型的农学部,为地区农业生产服务,具体举措是更新办学思想,实行高等教育与生产劳动相结合的方针;组织师生到农村去,亲自参加农业生产劳动;改革教师队伍,聘请有经验的农民为农学部的兼职讲师,让他们走上讲坛,讲授各种实践性课程;改革课程设置,使基础课教学与专业课教学有机地结合起来。③

芬兰劳动教育在课程设置和评价标准方面有着较为成熟的体系,包括手工

---

① 谷贤林:《美国学校如何开展劳动教育》,《人民教育》2018 年第 21 期。

② 袁韶莹:《德国和日本高等教育与生产劳动相结合的主要经验及发展趋势》,《黑龙江高教研究》1997 年第 3 期。

③ 袁韶莹:《德国和日本高等教育与生产劳动相结合的主要经验及发展趋势》,《黑龙江高教研究》1997 年第 3 期。

课、家政课、编程课及综合课程等。手工课主要包括两大门类：一类为针织、缝纫、布艺等在内的"轻手工"课程，另一类为木工、金属技工、电子等在内的使用机械设备的"重手工"课程。芬兰规定家政课是七—九年级的必修课程，每周至少1小时。主要涉及三个主题：一是食物选择与食品制作；二是与生活起居相关的知识和能力；三是家庭消费和理财能力。每所学校每学年需保证开设一门每周一课时的综合课程（跨学科项目课程），要求贴近实践、贴近社会，以问题或现象为导向，反映出劳动教育的特点。可以与手工课结合，以学生完成某一作品为结果导向。芬兰劳动教育不仅注重孩子对于某种具体技能的学习与掌握，让孩子学会尊重劳动和热爱劳动，并且还发展了孩子的技能以及实现了孩子解决实际问题的愿望。

国外高校劳动教育的成功经验为我国高职院校劳动教育提供了重要的参考和借鉴，也是开展高职院校劳动教育的他山之石。

四、基于劳模工匠精神的高职院校劳动教育体系构建

中共中央、国务院印发《关于全面加强新时代大中小学劳动教育的意见》，对大中小学的劳动教育作了贯通性、体系化的要求，将劳动教育纳入职业院校人才培养方案，形成具有综合性、实践性、开放性、针对性的劳动教育课程体系。"职业院校以实习实训课为主要载体开展劳动教育，其中劳动精神、劳模精神、工匠精神专题教育不少于16学时。"[1]基于这一要求，高等职业院校劳动教育体系的构建，要立足德智体美劳五育并举和大中小劳动教育一体化的双重视域，针对当前高职院校劳动教育的突出问题进行前提性思考，辩证分析高职院校劳动教育的优势与短板，以劳模工匠精神为引领，建构理论课与实践课、线上与线下、第一课堂与第二课堂、思政课程与课程思政双向融通的劳动教育课程体系，培养具有马克思主义劳动观、崇尚劳动、尊重劳动、热爱劳动的高素质劳动者和技术技能人才。

（一）立足自身定位和资源优势，以劳模精神、劳动精神、工匠精神传承为基点开展高职院校劳动教育

高等职业教育作为高等教育的一个特殊类型，肩负着培养面向生产、建设、服务和管理一线的高素质技术技能人才的责任，即高职院校的定位就是培养大批高素质劳动者。2019年初，国务院印发《国家职业教育改革实施方案》，明确

---

① 中共中央、国务院：《关于全面加强新时代大中小学劳动教育的意见》，http://www.gov.cn/xin-wen/2020－03/26/content_5495977.htm，2021年8月28日检索。

"把发展高等职业教育作为优化高等教育结构和培养大国工匠、能工巧匠的重要方式,使城乡新增劳动力更多接受高等教育","高等职业学校要培养服务区域发展的高素质技术技能人才"。[①]《国家职业教育改革实施方案》对我国发展职业教育提出了"健全德技并修、工学结合的育人机制"和"深化产教融合、校企合作,育训结合,健全多元化办学格局"的要求。无论是德技并修、工学结合,还是产教融合、校企合作、育训结合,都内含着劳动教育的要求。不论是培养大国工匠、能工巧匠还是造就高素质技术技能人才,都是"立德树人"的根本任务在高职院校中的具体实践,需要在德智体美劳五育并举的体系中完成。相比较于普通高校,劳动教育对于高职院校人才培养具有更重要的作用和特殊的意义。

高职院校开展劳动教育具有得天独厚的优势和资源。高职院校所开设的专业具有较强的应用性和技术性,各专业人才培养方案中都有关于实习实训的明确要求和具体安排,实习实训是开展劳动教育的重要载体;高职院校教师队伍中双师型教师所占的比重较大,为依托实习实训开展劳动教育提供了师资力量;产教融合、校企合作、工学结合的办学特色,决定了高职院校在校内拥有丰富的实习实训设施,并在相关企业建立了校企合作性质的实验实训基地,有的还是国家、省市级的开放性实训中心、实训室,为劳动教育的开展提供了场所和空间。

基于以上定位和优势,高职院校应以劳模精神、劳动精神、工匠精神的传承为基点开展劳动教育。劳模精神、劳动精神、工匠精神与高职院校培养高素质劳动和技术技能人才的定位具有高度契合性。2017 年 2 月 6 日,习近平总书记主持召开中央全面深化改革领导小组第三十二次会议,审议通过了《新时期产业工人队伍建设改革方案》,其中提出了"强化职业精神和职业素养教育,大力弘扬劳模精神、劳动精神、工匠精神,引导产业工人爱岗敬业、甘于奉献,培育健康文明、昂扬向上的职工文化,在精神文明建设中发挥示范导向作用"[②]的要求,劳模精神、劳动精神、工匠精神在中央文件中首次并列在一起。2020 年 11 月 24 日,习近平总书记在全国劳动模范和先进工作者表彰大会上对劳模精神、劳动精神、工匠精神的核心内涵做了科学概括:"在长期实践中,我们培育形成了爱岗敬业、争创一流、艰苦奋斗、勇于创新、淡泊名利、甘于奉献的劳模精神,崇尚劳动、热爱劳动、辛勤劳动、诚实劳动的劳动精神,执着专注、精益求精、一丝不苟、追求卓越

---

① 国务院:《关于印发国家职业教育改革实施方案的通知》,http://www.gov.cn/zhengce/content/2019－02/13/content_5365341.htm,2021 年 6 月 21 日检索。

② 求是网:《总书记一贯倡导弘扬劳模精神、劳动精神、工匠精神》,http://www.qstheoy.cn/zhuanqu/2020－11/25/c_1126785672.htm,2021 年 6 月 21 日检索。

的工匠精神。"①他还提出"教育引导青少年树立以辛勤劳动为荣、以好逸恶劳为耻的劳动观,培养一代又一代热爱劳动、勤于劳动、善于劳动的高素质劳动者"②。劳动教育要突出劳模工匠精神,能够适应高职教育特点和高职院校学生思想实际,有助于引导青年大学生树立崇尚劳动、尊重劳动、热爱劳动的价值观念,激发他们努力学习劳动技能,使他们为中华民族伟大复兴的中国梦贡献自己的劳动和智慧。因此,在劳动教育中突出劳模工匠精神对学生的发展具有价值引领和典型示范作用。

(二)构建符合高职院校特点的劳动教育体系

为了有效地整合、优化高职院校的各种劳动教育资源,各高校有必要建立理论课与实践课融合、思政课程与课程思政贯通的劳动教育课程体系。同时教师也要创新教学方法、注重劳动教育效果评价,真正把劳动教育落实落细,为学生的成长成才助力加油。

首先,要促进劳动教育理论课与实践课的融合。劳动教育不是简单的理论教育,也不是简单的实践教育,而是理论与实践相融合的教育。这就要求劳动教育中的理论课和实践课不能是"两条渠""两张皮"。一方面要精准定位高职院校劳动教育理论课。劳动教育理论课不是简单的、一般的理论教学,要坚决防止没有劳动的教育,必须从理论上阐明劳动这一实践活动对个人的成长成才、对社会发展所具有的根本性、决定性作用,同时培育劳动精神,帮助青年大学生树立马克思主义劳动观也是劳动教育理论课所要解决的核心问题。当前而言,要解决好劳动教育理论课存在的课程性质不明、功能定位不清等问题,则应以从理论上阐明劳模精神、劳动精神、工匠精神为重点,帮助大学生树立正确的劳动观,从理智上理解劳动、认同劳动;从情感上尊重劳动、崇尚劳动;在行动上热爱劳动、积极劳动。这也可以概括为"劳动幸福观","将'劳动有幸福''劳动为幸福''劳动要幸福''劳动能幸福'四者统一起来,给人们说透其中的道理,才是培育劳动精神最好的途径"③。另一方面要积极拓新劳动教育实践课,坚决防止以劳动取代教育的简单做法和"无教育的劳动"的错误倾向。在过去长期的教育实践中,教育者经常把劳动教育简单等同于让学生参加劳动、干活,甚至把劳动作为惩戒学

---

① 习近平:《在全国劳动模范和先进工作者表彰大会上的讲话》,https://www.ccps.gov.cn/xxsxk/zyls/202011/t20201125_145180.shtml,2021 年 6 月 21 日检索。

② 习近平:《在全国劳动模范和先进工作者表彰大会上的讲话》,https://www.ccps.gov.cn/xxsxk/zyls/202011/t20201125_145180.shtml,2021 年 6 月 21 日检索。

③ 何云峰:《用有效的劳动教育培育劳动精神》,见何云峰主编:《劳动哲学研究》第 3 辑,上海教育出版社 2020 年版,第 349 页。

生的手段。比如罚做值日劳动是小学班主任常用的办法,这种所谓的劳动教育不仅不利于学生正确劳动观念的形成和劳动精神的弘扬,甚至让学生厌恶、逃避劳动,违背了劳动教育的初衷,也无法达到劳动教育的目标,只会让学生憎恶劳动、逃避劳动。针对目前高职院校劳动教育实践课程形式上没有突破、本质上没有抓牢、内容上没有贯通、特色上没有形成优势等问题,各高校要利用好劳模(工匠)实践基地、校内外实验实训基地,探索"知、情、意、行、神"的劳动实践教育进路,通过设定阶段性劳动目标,开展劳动竞赛、进行劳动成果分享等实践,吸引学生,让劳动教育实践课成为学生追捧、真心喜欢、受用一生的课程。

其次,要促进思政课程与课程思政贯通,实现劳动教育的同向同行。劳动教育在五育并举的体系中具有基础性地位,与其他四育具有密切关系,学界概括为"以劳树德,以劳增智,以劳强体,以劳育美"。"以劳树德"意味着劳动教育会对德育起到积极的促进作用,这也就要求思政课程建设作为德育主阵地和主渠道,必须重视劳动教育,实现与劳动教育的协同。实习实训作为劳动教育的重要依托,显然属于专业课程的范畴,专业课程在重视知识传授的同时,也有开展课程思政的任务。专业课程的理论教学、实习实训、顶岗实习不仅要关注劳动技能的教育与培养,也要对学生进行劳动观念、劳动习惯的教育与培养,这就要求在劳动教育中专业课与思政课协同协作、同向同行,在思政课程与课程思政的贯通中实现劳动教育在各类课程中的全覆盖。具体可以通过组建思政课教师与专业课教师结合的跨学院教学团队,打造具有专业特色的劳动教育课程,做到有教育的劳动和有劳动的教育的有机结合。

最后,要实现创新教学方法与创新效果评价的统一。劳动教育不同于德育、智育、体育和美育,它强调的是感性与理性的统一、理论与实践的统一,要坚持问题导向和目标导向的辩证统一,找准当代青年大学生在劳动认识上的误区,直面深层问题,结合劳模工匠案例教学、混合式教学、探究式教学、体验式教学、现场教学等教学方法,使学生成为劳动教育中的显性主体,引导学生形成对劳动的直观体验、理性认识,形成对劳动本身更为全面、准确、辩证的理解,让学生在劳动中受教育,在教育中体会劳动的价值,达成对劳动的知情意的统一,达成对劳动的认同、崇尚、热爱、力行,最终使每一个学生都"爱劳动、会劳动、懂劳动"。高校要积极构建劳动教育效果的评价体系,以评价指挥棒引导劳动教育在正确的轨道上前进。坚持过程评价与结果评价相结合、动态评价与静态评价相结合、定量评价与定性评价相结合、事实评价与价值评价相结合、自评与互评相结合,突出以知识传授、思想引导、实践转化、教学研究、精神培育为一体的内容评价体系以及专业教师、思政教师、劳模工匠、社会、学生、用人单位共同参与的评价主体,形成对教学效果的系统性评价,发挥其在升学、就业、岗位晋升等方面的作用。

我国高等农业教育与劳动教育相结合的历史回顾与现实思考①

黄黎明,王欢欢

摘　要： 劳动教育是高等农业教育的重要内容,它为培养立志农业、扎根农村、服务农民的复合型农林人才做出了巨大贡献。文章系统梳理了新中国成立以来高等农业教育实施劳动教育的历史脉络,总结了劳动教育经验,阐明了新时代高等农业教育与劳动教育相结合是继承和弘扬马克思主义劳动教育观的时代需要,是培养卓越的"三农"人才的客观需要,是服务农业农村现代化和乡村振兴战略的现实需要。进而提出高等农业教育实施劳动教育应在坚持普遍性原则的基础上彰显特色性;在传承性的基础上突显劳动教育的时代性;在工具性的基础上展现劳动教育的价值性。以上举措对推进高等农业教育的改革创新具有重要的现实意义。

关键词： 高等农业教育;劳动教育;历史溯源;价值意蕴;基本原则

高等农业教育在服务我国农业农村现代化发展的整个历史过程中发挥着基础性、先导性和引领性作用。然而,长期以来学界对于劳动教育在高等农业教育中的地位和作用的相关认识和研究成果相对较少,笔者通过查阅文献得知关于高等农业教育的论文仅寥寥数篇。在我国全面开启中国特色社会主义现代化建设的时代背景下,回顾高等农业教育实施劳动教育的具体实践,把握劳动教育规律,总结劳动教育经验,探索新时代高等农业教育与劳动教育相结合的新原则和新举措,对培养和引导农林学生树立知农爱农为农的情怀、推动高等农业教育内涵式创新、服务美丽中国建设和乡村振兴发展都具有重要意义。

---

① 基金项目:2018 年度上海市"阳光计划"项目"高职院校思想政治教育理论课的协同建设研究"(18YG42);2020 年度上海市高职高专思政教育专项课题项目"大中小劳动教育一体化的创新对策研究"(20SZZX0027)。作者通信地址:黄黎明,上海出版印刷高等专科学校马克思主义学院,上海200093;王欢欢,上海农林职业技术学院马克思主义学院,上海201699。

一、新中国成立以来高等农业教育与劳动教育相结合的历史溯源

基于《中华人民共和国重要教育文献》、高等农业教育改革事件和相关研究成果，我们系统梳理了新中国成立以来高等农业教育与劳动教育相结合的历史脉络，以期为新时代高等农业教育拓展劳动教育的深度和广度提供必要借鉴。

（一）学习借鉴苏联模式阶段

为改变旧有高等教育体制不适应新中国建设需要的状况，满足国民经济建设第一个五年计划对人才的需求，1952 年教育部针对当时全国 43 所农学院校存在的地区分配不均、系科设置重复、不能适应农业生产需要和教学严重脱离农业劳动实际等问题开展了改革调整工作。为培养具有较为全面知识体系的农业专门人才，国家充分借鉴苏联办学模式，着重强调学习苏联先进农业科学的重要性，提出及时总结广大农民的丰富经验并在教学内容上使其与农业生产劳动紧密结合的要求，广泛吸收农业生产劳动模范和积极分子，这是新中国成立初期高等农业教育与劳动教育相结合的最初形式。

1954 年，在第二次高等农业教育会议上，曾昭抡、杨秀峰等人指出，两年来高等农业学校学习苏联先进的农业科学思想和教育建设经验已取得了一定成绩，但学校仍存在着教学严重脱离农业生产实际和缺少总结广大农民群众生产实践经验的情况，少数学生还存在着不遵守劳动纪律、轻视劳动等政治思想问题。因此，农林学校学生的培养既要坚持专业技术教育原则，又要结合农林渔牧生产特点，要充分贯彻理论联系实际的方法。学校要通过加强专业思想教育、健全学校农场机构等举措，做好学生的生产实习工作，教导学生亲自动手，深入农民群众，进行热爱劳动与走进劳动人民的教育；指导学生形成正确的劳动观点，培养他们成为全面发展、体魄健全、敢于劳动、不怕苦难的坚强战士，以便农林学生能够结合具体情况创造性地运用各种技术措施指导不同条件下的生产实践，切实提高我国农业生产水平，逐步实现国家社会主义工业化。[①] 虽然通过生产实习和劳动政治思想改造，我国高等农业教育事业有了较快发展，培养了一批基本适应农业经济建设需要的农业建设人才。但此次教育改革没有结合我国高等农业教育的实际，全盘照搬苏联的办学经验，劳动教育主要表现为生产实习和思想政治教育两种形式，所以其并未作为独立的科目纳入高等农业学校新学制的暂行规程和教学计划中。

---

① 何东昌主编：《中华人民共和国重要教育文献(1949—1997)》，海南出版社 1998 年版，第 384—389、397 页。

（二）教育大革命与调整阶段

1957 年,周恩来在一届全国人大四次会议上提出:"我们今后的教育方针,应该是培养有社会主义觉悟的、有文化的、身体健康的劳动者……高等学校中也应该加强劳动教育。"[①]1958 年,为摆脱教育战线脱离生产和实际的局面,中央明确提出了"教育必须为无产阶级政治服务,必须同生产劳动相结合"[②]的教育方针,全国高等农业学校围绕这一方针开展了"教育大革命"。而后,李先念、薄一波等人在一届全国人大第五次会议报告中提出,农业学校应有步骤地实行勤工助学、半工半读教育制度,"逐步地同当地的农业合作社订立合同,经常使学生和教员适当地轮流到农业合作社劳动,帮助农业合作社进行技术改革"[③]。他们认为这是符合体脑劳动相结合的原则,是使学校教育与生产劳动相结合的重要措施,有助于纠正学生轻视体力劳动和劳动人民的错误思想,培养学生正确的劳动观点和良好的劳动习惯,使学生形成吃苦耐劳的劳动品质和热爱劳动人民的思想感情。

同时,"根据中央'要求农林大专院校一律迁往农村、林区举办,使教育与生产劳动相结合'的精神",1958—1960 年三年间,各高等农业学校曾两次组织师生下放劳动锻炼。[④] 但因政治上开展"拔白旗"的群众性运动和对"教育与劳动相结合"方针的片面理解,学校否定了理论教学和课堂教学的主导性作用,过分强调农业生产劳动,严重违背了教育教学的客观规律。1961 年 9 月,为纠正"大跃进"以来"左"的错误,中共中央决定在教育上实行"调整、巩固、充实、提高"的方针,中共中央在《关于讨论和试行教育部直属高等学校暂行工作条例（草案）的指示》中提出,三年以来的高等教育中存在着劳动过多、对劳逸结合的管理注意不够、教学质量下降等缺点,今后应努力提高教学质量,正确处理生产劳动、科学研究和社会活动之间的关系。文件中还提出了必须根据专业特色确定生产劳动内容和方式的相关要求,其中包括:学生参加生产劳动实践一般为一个月至一个半月,严禁把生产劳动作为惩罚手段,并且在教学计划以外和假期期间不得向学

---

① 中央教育科学研究所编:《周恩来教育文选》,教育科学出版社 1984 年版,第 155 页。

② 人民出版社编辑部编:《毛主席论教育革命》,人民出版社 1967 年版,第 11 页。

③ 李先念:《关于 1957 年国家预算执行情况和 1958 年国家预算草案的报告——1958 年 2 月 1 日在第一届全国人民代表大会第五次会议上》,《中华人民共和国国务院公报》1958 第 7 期,第 159—179 页;薄一波:《关于 1958 年度国民经济计划草案的报告——1958 年 2 月 3 日在第一届全国人民代表大会第五次会议上》,《中华人民共和国国务院公报》1958 第 7 期,第 180—206 页。

④ 农业部科技教育司:《中国农业教育 50 年回顾与展望（1949—1999）》,中国农业出版社 1999 年版,第 7 页。

生布置劳动任务。① 经过调整,各高等农业学校相继制定了劳动教育的培养计划,采取了不同方式和措施,在"三基"学习的基础上加强理论学习与具体实际的联系,以上举措在一定时期内推动了高等农业学校的教育改革,有效地培养了农林学生的劳动观点和群众观点。

(三)路线偏离与恢复重建阶段

早在 1958 年 8 月,江西省委就创办了江西共产主义劳动大学,该校实行半工半读、半农半读的教劳结合的教育政策,为地方经济发展培养了大批农林人才。毛泽东曾对高等农业学校试行半工半读、勤工助学等农业教育与劳动教育结合的方式给予了充分肯定:"你们的事业,我是完全赞成的。"②1965 年,农业部党组在《关于全国高、中等农业教育会议的报告》中指出,1958 年以来开展的"半农半读、社来社去"的劳动教育,推动了教学同生产劳动的结合,促进了学生德智体的全面发展,使学校和农民的关系更加密切,初步积累了一些经验。③ 尽管"半农半读"的劳动教育制度在做法上有待商榷,但高等农业教育与劳动教育相结合的改革路径可以说是一次全新的探索,然而试行不足一年,便因"文革"而终止。"文革"中劳动教育的作用和意义被盲目扩大,甚至出现"唯劳动,读书无用"的极端倾向。高等农业学校成了无产阶级专政的工具,劳动教育也逐步沦为阶级斗争的牺牲品,高等农业教育与劳动相结合的制度探索严重偏离主线。

1978 年,邓小平同志指出:"现代经济和技术的迅速发展要求我们在教育与生产劳动结合的内容、方法上不断有新的发展。"④同年 12 月,《人民教育》在评论员文章《整顿和发展高等农林教育刻不容缓》中提出,"如果农业院校还是用陈旧不堪的仪器设备训练学生,只用锄、镰、锌之类的小农经济的工具去劳动,很难培养出掌握现代农业生产知识和技能的人才"⑤,为适应农业现代化发展需要,培养农科人才,必须装备农业科学武器,使教学和科研同现代化生产劳动相结合。与"文革"期间相比,高等农业教育中劳动教育的阶级政治改造功能逐渐淡化,技术技能的作用得以提升。1984 年 9 月,中宣部、教育部就新时期的新特点,提出高等农科学校应积极探索、开辟学生参加生产劳动的多种形式和渠道,组成教学、科研、生产联合体,建立实践和劳动网点,形成固定的社会实践和生产基地,注重劳动教育与革命传统、日常生活劳动、农业专业特色以及社会实践和

---

① 何东昌主编:《中华人民共和国重要教育文献(1949—1997)》,第 1059—1066 页。

② 人民出版社编辑部编:《毛主席论教育革命》,第 14 页。

③ 何东昌主编:《中华人民共和国重要教育文献(1949—1997)》,第 1359—1360 页。

④ 《邓小平文选》第 1 卷,人民出版社 2008 年版,第 103—110 页。

⑤ 本刊评论员:《整顿和发展高等农林教育刻不容缓》,《人民教育》1978 年第 12 期,第 26—28 页。

思想政治教育的有机结合,使高等农业教育与劳动教育相结合的实践迅速转入正常发展轨道。为服务 20 世纪末和 21 世纪初高等农业教育的改革和发展,各高等农业学校主动适应农业和农村经济、社会的变化与发展的形势,坚持为"三农"服务,拓展办学思路。同时,它们也积极开展社会实践教学改革,努力建设农林实践教学基地,为拓展教育与生产劳动、知识分子与工农、理论与实践的结合开辟了更广阔的道路。[①]

综上所述,从新中国成立以来,我国高等农业教育在实施劳动教育的过程中经历了探索学习到恢复重建的历史进程,虽然因社会环境变迁和历史因素的影响,高等农业教育与生产劳动结合的整个过程经历了一系列的曲折,但劳动教育始终是高等农业教育中必不可缺的重要组成部分,它对我国农业教育的发展具有重要的现实意义和深远的历史影响。

二、新时代高等农业教育与劳动教育相结合的价值意蕴

"劳动教育是新时代党对教育的新要求,是中国特色社会主义教育制度的重要内容,是全面发展教育体系的重要组成部分。"[②]新时代高等农业院校重视并努力实现农业教育与劳动教育的紧密结合,这是继承和弘扬马克思主义科学的劳动观和教育观的时代需要,是培养卓越"三农"人才的客观需要,也是服务农业农村现代化和乡村振兴战略的现实需要。

(一)高等农业教育与劳动教育相结合是继承和弘扬马克思主义劳动教育观的时代需要

"个人把自己和动物区别开来的第一个历史行动不在于他们有思想,而在于他们开始生产自己的生活资料。"[③]马克思主义认为,劳动不仅是人类起源的终极根源,也是人类历史发展的最基础条件。恩格斯在《自然辩证法》中精辟地论证了劳动使猿进化成人的决定性作用,"以致我们在某种意义上不得不说:劳动创造了人本身"[④]。当然,人类文明的进步离不开实践基础上的教育环节,马克思主义劳动观是界定劳动教育的基石,正如马克思曾在《哥达纲领批判》中所指

① 周远清:《坚持为"三农"服务的办学思想 加快高等农林教育的改革和发展》,《中国农业教育信息》1997 年第 2 期。

② 教育部:《大中小劳动教育指导纲要(试行)》,http://www.moe.gov.cn/srcsite/A26/jcj_kcjcgh/202007/t20200715_472808.html,2020 年 7 月 9 日检索。

③ 《马克思恩格斯选集》第 1 卷,人民出版社 1995 年版,第 67 页。

④ 《马克思恩格斯选集》第 3 卷,人民出版社 2012 年版,第 988 页。

出的:"在按照不同的年龄阶段严格调节劳动时间并采取其他保护儿童的预防措施的条件下,生产劳动和教育的早期结合是改造现代社会的最强有力的手段之一。"①由此可见,马克思主义认为劳动是教育的起源,教育的本质就在于劳动,教育与劳动相结合是人类所处时代必不可缺的需求。

可以说,新中国成立以来我国高等农业院校不同时期教育发展的精神实质始终是将教育与生产劳动相结合,这既体现出我国高等农业院校对马克思主义劳动观和教育观的传承性,又体现出社会主义国家高等农业教育实施劳动教育的重要性。新时代要确保实现乡村振兴和实现中华民族伟大复兴,离不开对崇尚劳动、热爱农村、扎根基层、服务振兴的高素质的农业技术创新人才的培养。因此,高等农业院校应始终立足于马克思主义劳动教育观的理论根基,继续秉承党和国家实施教育与生产劳动相结合的优良传统,实现劳动教育时代价值和劳动教育历史实践的有机统一。

(二)高等农业教育与劳动教育相结合是培养卓越的"三农"人才的客观需要

2019年9月5日,习近平总书记在全国涉农高校书记校长和专家代表的回信中,勉励全国涉农高校广大师生以立德树人为根本,以强农兴农为己任。总书记强调的强农兴农,既是全国涉农高校的初心和使命,更是我国高等农业教育的责任和担当。"新时代,农村是充满希望的田野,是干事创业的广阔舞台,我国高等农林教育大有可为。"②习总书记的回信充分体现了党中央对高等农业教育的亲切关怀和高度重视,为高等农业教育的发展提供了思想遵循和行动纲领。然而,长期以来,社会成员对"学而优则仕"进行了错误的解读,他们认为学习优秀就可以去当官,以致忽视了"劳心"的知识学习与"劳力"的实践活动之间的辩证关系。伴随20世纪80年代以来我国社会的全面转型,市场经济与传统价值的冲突引发了一些农业院校的学生方面追求个人利益、贪图享受、轻视劳动和农业劳动者、不愿意到农业农村生产第一线以及难以融入工农群众等令人担忧的状况。

实践证明,新中国成立以来的每个发展阶段中教育与生产劳动的准确结合,既对培养德智体美劳全面发展的时代新人具有重要的战略意义,也在学生成长过程中发挥着不可或缺的重要作用。新时代,高等农业院校学生是实现乡村振兴和中华民族伟大复兴的主力军,而高等农业院校作为新农村建设的人才培养基地,应抓住历史发展机遇,培养一批高素质、创新型、复合型的懂农业、爱农村、

---

① 马克思:《哥达纲领批判》,人民出版社2015年版,第31页。

② 习近平回信寄语全国涉农高校广大师生:《以立德树人为根本 以强农兴农为己任》,http://www.xinhuanet.com/2019-09/06/c_1124967712.htm,2021年2月2日检索。

爱农民的"三农"高端人才，推进我国"三农"事业的可持续发展，而要让培养出的"三农"人才真正"靠得住、用得上、留得下"，就必须把劳动教育作为高等农业教育的重要内容常抓不懈，始终将"以劳增智、以劳强体、以劳益美、以劳创新"的劳动教育理念作为"中国特色社会主义教育事业立德树人的崇高使命"。[①]

（三）高等农业教育与劳动教育相结合是服务农业农村现代化和乡村振兴战略的现实需要

"重农固本，是安民之基。"我国的"三农"问题始终是关系国计民生的根本性问题，没有农业的现代化、农村的美丽生态、农民的美好生活，也就没有国家的现代化。进入新时代，伴随着社会主要矛盾的转变，乡村发展的不平衡不充分问题更为突出，该问题表现在农业供给质量有待提高、新型职业农民队伍建设亟需加强、农村生态环境问题突出、乡村治理体系和治理能力亟待强化等方面。而实施乡村振兴、补齐农业农村现代化改革的短板，关键在于破解人才瓶颈，补齐短板的基础在农业教育尤其是高等农业教育。2018年1月，《中共中央 国务院关于实施乡村振兴战略的意见》中指出，应"把人力资源开发放在首要位置，畅通智力、技术、管理下乡通道，造就更多乡土人才，聚天下人才而用之"[②]。

因此，在新时代农业农村的现代化和乡村振兴战略的时代大背景下，高等农业教育迫切需要根据我国现阶段农业产业发展需求，牢固确立与新时代劳动教育紧密结合的指导思想，坚持面向农业和农村开展教育教学工作，以期培养热衷于走进农村、走近农民、走向农业的复合应用型农林人才，使他们更好地为农民服务。近年来，为了进一步贯彻落实习近平总书记在全国教育大会上强调的"坚持中国特色社会主义教育发展道路，培养德智体美劳全面发展的社会主义建设者和接班人"重要讲话精神，高等农业院校结合新时代劳动教育进行教学改革，采取紧扣工学结合、知行合一、德技并修的创新举措以及修改人才培养方案、建设农业实训基地、拓展校企合作平台、设立现代学徒制试点班、毕业生乡村顶岗实习、营造校园农耕文化氛围等多种举措对农林学生进行劳动教育，取得了丰硕成果。

三、新时代高等农业教育实施劳动教育的基本原则和举措

新中国成立以来，伴随着我国政治体制和高等教育体系的建设、改革与发

① 黄黎明、顾春华、马前锋：《我国劳动教育发展的时空转向与未来展望》，《职业技术教育》2020年第10期，第6—12页。

② 中共中央、国务院：《关于实施乡村振兴战略的意见》，《人民日报》2018年2月5日第1版。

展,高等农业教育实施劳动教育的整个过程在内容和形式上既有失败的教训,也有成功的经验。但为满足不同时期的建设需要,我国高等农业教育始终秉承社会主义办学初心,牢记教育与生产劳动和社会实践紧密结合的历史使命。新时代,为建设好更多富有中国特色的、具有世界一流水平的高等农业院校,我国高等农业教育应认真总结经验教训,注重传承和发扬教育与生产劳动相结合的优良传统,在此基础上明确高等农业院校实施劳动教育的基本原则,自觉站在时代前列,与时俱进,为推进劳动教育方式、方法和理念的改革创新提供可操作性的指导和意见。

(一)在劳动教育普遍性的基础上彰显特色性

基于大学生群体本质的一致性和农业院校人才培养的特色性,高等农业教育只有在准确把握劳动教育的普遍性和特殊性辩证统一关系的基础上,才能真正将新时代劳动教育贯彻到实处,"避免出现形式化、浅层化与泛化的问题"①。

一方面,从大学生的主体性看,高等教育阶段的劳动教育具有一般性,其目的在于培养大学生锐意进取的劳动精神、尽心竭力的劳动态度、创新创造的劳动能力和诚实守信的劳动意识。因此,高等农业院校首先要明白劳动教育同理论知识教育一样,是专业素养教育的重要组成部分。高等农业院校应该在遵循大学生身心发展规律的基础上,尊重劳动教育理论价值和实践价值的有机统一,杜绝劳动教育的偏差,谨防盲目夸大劳动教育和实施劳动教育的风险,实现教育与劳动、理论与实践的有机结合,从而促进大学生的全面发展,实现高等农业学校立德树人的根本目标。

另一方面,从高等农业院校人才培养方面来看,高等农业院校具有较为完备的涉农专业体系,涵盖了农林牧副渔等农学专业大类,它们是引领社会主义农业科学研究和产业发展领域的"顶梁柱",更是立足当下中国农业发展实际,建立中国农业与世界农业命运共同体的重要保障。因此,高等农业院校实施的劳动教育又具有独特性。学校应根据涉农办学特色和地域性特色,结合劳动教育课程、学科专业教育,或者通过校内外劳动文化宣传和劳动实践活动的渗透,使学生养成努力掌握农业科学知识的勤奋精神、自觉服务农村和农业的奉献精神、立志到乡村和涉农行业工作的奋斗精神。

(二)在劳动教育传承性的基础上突显时代性

历史总是在时代的传承中不断积淀深厚的底蕴,而时代也总是在传承历史中不断迈向崭新的征程。新时代高等农业教育把劳动教育纳入卓越农林人才培养全过程,实际上是对劳动教育本质认同的回归。它既传承了中华民族"耕读传

---

① 王莹、王涛:《大学生劳动教育的路径优化研究》,《中国高教研究》2020年第8期,第67页。

家久"的传统优秀劳动文化观念，又体现了马克思主义中国化"教劳结合"的思想
引领性。

从劳动教育传承性层面而言，高等农业院校应始终将"民生在勤，勤则不匮"
的优秀理念作为劳动教育的文化传承基因，使学生明白"正是因为劳动创造，我
们拥有了历史的辉煌；也正是因为劳动创造，我们拥有了今天的成就"[①]。与此
同时，高等农业院校也要认真总结新中国成立以来我国高等农业教育与马克思
主义劳动教育相结合的正确经验和失败教训，始终坚持农业知识教育与农业生
产技术教育紧密结合，运用思想政治教育、日常生活教育、勤工助学、公益服务性
活动和农业生产实习实践等形式，启发学生明白"社会主义现代化和人民美好生
活的实现是靠劳动创造出来的"的深刻道理。

从劳动教育时代性层面而言，新时代开启新的征程，农业教育不仅要回首过
去，更要立足当下，展望未来；不仅要面向中国，还要面向世界。农业作为基础产
业对我国国民经济体系的平稳运行具有直接影响。经过长期努力，我国农业在
农产品数量上已总体满足食用、饲用、工业用和国民经济其他用途的需求，而在
农业产业效率和质量上与世界农业强国相距甚远。"离开了科学技术这个结合
点，教育与生产劳动之间的结合也就失去了中介。"[②]因此，面对世界农业科技竞
争激烈的紧张局势，高等农业院校在不断学习西方国家劳动教育先进成果的基
础上，应坚持把科学技术作为教育与生产劳动相结合的核心要点，正确处理好高
等农业教育、农业科学技术与劳动教育之间的关系。高等院校还应通过与物联
网、大数据、人工智能等新产业、新业态和新技术的衔接，不断创新劳动教育的形
式，同时搭建网络空间、虚拟环境教育情景，鼓励农林学生运用多元交叉学科知
识，开展创造性农业劳动，从而促使学生将所学理论知识运用于实践，让学生在
劳动中不断增强自身的农业技术能力和务农的兴趣，激发其创新创造活力。

(三)在劳动教育工具性的基础上展现价值性

劳动教育的功能一方面表现为它的工具性、服务性，另一方面则表现为它的
价值性。"工具性是价值性的实现前提，"离开了工具性，价值性的实现将无从谈
起。反之，"价值性又是工具性的依托和归属"，在从事工具性的劳动实践中，人
将利用所获得的知识能力来超越现实对主体的规制，进而实现人的自由而全面

---

① 习近平:《在庆祝"五一"国际劳动节暨表彰全国劳动模范和先进工作者大会上的讲话》,《人民日
报》2015 年 4 月 29 日第 1 版。

② 曹伯祥:《实行高等农业教育与生产劳动紧密结合的思考》,《山东农业大学学报(社会科学版)》
1999 年第 2 期。

的发展。^① 由此,新时代高等农业院校实施劳动教育有必要认清二者之间的辩证统一关系。

当然,劳动教育的工具性绝不意味着劳动教育是一种传统意义上将农业劳动作为惩戒手段而获得思想改造的工具,也不单意指以往工业社会中为追逐最大化社会经济效益而仅以培养农林学生的技术和能力熟练度为终极目标的教育。它是指融思想性、政治性、科学性、理论性与实践性"五性一体"的综合性教育,目的在于展现劳动教育的价值性,培养农林学生适应未来农业发展的意识形态、认知能力和自身终身发展所需的服务"三农"的专业能力、人格品质等职业素养。正因劳动教育有着满足个人生存和服务社会发展的积极作用,高等农业教育才要加大教育教学改革力度,构建多元、多领域协同平台,结合农业农村公益性活动和学校专业性学习,建设校办农业科技园、工厂、农场与校外对口农村工作点、农村社会实践基地等多样性的劳动实践场所,提升农林学生的劳动技能和本领,使学生在实践中体验劳动付出的艰辛和收获的喜悦。

同时,高等农业院校劳动教育的价值性也并非指单纯的精神性功能。突显劳动教育的价值性实质在于更准确、有效地发挥农林学生为农业服务的奉献精神,即服务社会的价值性功能。因此,高等农业院校的劳动教育要注意避免过于注重劳动教育的工具性而忽视了其价值性,不应过于强调工具性以满足个人的眼前利益和短期利益,而应更注重价值性以满足社会的长远利益和国家的整体利益。的确,劳动是关乎个人谋生的重要手段,但更是国家得以发展的重要保障。劳动者通过劳动教育掌握娴熟的劳动技能并将其运用到劳动生产实践中,这不仅改善了自身的生存条件,也促进了社会的发展进步,进而使人的劳动从谋生阶段向体面阶段迈进。立足新时代,高等农业院校要准确把握劳动教育的价值取向,实行教育与生产劳动相结合,引导学生牢固树立以劳动奉献社会的思想观念。高等农业院校也要坚持育人导向和育人规律,通过农业劳动实践和劳动文化熏陶来培养农林专业学生崇尚劳动、尊重劳动、热爱劳动的优秀品格,使农林专业学生养成不畏艰辛、吃苦耐劳的精神,并进而拥有立志农业、扎根农村的浓厚情怀和坚定意志以及服务农村和振兴乡村的真才实学,从而促进学生的身心健康和全面发展。

---

① 马蕾:《工具理性与价值理性张力何以衡平?——职业教育加强职业技能和人文精神综合培养的理论机理与实践探微》,《职业技术教育》2018年第33期。

从需要及其意识视域综论劳动教育及其具体形态^①

刘 欣,潘二亮

摘 要: 人是充满需要的对象性主体存在,并因需要而产生了需要的意识。劳动作为一种感性—对象性活动,它表征人满足需要的方式及其意识产生的存在论基础。"感性"确指人的需要及其意识在任何时候都是形而下活生生的,而"对象性"确指人的需要及其意识在任何时候都具有他者性。劳动教育旨在从理论层面对这一需要及其意识进行系统性揭示并恢复人作为人的需要及其意识,而它在具体形态上,则是一种劳动幸福权的教育,劳动幸福权的教育对于践行和落实新时代劳动教育具有重要的意义与价值。

关键词: 感性;对象性活动;需要;意识;劳动幸福权

人不是影只孤立的个体,而是充满需要的社会体,对于需要的渴求迫使人去寻觅能够满足需要的对象,但是人满足需要的方式不同于动物的直接方式,而是间接的方式——劳动。劳动作为一种感性的对象性活动,使得人的需要超越了动物的本能需要,并产生了劳动的意识即对象性的主体意识,历史即是这一需要及其对象性的主体意识满足和发展的历史。正如马克思所说:"全部历史是为了使'人'成为感性意识的对象和'使人作为人'的需要成为需要而做准备的历史(发展的历史)。"^②本文即从这一视角谈一谈当前的劳动教育,我们以为,劳动教育的核心价值目标即恢复"人作为人"的需要及其意识。在论述需要及其意识之前,有必要从逻辑在先的原则论述"劳动"。劳动作为一种活动,它有两个最重要的原则——"感性原则"与"对象性原则",把握这两个原则,将非常有助于我们深刻理解恢复"需要及其意识"为什么是劳动教育的核心价值目标。

---

① 作者通信地址:刘欣,上海师范大学人文学院,上海200234;潘二亮,上海师范大学知识与价值科学研究所,上海200234。

② 《马克思恩格斯文集》第1卷,人民出版社2009年版,第194页。

一、劳动:感性—对象性活动

世界一切万物皆在运动之中,动植物则皆在活动之中,而人作为万物之灵长,其独特风格之所在,乃是其以劳动这一活动方式存世。人劳动之独特在于劳动是一种特殊的活动:感性—对象性活动。

(一)感性原则:对意识内在性原则的绝对超越

所谓感性原则,其指明了劳动的主体只能是活脱脱的每一个人,其之所以是一种原则感性,乃因为劳动感性不仅仅是个别的感性,而且是类(本质)的感性,它既是感性的又是超感性的,是作为超感性的感性。人们往往以为(意识)理性是对感性的提升和超越,其实(意识)理性是无所谓原则的,这正是黑格尔的理性(自我意识)劳动之失! 理性(意识)任何时候都不能脱离感性(需要),理性(意识)在任何时候都是执行对感性(需要)的本质认识功能。这是因为劳动这种感性活动,本身除了具有生存论的功用之外,它还具有教化的潜能,即形成“劳动的意识”(理性)。我们知道,马克思高度肯定和赞扬了费尔巴哈的功绩,即重新确立了感性原则,但是马克思指出:“费尔巴哈对感性世界的‘理解’一方面仅仅局限于对这一世界的简单直观,另一方面仅仅局限于单纯的感觉。”[①]即是说费尔巴哈的感性仅仅是“直观的自然感性”,而不是马克思所指正的“活动的劳动感性”。“他没有看到,他周围的感性世界决不是某种开天辟地以来就直接存在的、始终如一的东西,而是工业和社会状况的产物,是历史的产物,是世世代代活动的结果。”[②]马克思把感性原则牢牢地与劳动所直接勾连起来,而黑格尔的问题正是在于把劳动自我意识(理性)化了,“黑格尔唯一知道并承认的劳动是抽象的精神的劳动”[③],“人的本质,人,在黑格尔看来=自我意识”[④],而在马克思那里人的本质是感性,并且是“感性的社会交往”。马克思从原则高度击穿了西方理性主义传统的内在性的封闭原则,而第一次把感性作为原则性来看待并实现了对于费尔巴哈的根本性超越。马克思用一句话发动了一场哲学革命,这就是“意识在任何时候都只能是被意识到了的存在,而人们的存在就是他们的现实生活过程”[⑤]。这也就是说,意识的深刻基础是人的生活,生活过程才是意识的绝对原

---

① 《马克思恩格斯文集》第 1 卷,第 527—528 页。

② 《马克思恩格斯文集》第 1 卷,第 528 页。

③ 《马克思恩格斯文集》第 1 卷,第 205 页。

④ 《马克思恩格斯文集》第 1 卷,第 205 页。

⑤ 《马克思恩格斯文集》第 1 卷,第 525 页。

则,因而,马克思的新感性原则实现了对意识内在性原则的绝对超越,第一次把意识建立在作为感性原则的劳动地基上。

(二)对象性原则:功能性主体的绝对必然性

我们说劳动创造人,其实这里的劳动是一种功能性主体,而非实体性的主体,"所谓功能性,是指劳动在显现与建构世界时的作用地位,它只是在功能作用意义下才是本体。功能性本体不同于传统实在宇宙本体论的本体"①。二者根本区别在于,功能性主体的创造是一种建筑学意义上的创造,即它是离不开对象的,也可以说劳动创世是以自然界或人化自然界为绝对必然性的。因此,劳动的对象性原则是指明了劳动作为功能性主体活动,它对于"他者"(自然界和社会界)依赖的绝对必然性。但是,正是因为这种必然性的不可克服性,才使得劳动创造出作为对象性本质存在的现实的个人和现实的自然界。人在劳动中把自己的劳动的意识以作品的形式展现在自己的面前,同时原初对象也以人的方式不断敞开和发现自己的隐蔽的本质,从而成为现实的自然界。可以说"人及其劳动的使命便是唤醒自然潜能,使包括人在内的各个自然物的小环境汇合并不断发展为'世界'。在'世界'中,万物以协调配合与相互促进扶助的方式各尽其材性。在使万物各尽其材的同时,人也就尽其(实现)人性"②。

因此,可以说,劳动的对象性原则是一种现实化的原则,离开这一原则,人和自然界都是在抽象意义即非对象性存在物的意义上言说的,"而非对象性的存在物是一种非现实的、非感性的、只是思想上的即只是想象出来的存在物,是抽象的东西"③,也就是在意识内在性循环中申说的,这也就是黑格尔虽然看到了劳动对象化的哲学人类学价值,但是其对象化只是绝对精神的自我对象化,感性自然界在黑格尔那里不是在感性原则而是在理性原则下去言说的,因此它在根本上是一种意识形态的狂妄,而马克思是在感性原则下使用对象性的。马克思第一次同时赋予劳动以感性原则和对象性原则,前者之确立使得他超越了黑格尔,后者之确立使得他超越了费尔巴哈,从而实现了双重超越,实现了西方哲学史上最具深刻性的变革。

----

① 尤西林:《阐释并守护世界意义的人——人文知识分子的起源与使命》,陕西人民出版社2006年版,第50—51页。

② 尤西林:《阐释并守护世界意义的人——人文知识分子的起源与使命》,第59页。

③ 《马克思恩格斯文集》第1卷,第211页。

二、需要及其意识的劳动生成

当前关于劳动教育的研究虽然很热,但是多停留在对于劳动教育教什么和怎么教的讨论,以至于五花八门,随意言之,可谓莫衷一是。而对于"劳动教育"是什么,大家却少有涉及,似乎不言自明。因此,旗帜鲜明地提出劳动教育是什么乃是当务之急。我们认为,劳动教育绝对不是"劳动"教育,把"劳动课"变成"劳技课",这是对劳动教育非常粗浅,甚至是根本性的错误理解,劳动教育之核心仍在"教育"二字,而教育则是一种理论系统性的对象性的"成人"实践。通过上节对于"劳动"的原则性解读,我们认为,劳动教育的本质旨趣在于在理论层面上揭示并复活作为"感性需要及其意识"存在论基础——"劳动",说白了,劳动教育就是要教明白为什么劳动创造了作为"需要体与意识体"双重存在的人本身。

(一)人的二重存在及其一元本体

我们常说,人之不同于动物在于人不仅有感官的可见的世界,而且人还有意识或精神世界,也就是说人是二重的存在体,而动物是一重的存在体,但对于这后一不可见的真实存在体是从哪里来的,却没有给予过多的关注。我们以为,对于一个从事哲学事业的人来说,这无异于是对"人"的贬斥与侮辱。因此,为了捍卫人之为人的尊严,我们必须根究其来源于何处。我们以为,人之不同于动物,其根本上乃在于人对待世界方式之不同,这种不同方式不仅使得类动物式生存活动及其需要(比如吃喝拉撒睡)成了人的生命活动及其需要,而且也使得人在意识层面领悟了其生存活动的性质及其需要的意义,并进而产生了历史性的意识。这一方式就是"劳动"。正是劳动这个一元本体活动创造了人的二重性存在,即创造了人之为人的最本质特征——需要及其需要的意识。接下来,我们就具体来尝试解读这个创造了人的二重存在的一元本体劳动。

(二)作为需要满足方式的劳动

众所周知,一个生命体要持存下去,就要持续性地与外界进行物质和能量的交换以满足生命所需,这是包括人在内的所有生物性存在的必然性自然法则,否则它的肉体就将承受饥饿的煎熬甚至面临消解的危险。然而,我们这里关注的重心不在于此,而在于人与动物持存生命体的方式之不同。为什么我们总是言之凿凿、信誓旦旦地说我们是"人",而不直接说是"动物",虽然进化论已经科学地证明了人是从动物(猿)进化而来的,但我们为什么不能把人直接与动物等同呢?这里人与动物存在什么断裂性的区别或者说人之优越性在哪呢?我们以为这一断裂性区别或优越性就在于人满足需要的方式即劳动,但劳动本身为人所独有的合法性并没有因此而确立,这需要具体展开分析,以做实这一劳动之为人满足需要的方式。

由第一节,我们已经知道劳动是一种独特的活动——感性—对象性活动。这里的对象性不仅仅是作为主观目的的对象性需要,而且是作为客观结果的或作品的对象性确证。也就是说,人经由劳动把头脑中观念的存在变成现实的作品,同时更为重要的一个层面,人也在对象性的作品中直观到自己的内在尺度,也就是说人满足需要并不是如动物那样只是吃掉对象了事,而是带有欣赏或美的态度或意向,这一种欣赏或美的态度或意向是对自身内在本质的关照、发现、确证。我们以为,劳动之为人所特有的活动方式,正是在于劳动具有节制欲望和把玩欣赏以对象性作品存在的"我"的本质特征,这个"我"由此不再是"我是我"的简单重复,而是有了实在的内容:"我即作品,作品即我。"

一个人有劳动能力还不行,他还必须踏踏实实地使这一能力由潜在状态变成实存状态,正如在资本主义社会中,工人虽然有劳动能力,但是若离开资本家出钱去购买其劳动力,那么他的劳动能力就无法现实地展现出来,就无法予以对象化,也即等同于"无"。正如我们有句俗语"巧妇难为无米之炊",而对于工人来说,没有资本家购买其劳动力的行为,他就将失业,甚至将导致生命的中断即死亡。反向来看,资本家(资本的人格化)离开工人活的劳动能力,他就将失去作为资本家的资格,而成为单纯的货币持有者,我们知道资本的唯一目标是为了获得持续的更多的剩余劳动,即以绝对延长劳动时间和以相对提高劳动强度的方式榨取更多由活劳动产生的剩余价值。资本的绝对主体是活劳动,离开活劳动,资本就无法对象化自身,即增殖自身。因此,劳动与资本的关系并不是简单的对立关系,而是绝对统一基础上的相对对立,它们之间的关系表明了现代性境遇中人存在方式的悖论性,即作为资本雇佣的劳动既创造出了"社会个人"出现的物质前提,同时也创造出了为生存而出卖肉体和灵魂的非人。在马克思看来,这种实质上满足了资本需要的劳动方式虽然是一种历史的进步,相对于奴隶劳动而言是一种"自由劳动",但对于作为"第一需要"的劳动,即自由劳动来说,则具有极大的历史局限性。而共产主义革命所要达到的劳动状态,其实就是要使得"劳动成为人的第一需要"成为一种生活常态,以超越资本主导下的异化劳动现实,在这一层面,共产主义革命实际上是一种对异化劳动现实的制度正义实施与安排,即以资本的社会所有制取代资本的私人所有制。正如马克思指出的,"共产主义是最近将来的必然的形态和有效的原则"[①],在这一原则下,每一个人的感性劳动本身成为每一个人的内在需要,那时劳动将完全是一种美的创造性活动。

---

① 《马克思恩格斯文集》第1卷,第197页。

（三）作为意识生成基础的劳动

人不仅通过劳动满足了自己的需要，即消费劳动产品，而且还在这一劳动产品中确证了自己的本质力量，感受到了一种人之为人的成就感、尊严感、幸福感，因而劳动同时创造了人之为人的主体意识。即使从现实层面来看，劳动的主导形式虽然仍是一种谋生的不得不的行为，但是通过劳动获得更多的货币工资依然是衡量一个人能力大小的基本尺度，人们也会以此作为自己成就感、尊严感、幸福感的一个重要来源。

劳动不仅产生了人的主体意识，而且产生了人关于历史的主体意识，可简称为"历史意识"。笔者以为历史唯物主义之"历史"，就是自觉地以历史意识看待整个感性世界。感性世界并不是什么神秘的恩赐或奇迹，而是人类世世代代劳动的结果，是劳动历史展开的过程。正如马克思所指出："整个所谓世界历史不外是人通过人的劳动而诞生的过程。"①因此，历史就是人的劳动活动的过程，也就是人的自我生产的过程。历史并不是僵死的过去，历史始终是当下的活体，它为当前人的活动提供物质条件和精神条件，只有具备鲜明历史意识的人才能自觉、充分地利用先辈们所提供的一切历史条件，进行有使命感的创造。

既然历史就是人通过劳动而自我诞生的过程，那么劳动的历史意识是怎样形成的呢？我们以为，这仍然要根据劳动的对象性原则进行解释。劳动的对象性表明劳动要成为一种现实化的活动，它离不开实现对象化的社会历史条件，历史意识的产生是与劳动本身的原则特性紧密相关的，它植根于劳动对象性的社会历史条件，而这一社会历史条件并不是凭空产生的，其本身就是世世代代劳动的结果，也就是说，人类劳动对象化的结果又作为当前劳动的前提条件而在场。我们以为，历史意识就产生自对于这一"前提与结果"的辩证认识，劳动的前提同时也是劳动的结果，劳动的结果同时也是劳动的前提，所以马克思说，人既是历史的前提，也是历史的结果。由此而知，历史意识其实是一种当代的意识，只有活人才会思考人从哪儿来的问题，只有当人类需要谋求对于当前生活世界本质理解的时候，才需要也只能重思和反省走过的道路，向历史讨教，进一步具体地说，只有真正关切当代人的劳动状况的人，才能形成真正的历史意识。对于历史的重思和反省，无非是充分地认识劳动得以可能的对象性条件，进而充分占有这一条件，从而才能自觉地进行当代的劳动创造。

总之，劳动不仅是人满足需要的特殊方式，而且也是需要的意识产生的生存论根基。劳动教育就是要系统揭示劳动对于人满足其需要的深层的内在价值和重要意义，并复活人的劳动历史观：历史即是人通过劳动而自我诞生的过程。

---

① 《马克思恩格斯文集》第 1 卷，第 196 页。

三、劳动教育的具体形态：“劳动幸福权”的教育

在上一节中，我们比较系统地论述了劳动教育之核心任务就是要明了为什么劳动创造了作为“需要体与意识体”双重存在的人本身。但是，这只是从哲学人类学的一般视角进行的解读，我们以为，劳动教育既要有哲学的终极价值的关照，也要有当前的可操作性，即可把它具体化，进而成为人人皆可接受的教育。我们以为，在当前，劳动教育在具体形态上是一种“劳动幸福权”的教育。

（一）何为劳动幸福权

劳动既然创造了作为“需要体与意识体”的现实的人，那么劳动就具有绝对、永恒的正义性和合法性，因此，劳动权是最根本的人权，维护和保障劳动权即是维护和保障人权。我们知道，马克思主义理论最鲜明的底色是劳动，马克思主义学说是为劳动者伸张正义的学说，它有自己鲜明的劳动阶级属性和价值立场。因此，自然可以推知，马克思主义理论本质上是“劳动人权理论”。我们以为，马克思主义的具体所指和当代形态就是劳动人权马克思主义。劳动人权马克思主义整个理论体系的建构基础是以下两个来自马克思恩格斯提出的原初假设：(1)“劳动创造了人本身”①；(2)“‘劳动的绝对自由’是劳动居民幸福的最好条件”②。“既然劳动创造人，因而劳动是人的类本质，所以劳动对人来说就是展现人作为人的类本质的最高幸福获取过程。于是，劳动幸福就是人作为人的初始权利，具有不可转让性。否则，人就不成其为人了。”③由此自然可以知道，保障人们的劳动幸福权就具有了当然的正义性和天然的合法性，而“所谓劳动幸福，简单来说就是指人通过劳动使自己的类本质得到确证进而得到深层愉悦体验的过程”④。劳动幸福不是一种主观感受，而是一种客观的存在状态，这种幸福是来自劳动的对象化生产，在这一生产中，人的本质力量得到了确证，人之为人的成就感、尊严感、幸福感油然而生。

但是既然劳动本身就是幸福的，为什么还要提劳动幸福权呢？我们认为，劳动作为人的类本质活动，它的具体展开是需要各种条件的，特别是需要进行制度保障的，否则劳动幸福就只能在应然层面去谈，而无法落实于地。劳动幸福权的提出，一方面，指认了劳动幸福是最高形态的幸福，因为它与人之为人具有本质

---

① 《马克思恩格斯选集》第3卷，人民出版社2012年版，第988页。
② 《马克思恩格斯全集》第16卷，人民出版社1964年版，第491页。
③ 何云峰：《劳动幸福论》，上海教育出版社2018年版，第17—18页。
④ 何云峰：《劳动幸福论》，第17—18页。

关联,保障和实现这种权利,就是使得人成为人。再没有比成为人的事业更重要和更崇高的了。另一方面,也是着眼于现实,从维权角度考虑,因为在现实中,劳动不幸福、侵害劳动的行为等还依然较为普遍地存在着。正因为这一存在的普遍性,我们才更要高举劳动幸福权的大旗,营造劳动幸福的氛围,为形成以劳动幸福为核心的社会主义核心价值观积蓄力量。

(二)如何开展"劳动幸福权"教育

为了有效实现劳动幸福权教育理念,并应对当前中国特色社会主义进入新时代所面临的新问题、新挑战和新机遇,笔者认为需从三个层面开展劳动幸福权的教育。

1.从资本层面——雇佣劳动教育

当前,劳动与资本的关系不仅是个比较敏感的阶级和意识形态问题,而且更是每一个人不得不面对的生存问题,如何理解二者及它们之间的关系,对于认识和把握劳动如何创造人的当代形态和意识具有重要的意义。虽然我国已经是社会主义国家,劳资之间的对抗关系已经不存在,但是劳资之间的矛盾依然比较尖锐。因此,劳动幸福权的教育离不开雇佣劳动的教育,即离不开理性客观地认识作为资本雇佣的劳动的教育。

人们往往有意无意地回避劳动与资本的关系,或者从劳动与资本的绝对对立去把握二者之间的关系,并扬言驾驭、超越,甚至消灭资本,似乎资本是个邪恶的东西。其实,我们应当从人的具体存在方式去理解资本,资本表征了劳动创造人的当代样态,它相比于奴隶劳动有极大的历史进步性。但是,我们也要看到它具有片面性,在资本雇佣的劳动形态下,劳动创造人其实创造的是经济人,劳动的价值只是经济价值,即赚钱,赚更多的钱,劳动仍没有脱离谋生的形态,人的独立性是建立在对货币物的依赖性上的。

在这一层面,劳动幸福权的教育就是要使得受教育者既看到这种劳动形态的历史合理性,也要以超越的视野看到这种劳动形态的非人性,从而以更大的勇气去为劳动幸福权的实现而不懈奋斗。

2.从价值层面——劳动价值教育

虽然劳动创造了一切财富,但是为什么那些辛勤劳动的人还是富不起来,反而那些不劳动者却越来越富呢?贫富差距及其分化的加剧使我们不得不面对事实,一味遮掩总不是解决的办法,我们必须直面这些问题:为什么劳动难以致富?为什么不劳动反而更幸福?出现这些吊诡事实和价值扭曲的根源在哪里?我们必须对此给予充分、可信的解释,以从价值层面重建劳动创造价值的信念。我们大力弘扬劳动最光荣、劳动最崇高、劳动创造美好生活,这没有问题,一个社会要形成凝聚力,就离不开这些正能量的信念,但是,我们不能为了单纯的凝聚力作用而忽视了最真实的现实,也许正视现实让人泄气,但是不正视现实却可能进一步使其恶化下去,从长远来看,这也不利于发挥正能量凝聚人心的作用。所以,劳动幸福权的教育离不开直面现实的维度——贫富差距及其分化。但要让受教育者看到现实并不是静止的,而应重建新的信心之城,即让劳动者相信劳动价值论,并致力于缩小贫富差距,为实现共同富裕而努力,并无比珍惜不可转让和剥夺的劳动幸福权。

3.从法权层面——劳动法权教育

我们知道在任何时代劳动都是人和社会存在、发展、繁荣的源泉,因而劳动不仅具有永恒的必然性,而且具有永恒的正义性,由此,保障劳动及其幸福权本身也就具有了正义性,而这种正义要得到切实维护和保障,必须在法权层面以法的形式保障劳动幸福权不受侵害和剥夺。劳动法权教育不仅是关于法的普及教育,而且是关于法的根基的认识教育:法及其正义性所系在于劳动及其天然正义性,同时劳动法权教育能够有效地在思想意识层面消解资本法权及其意识形态的强势地位,笔者认为,这是劳动法权教育当前最重要的使命。

总之,要切实保障和实现劳动幸福权,首先必须从实现劳动幸福权教育的突破肇始。

中外合作办学培养学生工匠精神
模式初探①

郭传真,刘翠竹

摘　要： 在 2016 年 3 月 5 日召开的第十二届全国人民代表大会第四次会议上,国务院总理李克强做政府工作报告时提到:"鼓励企业开展个性化定制、柔性化生产,培育精益求精的工匠精神,增品种、提品质、创品牌。"②李克强总理着重强调了工匠精神的培养,基于此,本文在认真研究"中外合作办学"模式下学生特点的基础上,结合一个四年制周期的工作实践,按照国家培养工匠精神的指导思想,依托共青团工作对开展学生工匠精神培养的工作模式进行了初步探讨。

关键词： 中外合作办学;学生;工匠精神

一、结合共青团工作,开展"中外合作办学"模式下学生工匠精神培养的思路

中外合作办学作为我国改革开放时代发展的产物,通过引进国外优质教育教学资源来促进自身教育教学改革,以提升办学质量为指导思想,致力于高等教育领域的国际合作,努力发掘和利用国外优质教育教学资源,倡导跨文化教育,在经济日趋全球化的背景下紧随世界高等教育发展步伐,构建国际化人才培养的高等教育环境和平台。大多数学校的"中外合作办学"项目(有时也称"国际学院")为"X＋Y"模式,即学生在国内学习一段时间(X 年)后,再去国外的合作学校继续学习一段时间(Y 年),完成学业者将分别获得国内高校的毕业证书、学位证书和外方合作大学的学位证书。

在签订中外合作办学协议时,合作项目所开设的课程均是在合作双方协商

---

①　作者通信地址:郭传真,北京农学院国际学院,北京 102206;刘翠竹,北京市大兴区安定镇中心幼儿园,北京 102607。

②　国务院:《政府工作报告(全文)》,http://www.gov.cn/guowuyuan/2016－03/17/content_5054901.htm,2021 年 2 月 27 日检索。

后写入协议，由教育部备案，协议期间单方面不能增加或删除课程。因而，大多数"中外合作办学项目"的思想政治教育理论课程的开设数量远少于国内普通本科生。以国内某高校的国际学院为例：该院本科学生仅在大一年级第一学期开设"思想道德修养与法律基础"课程，其他的思想政治理论类课程，包括校内相关的公共选修课、必修课均未开设。

近年来，国家高度重视思想政治教育工作。"中外合作办学"项目在不能及时增加思想政治理论课程的前提下，做好思想政治工作，就需要以习近平总书记在全国高校思想政治工作会议上发表的"全程育人、全方位育人"的重要论述为指导思想。在"中外合作办学"现有条件下，结合项目和学生特点，笔者已尝试通过围绕"心理健康、优秀传统文化、理论时政、跨文化适应"等主题开发学生成长的课堂，以及依托共青团工作开展相关活动，这一尝试作为思想政治教育的有效补充，效果显著。

2016年1月4日，李克强总理在参加一个有关钢铁煤炭行业产能过剩的座谈会时，曾举例说，中国至今不能生产模具钢，比如圆珠笔的"圆珠"都需要进口。① 当下，我国已建成世界上最大规模的高等教育体系，为现代化建设做出了巨大贡献，同时也为中华民族伟大复兴的中国梦提供了智力支持和保障。可是，一个迅速崛起的经济体需要一批优秀的工匠，如果不能解决如何培养生产、服务一线紧缺的应用型、复合型、创新型人才的问题，那么，地方普通本科高校向应用型高校转变的目标将无法实现。高校在培养人才的过程中需要解决三大问题：首先是人才的思想品质，其次是职业所需的精神，最后才是具体的技术能力。对于应用型人才来说职业精神往往表现为工匠精神，职业精神的培养又与思想品质和技术能力的培养密切相关。因此，研究工匠精神的本质和培养手段是当前高等教育，尤其是应用型高校无法回避的话题。

2011年，北京市教育工委提出"引航工程"，在大学新生入学阶段便开展一系列教育活动。首次推出时，该项活动的重点工作主要包括："学习党史，坚定信念"主题教育活动、"党在百姓心中"高校巡回宣讲活动、形势政策教育、主旋律电影进校园活动、帮助新生适应大学学习生活、名家名师讲座报告会、加强新生深度辅导工作、加强新生班集体建设八项内容。2020年，为深入贯彻全国教育大会、全国高校思想政治工作会议和学校思想政治理论课教师座谈会精神，落实《北京市建设全国"三全育人"综合改革试点区实施方案》《北京高校学生思想政治工作规划（2018—2022）》部署，加强高校新生教育，引导新生尽快适应大学学

① 搜狐财经：《不是总理说出来，我还不知道中国竟连圆珠笔头都生产不了》，http://business.sohu.com/20160114/n434509778.shtml，2021年2月27日检索。

习生活,进一步增强"四个自信"、坚定理想信念,2020 年 9 月—2020 年 12 月,北京市教育工委组织实施了 2020 级新生引航工程。其总体思路如下:深入学习贯彻习近平总书记关于青年工作的重要论述和给学生群体的系列重要回信精神,结合当前疫情防控形势,抓住新生入学"窗口期",坚持立德树人根本任务,突出抓好理想信念教育、价值观念引领、学习生活适应、健康安全教育四个关键环节,引导大学新生尽快完成大学角色转变,自觉落实校园防控要求,大力培育践行社会主义核心价值观,使他们牢固树立"四个正确认识",不断坚定"四个自信",努力成为担当民族复兴大任的时代新人。

对北京市教育工委从 2011 年到 2020 年的"引航工程"文件指导思想进行分析,我们不难发现,每年的"引航工程"都与时俱进地提出不同的工作目标,这是文件的差异性。而文件的共性在于紧紧围绕思想政治工作目标,吸引更多部门积极参与其中,并根据学生特点和部门实际,依照文件指导思想开发特色活动。因此,围绕"引航工程",结合"中外合作办学"模式下学生特点开展共青团活动,打造培育工匠精神的工作环境是一项有意义的探索。

培养工匠精神,需要从学理上理解技术的本质。正如中国技术哲学专家陈昌曙教授指出的:"哲学之所以能对其他领域、其他学科有影响,是因为哲学有着从总体性、根本性和普遍性上来思考问题的特点,或哲学乃是穷根究底思考的结晶和表现。也可以说,凡属从总体上、根本上、共性上进行反思,凡属对问题的穷根究底的追溯,都属于哲学意识的范畴。"[1]"从相互影响看,哲学与技术是有缘相会的,在技术领域、技术活动和技术过程中,不仅存在着要靠物质手段和实际经验来解决的具体问题(如装备、工艺、测试、能源、控制、原材料、专利等),又包含和渗透着要靠穷根究底的思考来回答的哲理性问题。技术和技术人员并不是非哲学的或反哲学的因素,工程师和哲学家在许多问题上,特别是在有关技术的地位与作用、技术发展战略与技术政策的认识上,应当和可能有共同语言。技术哲学可以看作是工程师的哲学,为工程师说话的哲学,与工程师对话的哲学,当然也是需要由工程师来说话(参与)的哲学。"[2]

培养工匠精神,为中外合作办学"国内阶段"的共青团工作创造了机遇。既然与工程师有关的技术和相关活动需要哲学工作者参与,那么,学生工作,包括其中的共青团工作要想做好培育工匠精神的工作,就需要工作者努力学习科学技术哲学知识,丰富自身的知识体系。同时,还要抓住历史的机遇,在完成统一部署的工作基础上,开展特色活动。

---

① 陈昌曙:《技术哲学引论》,科学出版社 2012 年版,第 2 页。

② 陈昌曙:《技术哲学引论》,第 2 页。

基于上述设想,笔者尝试以"引航工程"和共青团工作为主体,以挖掘优秀传统文化中的工匠精神元素和介绍他国工匠精神为两翼,开展"中外合作办学"模式下学生工匠精神的培养工作。笔者通过结合一个四年制周期的工作实践,进行工作探索和尝试,并取得了初步成果。

二、挖掘中国古代优秀工匠文化,树立文化自信

2016 年 7 月 1 日,庆祝中国共产党成立 95 周年大会在北京人民大会堂隆重举行。习近平总书记在大会上发表重要讲话。在讲话中,习近平总书记指出:"坚持不忘初心、继续前进,就要坚持中国特色社会主义道路自信、理论自信、制度自信、文化自信,坚持党的基本路线不动摇,不断把中国特色社会主义伟大事业推向前进。"[1]

对于首次提出的文化自信,习近平总书记这样定义:"文化自信,是更基础、更广泛、更深厚的自信。在 5000 多年文明发展中孕育的中华优秀传统文化,在党和人民伟大斗争中孕育的革命文化和社会主义先进文化,积淀着中华民族最深层的精神追求,代表着中华民族独特的精神标识。我们要弘扬社会主义核心价值观,弘扬以爱国主义为核心的民族精神和以改革创新为核心的时代精神,不断增强全党全国各族人民的精神力量。"[2]

中国五千年文化博大精神,深挖中华文化优秀元素是需要并值得下大力气的。当下,从人文知识普及入手激发学生对中国文化的热爱,进而使学生形成爱国主义情怀是很多高校帮助学生树立文化自信的措施。在此基础上,挖掘中国古代优秀科技文化元素,领悟中国古代工匠精神精髓,不仅可以培养工匠精神,还可以进一步帮助学生树立文化自信。而文化自信对于"中外合作办学"项目中的学生而言甚是重要。要实现上述目标,就要从分析中国古代工匠文化入手,探索中国古代工匠精神的内涵。

相关教师应该挖掘中国古代优秀工匠文化,以共青团工作为抓手,在成长课程"优秀传统文化"模块和各类学生活动中,帮助学生理解中国传统的工匠精神,从而树立起文化自信。例如,我们可以从水利工程中挖掘工匠精神元素。水利是任何时代国家都必须面对的工作,国家是水利工程理所当然的组织者和实施者。古埃及的历代王朝都重视兴修水利,中国古代李冰父子主持兴建都江堰,罗马帝国不仅建造宏伟竞技场以炫耀国力强盛,还大规模兴建道路和城市引水排

---

① 习近平:《在庆祝中国共产党成立 95 周年大会上的讲话》,《人民日报》2016 年 7 月 2 日第 2 版。

② 习近平:《在庆祝中国共产党成立 95 周年大会上的讲话》,《人民日报》2016 年 7 月 2 日第 2 版。

水工程。

以建设都江堰为例,李冰通过国家支持等手段让工匠们掌握大量技能,从而成就了千年水利工程。在修建阶段,他让竹工编成长三丈、宽二尺的大竹笼,装满鹅卵石,然后一个一个地沉入江底,最终战胜了急流的江水,筑成了分水大堤,这一举措直接解决了修筑分水堰的难题。为了收集修建所需的石头,在没有火药的情况,李冰指导工匠先用火烧山体的岩壁,等把整个岩壁烧热再迅速浇上江水以冷却岩石,利用热胀冷缩使山石变得容易开采。在修建阶段,他还教会工匠们使用杩槎辅助岁修,在每年水量最小的霜降时节,在鱼嘴西侧,用杩槎在外江截流,使江水全部流入内江后,淘挖外江和外江各灌溉渠道淤积的泥沙。到第二年立春前后,外江岁修完毕,把杩槎移到内江,让江水流入外江,然后再淘挖内江河槽,进行平水槽和飞沙堰的岁修工程。清明节前,内江岁修完毕,撤除杩槎,开始放水灌溉。杩槎是一种简单、有效的临时性截流装置,是由用竹索绑成的三根大木桩组成的三脚架,中设平台,平台上用竹笼装卵石压稳。把适当数量的杩槎横列在江中,迎水面加系横、竖木头,围上竹席,外面再培上黏土,就可以挡住水流,不致渗漏。从李冰修筑都江堰的经历看,笔者认为封建社会统治阶级不关心工匠技能提升的说法显然是不成立的。

除此之外,相关教师还可以介绍灵渠及其三大贡献、四川盐文化与深井钻探、青铜箭镞等文物蕴含的古代冶金文化、以"曾侯乙编钟"为代表的古代乐器、以"放马滩纸"为代表的古代造纸技术文化,等等。同时,基于"中外合作办学"的专业特色,结合农科学校特点,教师们也应适时引导学生课外阅读《考工记》《天工开物》等古代科技文献节选,帮助学生了解《氾胜之书》、贾思勰《齐民要术》、陈旉《农书》、王祯《农书》、徐光启《农政全书》等古代农业著作所蕴含的农业科技文化内涵,使学生掌握中国传统工匠精神的精髓。

三、"博采众长":学习其他国家先进工匠文化,培养学生工匠精神

中华文化的生命力根源于它所拥有的"博采众长"特质。"博采众长"理念体现出中华文化的综合性,"博采众长"思想也时刻提醒着开展"课程思政"的教师:只要是优秀的、符合国情的先进文化都应积极借鉴。中国把马克思主义确立为指导思想,就是因为马克思主义符合当下中国国情。而马克思主义中国化恰恰是"博采众长"不断创新的表现。

教师要想更好地开展"课程思政"工作,就需要了解中华文化中"博采众长"的思想和实践成果。"博采众长"是在不放弃中国传统优秀文化的同时,吸收国外一切优秀可用的思想和事物,而不是在思想领域固守中国旧传统,一点也不借

鉴、引进外来的优秀事物。这也应是教师在"中外合作办学"项目成长课堂"跨文化适应"模块下带领同学深入探讨各国优秀文化的原因。

1992年初邓小平视察南方,发表南方谈话时提出著名的"三个有利于"的论述,成了中国改革开放的指导思想。培育工匠精神需要从两方面入手:一方面,发现和弘扬中国传统的工匠精神。另一方面,按照"三个有利于"思想,以培养学生工匠精神为目标,认真研究其他国家的工匠精神。笔者认为,每个国家都有值得我们学习和借鉴的"工匠精神",但最为典型的是欧洲的德国和亚洲的日本。

在很多人的印象中,德国产品的特点是结实、耐用和精美,并且有高质量的保证。德国产品赢得全世界尊敬的原因与德国人严谨、一丝不苟和精益求精的"工匠精神"密切相关,而使德国人具备"工匠精神"的社会环境特点值得我们深入研究和学习。

德国之所以成为世界瞩目的制造业强国是源于德国一直以来注重制造业人才的培养,其关键因素在于德国的"双元制"职业教育体系:德国学生在小学四年级毕业之后就会面临人生最重要的一次"分流"。成绩优异的学生会进入文理中学,准备报考研究型大学;其他众多的学生将进入为职业教育打基础的中学,这部分学生中学毕业之后,或者经过职业培训后就业,或者进入应用科学大学继续学习。

在"双元制"教育体系中,进入为职业教育打基础的中学学习的学生可以交替在学校和企业间学习。学校讲授理论知识,企业提供实践操作机会。德国政府规定德国企业有义务提供职业教育的培训岗位,这样就可以保证进入职业教育体系学习的学生能够顺利进入企业或者工厂,跟随有经验的技师学习第一手的应用型知识。在企业实习过程中,企业对学生的培训工作都会着眼于解决实际问题,"师傅"传授给学徒的都是当下在生产第一线应用的实用知识和技术。这样,学生们在学校所学习的理论知识指导下,经过在企业中的实习和培训,就会取得职业认证资格,这样的毕业生就很容易成为企业中不同生产岗位上合格的技师。因此,在企业实习和接受培训的学生是未来企业生产线上的员工,德国企业在与学校合作开展职业培训工作时都会十分认真、一丝不苟。不仅如此,企业为了保证自身的长期发展,还会想方设法留住优秀的实习学生。

值得一提的是,德国的职业教育尤其是高等职业教育并不等同于低学历,在应用科学大学,毕业生同样可以获得硕士学位,这类高校为德国输送了七成左右的工程师。在德国,工程师是所有职业中收入最高的职业之一,它仅排在医生和律师之后,位列第三。即使是没有接受过高等教育的技师的收入也会高于全国平均工资,较高的收入使技师和工程师成为受人尊敬的职业。不仅如此,德国技师还拥有顺畅的晋升通道,他们还可以进入应用科学大学,取得文凭后成为工程师。德国的很多技师除了生产之外,还能同时维护设备和负责质量检查,生产过程中的多面手使他们具备更强的竞争力。

在把产品质量视为企业生命的德国,一个技师出现两次以上的错误将面临巨大的职业压力。一个技师若是因为生产中出现质量问题而被解雇,那么他今后很难在行业内找到新的工作。因此,技师非常重视产品质量,这也是德国人形成严谨、一丝不苟和精益求精的"工匠精神"的原因之一。

历史上,德国十分重视中小企业发展,并将中小企业视作国家经济支柱。在商业领域,绝大部分德国企业都是中小企业。德国的中小企业有着其他国家同类企业不具备的特征:首先,很多德国中小企业都是历史悠久的家族企业;其次,绝大多数德国中小企业都不会因为短期的市场波动随意改变原有的较长期的发展战略;最后,德国中小企业大多都会从一个看似不太起眼的细分市场开始"深耕",不断积累技术优势,最终拥有全球领先的技术,成为行业领先者。掌握行业内最顶尖的技术,打造质量最高的产品是德国中小企业的共同理念。德国"工匠"们追求的是用最好的技术打造最好的产品,这样,产品就会位于行业售价最高的位置。

制造业强国日本培育"工匠精神"是以其"匠人精神"为载体的。日本学者认为"匠人精神"得益于一贯吸收中国古典文化精髓而逐步形成的日本文化。"匠人文化"的实质是中国的传统思想与日本固有精神的结合,匠人和农民都认为工作是"天职",必须对天忠诚,因此都会竭尽全力用心工作。日本的农民文化、町民文化和武士文化都来源于中国文化。

日本是一个资源匮乏的国家,在市场竞争日益激烈的环境中企业必须努力以质取胜,追求精益求精,生产更精良的产品。在日本,由政府主导的科技研发,在数量上仅占日本科技创新的20%,其余80%的科技创新都是由企业完成的。日本企业的生产和开发是一体的,企业注重创新,不创新就会倒闭。因此可以说,民间企业是日本科技发展的主力,"匠人精神"是日本科技发展的源泉。

在日本,企业主动学习新技术、新知识,开展自主创新,提高工作熟练程度,以此成了日本经济发展的重要支柱。要生产高附加值的产品必须依靠高素质的劳动者,只有经历不计较眼前利益、不辞劳苦、努力学习技能的过程,才能培养出高水平的技术工人。因此,体力劳动者和脑力劳动者收入差别不大,工人的薪资水平在全世界都处于前列。蓝领工人在社会上也受到相当大的尊敬。坚实的物质基础使得技术工人可以全身心地投入到工作中,不断创造出新产品。

中国的手工业是经过历史积淀的行业,也是中国传统工匠精神的源泉。如何解决当前面向大众的传统工艺产品设计单调、制作简陋、包装低劣等问题?怎样改善传统工艺领域模仿传统的多、创意创新的少,陈设把玩的多、实用耐用的少,大众的不精致、精致的却不大众等现象？这是需要我们认真思考的。

在继承和发展传统工艺方面,日本的一些做法是值得借鉴的。事实上,日本的"工匠精神"不只表现在制造业工厂,还体现在大量民间手工艺人身上。日本《文化财产保护法》将工艺技术作为需要保护的非物质文化遗产。非物质文化传人不仅受到社会各界尊重,其中重要的非物质文化遗产传承人的社会地位更高。日本政府为了保护这些重要的无形文化财产,"人间国宝"每年提供 200 万日元的特别扶助金。同时,日本政府也为培养传承者的项目和公开展示文化遗产的项目补贴部分经费。民间手工艺必须经过长期培训才能"出师",而工艺品制作异常烦琐,原料也不便宜,所以利润并不丰厚。如漆器表面镶嵌的贝壳和象牙雕刻,所用原料都非常昂贵,算上原料和成本,几乎没有利润空间可言。从业匠人能坚持下去多是出于对传统手工艺的热爱和希望技术传下去的愿望。在日本,对传统工艺的热爱是大多数经济状况很一般的匠人坚持下去的原因。

在高校"中外合作办学"项目中,共青团工作是学生思想政治教育的有效且不可或缺的补充。团学工作教师应该利用自身优势,以各类学生活动和成长课堂为抓手,在介绍其他国家工匠文化的同时,引导学生主动思考出国学习的目的,帮助学生唤醒学习其他国家先进文化的热情和历史责任感,从而形成出国后努力学习、"博采众长"并立志学成归国报效国家和服务人民的信念。这样,我们的教育才能更好地把学习他国优秀工匠文化与培养工匠精神、立德树人有机结合起来,培养出政治上过硬的工匠预备生。

劳动教育对青少年的价值引领研究^①

魏艳平

摘 要： 劳动贯穿人类历史发展的整个过程,人们在劳动中生存繁衍,在劳动中得到不断发展。教育的本质蕴藏在将劳动中总结的经验传递给下一代的过程中,新时代教育要更加注重"引领"而非"灌输",教育与生产活动的结合能促进人的自由全面发展。然而,目前劳动教育出现了被边缘化、弱化的现象,部分青少年存在漠视劳动、不劳而获以及缺少劳动技能等问题,因此,有必要通过劳动教育解决上述问题。由于青少年具有相对独立的人格和思想,需注重对青少年进行价值引领,因此,有必要探讨劳动教育对青少年的价值引领的重要作用,在评价劳动教育的成果时也需秉持价值中立的原则。

关键词： 劳动教育;价值引领;劳动;价值中立

一、价值引领:价值多元和冲突背景下青少年劳动教育的必然要求

在马克思看来,价值是指客观事物能够满足人们某种需要的属性,其实质是人和客观事物之间的利益关系。价值并非静止状态,它代表着主体对客体的动态判断,人们用此观念判断是非善恶,并且对事物的发展状况阐发自己的见解。从此种意义上看,价值与价值观有异曲同工之妙。"引领"一词与"灌输"相对,"引领"更加强调主体的主动性,它不是将某种价值直接传授给受教育者,而是旁推侧引地让受教育者感受到正确的价值,主动澄清自己原有的价值,进而树立一种与党和国家发展相一致的新价值观。

我们在探讨劳动教育的价值引领作用时,需要与"价值中立"相区分。韦伯主张的价值中立,其基本含义是不要依靠学术研究向他人尤其是学生灌输自己的价值观,价值中立可以运用于科学研究、社会治理和评价三方面。在科学研究

---

① 作者通信地址:魏艳平,上海师范大学哲学与法政学院,上海200234。

方面,社会科学家在从事研究时,不能将自己的主观意愿和情绪带入其中,应强调客观性、严谨性和事实性。在社会治理方面,公职人员应遵守回避原则,体现出公平正义性。在评价方面,尤其是教学评价中,评价主体不能带有强烈的主观色彩以防止因教学评价扰乱了正常的教学活动,评价作为一种特殊的活动,评价双方都希望能够以评促进。在开展劳动教育的过程中,我们需要发挥价值引领的作用,而在评价劳动教育的成果时则需秉持价值中立的原则。

在社会发展变迁的过程中,不同的价值观念与价值评价的激烈碰撞造成了青少年价值观的紊乱,并且产生了一系列的价值冲突。东西方文化的交流碰撞影响了人们的价值选择,尤其是影响青少年价值观的形成。青少年是处在人生特殊发展阶段的群体,他们在生理和心理方面的发展呈现出成熟化的倾向,但并未完全成熟。因此,他们在思想、行为习惯以及价值取向方面具有鲜明的特点。首先,在思想方面,他们喜欢独立思考,具有较强的自我意识;其次,在行为习惯方面,他们激情四射,充满活力,对身边的一切事物抱有极强的好奇心,喜爱追求刺激的感觉;最后,在价值取向方面,他们的价值观正处于形成时期,由于缺少人生经验以及受到市场经济环境下不良风气的干扰,他们极易形成盲目攀比的心理以及产生眼高手低的现象,企图不劳而获。学校对应试教育的重视与对德育、劳动教育的忽视使得青少年的世界观、人生观以及价值观产生了多样性、复杂性的特点,在此种背景下,我们需要加强对青少年的劳动教育并发挥其价值引领作用。

二、劳动教育的哲学意蕴

(一)实践、劳动、劳动价值

实践作为重要的哲学范畴,其主要形式包括:改造自然以满足人们需要的物质生产活动、处理人与人之间社会关系的活动以及探索未知领域的科学实验。实践是主体作用于客体的中介,然而,从教育角度出发,实践被赋予了特殊含义。"社会实践"是指在学校的带领下倡导学生参与社会性的公益活动,此活动的目的是让学生初步了解社会,形成服务社会的良好意识。社会实践的形式丰富多样,其核心功能是发展学生的美德,因此,该活动也是学校开展德育的一个重要方式。

"劳动"作为劳动教育的出发点,首先要追溯马克思的劳动概念,方能站在马克思主义的角度开展劳动教育。探讨马克思的劳动概念可从以下三方面入手:

1.人与自然:劳动作为物质交换活动

人作为自然存在物,为满足自身的生理需求,必须通过劳动完成人与自然之间的物质交换,才能保证人自身的生存。"人靠自然界生活。这就是说,自然界是人为了不致死亡而必须与之处于不断的交互作用过程的、人的身体。"①自然界提供人类生存所需的原料,劳动则是将自然界提供的原料转换为可供人们直接利用的物质生产活动。作为人类生存条件的劳动不会因为社会状况的改变而有所变化。劳动是"一个社会摆脱自然力量的统治"的起点,在这一过程中创造出适合人类生存发展的世界。经过漫长的历史发展,人们在劳动中学会直立行走,由于劳动需要分工协作,人类产生了语言和意识。在劳动过程中,人类不仅能维持自身存在,而且与动物相区别,获得了不同于动物的主体性特质。

2.人与社会:劳动是社会联系的纽带

劳动不仅是人与自然之间的物质变换活动,更是人与人相互联系的纽带。人对自然界的改造并非是孤立封闭的活动,劳动过程本身会产生人与人之间的交往互动。个人由于能力有限,无法单独完成改造自然界的活动,因此,需要多人协作才能完成。协作会产生人的交流与互动,社会关系不是通过外在强加于人,而是内含在劳动之中,是劳动的内在因素。在马克思看来,任何劳动"都是个人在一定社会形式中并借这种社会形式而进行的对自然的占有"②,因此,人与自然的关系以及人与人的关系是劳动无法脱离的两个方面。劳动离不开社会中的人们,它是社会关系中的人根据自己的目的改造自然并创造出价值的活动。同时,劳动也拉近了人与人之间的联系,加强了人的社会性,使人与人之间的关系更加紧密。

3.人与自身:劳动确证人的本质

古典经济学家把劳动仅仅视为创造物质财富的手段,马克思的进步之处在于他发现了劳动的本质属性,即通过劳动确证人的本质。马克思发现,人通过劳动"作用于他身外的自然并改变自然时,也就同时改变他自身的自然。他使自身的自然中沉睡着的潜力发挥出来,并且使这种力的活动受他自己控制"③。人在"自由自觉的活动"中不仅产生了人化的自然界,建立了人与人之间丰富多样的社会关系,而且在整个过程中确证并发展了人自身。人在有目的地改造自然界的过程中,一方面将自己的本质力量对象化于客体之中,另一方面,人在这一过程中创造并发展了自我,倘若没有对象性的活动,人将无法确证自身的本质力量,劳动正如一面镜子,让人们认清了自身。因此,马克思认为,劳动作为物质交换活动不仅满足了人的生理需求,更重要的是人在劳动过程中确证并发展了自

① 马克思:《1844年经济学哲学手稿》,人民出版社2000年版,第56页。
② 《马克思恩格斯全集》第46卷上册,人民出版社1979年版,第24页。
③ 《马克思恩格斯全集》第23卷,人民出版社1972年版,第202页。

身,人借助劳动创造自身、维持自身、丰富自身。

价值的经济学意蕴是指劳动者通过劳动凝结在商品中的"社会必要劳动",劳动的目的是让使用价值产生增值,价值的哲学意蕴是指客观事物呈现给主体的意义。在教育方面,劳动价值包含两层含义:劳动的价值和劳动对教育产生的价值,前者指的是劳动对人的生活产生的意义,后者指的是劳动对促进人的自由全面发展的意义。劳动价值观是人们对劳动价值的主观认识,下文会对劳动价值观展开论述。

(二)劳动教育的本质属性与育人功能

以上部分从人与自然、人与社会以及人与自身关系层面探讨了马克思的劳动概念,上述探讨的劳动必须是积极能动地改造客观世界的活动,劳动创造的产品能被劳动者自己占有。倘若要在全社会范围内实现自由劳动,就需要彻底消灭分工,在自由人组成的联合体中借助"联合劳动"实现,这种"联合"形式的劳动"不仅仅是谋生的手段,而且本身成了生活的第一需要"[1]。劳动的本质是发展人、解放人,教育的本质是培养人、塑造人,将劳动与教育结合起来开展劳动教育符合社会主义教育的根本原则,正是因为劳动创造了物质财富和精神财富,促进了社会的发展进步。所以,我们可将劳动教育视为促进人类社会发展的内在推动力。人在劳动教育中获得生产生活的知识和技术,掌握劳动技能,将劳育与德育、智育、体育、美育融合在一起,为社会主义建设做出自己的贡献。劳动教育作为一种实践活动,能够引导人复归自身的本质。人要获得自由解放,需要以高效率的劳动创造出强大的社会生产力为基础,高效率劳动的实现首先需从根本上扬弃异化劳动,消除异化的根源——分工。而消除分工需要依靠社会主义的建设与发展,逐步将社会制度过渡到自由劳动状态的共产主义社会。社会主义作为共产主义的初级阶段,是人类通向共产主义的过渡形态,这意味着人类仍需要持续提高自身的生产力,培养具有崇高理想的新时代劳动者。劳动教育的根本旨趣在于实现体力劳动和脑力劳动的结合,增加人的劳动体验,培养人艰苦奋斗的劳动意志以及尊重劳动、崇尚劳动的情感,树立追求创新的劳动精神,为实现人本质的复归做好思想和实践方面的准备。

三、劳动教育对青少年进行价值引领的路径分析

恩格斯在《劳动在从猿到人的转变过程中的作用》一文中论证了劳动创造人的观点,认为教育的源泉是劳动。他在《反杜林论》中批判了杜林所秉持的拘于

---

① 《马克思恩格斯选集》第 3 卷,人民出版社 1995 年版,第 305 页。

形式的劳动与生产相结合的思想,认为唯有将劳动与教育真正地结合起来,才能培养出符合生产力和社会发展需要的人。因此,在对青少年进行劳动价值观教育、劳动育人观教育以及劳动实践观教育中,我们需要切实发挥价值引领的作用,使青少年形成崇尚劳动、尊重劳动的价值取向,促成以劳树德、以劳增智、以劳强体、以劳育美的目的。

(一)劳动价值观教育:形成崇尚劳动、尊重劳动的价值取向

劳动价值观是劳动者世界观、人生观和价值观的集中体现,其决定了劳动者对待劳动的认识与态度,引导青少年树立正确的劳动价值观是劳动教育的内核,因此,可以说劳动价值观教育关系到劳动教育的成败。习近平总书记在全国教育大会上提出了劳动最光荣、劳动最崇高、劳动最伟大、劳动最美丽的口号。基于此,笔者认为劳动价值观教育可以帮助学生形成崇尚劳动、尊重劳动的价值取向。

新时代开展劳动教育需让学生深刻认识到崇尚劳动对个人和社会发展的重大价值以及践行社会主义核心价值观的重要意义,以此才能培养出学生对劳动的真挚情感,营造出崇尚劳动的氛围。同时,在开展劳动教育的过程中,要使青少年认识到劳动不仅能创造出一切财富,而且能够推动个人的发展。崇尚劳动符合社会主义核心价值观的目标,一方面,社会主义核心价值观是对中国优秀传统道德的高度概括与凝练,爱国、敬业、诚信、友善等内容均与劳动有着千丝万缕的关系,其本身就涵盖了崇尚劳动的价值取向;另一方面,社会主义核心价值观的核心目的是希望在全社会形成一种积极的价值观念,崇尚劳动就是积极的价值观念的直接表现。"青年的价值取向决定了未来整个社会的价值取向,而青年又处在价值观形成和确立的时期,抓好这一时期的价值观养成十分重要。"①在广大的青少年中弘扬社会主义核心价值观可以确保其走上正确的人生道路,并在此基础上形成良好的社会价值取向。以劳树德是劳动教育的重要功能之一,通过劳动教育塑造劳动道德和素养,让学生深刻认识到社会主义核心价值观的本质内涵,深刻领悟到劳动改造人主观世界的强大力量,最终让劳动教育成为弘扬社会主义核心价值观的重要途径。

新时代劳动教育要加强尊重劳动的价值引领,这意味着"要尊重和保护一切有益于人民和社会的劳动。不论是体力劳动还是脑力劳动,不论是简单劳动还是复杂劳动,一切为我国社会主义现代化建设做出贡献的劳动,都是光荣的,都应该得到承认和尊重"②。从以上这段话可以看出,尊重劳动解答了对待劳动的

---

① 习近平:《在北京大学师生座谈会上的讲话》,《人民日报》2014年5月5日第1版。

② 中共中央文献研究室编:《十六大以来重要文献选编》上册,中央文献出版社2005年版,第12页。

态度问题,笔者认为在劳动教育中培养学生尊重劳动的情感,发挥劳动教育的价值引领作用,需要阐明尊重劳动的逻辑思路。一方面,尊重劳动是指尊重劳动者及其劳动。社会中存在的利益至上的观念、忽视劳动者在生产中的地位、过分强调劳动生产的结果等不尊重劳动的现象,这些都遗忘了劳动成果的创造主体在劳动过程中发挥的重要作用。人民群众是历史的创造者,"要始终重视发挥工人阶级和广大劳动群众的主力军作用"①,开展劳动教育需坚持以人为本的价值理念,尊重劳动者的主体地位。劳动者以脑力或体力形式创造的成果都值得被尊重,随着人工智能技术的发展和应用,脑力劳动逐渐成为主流的劳动形式,部分人头脑中萌生了鄙视体力劳动者、轻视体力劳动的想法。基于此,新时代劳动教育要引导学生形成劳动平等的思想,认识到体力劳动和脑力劳动对于社会主义的和谐发展同等重要。党的十六大之所以将尊重劳动放在"四个尊重"的首位,是因为劳动是产生人才、知识和创造的首要条件,只有如此认识劳动,尊重劳动才能在全社会形成爱才惜才的风气。另一方面,尊重劳动是实现劳动幸福的前提。尊重劳动不仅需要思想层面的努力,更需要通过制度落实到具体层面,通过制度保障劳动者的合法权益并且引导学生在今后的工作中尊重自己和他人的劳动,敢于维护自身合法的劳动权益。当全社会形成尊重劳动的风尚、制定完善的劳动者权益保障机制后,劳动者在进行创造性劳动后才能获得应有的尊重和收获,以更加饱满的热情和精力投入到新的劳动中,形成良性循环,实现劳动幸福。

(二)劳动育人观教育:价值引领的形成过程

劳动教育作为基础性教育,与德、智、体、美四育一同指向人的全面发展,并且劳动教育相比其他四育具有强烈的现实参与感,德、智、体、美这四种教育已经融入青少年参与的劳动实践过程中。因此,青少年的价值观念可以通过劳动教育被潜移默化地塑造,同时,在劳动过程中,可以激发学生的智慧、使其强身健体、提高审美水平,从而达到以劳树德、以劳增智、以劳强体、以劳育美的目的。

实现以劳树德的目标需要从复归人的类本质和实现人的社会性两方面入手。在马克思看来,人在生产劳动中不仅改造对象世界,而且实现了类本质的对象化过程。学校在进行劳动教育时,应相应地引入马克思主义劳动价值观、劳动历史观以及实践观,以此作为劳动教育的主要内容。人无法脱离社会关系而存在,因此,劳动教育不应只局限于学校,而是应将其扩展到社会领域。人的主观世界随劳动改造客观世界的过程而发生改变,尤其是青少年易于在劳动中塑造自身的价值观,从这一方面可以理解为劳动创造了道德主体。通过"以劳树德"

---

① 习近平:《在庆祝"五一"国际劳动节暨表彰全国劳动模范和先进工作者大会上的讲话》,《人民日报》2015 年 4 月 29 日第 1 版。

发挥对青少年的价值引领,其中"以劳树德"可以分为锤炼青少年的品德意志和培养他们的劳动情感两部分。人在劳动中改变了对世界的认知、展现出自身的优秀品德、磨炼出人的意志。辛勤的劳动能够磨炼人的意志、深化人的思想,同时培养人勇于担当的优秀品格。习近平总书记的七年知青岁月正是最深刻、最直接的证明。青少年在劳动中逐渐对劳动主体和劳动客体产生独特的情感,这种浓厚情感是新时代中国特色社会主义建设者必备的素养。青少年在劳动中一方面劳有所得、劳有所获,获得幸福的体验;另一方面感受到他人的帮助和关心,对他人以及劳动心怀感激之情,以此培养劳动情怀和情感。

青少年在劳动互动的过程中,提高了自身合作、思考和解决问题的能力,激发了智慧,最终促成"以劳增智"的目的。陶行知认为,劳动教育需"谋手脑相长,以增进自立之能力,获得事物之真知及了解劳动者之甘苦"①。在劳动的过程中激发出青少年的智慧,被激发出智慧的青少年又可以不断丰富和发展劳动,不断提高自身劳动水平,在良性"循环"中青少年的智慧和劳动能力朝着共同的方向进步。人类从野蛮时代发展到人工智能时代,脑力劳动逐渐占据主流,"转变我国经济发展方式、实现中国制造 2025 目标、做强做大实体经济、建设知识型技能型创新型劳动者大军"等任务也随之被提出,这些都要求劳动教育必须突出"以劳增智"的功能。劳动教育是连接理论知识与生产生活的桥梁,青少年在劳动中检验知识、发展知识、增强自身的动手能力,他们用所学的知识解决劳动过程中遇到的问题,并且在解决问题的过程中收获了成就感、达到了"学以致用"的目的。

"为了在对自身生活有用的形式上占有自然物质,人就使他身上的自然力——臂和腿、头和手运动起来。"②劳动以人的身体为载体,促进血液流通、促使骨骼肌发育、提高青少年的身体素质。因此,开展劳动教育不仅锻炼学生的脑力,而且让学生的四肢得到伸展,最终达到"以劳强体"的目标。身体是革命的本钱,拥有良好的身体素质是学生健康成长的基础。学校通过与家庭、社会等多方面的合作,采取多种方式为学生创造多种劳动机会,比如,家务劳动、班级劳动和社区服务等劳动形式。但是,劳动教育并不意味着让学生简单参与体力劳动,体力劳动通常伴随高强度的体力消耗,将劳动教育片面地等同于体力劳动既违背了青少年生理的发展规律,也违背了劳动教育的初衷,因此,要避免劳动教育成为一种惩戒机制和变相体罚的手段。

---

① 转引自刘猛:《劳动教育:从陶行知到毛泽东》,《江苏教育学院学报(社会科学版)》2003 年第 2 期,第 19 页。

② 《马克思恩格斯选集》第 2 卷,人民出版社 1995 年版,第 177 页。

探讨劳动中蕴含的美学意蕴是开展劳动教育的目的之一。一方面,劳动是产生审美观念的必要因素。人们在改造客观世界的劳动过程中不仅认识了世界,而且形成了对美的认识和评判尺度,基于劳动形成的审美观念不仅满足了人的精神追求,更为人们提供了想象的空间,使人性得到进一步发挥。马克思主义的审美观成为劳动教育"以劳育美"的理论来源。另一方面,"以劳育美"体现出美在社会层面的价值。人在劳动中塑造自我并且展现出属人的特性,为社会传播正能量,促使社会产生美的共识,这体现了"以劳育美"的社会价值。在各行各业涌现出了一批批如王进喜、焦裕禄、黄大年等优秀劳动者,他们在平凡的岗位上兢兢业业,做出了不平凡的功绩,他们的事迹被人人传颂,他们在劳动中凸显的优秀品质为我们留下了宝贵精神财富,并且这些优秀品质引领了社会发展,在全社会形成了"劳动者最美丽"的普遍价值认同,这正是"以劳育美"的社会价值表现。青少年在创造劳动作品的过程中获得对美好事物的直观感受,形成自己的审美观,同时,他们也在此过程中产生了判断是非善恶的标准,进一步促成了其大"美"概念的形成,使他们将带有大"美"的价值观念投入到以后的学习及工作里。

(三)劳动实践观教育:价值引领的最终实现

劳动教育的最终目的是使青少年树立正确的劳动观念和劳动态度,并将这种观念和态度带入劳动实践中,劳动实践观教育既是劳动教育的最终环节,也是劳动教育价值引领功能的最终实现。

青少年进行劳动实践观教育首先要端正劳动态度,参加劳动实践。劳动者的态度直接影响到劳动结果的好坏以及社会的劳动风气,因此,教师要教育引导学生树立正确的劳动态度,积极参加劳动实践。习近平总书记强调要辛勤劳动、诚实劳动和创造性劳动,指出了新时代对待劳动该有的态度,辛勤劳动既是中华民族的优秀传统,又是人类劳动的基本特征之一。纵观历史发展,无论是体力劳动还是脑力劳动都需要人们付出辛勤的汗水。即使在人工智能技术广泛应用的情况下,技术将人们从繁重的体力劳动中解放出来,但人们换来的却是因发明和维护机器而付出的更繁重的脑力劳动。可见,辛勤劳动不会因为劳动方式的变化而消失,在每个人实现全面发展以前,辛勤劳动作为劳动的特征之一是不会消失的。诚实劳动要求劳动者在从事劳动时遵守法律制度和道德规范,对自己的劳动能力拥有正确的认识并且实事求是地对待劳动过程和劳动结果,力戒好高骛远和不劳而获的思想。创造性劳动是实现中华民族伟大复兴的重要动力支撑,这要求我们必须尊重人民的"首创精神",同时创造性劳动对青少年的个人成长也发挥着重大作用。青少年的思维和身体正处于成长的黄金时期,在劳动教育过程中倡导创造性劳动能够激发青少年的想象力和创造力,有利于学生成长成才。

其次，帮助学生树立劳动榜样意识，增强学生的精神引领。开展劳动教育与弘扬劳动精神是一脉相承的，因此教师要引导学生向劳动模范学习，使学生在劳动中弘扬并传承劳模精神，争取让劳模精神成为师生道德建设的推动力量。敬业、实干不仅是劳模精神和工匠精神的内核，更是学生道德建设的目标。学校是培养社会主义建设所需人才的重要基地，具有弘扬劳动光荣的责任。为了树立青少年劳动榜样意识，学校应邀请劳动模范进校园，让学生直观地、近距离地聆听和感受劳动模范的光荣事迹和爱岗敬业、甘于奉献的优秀品质，引导学生向劳模看齐、向劳模学习、争做劳模。劳模教育为劳模精神的发扬和继承提供了载体，劳模精神为劳动教育提供了源源不断的精神源泉。因此，应引导青少年将劳模精神内化于心、外化于行，将其融入以后的学习生活和工作中。

最后，拓宽劳动参与的范围，增强青少年劳动实践的能力。青少年的劳动技能和劳动素质须在劳动实践中得到提升，一方面需要拓宽劳动教育的参与范围，劳动教育作为学校组织的课程之一不仅仅需要学校的努力，更需要社会和家庭两方面的协同努力，让青少年在实实在在的劳动中付出辛勤的汗水，感受到劳动成果来之不易，以此增强他们劳动的获得感和体验感，杜绝所有虚假劳动。只有在日常生活中不断巩固劳动教育的成果、夯实劳动价值观念、增强劳动能力，才能让青少年得到更好的发展。另一方面，需根据青少年自身的发展规律制订详细的劳动教育方案，在儿童时期应让学生做简单的家务活动，以此培养学生爱劳动的习惯；在青少年时期应让学生参加生产活动或志愿活动，以此使学生认识到劳动成果来之不易；在青年时期应培养学生专业性的劳动技能，以此使学生获得社会生存的能力。劳动教育的成果需要在劳动实践中检验，因为只有在劳动实践中才能发挥出劳动教育的价值引领功能，只有让学生参与劳动，才能够培养出学生尊重劳动、热爱劳动的情感，进而才能实现劳动教育的价值引领功能。

不过，在劳动教育成果的评价中需坚持价值中立的原则。通过观察青少年在劳动过程中的参与程度、情绪变化以及劳动能力，对劳动教育成果做出客观公正的评价，通过量化考核的方式观察学生参与劳动的全过程，从而在整体上做出不带有个人主观意志和情感的评价，青少年应当以此为依据，不断改进，使自己努力成为尊劳、爱劳、继承并发扬劳动精神的新时代青少年，从而才能在劳动过程中收获可喜的劳动成果和幸福感。

青少年劳动观教育：
价值意蕴、问题审思与解决路径^①

李　磊

摘　要：　青少年劳动观教育具有丰富而重要的价值意蕴：其一，完善青少年对劳动的认知：劳动是实现人自由而全面发展的唯一途径；其二，使青少年明白劳动是个人发展和社会发展的联结点，能够促进二者协同发展；其三，使青少年明白劳动能够实现个人、自然和社会三者和谐统一。目前，青少年群体主要存在劳动认知上的偏颇、劳动价值上的失衡、劳动行为上的失范等问题，其原因主要在于劳动形态变化的冲击、价值多元化的冲击、家庭与学校劳动教育的不全面。为此，需要构建全面科学的劳动认知教育、以劳动精神为核心的劳动价值引领教育、以创造性劳动为关键的劳动行为教育。

关键词：　青少年；劳动观教育；问题审思；解决路径

2020 年 7 月，教育部印发《大中小学劳动教育指导纲要（试行）》的通知（以下简称《纲要》），提出了劳动教育的总体目标，即"使学生树立正确的劳动观念。正确理解劳动是人类发展和社会进步的根本力量，认识劳动创造人、劳动创造价值、创造财富、创造美好生活的道理，尊重劳动，尊重普通劳动者，牢固树立劳动最光荣、劳动最崇高、劳动最伟大、劳动最美丽的思想观念"^②。《纲要》强化了劳动教育的重要性。劳动观念教育是劳动教育的重要组成部分，劳动观包括劳动者的劳动认知水平、劳动价值态度、劳动行为规范。青少年群体正处于成长成才的关键时期，他们的劳动观也正处在发展和形成的关键时期，他们能否拥有科学的劳动认知、正确的劳动价值态度、合理的劳动行为规范不仅对于他们的成长成才非常重要，而且对于我国的社会主义现代化建设事业也极为重要，虽然他们现

---

①　作者通信地址：李磊，上海旅游高等专科学校马克思主义教研部，上海 201418。

②　教育部：《关于印发〈大中小学劳动教育指导纲要（试行）〉的通知》，http://www.moe.gov.cn/srcsite/A26/jcj_kcjcgh/202007/t20200715_472808.html，2021 年 10 月 25 日检索。

在是祖国的花朵,但未来他们却是建设祖国的主力军。因此,本文的探讨具有一定的现实意义和价值。

一、青少年劳动观教育的价值意蕴

劳动观是劳动者对劳动的根本观点、看法和认识,是对劳动的本质、价值、功能和目的的整体理解。青少年劳动观教育是以马克思主义劳动观教育为基础,贯穿在马克思主义哲学、政治经济学、科学社会主义教育之中的一整套科学的教育体系。青少年正处于劳动观形成的重要时期,我们要积极帮助其树立科学的、全面的、符合时代要求的劳动观。因为,劳动观作为人的一种意识而具有意识的能动性,会对人的劳动行为产生直接影响,正如马克思所说:"最蹩脚的建筑师从一开始就比最灵巧的蜜蜂高明的地方,是他在用蜂蜡建筑蜂房以前,已经在自己的头脑中把它建成了。劳动过程结束时得到的结果,在这个过程开始时就已经在劳动着的表象中存在着,即已经观念性地存在着。"[①]这就是说,人的劳动首先是一种有意识的生命活动,在具体劳动之前,人其实就已经在头脑中对劳动进行了观念性的模拟。这种能动的观念性模拟是人与动物的重要区别。劳动观教育正是要让青少年自觉意识到这种为人所特有的劳动意识特性及其对青少年的世界观、人生观、价值观的奠基性的作用。

(一)完善青少年对劳动的认知:劳动是实现人自由而全面发展的唯一途径

劳动观教育可以帮助青少年形成正确的劳动认知。恩格斯指出:"劳动创造了人本身"[②],需要强调的是,这里的"人"是指"现实的个人",正如马克思、恩格斯说:"这里所说的个人不是他们自己或别人想象中的那种个人,而是现实中的个人,也就是说,这些个人是从事活动的,进行物质生产的,因而是在一定的物质的、不受他们任意支配的界限、前提和条件下活动着的。"[③]正是通过劳动,"历史破天荒第一次被置于它的真正的基础上"[④]。可以说,劳动是人类历史的真正出发点。因此,正确的劳动认知能够使劳动者自觉地把对世界的感性认识上升为理性认识,正确地认知和把握世界的客观规律,为进一步自觉地改造世界提供普遍性指导。同时,更为重要的是劳动具有自由而全面发展人的功能。劳动作为一种人之为人所特有的活动,它具有体现并兑现人的价值的创造性功能,能够使人摆脱动物性一面,而实现自我超越,即使得人的存在越来越具有属人属性,能

---

① 《马克思恩格斯全集》第 23 卷,人民出版社 1972 年版,第 202 页。

② 《马克思恩格斯文集》第 9 卷,人民出版社 2009 年版,第 550 页。

③ 《马克思恩格斯文集》第 1 卷,人民出版社 2009 年版,第 524 页。

④ 《马克思恩格斯全集》第 25 卷,人民出版社 2001 年版,第 136 页。

够实现与"德、智、体、美"的协同发展。在共产主义社会中，劳动的自由而全面发展人的功能得到了最终体现和实现，正如同马克思所说，那时"劳动已经不仅仅是谋生的手段，而且本身成了生活的第一需要"①。因此，劳动观教育能够引导青少年正确认识劳动的真正含义，使得他们明白：人要生存和发展，就必须自觉培养和形成科学的劳动认知，理解并认同唯有通过劳动才能实现个人的自由而全面发展。

（二）使青少年明白劳动是个人幸福和社会发展的纽带，能够促进二者统一发展

随着分工与交往的发展，劳动不仅越来越成为个人发展的直接力量，也越来越成为社会发展的重要力量，可以说，劳动不仅创造了人本身，还创造了整个人类社会，劳动是个人发展和社会发展的重要纽带。特别是在个体生存全面社会化和劳动的创造性要求日益凸显的当今时代，劳动，尤其是创造性劳动越来越直接地成为推动个人发展和社会发展的第一动力。因此，劳动观教育不仅要使得青少年理解劳动之于人生幸福和发展的根本性和重要性，也要使青少年明白劳动之于社会进步和发展的根本性和重要性，并且使他们认识到个人的幸福与社会的发展具有内在的一致性。其实，越是个人的劳动越应当体现劳动的社会性，这不仅是由劳动的本质所决定的，也是由人的社会本质所决定的。一个人的劳动越具有自觉的社会性，就越意味着个人的社会性得到了彰显、个人的价值得到了实现。此外，不难看出，人的社会本质决定了个人劳动要自觉服务于社会的进步和发展，社会的发展同时也要为个人幸福和发展提供重要支持。因此，对于个人来说，应当自觉把个人幸福与社会发展统一于自己的劳动奋斗中。总之，劳动观教育就是要让青少年认识到：个人的发展要自觉地服务和满足社会发展的需要，社会的发展也最终会体现和实现个人的幸福。没有离开个人幸福的社会发展，也没有离开社会发展的个人幸福。个人幸福与社会发展是统一的，二者统一于劳动。离开劳动，不仅个人幸福无法实现，社会发展也无法实现。

（三）使青少年明白劳动能够实现个人、自然和社会三者和谐统一

劳动不仅是实现个人幸福与社会发展的纽带，也是实现人与自然相统一的桥梁，更是实现个人、自然和社会三者和谐统一的主体性中介。笔者以为，劳动过程其实是双重关系形成的过程：既是人的自然化和自然的人化的过程，也是个人的社会化和社会的个人化的过程。前者表现为人与自然的对象性关系的生成过程，后者表现为个人与个人的社会承认关系的构建过程。在人通过劳动改造自然的过程中，即自然的人化过程中，其实人也在同等程度上被自然化，即人越

---

① 《马克思恩格斯文集》第3卷，人民出版社2009年版，第435页。

来越自觉地意识到自己是自然界的一部分,逐渐学会了尊重自然,并自觉地按照自然规律办事,认识到自然的发展与人的发展是统一的,同时磨练了劳动意志并形成了劳动审美情趣。而人在通过劳动改造自然的过程中逐渐意识到个人力量是非常有限的,认识到为了实现个人幸福的最大化,必须形成联合的劳动共同体,结成劳动伦理关系,自觉、主动地进行人与人之间的共同合作。在这一过程中,人逐渐学会了相互尊重,并能够自觉地按照道德法则行事,认识到个人的发展与社会的发展是统一的,同时形成了劳动美德并提高了劳动境界。劳动的双重关系表明:个人一方面要通过社会(与他人的联合劳动)来间接处理人与自然的关系,并完成向自然的复归,实现个人与自然的和谐统一;另一方面又要通过社会(与他人的联合劳动)来间接处理人与社会的关系,并完成向社会的复归,实现个人与社会的和谐统一。不过,在阶级社会中,特别是在资本主义社会中,劳动关系的双重性却表现为劳动关系的双重对立,即人与自然的对立和人与社会(自身)的对立,人不是向自然的复归,而是远离自然,人不是向社会(自身)的复归,而是远离社会。这是人和自然的双重异化,即自然的异化和人自身的异化,本质上是劳动的异化。而在共产主义社会中,劳动关系的双重性则表现为劳动的双重统一,即人与自然的统一和人与社会(自身)的统一,那时人实现了向自然和自身的复归,实现了个人与自然、社会的和谐统一。因此,劳动教育要使青少年全面认识和把握劳动关系的双重性特征及其重要性,并以人类社会的视野正确认识劳动异化现象,为消除劳动异化、实现劳动自由以及个人、自然和社会的和谐统一而不懈奋斗。

二、青少年劳动观教育的问题审思

重提并重视青少年的劳动教育工作,既是社会主义现代化事业内在的应有之义,也是纠正当前青少年群体中存在着的不良、错误和扭曲的劳动观的必然要求。当前青少年在劳动观上主要存在认知偏颇、价值失衡、行为失范等方面的问题,原因主要在于劳动形态变化的冲击、价值多元化的冲击、家庭与学校劳动教育的不全面。

(一)青少年劳动观问题之表征

青少年正处于成长成才的关键时期以及知识的获取、观念的塑造、行为的养成的重要时期。对于青少年劳动观的形成来说,这一时期尤为重要。可以说,青少年有什么样的劳动认知就会有什么样的劳动价值取向,也就会导致什么样的劳动行为。反过来说,我们也可以从青少年的劳动价值取向和劳动行为中推知其劳动认知的情况。进一步说,劳动认知上的偏颇必然会导致劳动价值上的失衡和劳动行为上的失范,反之,劳动价值上的失衡和劳动行为上的失范也必然会反映出劳动认知上的偏颇。

1. 劳动观念认知上的偏颇

首先，从劳动的本体论上来看，在马克思主义经典作家那里，"劳动"是一个人类学本体论概念，劳动不仅创造了整个人类历史，而且生产和再生产着整个人类社会，正如马克思指出："整个所谓世界历史不外是人通过人的劳动而诞生的过程。"①人正是在劳动中使得自己的内在本质得到了外化、对象化和现实化，这一外化、对象化和现实化过程，也就是人类历史和人类社会的形成和发展过程。所以，可以说劳动具有与上帝同等的地位，只不过劳动并不如上帝那样是从无中创造了世界，劳动不是语言创世，而是在建筑学意义上创造世界的。也就是说，劳动必须在一定社会历史条件的前提下和前人劳动成果的基础上才能进行新的创造，由此才形成人类社会接续不断和生生不息的人类历史图景。

此外，从人与动物的劳动行为区别上来看，任何一种人类劳动，看得见的虽然是劳动行为和劳动结果，但其实劳动动机或目的已经以观念形态表象了劳动行为和结果。也就是说，在劳动行为和劳动结果之前，劳动者已经在意识中大致模拟了劳动行为过程并评估了劳动结果，而具体的劳动行为及其结果只不过是把观念或意识形态的劳动加以对象化和现实化而已，这一观念或意识形态的劳动正是人类劳动的独特性。动物不存在这样一个观念或意识形态的劳动行为。动物的劳动行为完全受本能的支配，动物不会自觉地在观念或意识中先行对劳动行为和结果进行模拟。正确的认识是：人的劳动虽然有其动物属性的一面，但其本质上是超越动物性的，即人的劳动能够使人逐渐摆脱动物性而越来越具有属人属性。

当前，一些青少年在劳动认知上出现了偏颇甚至混乱，他们把劳动片面地理解为一种没有尊严的行为而产生了鄙视体力劳动的错误认知，甚至出现了"劳动可有可无、劳动意志淡薄、劳动情感缺失"等精神层面的反面案例。他们往往认为劳动课就是"走形式、走过场"，劳动完全是一种"体罚的手段"等。另外，他们对劳动的认知也仅仅停留在"劳动就是赚钱的手段，劳动等同于人的可利用的工具"等实用论层面，而对劳动的属人属性、劳动创造美、劳动创造幸福生活等价值缺乏足够的认识与认同。这些都是劳动认知上偏颇的表现。

2. 劳动价值取向上的失衡

劳动是手段与目的或工具与价值相统一的活动。劳动既具有类动物性的谋生性，又具有属人属性的需要性。在阶级社会中，劳动创造了人，但这种创造具有二重性，劳动既发展着人，同时也折磨着人，既是幸福的，又是不幸福的，也就

---

① 《马克思恩格斯文集》第 1 卷，人民出版社 2009 年版，第 196 页。

是说劳动的目的性和手段性并不是直接统一的,而是间接统一的,是在对立基础上的统一。劳动在创造着人的同时,人也被动物化、物化和异化了。只有在共产主义社会,劳动本身才成为一种需要,并且成为人的第一需要,劳动的谋生性或被迫性才完全被消解,或者说劳动的手段性和目的性实现了直接的统一。而就当前来看,由于工具理性的盛行,劳动的工具性或手段性的作用被极大抬高,而劳动的目的性和价值性却日渐消隐。工具理性与价值理性的撕裂和对立鲜明地体现在人们的劳动取向上:为了达到某种目的,不择手段、不注重劳动过程、片面追求劳动结果、劳动动机不纯、诚实劳动愿意度低。当前,青少年"劳动价值失衡"极端地表现在三个方面:一是不愿意劳动,认为劳动无价值和意义,如"空心病"、佛系文化、"躺平"等现象盛行;二是一味地追求不切实际的劳动报酬,企图一夜暴富,不劳而获;三是持有"物质第一,金钱至上"的扭曲价值观,重物质劳动,轻精神劳动。

3. 劳动行为上的失范

青少年体认劳动,从知到行,知外化于行,知在行中得到了确证,行又推动了知的深化。因此,行是劳动认知的重要表征。习近平总书记强调:"要在学生中弘扬劳动精神……长大后能够辛勤劳动、诚实劳动、创造性劳动。"[1]这表明了劳动精神最终要在劳动实践中才能转化为现实的力量,这同时也对青少年从行为上表达自己的劳动观提出了要求。劳动观包括劳动的知与劳动的行,是知行合一。知而不行,行而不知,知之不甚,行而不笃,都会导致劳动行为上的失范,青少年应当在行中不断反思、总结以提升认知,并用提升的认知不断指导行,形成相互促进、不断提高的良性循环。当前,一些青少年因劳动观念教育不足出现了劳动动力不足、懒于劳动等现象,这又导致他们不屑劳动、不想劳动、不会劳动,他们因劳动认知偏颇而出现了劳动行为失范,也就更谈不上热爱劳动了;另外,虽然一些青少年受到了良好的劳动教育,但从知到行的转化能力的不足导致了其劳动行为上的失范,这就在客观上妨碍了他人劳动幸福和价值的实现,因而也就出现了劳动伦理问题,如在劳动过程中出现的个体的劳动价值与集体的劳动价值的冲突、对他人的劳动行为协调不力以及劳动分配不合理等现象,这些现象主要是由于主观认知偏颇和客观能力不足而导致的劳动伦理问题。

(二)青少年劳动观问题之原因

面对以上青少年群体中出现的劳动观问题,必须找到其问题产生的原因,才能据以提出合理的解决方案。笔者以为,对于青少年群体中出现的劳动认知上的偏颇、劳动价值上的失衡和劳动行为上的失范等问题,可以从劳动形态变化的

---

① 习近平:《在全国教育大会上强调:坚持中国特色社会主义教育发展道路 培养德智体美劳全面发展的社会主义建设者和接班人》,《人民日报》2018 年 9 月 11 日第 1 版。

冲击、价值多元化的冲击、家庭与学校劳动教育的不全面等方面进行分析。

1. 劳动形态的急剧变化冲击传统的劳动认知观

随着分工的日益普遍化和数字信息时代的纵深发展,劳动日益呈现出信息化、数字化、智能化的特征,劳动的非物质性越来越显著,传统的脑力劳动和体力劳动、简单劳动与复杂劳动的界限日益模糊,这给传统劳动观带来了前所未有的冲击,造成了划分劳动主体、劳动对象、劳动形态以及劳动评价标准等的困难。在人们的传统劳动中,劳动主体、劳动对象、劳动形态以及劳动评价标准的界线是分明的,具有一定的时空性,而现代的劳动形态,特别是智能劳动和数字劳动的出现,已经打破了时空的界线,打破了生活与工作的界线,而具有了无主体性和超时空性等特征,由此而产生诸如:谁在劳动? 劳动对象是什么? 劳动成果是什么? 按何种标准分配劳动成果等一系列新问题。这些问题必须得到解决,因为劳动的明晰性问题是一个根本性问题,这涉及劳动分配正义的根据和合法性问题。笔者以为,劳动形态的数字化和智能化趋势并没有改变劳动创造价值的科学论断,而只是使得劳动创造价值变得日益复杂化,特别是创造价值的劳动主体日益复杂化,因此首先必须确定劳动的主体。因为只有找到劳动生产的主体,才能找到劳动分配和劳动正义的主体性根据。当前劳动认知领域的偏颇、甚至混乱,主要原因就是劳动主体不清晰,从而导致劳动者的劳动所得与实际的劳动付出严重不相称,而不劳者却以劳动者的名义获得远超应得的份额,这就导致劳动价值论受到很大质疑、劳动正义问题日益突出并进一步扭曲了人们的劳动认知观。而青少年群体无疑是最大的受害者,一方面传统的劳动认知观并没有在他们内心完全确立,另一方面新型的劳动形态又在冲击和瓦解着他们已经部分确立的传统的劳动认知观。

2. 社会价值的多元化日益消解劳动价值观

随着网络自媒体等传播媒介的快速发展,各种附带主义倾向和消极意识形态价值取向的信息(视频、图片、文字)迅速占据人们的头脑,表现为极端的个人主义、精致的利己主义、金钱至上主义、价值虚无主义、躺平或佛系的人生观,并不断地冲击、动摇、瓦解着人们的劳动创造价值、劳动创造美好生活等价值观。劳动非但不能创造幸福和美好,反而创造不幸和痛苦,劳动似乎成为一种原罪,成为低贱者的标配。不可否认,我们虽然消灭了阶级对立的矛盾,但阶层之间的矛盾还是大量存在的,虽然这是一种人民内部的矛盾,但如果不谨慎、正面地回应和解决,很可能在各种消极思潮的冲击与裹挟下造成严重的社会后果。因此,有关部门一方面应当大力整治网络环境,在阻遏各种消极思潮自由泛滥的同时大力弘扬以劳动创造价值为核心的主流价值观,并且还要着力缩小贫富差距,大力推进共同富裕,把以人民为中心的发展成果落实在每一个人身上,使得全体劳动人民都有实实在在的获得感。要特别加强对于青少年劳动价值观的引导,因为当前物质财富的极大丰富和消费主义的盛行在一定程度上掩盖了劳动创造价值的具体过程及其艰辛程度,这不仅使当今青少年群体缺乏对劳动的真实体认,而且使得他们难以体会劳动创造自由和美好生活的崇高性。

3. 家庭与学校劳动教育的不全面导致劳动行为失范

青少年科学劳动观的树立,离不开家庭和学校的劳动观教育。但是当前无论从家庭来看,还是从学校来看,劳动观教育都存在不全面的问题。劳动观教育既是劳动行为的教育,也是劳动知识的教育,是劳动的知与行的统一性教育,本质上是劳以成人的教育,二者不可偏废,否则都会造成青少年劳动行为上的失范问题。从家庭来看,家长出于心疼或爱护孩子的理由,从小就以代劳的方式剥夺了孩子的劳动权,导致孩子逐渐形成了轻视劳动、不劳而获的消极观念,养成了依赖别人、理所应当的消极价值观。家长错误地教导孩子:“要学习好,否则将来就要去劳动。”家长习惯性地把体力劳动视为不努力学习的人的专属行为,而把学习书本知识的脑力劳动视为全部劳动,人为制造脑力劳动与体力劳动的紧张与对立。这种对劳动认知的片面会给孩子错误的导向。我们知道,家庭是青少年劳动观教育的第一个学校,是形成青少年积极劳动、自主劳动、热爱劳动等正确劳动观的“母校”,但是由于劳动教育的不当和不全面,目前从整体上来看,家庭教育是不够格的。另外,从学校来看,学校至今还未摸索出科学、规范、统一、有效的劳动教育体系,理论劳动课程“讲什么”,实践劳动课程“如何做”都尚处于开发、形成的阶段。部分学校的劳动教育课程只注重知识性讲解,而轻视劳动实践。即使有实践课,也只是走走过场,只是当作“体验式”的活动,抑或在形式上将劳动教育归为职业教育,而将劳动实践拒之门外,这些现象对青少年劳动观的养成以及劳动精神的树立都是有害无益的。

三、青少年劳动观教育的解决路径

针对当前劳动观教育中出现的劳动认知偏颇、劳动价值失衡、劳动行为失范等问题,在分析其原因的基础上,笔者以为,必须构建全面科学的劳动认知教育、以劳动精神为核心的劳动价值引领教育、以创造性劳动为关键的劳动行为教育。

(一)认知向度:构建全面科学的劳动认知教育

马克思主义劳动观包括:劳动自然观、劳动社会历史观、劳动价值观、劳动人生观等方面,这也是劳动观教育的主要内容,构建青少年全面科学的劳动认知观主要从这几个方面展开。第一,劳动自然观。自然是劳动的对象,离开自然这一对象,劳动就如无米的巧妇,难有作为,同时自然又是劳动的前提,作为劳动的主体即人本身是自然的一部分,而自然是人的无机的身体。人与自然的统一是劳动基础上的统一。离开劳动,人难以成为人;同样,离开劳动,自然界也不是现实的感性自然界。真正的自然界始终是人的感性自然界，是劳动的对象自然界，是人的意识的对象自然界。科学的劳动自然观认知能够培养学生的人类自然共同体意识，使学生深刻领悟到：改造自然要以尊重和保护自然为前提，保护自然即保护我们人类自身。第二，劳动社会历史观。社会是劳动的社会，历史是劳动的历史。劳动是认识社会和历史的一把钥匙。何为社会？社会无非是各种劳动分工与交往而产生的庞大而复杂的组织网络，与自然界一样，它也有自己的内在规律性，这就是生产力与生产关系之间的矛盾运动、经济基础与上层建筑之间的矛盾运动。何为历史？马克思说，历史不外是人的劳动过程，表现为生产方式的变革和人的谋生方式的变化。劳动的社会观和历史观表明人是自身的创造者，正是人靠自己的劳动创造了自己的历史和社会。从来就没有创世神，每一位劳动者都是创造人类社会和历史的主人。劳动教育应教育青少年形成科学的劳动社会历史观，帮助他们形成自觉、主动创造历史和奉献社会的认知与意识。第三，劳动价值观。当前，劳动创造价值受到质疑的主要原因在于劳动创造主体难以界定，这与日益发达的社会分工有很大关系，比如一件商品，参与者众多，不仅涉及人与人之间的关系，还涉及人机之间的关系，而这些人又可能跨越了行业、地域、民族、国家等界限。劳动主体变成一个共同主体概念，劳动创造价值并没有改变，改变的是劳动形态本身，特别是劳动者自身，而这又会导致劳动分配更加复杂化。对于新型的劳动价值观，笔者以为，并不是劳动不再创造价值，而是劳动主体本身日益复杂化，变得越来越难以界定，从而导致劳动价值认定越来越难以操作。这要求我们在坚持劳动价值观的同时，迫切需要对劳动主体和分配正义进行研究。这也是青少年劳动价值观的重点。第四，劳动幸福观。消费并不能使人获得真正的幸福，唯有建立在诚实劳动基础上的幸福才是真正的幸福，也才能实现幸福的深层次确证。劳动幸福是与人的类本质相符合的，劳动创造了人，并发展了人，成为人理所当然的最高的幸福。目前主要流行一种消费主义的幸福观，这是一种错把感官的享受和欲望的满足等同于幸福的片面的幸福观。奉行消费主义的幸福观，容易导致我们把劳动视为不幸福的，错误地认为幸福是一种索取，而不是创造。其实，真正的幸福是劳动生产出来的，这是一种有尊严的幸福，并且坚持劳动创造幸福能够形成尊重劳动、崇尚劳动、劳动光荣、劳动伟大的社会氛围。我们要教育学生认识到消费主义的幸福并不是真正的幸福，唯有建立在劳动基础上的幸福才是真正的幸福。

（二）价值向度：构建以劳动精神为核心的劳动价值引领教育

青少年劳动观教育最主要的是培养一种精神——劳动精神，以以劳动精神为核心带动其他精神的培养。劳动精神的培养需要挖掘和汲取各种思想资源，可以从历史资源与现实资源两个方面挖掘和汲取。第一，要注重从中华优秀传统文化中挖掘和汲取劳动精神资源。比如，传统文化中有庖丁解牛、愚公移山等传统劳动精神代表。可以利用现代科技,以神话故事、诗词歌赋、历史典故等形式情景式再现这些古老的劳动精神代表。这样既弘扬了传统文化,增强了青少年的民族认同感,又培养和陶冶了青少年的劳动精神。第二,要注重从马克思主义经典作家著作中挖掘和汲取劳动精神资源。马克思、恩格斯、列宁、毛泽东等有大量的关于劳动的论述,比如劳动创造人、劳动与人的类本质、劳动与人需要、劳动与人的全面发展、劳动自由、劳动解放、劳动与道德修养等,马克思主义的劳动精神资源正是我们当前青少年劳动精神观教育的重要资源。积极引导青少年接触和阅读马克思主义经典著作中有关劳动论述的著作,对做好青少年的劳动精神教育的价值引领具有重要作用。第三,有关部门要联合家庭和学校在全社会形成良好的劳动风尚,形成"撸起袖子,加油干!"的劳动奋斗风气,形成"劳有所得,不劳不得""劳动平等,因劳称义""劳动光荣,劳动幸福"等的劳动价值导向,用劳模精神、工匠精神助力青少年劳动价值观和良好道德品质的养成。第四,创建风清气正的社会氛围和网络空间环境。掌握劳动观教育的主动权和话语权,立足社会劳动环境,做好舆论引导,促进青少年的劳动观教育,推动以劳动精神为核心的劳动价值指引教育健康有序发展。

(三)实践向度:构建以创造性劳动为关键的劳动行为教育

劳动观教育不仅要教育学生积极劳动以及怎样科学、合理地劳动,更为重要的是要教育学生学会进行创造性劳动。因为只有创造性劳动,才能完全彰显劳动的价值和幸福内涵。创造性劳动使"我的劳动是自由的生命表现,因而是生活的乐趣"[①]。因此,青少年劳动观教育最为关键的是创造性劳动观的教育。为此,在青少年劳动观教育体系的建设过程中尤其要注重创新意识和能力的培养。第一,家庭劳动观教育要注重劳动创新性理念的启发性教育,培养青少年劳动创新的态度和习惯。使青少年以劳动能力为核心,并在已有劳动能力的基础上尝试创新性提高和发展;第二,学校劳动观教育要搭建"以劳育人"的创新平台。要加强劳动创新精神的引领,传递劳动创新的价值,以青少年所喜闻乐见的校园文化活动营造劳动创新的氛围,向学生传递创新的文化观念,激发他们创造性劳动的兴趣和意识,使他们自觉践行奋斗、奉献的劳动意志品质。第三,凝聚社会资源,合力打造劳动创新的教育宗旨。教育青少年在新时代关注新兴行业、新兴事物,鼓励他们主动加强创新意识的培养,提供满足青少年学习新工艺、新技能、新方法的社会资源,让青少年在创造性劳动中不断实现人生价值,完善自身的劳动观。

---

① 《马克思恩格斯全集》第 42 卷,人民出版社 1958 年版,第 38 页。

论西方马克思主义技术批判理论的
价值之维[①]

张星萍

摘 要： 面对当代资本主义科学技术的一体化发展及其向生活世界的全面扩张，西方马克思主义理论家从人的生存困境出发重审科学技术的合理性以及它的价值诉求，深刻揭示了现代技术作为一种新型社会控制形式的真实面目。为了进一步说明科学技术的意识形态本性，他们把批判的矛头指向从思想上造成技术滥用的实证哲学，不仅驳斥了经验证实原则对价值问题的驱逐，而且披露了肯定性思维对人的批判意识的消解和现有社会秩序的强化。在此基础上，从卢卡奇到生态学马克思主义侧重从不同视角诠释现代技术的政治价值、人文价值和生态价值，认为科学技术承载着当代资本主义全面控制人和自然的特定价值偏好，只有重塑技术的人文主义向度才能拨正其偏离了"人的解放"和"自然祛魅"初衷的发展道路。

关键词： 西方马克思主义；技术批判；启蒙理性；反实证主义；人的解放

自 20 世纪 80 年代以来，为了避免当代技术哲学经验转向（empirical turn）的局限性，维贝克、布瑞、布里戈尔等西方学者明确提出技术哲学的价值论转向，试图在打开技术黑箱的同时为技术人工物注入规范性元素，从而使技术更好地发展并实现其服务于社会的根本任务。事实上，技术与价值的关系问题一直是西方技术哲学研究的核心论题，关于技术及其应用是否负载价值的理论思考则直接关涉对技术本质论、技术伦理观、技术发展模式等问题的回答。正因如此，美国技术哲学家卡尔·米切姆断言："未来的技术哲学研究，将更注重对技术应用过程意义与价值的考察。"[②]倘若回溯西方马克思主义技术批判理论就不难发

---

① 作者通信地址：张星萍，中南财经政法大学马克思主义学院，湖北 武汉 430073。

② Carl Mitcham，Notes Towards a Philosophy of Meta－Technology，*Research in Philosophy and Technology*，Vol.1，No.1－2(1995)，pp.13－17.

现,无论是卢卡奇的物化批判,还是法兰克福学派的文化批判,抑或是生态学马克思主义的生态批判都不约而同地从人的生存困境出发追问现代技术的合理性及其价值诉求,他们不仅揭示了现代技术逐渐沦为社会控制形式的发展悖论,而且试图从不同视角探寻蕴含其中的"求真"精神和价值理性的"求善"精神之间有机结合的可能性。尽管他们从来没有直接论及技术研究的范式转换问题,但是其对于资本主义条件下技术所展开的批判折射着深切的人文关怀,这在很大程度上与西方技术哲学的价值论转向有异曲同工之处。

一、从现代性悖论追问技术的价值问题

西方马克思主义理论家同马克思主义经典作家一样致力于"通过批判旧世界发现新世界"[1],他们绝不是躲在书斋里对技术进行理性批判和价值重估,而是始终立足于当代资本主义总体性统治的现实语境拷问技术与人、自然、社会之间的复杂关系。正是通过把这一问题从封闭的技术系统拓展至广阔的社会生活领域,他们指认了资本主义条件下的技术是负载着伦理价值的非中立性存在,即:现代技术与其说是作为生产力要素提高人的生活水平,不如说是作为一种新的控制形式吞噬人的自由意志,因为"我们社会的突出之处是,在压倒一切的效率和日益提高的生活水准这双重的基础上,利用技术而不是恐怖来压服那些离心的社会力量"[2]。

现代性问题是国外马克思主义理论家检视技术合理性的逻辑起点,故而在讨论他们是如何界定现代技术及其伦理价值之前有必要对其进行简要说明。众所周知,"现代性"是一个充满纷争的问题域,自康德开启现代性的序幕以来,越来越多的西方学者从不同视角介入了这一问题。美国的卡林内斯库通过对现代性的词源学考证发现这一术语至少从 17 世纪就开始在英语世界逐渐流行,吉登斯在社会学视域下将现代性看作是现代社会或工业文明的缩略语,德国的哈贝马斯从哲学视角出发指出现代性是一套源于理性的价值系统和社会模式,法国的福柯则认为现代性是一种对时代进行"批判性质询"的精神气质。[3] 究其实质,现代性作为西方社会走向世俗化与合理化过程的显著特征,是以现代化运动为现实根据、以启蒙理性为核心观念、以资本全球化为发展趋势而重构的不同于前资本主义时代的崭新世界秩序。尽管现代性的"主体性"原则破除了人的蒙昧

---

① 《马克思恩格斯文集》第 10 卷,人民出版社 2009 年版,第 7 页。

② 赫伯特·马尔库塞:《单向度的人——发达工业社会意识形态研究》,刘继译,上海译文出版社 2008 年版,导言第 2 页。

③ 陈嘉明:《现代性与后现代性十五讲》,北京大学出版社 2006 年版,第 2—5 页。

状态并促使中世纪的"神学社会"转型为现代的"世俗社会",但是启蒙理性在主体的觉解过程中逐渐确立了理性的权威地位,而理性的病变又致使现代社会陷入环境污染、核灾难、精神空虚等"多重隐忧"之中。因此,现代性本身包含着深刻的内在矛盾,"同任何一种前现代体系相比较,现代社会制度的发展以及它们在全球范围内的扩张,为人类创造了数不胜数的享受安全的和有成就的生活的机会。但是现代性也有其阴暗面,这在本世纪变得尤为明显"①。从尼采到鲍德里亚的现代西方哲学家从各自的理论立场对现代性问题进行了深刻反省,如尼采对理性的价值重估、胡塞尔向生活世界的回归、利奥塔对元叙事的解构,但因他们的反省大多停留在哲学思辨层面而导致他们"重写现代性"的希望最终落空。

虽然马克思并未明确使用过"现代性"这一术语②,但是他基于资本主义总体性危机而展开的传统形而上学批判和政治经济学批判无不蕴含着对这一问题的深刻思考,所以许多当代西方学者把马克思视为现代性批判的思想先驱者。美国学者贝斯特和凯尔纳认为,"卡尔·马克思是第一位使现代与前现代形成改变并在现代性方面形成全面理论观点的主要的社会理论家"③。在马克思看来,现代性说到底是在资本主义工业体系基础上的"商品—货币—资本"运动的产物,资本逻辑之所以构成现代社会高效运转的"中轴系统",是因为"资产阶级除非对生产工具,从而对生产关系,从而对全部社会关系不断地进行革命,否则就不能生存下去"④。具体而言,一方面资本的逐利本性推动着以生产性技术为支撑的现代工业体系不断向前发展,另一方面机器在工业生产中的大规模使用在提高生产效率的同时拓展了资本的增殖空间,至此资本逻辑裹挟着技术合理性完成了现代性的自我确证。由于马克思把现代性理论的阐发锚定在资本主义总体性批判的理论框架中,所以他超越了主体形而上学从抽象的思辨哲学视野审视现代性问题的做法。换言之,他通过对现代性现象的历史唯物主义透视,不仅看到了资本以摧枯拉朽之势向世界范围的扩张促使资源配置的不断优化,从而提高生产力发展水平并创造出超越以往所有时代的社会财富,而且清醒地认识

---

① 安东尼·吉登斯:《现代性的后果》,田禾译,译林出版社 2011 年版,第 6 页。

② 马克思曾在《论犹太人问题》中使用了"现代性"一词,即:"基督教的幻象、幻梦和基本要求,即人的主权——不过人是作为一种不同于现实人的、异己的存在物——在民主制中,却是感性的现实性、现代性、世俗准则。"这表明他把现代性界定为与中世纪基督教的神圣性相区别的世俗性原则,而这种"世俗性"实际上就是资本主义社会的显著特征。详见《马克思恩格斯全集》第 3 卷,人民出版社 2002 年版,第 179 页。

③ 斯蒂芬·贝斯特、道格拉斯·凯尔纳:《后现代转向》,陈刚译,南京大学出版社 2002 年版,第 100 页。

④ 《马克思恩格斯文集》第 2 卷,人民出版社 2009 年版,第 34 页。

到资本的自我增殖是以资本家对工人剩余劳动的无偿占有为前提条件的,而追求利润无限增长的资本在生产剩余价值的同时也带来了产品相对过剩、人的高度物化、生态环境恶化、社会贫富分化等异化现象。正因为资本主义制度作为现代性的实现方式内在地包含着不可调和的矛盾,所以只有在人的感性活动基础上扬弃资本主义私有制,才能彻底走出由资本主义生产方式及其虚假意识形态对人和自然的宰制所引发的生存困境。

西方马克思主义理论家不仅在不同程度上承袭了马克思的现代性批判传统,而且在新的历史条件下把这一问题引向了社会微观领域。他们以人的生存困境为切入点对物化意识、工具理性、文化工业、生态危机、大众心理、日常生活等一系列新异化现象展开全面批判,使现代性批判在西方马克思主义的理论铺展过程中显现了辩证性、现实性、多元化的思想特质。从历史维度看,20 世纪欧洲无产阶级革命的相继失败、德国纳粹主义的蛮横残暴和苏联斯大林主义的极权统治等一系列事件宣告了启蒙现代性事业的破产,作为革命主体的无产阶级被湮没在现代社会的高度一体化过程中,这就使得对启蒙理性的批判和新的解放道路的探索成为西方马克思主义现代性批判的理论主题。他们指认当代资本主义社会的现代性危机根源于启蒙的逻辑,在启蒙与资本的共谋下确立起来的工具理性霸权使价值理性遭到严重贬抑,相伴而生的是作为主导性原则的工具理性对主体性的颠覆、生态系统的破坏以及自由承诺的背叛。卢卡奇在《历史与阶级意识》中详细考察了现代社会是如何利用合理化的工具系统和操作程序来实现物化统治的,他指出启蒙理性在对效率的片面追求中抑制甚至取消了目的合理性,并通过科学化、专业化、合理化的商品生产把流动的时间固定在精准测量和统一划定的空间上,包括人在内的一切事物也在“时间空间化”进程中被还原为可量化的、客体化的、程式化的物性存在,从而使现代资本主义制度成为一种“永恒”或“终结”的存在。由此可见,发达资本主义国家利用科技意识形态使人们迷恋于物质财富的增长和沉溺于疯狂消费的快感,至此现代性的解放承诺也就化为泡影了。然而,西方马克思主义既不像浪漫主义那样躲进原始自然的怀抱,也不像后现代主义那样从根本上否定启蒙的积极意义,而是立足于当代资本主义的现实语境对现代性问题予以总体性批判,提出“我们不应该把现代性及其规划当作失败的事业来抛弃,我们应该从那些力图否定现代性的偏激方案的失误中吸取教训”[1],同时在“重建乌托邦”的精神引领下提出挽救现代性危机的不同方案,如阿多诺的“非同一性”、马尔库塞的“新感性”、哈贝马斯的“交往理性”和高兹的“生态理性”等范畴,都在不同意义上释放了被束缚的理性潜能。

---

[1]　尤尔根·哈贝马斯:《文化现代性精粹读本》,周宪译,中国人民大学出版社 2006 年版,第 145 页。

伴随着当代资本主义的现代化进程和科学技术的一体化发展,科学技术与现代性之间相互建构的关系也越来越显著,前者作为现代性的决定性特征构造着社会权力关系结构,后者作为理解科学技术的整体文化背景推动着科技的发展。① 西方马克思主义理论家尤其是在法兰克福学派迁往美国后更加深切地感受到二者之间的内在联系,于是他们将理论目光聚焦在技术理性及其社会后果的相关问题上,甚至用技术理性批判替代资本主义批判,从而实现了从资本逻辑批判到工具理性批判的范式转轨。不过他们也并不打算像当代西方技术哲学家那样专注于打开技术的"黑箱",而是将技术批判的矛头直指当代资本主义的总体性控制,把现代技术视为一种具有价值倾向的新的社会控制形式,强调技术实践的真正意义在于它对人的自由和解放的价值追求。归结起来,西方马克思主义者普遍赞同技术的"价值负荷论"而反对"价值中立论",他们清醒地认识到技术在特定社会情境中的使用是其自然属性(即效用和功能)得以展现的关键,科学和技术的高度一体化实则意味着技术理性已然背弃了它的解放承诺而蜕变为统治的合法性基础。所以,他们围绕着技术合理性问题展开的社会批判就是为了澄清现代技术的意识形态性,主张用黑格尔的"总体性辩证法"弥合工具理性和价值理性之间的鸿沟,由此重塑现代性的价值内核、恢复技术的人文主义向度、实现人和自然的双重解放。

二、对实证主义的总体批判与理论反驳

作为 20 世纪西方哲学中最主要和最有影响力的流派之一,实证主义自诞生之日起就摆出一副"拒斥形而上学"而"唯尊科学"的理论姿态,主张一切有意义的知识都必须以感性经验为基础,运用经验主义和数理逻辑的方法改造传统形而上学体系。所以,西方马克思主义理论家认为实证哲学固然在现代社会的转型过程中功不可没,但这种把社会科学论域的问题都统统还原或简化为自然科学(尤其是物理学)问题的做法不仅造成了工具理性的泛滥,而且迎合了当代资本主义维护其统治合法性的现实需要,至此"实证主义与形而上学,作为资产阶级思想的两个方面,是资产阶级统一的世界观"②。既然如此,那么实证主义作为工具理性滥觞的哲学基础也必然会遭到他们的无情批判,这也是西方马克思主义技术批判理论一贯坚持的基本立场,即人的解放旨趣。

自 20 世纪五六十年代以来,实证主义科学观的缺陷日益突显并招致诸多批评,既有来自科学哲学内部的自省,又有来自诠释学、后结构主义和解构主义等

---

① 张成岗:《文明演进中的技术、社会与现代性重构》,《人民论坛·学术前沿》2019 年第 14 期。

② 马克斯·霍克海默:《批判理论》,李小兵等译,重庆出版社 1989 年版,第 5 页。

外部的攻击,其中美国分析哲学家奎因对"两个教条"①的批判是对逻辑经验主义最根本、最尖锐和最内行的批判②,人本主义的马克思主义则倾向于从现代性问题出发批判实证哲学及其社会功能。在西方马克思主义的语境中,"实证主义"一词相当于"科学主义"的广义概念,它不仅包括旧的实证主义、经验批判主义、逻辑实证主义,而且涵盖了与它有亲缘关系的操作主义、实用主义、批判理性主义、日常语言哲学等。就此而言,他们对实证主义的批判实质上是对整个科学主义思潮的批判,因为实证主义是科学主义的理论典范和最佳诠释,这集中体现在霍克海默、波洛克、马尔库塞等法兰克福学派理论家与胡克、迈耶尔、纽拉特等科学哲学家就认识论问题所展开的三次论战之中。需要特别注意的是,西方马克思主义对实证主义的批判是出于其政治意识而非理论自觉,因为他们的初衷是为了反对第二国际对马克思主义的庸俗化和实证化解读,以唤醒主体的革命意识。

第一,驳斥实证主义的经验证实原则及其对价值问题的驱逐。实证主义通常把可证实性、可证伪性、可观察性视为科学划界的标准,据此对科学认识活动中所采取的"步骤"或"立场"予以裁决——只有可被经验证实或符合逻辑推论的命题才是客观真实的,否则就是空洞无意义的虚假命题。在这个意义上,科学理论成为具有唯一合法性地位的真理性认识,正如孔德在《实证哲学教程》中所言,人类只有超越神学和形而上学的阶段而进入到科学或实证的阶段才能达到思想上的完全成熟。这恰恰成为西方马克思主义者攻击的首要目标,因为实证主义者所崇尚的自然科学方法割裂了自然与社会、客体与主体、事实与价值之间的内在联系,排除了认识活动中主观的或价值的因素。③卢卡奇在《什么是正统马克思主义》一文中开宗明义地指出,历史唯物主义是以总体性辩证法为方法论原则,而实证主义的方法则呈现出孤立的、静止的、片面的"非总体性"特征,并为资产阶级庸俗经济学家加以利用使社会问题被还原成"纯科学"问题,同时撤销了拷问资本主义本质及其固有矛盾的必要性,当代资本主义的物化结构又反过来促成了实证主义观念的大行其道。由此观之,卢卡奇的实证主义批判不是停留在抽象的理论层面,而是深入到资本主义的现实层面展开的"双重批判"。他的

---

① 这是奎因在 1950 年发表题为《经验主义的两个教条》一文中提出的,他指出逻辑经验主义含有两个教条,即分析—综合教条和还原论教条。按照奎因的说法就是,"一个是相信在分析的、或以意义为根据而不是依赖于事实的真理与综合的、以事实为根据的真理之间有根本的区别。另一个教条是还原论:相信每一个有意义的陈述都等值于某种以指称直接经验的名词为基础的逻辑构造"。详见奎因:《从逻辑的观点看》,江天骥等译,上海译文出版社 1987 年版,第 19 页。

② 冯友兰:《贞元六书》,华东师范大学出版社 1996 年版,第 635 页。

③ 陈振明:《法兰克福学派与科学技术哲学》,中国人民大学出版社 1992 年版,第 87 页。

致思理路被后世西方马克思主义者尤其是法兰克福学派继承和发展,如霍克海默在《对形而上学的最新攻击》的战斗檄文中严厉斥责了实证主义为保证科学的严密性而把价值因素排除在外的做法,认为经验科学所谓的"中立性"只不过是不切实际的幻想,他在客观上为资本主义社会提供了合法性证明。概括而言,他提出了三个基本观点以驳斥事实的中立性原则,即:(1)感觉经验不是纯粹的客观事实而是为理论或知识所中介,"经验,'给予的东西'都不是某种直接的、为一切人共有的和独立于理论的东西,而是由这些句子存在于其中的整个知识构架作为中介传递过来的东西,即使这个构架指称的实在不依赖于意识而存在"①,这种看法与美国科学哲学家汉森提出的"观察渗透理论"命题如出一辙;(2)感觉经验作为实践的产物必然印刻着社会历史的痕迹,"事实在被觉察到的时候已经受到了科学、商业以及政治中的惯例的严格规整"②,人们也在对事实的盲目崇拜中失去了对社会现实的总体把握和批判能力;(3)感觉经验作为知识的基础绝不能等同于世界的本质规定性,因为人的感觉或知觉是有条件的、相对性的、可改变的"材料",甚至有时候会自相矛盾,而且问题的解决还要诉诸理论。阿多诺同样认为实证主义者把经验事实视为真理标准是站不住脚的,一方面经验材料实际上是经过概念或思想过滤而非绝对客观的东西,另一方面事实判断蕴含的真理性认识本身也是一种价值而非中立性的叙事方式,强调内在价值与外在价值的相互关联性。

第二,反对实证主义的肯定性思维及其在思想领域对批判意识的消除。作为治疗性哲学的实证主义致力于根除传统形而上学高悬于现实生活的玄学病症,但却因局限于经验事实和拒绝逻辑思辨而牺牲了"形而上"的超越本性,这就使理论研究不再关注社会现实而是陷入现象世界之中,那些纠缠于事物细枝末节的论证表明实证论者不假思索地为事实辩护的态度。因此,西方马克思主义认为实证主义是一种肯定社会现实、扼杀反叛意识以及阻止革命发生的单向度哲学。霍克海默在《传统理论与批判理论》一文中把实证主义作为传统理论的典型形态予以批判,因为"实证主义离开理论去考察对象,必定歪曲理论对象,陷入无为主义和顺世哲学"③。阿多诺支持了这一论点,把实证论者对科学的崇尚、对艺术的无知、对想象力的蔑视归结于"资产阶级精神退化的症状",指认实证主义因追求确定性的知识而无视阶级差别的做法已然构成了维护统治合法性的意识形态。马尔库塞则是以分析哲学为批判对象,更为集中地抨击了实证主义的

---

① 马克斯·霍克海默:《批判理论》,第165页。
② 马克斯·霍克海默、西奥多·阿多诺:《启蒙辩证法:哲学片段》,渠敬东等译,上海人民出版社2006年版,第3页。
③ 马克斯·霍克海默:《批判理论》,第217页。

肯定性思维方式及其消极社会后果。在他看来,倘若用语言分析哲学所热衷的语义分析来解读"实证主义"(positivism),就会发现其词根本身含有"肯定的"(positive)意思,与之相对的"否定性"因素则因超出了可证实的经验范畴而被斥责为脱离实际的玄思、虚幻的想象甚至是奇谈怪论。通过对维特根斯坦、奥斯汀等语言哲学家的理论质询,他明确指出实证主义在事实描述或形式逻辑的精确性观念驱使下排除了一切不确定的、混乱的以及矛盾的思想成分,尽管"在精确性和明晰性方法上可能是无与伦比的、也是正确的",但是"对哲学思想和批判思想具有破坏性的作用"。① 究其根本,实证主义模糊了日常语言与理想语言(也作哲学语言、专业术语)的差异性——前者在语言与行为之间建立了直接而显著的因果联系,后者则把语言从它的生成语境中剥离出来而使其免于思想的污染。此时语言只是作为一种操作性指令的理想语言,它表面上"公正无私",实则引导大众对现有社会采取一种回避、默许或纵容的态度。然而,分析哲学致力于把多向度的日常语言转译为单向度的科学语言,不仅使哲学在放弃形而上学的沉思之时丧失了其批判现实的"责任感",而且也使人们在温和亲切的"语言伪装"中欣然地接受了技术性元语言的指令,由此搭建起一个排除了外在干扰的、没有反对意见的、自给自足的世界,从而扼杀了人们的否定性思维和批判性精神,以至于任何越轨性的思想和行为都难以付诸实践。

第三,批判实证主义的社会研究科学化及其在政治领域对权威性的强化。社会科学研究之所以呈现实证主义的发展趋向,一方面是因为当代资本主义的高度理性化对人文社会科学提出了规范化和建制化的客观要求,另一方面是因为实证主义对科学普适性和权威性的信仰使其成为人文社会科学研究的"理想范本"。实证论者把自然科学的方法强行移植到社会科学研究;把错综复杂的社会事实简单地理解为客观的自然现象;把具有主观能动性的人贬斥为受制于自然法则的工具性存在,其社会后果就是实证科学尤其是数学和物理学成为解决所有现实问题的有效手段,而原本执着于终极关怀的形而上学不是被置于自然科学的理论框架之下,就是被其拒之门外。在西方马克思主义者看来,社会科学研究的实证化趋向在政治方面发挥着"去政治化"的社会功能,借口科学知识的客观性把不合理的社会秩序转化为中立性的科学事实,并在"科学精神"的名义下麻痹和过滤了思想的批判性、超越性与反叛性的向度。霍克海默和阿多诺不遗余力地反对实证主义无视自然科学与社会科学之间的异质性并将二者等同起来的做法,指出现代社会的科学化和工具化使主体在普遍客体化的技术过程中"悄悄地把自己转变为所谓中立的游戏规则的逻辑",从而"消除了个体行为与社

_____

① 　赫伯特·马尔库塞:《单向度的人——发达工业社会意识形态研究》,第141页。

会规范之间最后的壁垒",最终达成消除社会矛盾和维护社会现状的目标。① 马尔库塞更是直言不讳地表示实证哲学的政治意义在于捍卫包括法西斯主义在内的社会秩序,因为它因忙于浅表的社会现象而使其背后的阶级差别和剥削本质被掩埋起来,如此一来,不仅"奠定了反对理性主义否定倾向的社会理论的基本结构"②,而且通过对主体革命精神乃至社会反对意见的消解来达成对人和自然的总体控制。哈贝马斯原则上同意早期法兰克福学派成员反实证主义的理论立场,但他并不局限于一般地批判实证哲学及其社会实践,而是从认识与兴趣的关系问题出发驳斥实证主义用知识学取代认识论的偏狭,并在此基础上试图建构一个以解放的旨趣为理论预设的"批判的科学哲学"。在他看来,经验—分析、历史—诠释和批判倾向的科学进路分别整合了技术的、实践的和解放的认知旨趣③,经验科学绝非知识的唯一可能形式。人的解放旨趣或主观成分在批判的社会科学中起着至关重要的作用,只不过哈贝马斯对自我反思和交往理性寄予厚望而使其陷入主观主义和保守主义的窠臼。

三、现代技术的价值尺度与解放旨趣

马克思在实践的基础上把技术理解为负载着人与自然、社会之间辩证关系的对象性活动,强调技术实践作为人的基本生存方式和通达世界的中间环节,不仅能动地生产着整个自然界而且还生产着人自身(指肉体生命和精神生命)。由此可见,技术活动的合理性是在自然价值和社会价值两个方面得到确证④,二者的内在统一则指向它展现人的本质力量之应然状态。西方马克思主义者在秉承马克思技术批判思想的基础上,从不同侧面反思现代技术的意识形态本性,通过诘问实证主义而把技术(理性)滥用的哲学基础连根拔起,尤为强调科学技术的社会价值而贬抑其自然价值,力图在对现代技术实然状态的深层批判中激发人们挣脱现代性牢笼的革命热情。

---

① 马克斯·霍克海默、西奥多·阿多诺:《启蒙辩证法:哲学片段》,第23页。

② 赫伯特·马尔库塞:《理性和革命——黑格尔和社会革命的兴起》,程志民等译,重庆出版社1993年版,第309页。

③ 尤尔根·哈贝马斯:《知识与人类的旨趣:一个普遍的视角》,《世界哲学》2015年第2期。

④ 关于"价值"概念的界定,目前学界的流行观点是把价值视为客体对主体需要的满足的关系范畴,客体对主体的发展起到促进作用称为"正价值",反之则称为"负价值"。然而,这种仅强调物对人的效用价值的定义恰恰是马克思所反对的,他认为"一般价值"概念指的是以物对人的自然价值为基础的人与人的社会关系,其中经济价值、伦理价值、审美价值构成了作为社会关系价值的主要内容。参见李德顺:实践唯物主义与价值问题,《南京社会科学》1996年第1期;郝晓光:《从否证到创新》,人民出版社2011年版;鲁品越:再论马克思的"价值定义"与马克思主义价值哲学之重建,《教学与研究》2017第2期。

第一,西方马克思主义者认为现代技术的政治意向性在于对反抗意识的消解和现存秩序的维护,他们通过对科学技术的意识形态性批判揭示了它的政治价值。马克思的剩余价值学说表明资本家剥削工人的两种基本方式:一是通过延长劳动时间获取绝对剩余价值,二是通过提高生产效率获取相对剩余价值。当工作时长的增加受到身体、伦理等因素的限制时,在生产中采用先进的技术手段就成了提高相对剩余价值的有效方法。基于这样的认识,卢卡奇指出劳动过程的抽象化使人的"质的特性"逐渐被形式合理性所湮灭,作为主体的人不仅沦为隶属于现代工业体系的一个局部化的、孤立化的、同质化的零部件,而且理性的可计算性和可操作性原则也随之"渗进了人的肉体和心灵的最深处,在它自己的合理性具有形式特性时达到了自己的极限"①。马尔库塞赞同卢卡奇的看法,他进一步把发达工业社会单向度的根源归结为技术合理性,认为现代技术一方面利用其广告效应制造层出不穷的"虚假需求"以使人们沉湎于消费快感之中,另一方面通过其同一性逻辑和肯定性思维塑造了高度一体化的社会体系以使人们不再批判现实和追寻自由,至此社会的否定向度被逐渐消解而统治逻辑被日益强化,于是技术的合理性蜕变为统治的合理性。就此而言,他对技术中立性的观念持反对意见,认为作为一种新型的统治形式,技术控制着人的思想和行为,"技术理性这个概念本身可能是意识形态的。不仅是技术理性的应用,而且技术本身,就是(对自然和人的)统治——有计划的、科学的、可靠的、慎重的控制"②。在此基础上他主张在对一切现存事物的大拒绝中走向一种非压抑文明(即"爱欲解放"),是因为作为"新感性"高级形式的艺术以审美形式打破了封闭的工具系统,使人们免于技术极权主义的迫害。不过哈贝马斯在科学技术的社会功能问题上与马尔库塞存在一定的理论分歧,他认为只有当科学技术超出其边界并以工具—目的理性行为的形式闯入生活世界的领地时它才具有了意识形态的特征,他强调科技意识形态与自由交换的意识形态相比更具迷惑性和欺骗性,技术进步的"补偿纲领"成功地把政治问题转化为技术问题,这种非政治化特征使大众普遍奉行"明哲保身主义",进而增加了他们对社会制度的认同感和忠诚度。基于此,哈贝马斯指出生活世界殖民化的症结在于工具系统的无限扩张,也是在这个意义上他承认技术与价值的相关性,反对把伦理、道德、政治等因素视为内在于技术性行为的价值成分,主张通过交往理性规范工具理性以实现技术的民主转化。但无论如何,西方马克思主义者都在不同程度上驳斥了技术在政治上

---

① 格奥尔格•卢卡奇:《历史与阶级意识》,杜章智、任立、燕宏远译,商务印书馆2018年版,第170页。

② 赫伯特•马尔库塞:《现代文明与人的困境——马尔库塞文集》,李小兵译,上海三联书店1989年版,第106页。

的纯洁性和中立性的观点,使当代资本主义奴役和剥削的本性展露无遗,为实现人的自由和解放提供了可能的方向。

第二,西方马克思主义者认为现代技术对文化领域的侵袭造成了文化的商品化和人的单向度化,他们通过对资本主义社会的"文化工业"批判展现了科学技术的人文价值。根据法兰克福学派的观点,文化工业是在技术理性的同一性逻辑支配下把艺术、宗教、哲学、政治与商品经济巧妙地结合起来的一种新的文化模式,它的生成过程与技术有着密切关系。阿多诺指出文化工业有意识地将精英文化与大众文化强行拼合在一起的结果无疑是两败俱伤,主要原因在于以下两点:对大众文化本身来说,文化制造商为了获得更多的交换价值而把艺术作品变成了彻头彻尾的商品,如流行音乐、肥皂剧、电影等,因此,原本彰显个性和自由的文艺创作也在标准化的工业生产中失去了超越现实的力量;对大众文化的接受者来说,民众不仅成了被规定的、没有思想的、千篇一律的样品,而且因在丰富的娱乐活动中得到片刻放松而心甘情愿地投入到单调平庸的文化再生产过程中。因此,资本主义社会的文化工业表面上是为了满足人的文化需要,实质上却是统治阶级借文化工业对社会大众的行为和思维实行全面禁锢。与阿多诺交往密切的本雅明同意他对文化工业造成经验匮乏的批判,但他仍坚信技术与艺术的真正融合指向人的本质的复归并发挥着革命潜能的作用,这集中体现在他极具颠覆性的作品《机械复制时代的艺术作品》之中。在他看来,机械复制技术改变了艺术作品的展现方式及其社会功能,一方面艺术作品的大批量复制和迅速传播使原作的神圣性和神秘感开始消失,人们在对艺术产品随时随地的"消遣性接受"中遗忘了其膜拜价值;另一方面复制技术使独一无二的艺术作品变成全民共享的文化盛宴具有现实的可能性,这有利于打破精英阶层垄断文化的局面、提高公众的文化素质、加速社会的民主化进程。此外,列斐伏尔还从日常生活角度考察了现代技术与日常生活危机之间的内在关联,认为现代技术使人们的日常生活成为放大了的科学实验室——"对自然的技术性控制、技术和累积进程的世界范围化导致了日常生活正日益狭窄化"[1]。这就意味着原本充满生命力和创造力的日常生活在被高度理性化和商业化的过程中丧失了人性化特质,只有诉诸以日常生活为平台的总体性革命才能把人们从平庸单调的现代生活中唤醒。换言之,面向日常生活的技术有利于促进人的自由全面发展,他据此提出了"让日常生活成为艺术品! 让每一种技术方式都被用来改变日常生活!"[2]的口号。尽管大多数西方马克思主义理论家在面对技术异化人性的生存困境时流露

---

① Henri Lefebvre, *Introduction to Modernity*: *Twelve Preludes September* 1959 — *May* 1961, London and New York: Verso, 1995, p.230.

② Henri Lefebvre, *Everyday Life in the Modem World*, London: The Penguin Press, 1971, p.204.

出了悲观的情绪,但是他们从未放弃拯救现代性的希望,他们以科学技术兼有事实判断和价值判断为预设控诉了工具理性的负面效应,同时基于主体性立场提出艺术解放、心理革命、日常生活革命等不同救赎方案,如马尔库塞的技术审美化也隐晦地支持了价值负荷论的观点。

第三,西方马克思主义者认为现代技术的非理性运用是导致生态危机的直接原因,他们通过对西方绿色思潮生态价值观和资本主义制度的批判性分析阐释了科学技术的生态价值。面对日益严峻的全球性生态危机,西方马克思主义者是以制度批判为前提对现代技术展开生态批判的,并由此得出技术的资本主义运用是造成生态危机的罪魁祸首。由此可见,他们认为技术行为非但不是与价值无涉的中立性存在,反而是在资本的裹挟下枉顾自然的制约和后代的利益而对其进行的横征暴敛,最终导致了森林面积锐减、自然资源短缺、生物多样性破坏、全球气候变暖等诸多环境问题。生态学马克思主义在不同程度上承袭了法兰克福学派的技术批判思想,既注重从哲学层面反思主导技术发展方向的"控制自然"的思想观念,又强调技术的非理性运用与资本主义的内在一致性及其生态后果,从而使人们深刻认识到当代资本主义的反生态本性以及造成生态危机的制度根源。在他们看来,资本主义条件下的技术已经不是某种象征历史进步的中立性概念而是具有特定的社会意义,主要表现为三个方面:(1)在政治方面,现代技术的发展强化了对自然和人的全面控制。一方面,现代技术通过选择与资本主义生产逻辑相一致的方式维系社会发展,因为当代资本主义的高度一体化趋势使技术体系呈现出高度集中化特征,把对自然的统治和对人的统治都整合到现有技术体系中并赋予其意识形态性,"这种技术理性再生产奴役,服从技术变成了服从统治,形式的技术的合理性转变为实质的政治的合理性"[1];另一方面,现代技术通过为人们提供丰富的物质享受和安逸的生活环境来掩盖其作为资本主义辩护士的真实身份,这主要是借助大众媒介技术制造"虚假需求"以刺激消费欲望,使人们在过度消费中体验幸福从而把不合理的社会秩序合理化。(2)在经济方面,资本主义生产的根本目的和内在动力在于追求高额利润,技术实践所遵循的效用原则而非生态原则在带来资本主义经济"虚假繁荣"的同时也招致了全球性生态危机。也就是说,资本主义技术体系的革新和应用既提高了劳动生产率又降低了原材料的成本,但资本的无限扩张在客观上要求消耗掉更多的自然资源,作为生命有机体的生态系统在资本逻辑的支配下沦为被任意裁剪的对象。(3)在思想方面,随着"控制自然"的观念被纳入到资本主义现代价值体系中,人们不再对自然抱持敬畏之心,而是以实用主义态度处理社会与自然之

---

① Andre Gorz,*Ecology as Politics*,Boston:South End Press,1980,p.4.

间的关系。当代资本主义通过利用建立在现代科学基础上的工业体系不断改造和征服自然,这就不可避免地导致自然资源的市场化和生态环境的持续恶化。正因如此,生态学马克思主义理论家极力反对西方绿色思潮抽象的生态价值观,认为解决问题的关键既不在于限制经济发展也不在于拒斥技术进步,而在于变革不合理的社会制度及其生产方式以建构一个生态和谐与社会正义相统一的生态社会主义社会。具体而言,一是把生态运动和社会主义运动有机结合,使生态运动走向激进的阶级运动;二是把"全球性视野"与"地方性行动"有机结合,通过建立公平的国际政治经济秩序保障各国的环境权和发展权;三是把"控制自然"的观念置于新的人性和伦理基础上形成人与自然和谐共生的生态价值观,使人们在创造性劳动而不是异化消费中体验到自由和幸福。[①]

综上所述,西方马克思主义理论家着眼于当代资本主义的现代性危机重估技术的价值问题,认为资本逻辑与工具理性的共谋是造成现代性危机的罪魁祸首,而实证哲学的唯科学主义和客观主义倾向则恰恰构成了工具理性泛滥的思想根源。所以,从总体上批判作为肯定性哲学的实证主义构成了西方马克思主义探索技术的价值属性和基本内涵的逻辑前提,也正是在同各种实证主义思潮的激烈论辩中逐渐形成了技术的非中立性及其意识形态化的观点。在此基础上,他们从人本主义立场出发追问现代技术的价值指向及其社会后果,指出现代技术系统负载着资产阶级全面控制人和自然的政治意向性,这不仅严重背离了"人的解放"和"自然祛魅"的初衷,而且把人类及其技术实践推向了追求"虚假需求"和"娱乐至死"的深渊。尽管绝大多数西方马克思主义者对技术的未来感到悲观,但他们仍然相信通过对技术的改造实现善治的可能性,主张把技术的实然状态与人的自由解放统一起来以赋予其"求真"和"求善"的文化使命。就此而言,西方马克思主义理论家立足于当代资本主义的新变化控诉科学技术及其社会后果,从实证主义批判出发戳穿现代技术假借科学中立性之名而形成的伪善面目,这既有助于深刻揭示科学技术的本质规定性,又进一步彰显了科学技术的当代价值及其现实意义。

---

① 王雨辰:《生态学马克思主义的探索与中国生态文明理论研究》,《鄱阳湖学刊》2018 年第 4 期。

人工智能对劳动的挑战与
马克思劳动理论的回应①

薛　峰

　　摘　要： 按照横纵逻辑分析人工智能对劳动的挑战可知,弱人工智能构成冲击人类传统就业结构的短期挑战;强人工智能构成动摇人类主体地位的中期挑战;超人工智能构成人类生存危机的远期挑战。马克思劳动理论所蕴含的劳动逻辑可以作为化解人工智能挑战的方法论原则,基于此前提,人工智能可看作是劳动三要素理论的现实反映。从劳动行为本身上看,人工智能其本质属于人类劳动的结果,而不能成为人类劳动的开端;从劳动对象上看,人工智能产生于人类变革劳动方式的需要,并且属于劳动的产品,其仍属于劳动对象的范畴;从劳动资料上看,人工智能作为替代人类劳动的手段,是生产工具要素在当今时代的物化、现实化,其仍属于生产资料的相关范畴。

　　关键词： 人工智能挑战;劳动逻辑;马克思的劳动理论

　　毋庸讳言,技术的发展是一把双刃剑,人工智能也不例外。如何有效规避人工智能发展过程中可能产生的异化现象,将其积极效用充分发挥是学者应该关注的问题。人工智能对人类劳动的挑战按横向逻辑可分为短期、中期和远期挑战,按纵向逻辑可从主体(劳动者)、中介(人工智能技术)和客体(人类社会)三个方面来分析。无论采取哪种分析模式,可以肯定的是,人工智能的应用将会是机遇和挑战并存。如何运用劳动逻辑来应对人工智能所带来的负面效应,尽量避免人工智能现实应用场景中异化现象的发生,将是马克思劳动理论在智能时代面临的一大重要课题。

---

　　①　作者通信地址:薛峰,上海应用技术大学马克思主义学院,上海201418。

一、人工智能对劳动的挑战

针对未来人工智能所带来的负面效应,有的学者认为,智能化社会将面临对传统概念框架、思维方式、隐私观、生命观、身体观、就业观、技术观等十方面的挑战,[①]随后还会带来人类自由意志的失控,[②]有的学者则认为人工智能将会成为威胁人类文明的科技之火,人工智能给人类带来的负面效应可分为近期、中期和远期三个阶段,近期危害是会导致大规模的失业现象,此外,如果将人工智能技术用作军事化用途,则将改变战争的形态,造成的危害不亚于原子弹对人类造成的伤亡,中期威胁则可能是人工智能摆脱人类控制,甚至开始反叛人类,远期威胁则是会出现至善全能的人工智能从而消解人类的生存意义。[③]

这些关于人工智能负面效应的相关表述虽然内容有所不同,但可以肯定的是,对于人工智能负面效应的分析可以遵循以下两个逻辑:横向逻辑和纵向逻辑。"横向逻辑"意味着按照时间的思维方式,对人工智能负面效应的分析以时间轴为准划分为近期、中期和远期三个基本时间节点。围绕时间逻辑顺序分析的优势在于,人们可对人工智能造成的现实的不良影响有一个横向的清晰判断,并且能够根据时间节点准确提出应对的措施,从而使公众避免陷入过度恐慌的境地。"纵向逻辑"则是按照空间的思维方式,从主体、客体和中介三方面来对人工智能的负面效应进行分析。例如,从主体层面来说,人工智能的异化会导致使用人工智能产品的人类主体地位的丧失,从而威胁人类的地位和生存意义;从客体层面来说,人工智能的滥用,特别是军事化的用途,容易使战争多发,引起类似于"人工智能人大战"这样的科技战,最终甚至会导致人类地球家园的毁灭;从中介层面来说,人工智能的异化则会使其摆脱人类控制,甚至人工智能可能会获得自主意识,最终将会导致人工智能取代人类甚至人类被奴役的结果。围绕纵向逻辑顺序分析的优势在于,人们可以对人工智能影响的范围有一个明晰的界定,从而使相关从业人员针对特定群体面临的人工智能负面效应做出明确判断,并以此"对症下药",消解人工智能异化可能带来的消极影响。以上两种关于人工智能负面效应的分析各有千秋,笔者主张将两种分析方法结合起来考察人工智能对劳动的影响,从而得出"横纵交叉式"的立体判断,以此实现对人工智能负面效应的全面"立体式"把握。从横向逻辑上,结合人工智能发展的三个阶段(弱人

---

① 成素梅:《智能化社会的十大哲学挑战》,《探索与争鸣》2017 年第 10 期。

② 黄欣荣:《人工智能与人类未来》,《新疆师范大学学报(哲学社会科学版)》2018 年第 4 期。

③ 江晓原:《人工智能:威胁人类文明的科技之火》,《探索与争鸣》2017 年第 10 期。

工智能、强人工智能、超级人工智能),分别对应短期、中期和长期三个时间节点来考察;从纵向逻辑上,围绕人类自身(主体)、人工智能技术(中介)和人类社会(客体)三个层次来考察人工智能三个发展阶段给人类劳动带来的挑战。

(一)弱人工智能造成冲击人类现有就业结构的短期挑战

从短期来看,人工智能将发展到弱人工智能阶段,它将挑战人类现有的就业结构,对传统行业造成冲击。"纵观历史,就业市场可分为三个主要部门:农业、工业和服务业。在大约公元1800年前,绝大多数人属于农业部门,只有少数人在工业和服务业部门。到了工业革命时期……大多数人进入工业部门……到了最近几十年,……工业部门的职位逐渐消失,服务业大幅扩张。"①也就是说,随着社会生产力的发展,靠纯体力劳动的职业人数在逐渐减少,而从事脑力劳动等服务行业的人数在持续增加,可以预见,随着人工智能的发展,未来将会出现新型劳动行业,而这些行业更多依靠的是脑力劳动。"随着机器取代纯体力工作,人类便转向专注于需要至少一些认知技能的工作。"②而这些工作对于弱人工智能发展阶段来说,取代人类只是时间早晚的问题。就拿高速公路收费来说,相较于以前的人工收费方式,现在的高速公路路口多数采用ETC的收费方式,这样的做法不仅大大提高了人们的出行速度,而且也提高了出行的安全系数,但是这样的人工智能技术应用所带来的负面效应则是相应劳动岗位数量的减少。根据相关数据显示,"未来5年,人工智能技术将使全球劳动力市场出现颠覆性变革,全球15个主要国家的就业岗位将会减少710万个,上千万人将面临失业"③。因此,未来弱人工智能带来的直接消极影响就是就业压力问题。作为人类社会"主体"部分的劳动者,弱人工智能的负面效应将直接导致劳动岗位缺失,如果这一部分被取代的劳动者的安置工作不能得到妥善解决,他们将会成为"无业游民",从而成为影响"客体"部分(即人类社会)的不安定因素。作为"中介"部分的人工智能技术,则会被掌握在少数精英手中,"随着算法将人类挤出就业市场,财富和权力可能会集中在拥有强大算法的极少数精英手中,造成前所未有的社会及政治不平等"④。

(二)强人工智能造成动摇人类主体地位的中期挑战

从中期来看,强人工智能技术逐渐成熟并占据人工智能发展的主导地位。

---

① 尤瓦尔·赫拉利:《未来简史》,林俊宏译,中信出版社2018年版,第286页。

② 尤瓦尔·赫拉利:《未来简史》,第286页。

③ 转引自黄欣荣:《人工智能对人类劳动的挑战及其应对》,《理论探索》2018年第5期,第16页。

④ 尤瓦尔·赫拉利:《未来简史》,第290页。

"对人类功能的取代是技术的基本功能"①,强人工智能实现了对人类脑力劳动的取代,这意味着人工智能实现了对人类脑力劳动和体力劳动的双重取代。届时作为劳动主体的人类在新的世界中必须找到自己的定位,必须组建人机和谐的新关系才能够自存。一般而言,自然界是维系人类生活的物质基础,人类劳动是创造财富的源泉。到了强人工智能时代,"随着智能机器取代人类劳动,人类的价值就难以通过劳动来体现……一旦失去劳动,人类就可能无所事事,以致在世界中被边缘化,因此失去人的存在感,失去自我实现的通道,更由此失去个人的社会价值"②。人类面临劳动被强人工智能取代的困境,人类必然经历一个"权力下放"③的过程,才能实现人与机器的和谐。换句话说,强人工智能时代的人类生活将在虚拟与现实的结合过程中进行重构,人类的生活方式将会发生前所未有的变化。库兹韦尔甚至预言:"当我们进入 21 世纪 30 年代,人与机器、真实与虚拟现实、工作与游戏之间将没有明显的区别。"④由于受到人工智能的冲击,又会有因强人工智能而失业的人群,而如果这部分人没能得到妥善安置,则会产生无用阶级。"到了 21 世纪,我们可能看到的是一个全新而庞大的阶级:这群人没有任何经济、政治或艺术价值,对社会的繁荣、力量和荣耀也没有任何贡献。"⑤如果真像赫拉利所言,这样的一部分无用阶级的存在,必然会成为影响社会稳定的不和谐因素。但事实是,人类面对强人工智能的冲击,并不会坐以待毙,而"无用阶级"也不会产生。因为按照"劳动创造人"的观点,在智能时代的人类同样需要寻找劳动的机会来实现自己的价值,人类绝不会拱手将自我确证的机会让给机器,人类的主观能动性会控制强人工智能的发展。赫拉利所说的情况只是一种逻辑上的极端可能性,人类自身发展的历史表明了人类不会走上自取灭亡的道路,人类只会朝着自我解放的道路前进,最终在人工智能的辅佐下实现对人的本质的真正占有,即实现人的解放。因为人工智能集工具系统、动力系统和信息系统于一身,具备实现自我学习的过程和独立完成人类劳动所必需的环节,因此也能够不知疲倦地产生出源源不断的财富。就此而言,人工智能技术的应用能够彻底地将人类从体力和脑力劳动的双重压迫下解放出来,使人类能够克服劳动异化所带来的消极影响,人类可以有更多自由的时间和精力来从事"精神批判"等活动,从这个意义上讲,人类将会在新的领域重新找回自身存在的

---

① 黄欣荣:《人工智能对人类劳动的挑战及其应对》,《理论探索》2018 年第 5 期,第 18 页。

② 黄欣荣:《人工智能对人类劳动的挑战及其应对》,《理论探索》2018 年第 5 期,第 17 页。

③ 雷·库兹韦尔:《奇点临近》,李庆诚等译,机械工业出版社 2011 年版,第 206 页。

④ 雷·库兹韦尔:《奇点临近》,第 207 页。

⑤ 尤瓦尔·赫拉利:《未来简史》,第 293 页。

价值和意义。

（三）超人工智能造成人类生存危机的远期挑战

从人工智能发展的长期来看，人工智能的发展将迈向超人工智能阶段。超人工智能（Artificial Super Intelligence，ASI）概念由尼克·博斯特罗姆（Nick Bostrom）提出，"指智能革命突破'奇点'，全面超越人类智能。超人工智能还远未实现，一些学者认为在可预见的将来不可能实现，但我们必须严肃地考虑其可能性"①。"超级人工智能的关键能力是发明语言和反思自身整个系统的能力"②，也就是说，这一阶段的人工智能发展将全面超越人类的一切能力。如果说强人工智能阶段人类还能通过"拔电源"等方式在关键时刻控制人工智能，那么这一阶段的人工智能发展则会完全摆脱人类控制，将拥有与中国神话故事里的"女娲"一样的创造人类的能力。人人都是造物主的时代虽然看起来是遥不可及的，但是在理论上却是可能的，这种超级人工智能的存在将从根本上改变现在的生活方式，将会导致一种"存在的升级"③，这种新世界的产生，不仅仅是因为工具的进步，更是因为技术革命而导致的人类存在方式的升级。人工智能技术对人类生活的重新定义是不可逆的趋势，那么在这样的趋势下，个人、社会以及技术的去向将成为我们讨论的焦点。因此，我们需要思考和讨论的是如何给技术设置足够安全的条件来防止"技术的反叛"，或者说，应当明确人工智能技术所不能逾越的红线。如果放到马克思主义劳动理论视域下来理解这种限度，则是人工智能的应用必须有一个基本前提即其"不应剥夺人类劳动的能力"。因为劳动是人类确证自我存在的唯一手段，当人工智能剥夺了这种能力时，人类将不再能够生存下去。围绕着这一基本思路，我们也可以继续讨论未来人工智能技术发展的方向以及其可能出现的由于"技术异化"所导致的负面效应，这是人类运用理性思维能力的结果，同时也是理论进一步回归到现实的需要。

二、应对人工智能挑战的劳动逻辑

人工智能作为人类劳动解放过程中的一种工具，是对人的大脑器官功能的

---

① 常晋芳：《智能时代的人—机—人关系——基于马克思主义哲学的思考》，《东南学术》2019 年第 2 期，第 76 页。

② 赵汀阳：《人工智能"革命"的"近忧"和"远虑"——一种伦理学和存在论的分析》，《哲学动态》2018 年第 4 期，第 8 页。

③ 赵汀阳：《人工智能"革命"的"近忧"和"远虑"——一种伦理学和存在论的分析》，《哲学动态》2018 年第 4 期，第 9 页。

延长,换句话说,是对人类智慧功能的扩展。根据马克思在《资本论》中的定义,"劳动资料是劳动者置于自己和劳动对象之间、用来把自己的活动传导到劳动对象上去的物或物的综合体。劳动者利用物的机械的、物理的和化学的属性,以便把这些物当作发挥力量的手段,依照自己的目的作用于其他的物"[1]。从人工智能的发展史不难看出,作为"物的综合体"的一种,人工智能同样属于劳动资料范畴,"劳动者直接掌握的东西,不是劳动对象,而是劳动资料(这里不谈采集果实之类的现成的生活资料,在这种场合,劳动者身体的器官是唯一的劳动资料)。这样,自然物本身就成为他的活动的器官,他把这种器官加到他身体的器官上,不顾圣经的训诫,延长了他的自然的肢体"[2]。这也就是说,任何技术都是对人类器官的延长。人工智能作为人类智能的一种物化形式,其本质仍然是人类得以劳动的辅助工具,只是由于人工智能这种工具具有人类智慧的能量,并且潜存着可以超越人类的力量,因此才引起人类的担忧。

(一)人工智能还将影响人类社会现存的四重界限

人工智能除了能够导致失业等负面现象之外,还将影响现有的空间界限、生物界限、人际界限和人文界限。具体来说,首先,人工智能的发展会重构宏观与微观之间的界限,比如漫威电影里的蚁人形象代表着能够在空间之内随意切换身体的能力,也即是空间界限模糊后人类所具有的超能力。其次,人工智能也会重构有机与无机之间的界限,使人与人工智能机器人之间的界限变得模糊,人类社会开始趋向一种人机融合的新境界,由此带来的影响则是人类需要重新定义自身的存在。也就是说,生物界限的模糊会重构人类现存的道德和价值观念。再次,人工智能还能重构个人与他人之间的界限,比如个人与他人之间开始融为一体,人类借助物联网技术展现更加真实的自我,人类世界开始由确定的自我走向不确定的自我,自由维度也需要重新界定,人类自我意志的消解所带来的后果是自我确定性的消失,届时人类将需要有一个更加强大的内心来支撑这些改变,否则将会被社会淘汰。换句话说,个人自由意志需要变得足够强大才能适应人工智能时代所带来的冲击。同时,社会的财富观也将改变,物质财富变得不再那么重要,因为人工智能可以相对轻松地获取物质财富,与之相反,个人心灵的强大才是个人最大的财富。最后,人工智能也会重构人文界限,阶级和国家等概念届时需重新界定,同时人工智能也会挑战法律与道德的界限,例如在智能时代出现了"数字劳动"等新的劳动形态,如何对数字劳动模式下产生的知识产权进行界定,将成为解决社会矛盾的关键要素。这些现象都是人工智能异化所导致的

---

[1]　马克思:《资本论》第1卷,人民出版社2004年版,第209页。

[2]　马克思:《资本论》第1卷,第209页。

负面效应,需要相关决策者运用极高的理论智慧来"未雨绸缪",毫无疑问,马克思劳动理论所蕴含的劳动逻辑将为社会主义国家制定人工智能策略提供方法论指引。尽管人工智能在发展过程中面临着种种危机和考验,但需要指出是,"从长期来看,人工智能给人类带来的却是彻底的解放和自由、全面发展的机会"①。

一般而言,劳动过程的三要素包括劳动者、劳动对象和劳动资料,而从系统论的角度看,人类劳动过程的发生包含工具系统、动力系统和智慧系统,其中,工具系统提供物质基础;动力系统提供能量补充;智慧系统提供信息指导。在人类制造和使用工具之前,人类与动物无异,皆是利用自身肢体器官来进行采集、打猎等简单的劳动,以此来维持自身生存,直到蒸汽机的出现,人类的动力系统才实现了第一次真正的飞跃。此后很长一段时间,虽然机器占据着动力系统的主导,但机器的运作始终离不开人类的参与。直到人工智能的出现,人类劳动的工具系统、动力系统和信息系统开始脱离人的参与而独立自存,人类因没有在劳动中找到自身存在的价值和意义而陷入恐慌。纵观人类工具发展的历史,"如果说工具和机器还仅仅取代人的体力劳动,那么智能机器则因为其快速的信息处理能力而逐渐取代人类的脑力劳动,这样劳动工具和劳动者合二为一,人类的劳动功能被彻底取代"②。如果对这种趋势不加以克制的话,随之而来的就是人类自我创造能力以及人类自我思考能力被取代,人类将如行尸走肉般地存在地球之上,届时这个地球规则的制定者将是人工智能而不是人类,甚至人类会被人工智能所奴役。

(二)运用劳动逻辑化解人工智能异化危机

基于上述分析,在将马克思劳动理论所蕴含的劳动逻辑作为应对人工智能挑战的基本原则后,作为世界发展动力的人类劳动应该如何应对人工智能所带来的负面效应呢?

首先,应该积极地调整心态,充分发挥人类主观能动性迎接人工智能带来的挑战,以实现"转危为机"的目标。根据辩证唯物主义的认识论观点,实践是认识的来源,但认识也对实践具有反作用。因此,采取一种积极还是消极的认识心态,是决定人类能否消解人工智能负面效应的关键,显而易见的是,人类应该直面人工智能发展短期可能带来的阵痛和消极影响,采取更加积极主动的策略来应对消极影响。因此,人类不能被短期所带来的失业等问题所裹挟,而应该将目光聚焦于人工智能对人类劳动解放的积极意义上。纵观人类工具进化的历史,人工智能将人类"上天入地"的本领再次提升是无可厚非的,因此,不能因为短期

---

① 黄欣荣:《人工智能对人类劳动的挑战及其应对》,《理论探索》2018年第5期,第19页。

② 黄欣荣:《人工智能对人类劳动的挑战及其应对》,《理论探索》2018年第5期,第18页。

利益的损耗而丢失未来的主动权。

其次,应当明晰劳动的地位,即劳动是实现人类自由而全面发展的手段而非目的,人工智能时代的劳动同样如此。劳动作为创造人类自身的唯一方式,是人与动物区别的根本标志,工具的发明只是为了替代参与劳动的人,而非要真正取代劳动在人类生活中的地位。因此,虽然人工智能剥夺了人类劳动的权利和机会,但同时人工智能也有助于人类彻底地从劳动异化的窠臼中解放出来,因此,人类除了需要用积极的心态面对人工智能的负面效应之外,还需始终明确劳动是手段而不是目的,人类的真正目的是实现对自身本质的真正占有,实现美好生活的愿望始终是人类不懈的追求。

再次,应当改变收入分配的方式,加大社会红利惠及普通民众的力度。当前按劳分配的报酬方式必然会因为“智能劳动”形式的加入而产生新的分配需求。鉴于此,建立在过去生产力基础上的分配方式就不能适应人工智能时代的发展。因此,我们必须重新制定社会财富的分配方式,这就需要以共产主义思想为主导原则,实行“共享经济”等具有共产主义性质的分配制度,使社会逐渐由按劳分配向按需分配过渡。换句话说,人工智能时代人类必须牢牢掌控财富分配的权力,从而弥补因人工智能发展所导致的部分劳动的损失,这样人类的生存就有了基本的物质保障,从而不至于走向虚无的境地。同时需要注意的是,智能时代的技术往往会被少数精英人群控制,智能化生产甚至可以实现完全无人工参与的生产,而这种生产规模的不断扩大会在市场上造成扩张和垄断的后果,最终导致财富集中于少数人手中,为了不让这部分人手中的财富影响阶级国家的安定,需要以共享的理念完成对这一部分财富的重新划分。例如,一方面可以通过捐赠等方式回馈社会,还富于民;另一方面也可以利用税收调节,加大对这一部分人的征税力度,使得财富能够以国家税收的形式来保障人民社会福利和国家安定团结。

最后,人类需充分运用自身的劳动智慧,寻找适合智能时代的劳动新形式,以此来应对可能被人工智能机器取代的劳动危机。当前人工智能尚未达到强人工智能阶段,而弱人工智能阶段下的智能机器还并不完全具有人类的智慧,因此人工智能即将取代人类还为之尚早。人类与人工智能的战争才刚刚开始,而人类要战胜人工智能这个强大的“敌人”,首先需要明确的是“敌人”的优点和缺点。不可否认的是,当前人工智能在数据采集、存储和计算等方面已经超越人类,特别是人工智能机器还战胜了人类围棋手,这更加证实了计算机在某些方面已经超越了人类。但人类也有自身的优势,根据康德的划分,人类具有知、情、意三部分的能力,科学在知识层面已经全面领先人类,但在情和意层面目前人类还享有着自己的防守领地,因此,人类需要充分发挥主观能动性,防微杜渐,防患于未然,只有这样才不会出现人工智能的中期与长期威胁,人类才不至于走向作茧自缚的道路。对于那些从事简单的、重复性工作的劳动者来说,人工智能的冲击是毁灭性的,因为对这些人来说失业是永久性的,他们很难做出有效应对,只能依靠社会福利来保障未来的生活。但绝大多数人还是可以运用自身所学知识来提升劳动水平,通过利用人工智能所带来的大量自由时间安心学习和提高自身,以此保证当代人的生存,并可以通过适当的教育策略来延续智能时代的下一代人才。

总之,通过采用"时空逻辑法"对人工智能负面影响的分析可知,不同发展阶段的人工智能都会对人类存在构成威胁,而要充分应对人工智能所带来的负面效应,需要我们运用马克思劳动理论所蕴含的劳动逻辑来化解人工智能技术异化导致的危机。基于此,人类首先应该积极地调整心态;其次,应该明晰人工智能时代的劳动同样是实现人类解放的手段而非目的;再次,通过改变社会分配方式达到人工智能成果的共享;最后,人类需突破传统的劳动生产方式,寻找适合人工智能时代的新型劳动形式。

三、马克思劳动三要素理论对人工智能挑战的再回应

笔者在已发表的《马克思劳动理论视域下人工智能诠释的三个维度》一文中,主张从劳动本体论、劳动价值论和劳动幸福论三个维度对人工智能挑战进行回应。[①] 如果将劳动本体论、劳动价值论和劳动幸福论看作是马克思劳动理论的宏观形态,那么马克思劳动三要素理论则是该理论的微观形态。通过对马克思劳动观点在不同历史时期经典文本中的梳理可知,马克思的劳动观是随着现实变化而不断丰富发展和逐步完善的。在马克思那里,劳动不仅是人与动物相区别的标志,更是人类社会存在和发展的前提。物质世界是人类意识对象化过程的前提和基础,人的本质通过人类劳动过程得到自我显现并最终物化为物质劳动的产物,反映在现实的经济生活领域的劳动形式则是物质生产劳动。"劳动首先是人和自然之间的过程,是人以自身的活动来中介、调整和控制人和自然之间的物质变换的过程。"[②]马克思在《资本论》中重申了劳动在自然与社会中的存在论意义,并且规定了劳动过程的三要素:"劳动过程的简单要素是:有目的的活

① 薛峰、何云峰:《马克思主义劳动理论视域下人工智能诠释的三个维度》,《重庆社会科学》2019 年第 9 期。

② 马克思:《资本论》第 1 卷,第 208 页。

动或劳动本身,劳动对象和劳动资料。"①下文将根据劳动过程的三个要素来进一步分析马克思劳动理论对人工智能挑战的回应,也就是说,人工智能可以看作是劳动三要素的现实反映。首先,从劳动行为本身上看,劳动作为人与动物相区别的类本质,只有当其外化为改造客观世界的实践活动时才得以显现;其次,从劳动对象上看,虽然人类劳动过程在历史上经历了各种不同形式的变化,但人类劳动对象仍旧是物质自然界与人类社会;最后,从劳动资料上看,人工智能作为替代人类劳动的手段,是生产工具要素在当今时代的物化、现实化,其仍属于生产资料的相关因素。

（一）人工智能是劳动手段而非目的

从劳动行为本身上看,劳动作为人与动物相区别的类本质活动,只有当其外化为改造客观世界的实践活动时才得以显现。质言之,人要证明自身的存在,只有通过劳动这一行为过程本身才能够完成。"正是在改造对象世界的过程中,人才真正地证明自己是类存在物。"②这也就是说,劳动不仅是人改造客观物质世界的能动性活动,同时也是人的本质借以外化的手段。在劳动过程中,劳动将作为劳动主体的人与自然和有别于主体之外的"他者"发生关系,一方面,劳动将人的本质从自然界提升出来,另一方面,劳动是人自我丰富、自我完善和自我发展的过程,也就是说,劳动是人的主体性在客观世界场域发生作用的手段。因此,人工智能与劳动一样,同属于人类确证自我存在的一种手段,其本质属于人类劳动的结果,而不能成为人类劳动的开端。也就是说,人工智能只是手段而不是目的。从逻辑上的优先级来看,人类劳动要优先于人工智能。从这个意义上讲,无论人工智能如何进步,其本质属性的"非人"特征是无法改变的。因此,对于"人工智能是否能够取代人"的问题,在马克思劳动理论论域下则可转化为"人工智能是否能够获得人的本质"的问题,换句话说,人工智能是否能够取得人类在客观物质世界的主体地位。"从存在论的角度看,人工智能产品处理的领域是有限的;从认识论角度看,人工智能产品无法获得真正的理解;从价值论的角度看,人工智能产品无法获得真正的自由。"③也就是说,人工智能及其产品的属人属性不会改变,即便某一领域的专业程度会超越人类,但根本上无法实现取代人类主体性的功能,这既是人工智能技术的边界,同时也是人工智能技术的局限。因此,从这个意义上讲,本文支持一种"人工智能乐观派"的立场,对于人工智能的未来发展,笔者认为未来仍是以人类为主导的世界,人工智能只能获得有限的自主

① 马克思:《资本论》第 1 卷,第 208 页。

② 马克思:《1844 年经济学哲学手稿》,人民出版社 2018 年版,第 54 页。

③ 孙伟平、戴益斌:《关于人工智能主体地位的哲学思考》,《社会科学战线》2018 年第 7 期,第 22 页。

性,但其最终将会合并于人类自由而全面发展的历史进程中。

（二）人工智能仍属劳动对象范畴

从劳动对象上看,人工智能产生于人类变革劳动方式的需要,并且属于人类劳动的产品。"人类劳动过程经历了从手工劳动到机器劳动的变化,又经历了从个体劳动到社会劳动的变化,还经历了从简单劳动到复杂劳动的变化。"①虽然人类劳动在历史上经历了各种不同形式的变化,但不变的是人类的劳动对象仍旧是物质自然界与人类社会。因此,虽然人工智能利用技术优势扩展了劳动发生作用的时空范围,使得自机器工业时代以来的劳动对象产生了前所未有的变化,甚至人工智能本身也成为智能劳动的对象,但人工智能技术下的智能劳动作用的范围仍然离不开人类的物质世界与精神世界,也就是说,离不开人类历史的进程,其仍然要放在历史唯物主义范畴内进行理解。从这一点上说,无论人工智能技术发展到什么程度,其劳动对象仍是主体作用于客体的物质世界与精神世界。就这一点而言,虽然人工智能提升了人类改造自然和人类社会的能力,但其仍然属于人类劳动对象的范畴。也就是说,人工智能本身有其自存的悖论:一方面,其发展自身是希望能够突破"人工"的标签,成为独立的"个体",但另一方面其自身的存在仍然以人类的存在为基本前提,这一发展的悖论决定了其最终仍然属于人类劳动的范畴,无论是体力劳动还是脑力劳动,人工智能的作用对象都不会超出人类劳动的范畴。同时,这也是一个"鸡生蛋还是蛋生鸡"的古老哲学问题:人工智能一方面在不断地突破人类所设置的技术藩篱,另一方面却又不得不以人类的劳动对象作为其发挥作用的对象,从这一点同样可以证明,当前人类对于人工智能所带来的挑战所表现出来的慌乱和焦虑只是一种人类在不断适应变化前的"不适"感,从人类历史发展的总体进程来看,人工智能的挑战终将会消解于人类不断要求自身进步的潮流中。基于这一点认识而言,人工智能虽然从内容上丰富了人类劳动的范围,但从形式上无法超越人类劳动对象的范畴。人工智能的发展虽然占据了部分原本属于人类劳动的客观对象,甚至其作用的范围超出人类的劳动能力,但从其本质属性上来说,无论是对于自然还是人类社会而言,都有其无法逾越的鸿沟,其依靠人类劳动这样一个基本前提不会变更的,换句话说,其为人类服务的目的不会改变,人类的主观能动性也不会放任其自由发展而取代人类的存在地位。

（三）人工智能是劳动资料发展的必然阶段

从劳动资料上看,马克思说:"劳动资料不仅是人类劳动力发展的测量器,而

---

① 徐光春:《马克思主义大辞典》,武汉崇文书局 2017 年版,第 65 页。

且是劳动借以进行的社会关系的指示器。"①也就是说,劳动资料是连接劳动者与劳动对象的中介,是劳动的手段,在物质生产劳动领域内,劳动资料则表现为生产工具、科学技术等相关要素。"在劳动资料本身中,机械性的劳动资料(其总和可称为生产的骨骼肌和肌肉系统)远比只是充当劳动对象的容器的劳动资料(如管、桶、篮、罐等,其总和一般可称为生产的脉管系统)更能显示一个社会生产时代的具有决定意义的特征。"②也就是说,劳动资料本身不仅是劳动力发展的"晴雨表""指示标",更具有优先级的划分,"骨骼肌和肌肉系统"比"脉管系统"更具有决定性的作用,"机械性的劳动资料"比"只充当劳动对象容器的劳动资料"更能促进生产力的发展。人工智能作为科学技术发展史上的重要一环,是对"机械性劳动资料"的超越,属"智能型"劳动资料,在社会生产领域具有划时代的意义。但人工智能作为替代人类劳动的手段,是生产工具要素在当今时代的物化、现实化,其仍属于生产资料的范畴,因此,人工智能仍然属于历史唯物论下的劳动范畴。换句话说,作为劳动资料的一种特殊形式,人工智能仍然具有劳动资料的一般属性。尽管当前人工智能的发展会取代人类的部分劳动功能,但这只是劳动发展过程中所产生的"劳动异化"现象,人工智能发展的最终目的是为了实现人类的劳动解放。因此,人工智能作为"劳动力发展的测量器"和"社会关系的指示器",既具有一般的劳动资料属性又具有自身独特的属性,但其发展逻辑从属于人类主体作用于客体的劳动逻辑。因此,人工智能对人类劳动所形成的现实挑战,只能看作是特殊历史阶段所产生的劳动异化现象,而不能从根本上取代人类劳动。但需要注意的是,由人工智能相关要素所引起的现实劳动状况的变化,会反过来影响人类对于劳动的看法。马克思的劳动理论为我们辩证地看待人工智能的影响提供了方法论的指导,不难看出,人工智能的现实发展必将为人们关于劳动的认识提供新的理论视角,如何从现实的发展回归理性的认识,这既是实现认识飞跃的关键,也是否定之否定规律的必然要求。

总而言之,人的本质通过劳动过程得到自我显现并最终物化为物质劳动的产物,人工智能亦是人类为证明自身存在而发明的产物,那么,它就必然具有人类劳动的印记。人类劳动过程会产生人与自然和人与人的物质变化过程,人工智能虽然对现实的人类劳动提出挑战,但就劳动过程的三要素而言,人工智能同样属于这一劳动过程的范畴。具体而言,从劳动本身上看,人工智能是人类不断自我丰富、完善和发展的过程体现,是这一过程的物化、现实化,其本质属性的"非人"特征是无法改变的;从劳动对象上看,虽然人类劳动过程在历史上经历了

---

① 马克思:《资本论》第1卷,第210页。

② 马克思:《资本论》第1卷,第210页。

各种不同形式的变化,但不变的是人类劳动对象仍旧是物质自然界与人类社会,人工智能所能作用的范畴也依然属于自然界与人类社会;最后,人工智能作为"人类劳动力发展的测量器"和"社会关系的指示器",其本质仍属于劳动中介的范畴,无论其如何发展,只能被当作某种工具性的人类劳动成果来理解,其产生的目的仍是为了实现劳动解放并最终会为实现人的自由而全面发展贡献其特殊的历史推力。如果说,基于马克思劳动概念的不同理解所形成的马克思劳动观的三种理论形态(劳动本体论、劳动价值论和劳动幸福论)是从静态的、宏观的视野来回应人工智能的挑战,那么马克思劳动过程三要素理论则是从动态的、微观的视野来回应人工智能的挑战,二者最终旨在说明人工智能无法取代人类劳动的事实。但需要指出的是,人工智能发展过程必然会出现劳动异化现象,而充分发挥人类的主观能动性则是实现"趋利避害"的最佳选择,马克思的劳动理论为我们提供了科学的方法论指引。人工智能发展的现实再一次证明了马克思劳动理论在智能时代依然是行之有效的科学理论,同时也从侧面表明了马克思劳动理论与时俱进的理论品格。

网络游戏视域下异化劳动样态探析[①]

刘一凯

摘　要：　数字时代,网络游戏呈现大众化趋势,成了一种主流的休闲方式。网络游戏在满足玩家休闲与娱乐需要的同时,还令他们逐渐脱离现实生活与主体需求,使他们的游戏行为演化成异化劳动,阻碍其自身发展。同时,在资本驱动下,网络游戏已由单一产业演化为多元化产业体系,游戏及其一系列衍生活动构成了一个玩乐体系,该体系具有虚拟与现实双重属性,因此玩家的异化劳动也更加隐蔽和复杂。本文以马克思劳动学说作为学理支撑,基于马克思异化劳动相关理论,重新考辨网络游戏视域下的异化劳动现象和本质,纵向挖掘网络游戏中疑难问题的成因,为青少年自由而全面发展拓展道路。

关键词：　网络游戏;玩家;异化劳动;资本;全面发展

网络游戏是当代主流的休闲方式,玩家在游戏世界中可以消除疲惫、充分展现自我以及进行社会交往等,他们在一定程度上得到自我发展。但长期、频繁地玩游戏会让玩家产生疲惫感,致使其思考能力下降、思维和行为被游戏所牵制。近年来,各个领域对网络游戏的评价褒贬不一,但具有共识的是,网络游戏的更新迭代在不经意间削弱了其原有的休闲性,玩家的游戏过程也慢慢成了一种与休闲并存的异化劳动过程。马克思早在《1844年经济学哲学手稿》中就对异化劳动进行了阐释,"劳动所生产的对象,即劳动的产品,作为一种异己的存在物,作为不依赖于生产者的力量,同劳动相对立"[②]。但在数字经济崛起的今天,异化劳动的形式呈现出高度的多样性与复杂性,数字劳动的逐渐成熟引发了异化

---

①　基金项目:国家社科基金高校思政课研究专项项目"新时代高校思政课教师队伍后备人才培养质量研究"(项目批准号:19VSZ102)的阶段性成果。作者通信地址:刘一凯,苏州大学马克思主义学院,江苏 苏州 215000。

②　《马克思恩格斯选集》第1卷,人民出版社2012年版,第51页。

劳动的变迁,因此,我们要结合原有理论和时代特点对网络游戏中的异化劳动样态进行分析。

一、概念阐发:数字性与实体性的统一

(一)研究视角

首先应当明确一点,作为讨论中心的"异化劳动",其产生的根本原因是什么? 爱德华·科莫(Edward Comor)认为"资本家对剩余价值的追逐驱使他们将工人视为机器或物品"[①],该观点指出了异化劳动使劳动者成为机器附属物,但"异化劳动"是一个复合性概念,具有社会和历史双重属性,而"资本家""工人""剩余价值"都是政治经济学概念,它们在不同历史时期会呈现多样的内涵和特征。马克思主义彰显出对人的价值的高度崇尚,而人的价值是一个历史性范畴。林锋教授认为,"剥削阶级和被剥削阶级之间的异化……是异化劳动得以产生的前提和原因"[②],他将异化劳动的成因复归到人与人的异化上,该观点兼并了异化劳动的历史向度。但人类最原始的劳动是人与自然界的对象活动,社会关系则是由异化劳动产生,因此,异化劳动的产生过程实际是由"人与物"到"人与人"的过程,而阶级则是异化的产物,关于这点有待进一步商榷。

因此,必须在生成规律上把握异化劳动在不同时代、不同场合所具有的同一性,以此审视异化劳动在网络游戏视域下的具体表现。马克思主义的一个深刻价值导向在于"人的自由全面发展",而这里的人是指现实的人,脱离现实也就失去了价值实现的载体。劳动在历史上对人的影响呈现出两个层面的特征:一方面,它使人在不断丰富实践内容和探索自然界上实现了广延性的飞跃;另一方面,它使人在智力、体能、情感等方面实现了纵深性的发展。异化劳动是一个历史概念,在任何历史时期,异化劳动始终与现实人的价值实现相对立。李佃来教授指出,自然是历史唯物主义和政治哲学的共同起点[③],人的"自由而全面"的劳动与异化劳动的实质性差异,在于是否实现了现实人的本性向自然的复归。

综合上述内容,一方面我们要立足现实,从人与自然的关系出发,运用历史思维,把握人的价值尺度,不能将异化劳动恣意拆解、以偏概全,甚至将其归纳为某类现象,使之碎片化;另一方面我们要审视游戏背后的资本逻辑,既要跳进现象捕捉规律,又要跳出现象验证规律,不能对异化劳动进行普遍性解读,使之宽

① 爱德华·科莫:《数字的产消合一与异化》,见姚建华主编:《数字劳工:产消合一者和玩工》,商务印书馆 2019 年版,第 123 页。

② 林锋:《重读马克思:〈1844 经济学哲学手稿〉前沿问题新探》,中央编译出版社 2018 年版,第 174 页。

③ 李佃来:《论历史唯物主义与政治哲学的内在会通》,《中国人民大学学报》2015 年第 1 期,第 27—36 页。

泛化。

(二)数字性:玩家在游戏内部的生产活动

网络游戏是数字劳动的主要载体之一,数字劳动也是游戏玩家异化劳动的主要样态。"数字劳动是指提供数字媒体技术、数字产品和数字服务的各种生产劳动,"①数字资本增殖依赖于以用户群为主体的数据产出,游戏玩家从登入游戏的一刻起便开始了他们的无偿劳动,网络游戏与数字劳动具有内在同一性,它们都呈现出数字化的特点。数字劳动使得劳动者在时空上相对自由,它能够在一定程度上表达劳动者的自主性,使劳动在一定程度上符合劳动者主体需要,但这种劳动模式模糊了劳动时间和休闲时间的界限,加重了资本对劳动者的剥削。有学者将数字劳动分为"互联网专业劳动者的数字劳动"和"一般互联网用户的数字劳动"两类,②他们之所以将"玩游戏"纳入数字劳动的范畴,是因为玩家作为一般互联网用户,其一切活动都在生产数据,这些数据经由算法的运算来盈利,蓝江教授将这种数据称为"一般数据"③。在网络游戏的场域内,笔者将一般数据分为如下两类:一部分是作为劳动对象的数据,一般为可视化数据,呈现在玩家对游戏内容的直观感受上;另一部分是作为劳动产品的数据,通常为隐性数据,包括用户数据、游戏时长、登录频次、最大在线用户数等,这些数据最终合流到整个网络空间的大数据中,并以广告、运营商分流等多种途径转化为资本。

(三)实体性:玩家在现实世界的生产活动

游戏玩家的劳动不同于一般意义上的数字劳动,其劳动还包括进行物质生产的现实劳动。目前学术界对于网络游戏中的玩家多以"玩工"相称,"玩工"一词最早由爱尔兰阿尔斯特大学媒介研究中心的尤里安·库克里奇(Julian Kücklich)提出,多指在游戏生态、机制、营销等一系列方面营造价值的玩家群体。笔者认为,对于纷繁复杂的劳动样态不仅要从数字劳动层面去理解,还应当结合玩家的现实活动进行全面考察。

网络游戏玩家不仅借助游戏本身生产一般数据,同时还进行虚拟和实体配套商品的生产。产业资本、金融资本,乃至如今的数字资本,这三种资本样态始终遵循私有化剥削逻辑,但是数字资本不仅要实现对数据的私有化,强化对数字空间的占有,还要对客户、政府、金融机构等外部资源进行有效利用,从而形成了

---

① 李仙娥:《数字劳动:美好生活的新课题》,《中国社会科学报》2019年6月4日第7版。

② 李弦:《数字劳动的四要素之争:一个历史唯物主义的分析》,《河北经贸大学学报》2021年第2期,第1—6页。

③ 蓝江:《数字资本、一般数据与数字异化——数字资本的政治经济学批判导引》,《华中科技大学学报(社会科学版)》2018年第4期,第37—44页。

"'信息'与'关系'资源在产业的供应端上的集中化趋势"①。以风靡世界的网络游戏《英雄联盟》为例,该游戏由美国拳头公司(Riot Games)开发,并由中国的腾讯公司代理运营,以腾讯的 QQ 和微信两大社交软件账号为游戏登录媒介,大大拓宽了游戏的用户渠道。而腾讯还同时代理着其他公司开发的游戏,腾讯以《英雄联盟》在游戏界的强大影响力强化了平台的市场竞争力。同理,该游戏还通过对接赛事平台、演艺平台、实物周边生产平台等诸多平台,将游戏的效益范围由数字空间扩展到现实空间,而人又以玩家的身份扮演着虚拟与现实两种角色。

在网络游戏实体功能与虚拟功能的双重作用下,玩家的网络生活与现实生活界限逐渐被打破,玩家作为现实的人,其活动逐渐符号化,变成数字生产的一部分。在如今以平台模式为主导的游戏产业下,网络游戏的相关配套产业趋于成熟,形成了与网络游戏自身构成纽带关系的商业体系,这势必引导玩家们的欲望从游戏内转移到游戏之外。以实物周边为例,玩家不断生产数据使资本积累达到一定程度后,必然引发资本扩张,资本家将一部分资本投到周边实物生产上,再出售给玩家。这类商品虽然具有一定的使用意义,但更多意味着,游戏为玩家提供了消费的契机,玩家在现实世界购买的商品只是作为一个载体来维系和强化玩家的游戏体验感,并进而扩张到现实世界,这种扩张必然导致玩家的现实生活被虚拟化和符号化。"网络产品正是通过满足感官欲望而扩张了欲望,把身体变成一个商业符号。"②被符号化的身体沦为游戏资本链上的工具,与人的自然本性剥离开,玩家在生产数据时,还参与到物质生产过程中,在价值创造上呈现"虚实结合"的特点。

二、内在机理:异化劳动与网络游戏的动态联系

此时须明晰一个问题,现已确证玩家的游戏行为本身是一种异化劳动,那么玩家在虚拟和现实两种不同维度下的劳动样态是否都遵循资本主义生产逻辑?在资产阶级话语体系极力对网络游戏中存在异化劳动这一事实欲盖弥彰的时候,揭露游戏背后的异化劳动本质也就具有了更大的难度。"玩劳动同时具备生产和娱乐的双重特性,在客观上也的确满足了消费者的休闲需要,因此很容易受到资产阶级理论家的诘难。"③对于该问题,我们应当用马克思主义劳动价值论深刻阐释游戏背后的生产逻辑,以此揭露资产阶级的生产真相。所以,我们必须

---

① 蔡润芳:《平台资本主义的垄断与剥削逻辑——论游戏产业的"平台化"与玩工的"劳动化"》,《新闻界》2018 年第 2 期,第 73—81 页。

② 崔子修:《网络空间中的哲学维度:从技术、利益到伦理》,中国财富出版社 2018 年版,第 111 页。

③ 刘皓琰:《玩劳动与玩工的剥削机制研究》,《天府新论》2019 年第 1 期,第 11—18 页。

要明确在网络游戏作为劳动的语境下，劳动者（即玩家）真正的需求与对象是什么，它们同异化劳动的关系是怎样的。

（一）主体的需求：劳动目的的本真样态

首先应当明白，玩家在网络游戏中的需求层次以及其劳动的"异化"是在哪个层面被界定的。从玩家个体的思想、行为和交往层面进行观察，有学者认为网络游戏的异化表现为"游戏者道德的异化""游戏者消费行为的异化"和"游戏者交往的异化"三类①；从玩家群体看，有学者认为游戏空间使得人的主体思维与现实世界分离，因而提出"主体的受动""思维的缺场"和"意义的虚无"三种异化表现②；还有学者聚焦文艺美学，指出网络游戏的异化主要表现为"游戏的庸俗文化与文艺的高雅文化相异化""游戏的功利性与文艺的公益性相异化""游戏的低于生活与文艺的高于生活相异化"③。基于不同视角的研究发现，人的本性回归是界定异化劳动样态的重点，在马克思笔下，人的本性回归表现为现实的人的生存与发展需要得到满足，"他们的需要即他们的本性，以及他们求得满足的方式，把他们联系起来"④。网络游戏使玩家的社会交往分化成虚拟和现实两大场域，但这两大场域并非是孤立的，它们之间的动态联系模糊了现实人与虚拟人的界限，混淆了玩家的现实需要与抽象需要。

（二）关系的重组：异化劳动的"对象化"悖论

资产阶级构造了一个为其剥削正名的逻辑理路：游戏为玩家创设了相对自由的时空，玩家可以不再遵循现实世界的自然和社会规律，他们可以通过游戏实现自我认识、自我表达和自我创造。荒谬的是，现实的人在融入游戏世界的过程中却慢慢沦为游戏角色在现实中的附属物，人的现实行为与意识被游戏主导，逐渐呈现出符号化的倾向。正如马克思所批判的工人成为机器的附属物一样，如今玩家也成为游戏的附属物，二者虽然是截然不同的现象，但背后隐藏的剥削本质是相同的。在马克思看来，异己的"对象化"表现为真正的"对象的丧失"，⑤而玩家在游戏世界中生产一般数据似乎并未丧失"真正的对象"，即产生感官体验的对象数据，具体包括游戏道具、角色卡片、RANK 排名、竞技奖励等，这些感官体验实际上是可被感知的游戏数据在人脑中的反映。

造成与马克思的表述截然不同的原因在于，同经典理论所揭示和批判的状

① 龚珏：《网络游戏异化问题研究》，东北财经大学 2015 年博士学位论文。
② 杜盟：《文化哲学视域下的游戏问题研究》，黑龙江大学 2016 年博士学位论文。
③ 陈响园、滕小娟：《网络游戏对文艺的分流及其美学异化》，《甘肃社会科学》2014 年第 6 期，224—228 页。
④ 《马克思恩格斯全集》第 3 卷，人民出版社 1960 年版，第 514 页。
⑤ 《马克思恩格斯选集》第 1 卷，第 51 页。

况相比,网络游戏中的异化劳动具有高度的复杂性,以网络游戏为源起的新型场域重构了人与人、人与物、人与社会的关系。马克思在他所处的时代并未预测到如今社会科学技术的先进性和社会状况的复杂性,网络空间与现实空间的对立统一引发了更加复杂的生产生活关系。同时,网络游戏对劳动要素和社会分工的重构增加了劳动方式的间接性和复杂性,"只要成为总体工人的一个器官,完成他所属的某一种职能就够了"[①],每一个玩家都是一个"器官",他们在游戏世界进行隐蔽的无偿劳动,但这份劳动与现实中的劳动一样,二者都在消耗现实的时间、创造现实的价值、使劳动者受到现实的损害。故我们必须立足现实去考察新型异化劳动的内在逻辑。

(三)场域的构建:异化劳动的辩证运动

基于网络游戏对人与人、人与物、人与社会关系的重组,玩家的生产活动可分为两个场域:一种是以现实的人的身份进行现实劳动所处的现实场域,而另一种则是以玩家的身份参与到数字劳动所处的游戏场域。在具体研究中,我们不能将异化现象归纳到某一个场域中理解,而要从场域间的动态联系上分析异化劳动的具体表现。网络游戏最初是玩家在休闲娱乐的同时进一步探索未知领域、丰富交往形式的媒介,游戏场域受现实场域主导,二者处于相互作用的稳定状态,但网络空间的不断膨胀销蚀了两者的界限,打破了原本稳定的状态,由此使两大场域的辩证运动呈现出分离与结合两种形式。

一方面是游戏场域与现实场域的分离。游戏场域是娱乐项目在网络空间的拓展,"在网络信息时代,虚拟空间作为现实空间的技术化延展,在映射现实社会的同时,也实现了对现实世界的分化和超越"[②]。玩家通过游戏活动可以增进自我认识、提高审美能力,并以虚拟手段构筑与其他玩家个体交互的桥梁,一些寓于游戏场域的优质元素通过折射到现实活动中而实现了在现实世界的进步。网络空间是一个符号化的存在,与客观世界是一对"能指"与"所指"的关系,游戏则将"能指"发挥到极致,在玩家认知中构造出一个臻于理想状态的抽象世界,但这个抽象世界只是一个符号化的数据集合,只是凭借数据和技术在虚拟空间构造的世界,它的绝大多数元素在现实世界中并无"所指"。这就导致玩家在两个场域上出现了分化:玩家一边拼命在这个"理想化"的游戏世界寻求归属感,满足自身的抽象需要,但抽象需要只是游戏对玩家在游戏场域的"能指",这种需要的满足并不能直接促进玩家现实需要的满足;另一边,玩家在对游戏世界的依赖性逐渐增强的同时,其作为现实的人的身份却被边缘化,对现实世界的认同感也逐步消解。

---

① 《马克思恩格斯文集》第 5 卷,人民出版社 2009 年版,第 582 页。

② 王丽鸽:《网络空间下人的生存与发展研究》,中国社会科学出版社 2020 年版,第 116 页。

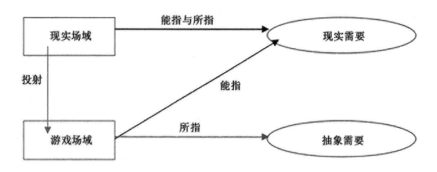

图 1　不同场域下对象的指向关系

　　另一方面是游戏场域与现实场域的结合。如今,网络空间依托技术飞速膨胀,它将现实世界中诸多要素编译到虚拟世界中,从而逐步实现对现实世界的复现甚至超越,在某些领域,它甚至冲破了两个世界之间的壁垒,反过来约束着现实世界。随着资本的日趋成熟以及游戏产业的高度商业化、平台化,网络游戏的内容、玩法、质量都与其带来的收益直接相关。这一系列变化令网络游戏打破了自身原本的虚拟外壳,为玩家群体构筑了在现实中参与游戏的平台,并将一部分游戏中的虚拟元素外化到现实世界中,增强游戏的真实性。其真实性主要表现在:第一,游戏媒体平台,以直播平台为主要媒介,通过开展游戏直播、电子竞技赛事等使玩家以观众的身份参与到游戏中。第二,游戏社交平台,玩家可用社交软件账号登录游戏,将社交与娱乐相互交融,社交圈的同侪效应就势必会反映在游戏当中,刺激玩家们在游戏中消费金钱和时间。第三,游戏周边平台,推出游戏相关文化产品或实物周边,以玩家对周边产品消费的方式增加资本收入。例如玩家购买游戏的实物周边,玩家的一切现实活动都成了对游戏场域的反哺:一方面购买游戏周边的活动使玩家对符号化的游戏世界有了体感上的交互,从而加强了玩家对游戏的客观实在性的认同;另一方面该活动模糊了游戏和现实场域的界限,令玩家对其行为的目的性产生错误认识。马克思认为“消费对于对象所感到的需要,是对于对象的知觉所创造的”,“艺术对象创造出懂得艺术和具有审美能力的大众”。[①] 玩家的现实活动丰富了游戏的内容,同时游戏也吸纳了更多玩家;促进了数据生产;扩大了配套产业的规模。如图 2,玩家通过在不同场域中的劳动促成了资本的积累,溢出的资本在不同场域得到分化并继续为资本积累服务,以此构成了两个资本积累的闭环。而玩家只是借助消费这一途径为游戏场域内的“对象”赋予实体性的载体,整个过程中实物商品本身不是作为对

────────────

① 《马克思恩格斯全集》第 46 卷上册,人民出版社 1979 年版,第 29 页。

象而是作为中介,它并未反映出玩家现实的需要,相对地,玩家的体力、脑力、时间甚至金钱在无形中被资本积累所剥夺。

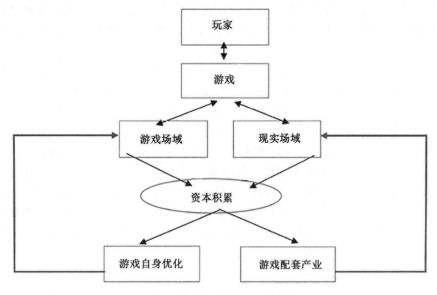

图2　场域结合构造的效益闭环

　　综上所述,从过程上看,玩家无论进行怎样的游戏活动,他所消耗的时间和一切物质力量都来源于其现实个体;从结果上看,玩家所进行的一系列游戏活动,无论两种场域处于何种关系,他得到的只是虚拟体验及其物化形式的满足,二者是高度统一的;从目的上看,玩家处在由技术和资本双重壁垒构筑的网络游戏世界中,他们虽然可以得到一些对自身发展有所裨益的内容,但这些活动本质上都背离现实世界和社会,因而也就致使现实主体的需求被边缘化。由此证明,游戏玩家的虚拟与现实劳动是一对同一的范畴。

三、价值意蕴:透过网络游戏审视异化劳动的时代价值

　　(一)有利于青少年树立正确的劳动意识
　　游戏通过对玩家进行兴趣导向和情感导向使玩家圈层更加紧密,交流更加频繁,以此促使玩家进行自由的感性活动,激发其想象力和创造力,比如“同人作品”的创作,就是对游戏中的人物、背景故事等元素以图画、文字等方式进行二次创作,该作品涵养了富有创造性的文化生态,推动了青少年更加全面地发展。玩家参与相关的游戏活动一旦超出了其主体需求的程度,就会导致其行为、思维偏

离应然目的。异化劳动使玩家过度追求游戏场域内的差异性利益,而使他们忽略了作为现实的人在现实生活和社会交往中的需要。过度的游戏必然带来现实生产活动的停滞,人们注重游戏享受而忽视了维系其现实生存和发展所必须进行的劳动,劳动的本真意义被边缘化,而游戏体验则从弹性需要变成了刚性需求。

习近平总书记在全国教育大会上总结了劳动的本真含义,即"辛勤劳动、诚实劳动、创造性劳动"[①],劳动彰显了人的本真力量,这一力量来源于现实的人。劳动与休闲存在复合,但不能相互取代,不论是虚拟还是现实的游戏活动,都是现实的人的劳动所创造的产物,反映了人们对创造美好世界的向往,但游戏作为劳动的产物,其开辟的场域和对客观世界的影响都相当有限,超出限度的游戏活动反而会限制人在现实中的发展。劳动是人自我实现的根本动力,一切美好的愿景都要依靠劳动来实现,并且必须通过劳动本身来实现自我认同、集体认同、社会认同。因此,人们可以借助网络游戏充分认识自我,将在游戏中得到确证的能力转化为劳动意识、劳动思维、劳动情感,并投入到现实的劳动中去,进而充分实现个人价值和社会价值。

(二)有利于正确理解和把握网络游戏视域下的生产与生活

理解网络游戏中异化劳动的本质,有利于明晰生产活动与生活活动的区别与联系,从而更好地使网络游戏为人的全面发展服务。数字资本主义时代,技术发展引起了人生活方式的转变,但没有引起人发展方式的转变。随着网络游戏不断大众化,庞大的游戏产品市场也在不断迎合玩家喜好,同时倒逼玩家将游戏视作必要之物,迫使玩家进行过度的游戏活动,生产大量数据,以此该市场形成了对玩家群体的主导。因此,网络游戏具有了生产与生活两重属性:一方面,作为一种休闲手段,网络游戏创造了生活方式新样态,包括网络游戏在内的一切娱乐活动都有一个共同的目的,就是在繁重的生产活动中让人们身心得到解放,满足人们的生活与发展需要。因此,这种手段显然是非必要的,人们完全可以找到网络游戏的替代品来达到上述目的。另一方面,作为一种生产方式,网络游戏具备多元化的生产向度,网络游戏中的异化劳动具有数字性和实体性双重特性,因而游戏商品不仅囊括了虚拟商品和实体商品,而且各类商品在用途和具体使用价值上也存在多样性,可以对冲边际效用对产品增量的消减,故此生产方式成为资本积累和扩张的重要方式。

所以,在资本逻辑的驱动下,网络游戏及其附加活动逐步侵蚀了玩家在生活方式上的自主性。由于多因素的诱导,玩家对游戏的感官欲望冲破了时空的限

[①] 习近平:《在全国教育大会上强调:坚持中国特色社会主义教育发展道路 培养德智体美劳全面发展的社会主义建设者和接班人》,《人民日报》2018年9月11日第1版。

制,一些玩家为了获得超出其主体需要的游戏体验而投入大量的时间和金钱,游戏中的感官体验逐渐主导了他们的行为和意志,玩家为了获得高度感官体验而将大量的时间、金钱与精力投入到网络游戏的一系列活动中。在此条件下,网络游戏从"需要"变成了一种"必要",玩家不仅没能通过游戏得到放松,反而产生了疲惫感,这种疲惫感成为玩家发生异化的一个重要元素或信号。因此,要明确网络游戏中生产与生活的界限,必须使人从感性欲望复归到理性需求上。我们主要可通过三点来实现:第一,把游戏时间控制在合理范围内,减少游戏对人的脑力和体力消耗;第二,培养兴趣爱好,增加休闲方式的种类;第三,加强社会交往,寻求多元化的自我确证方式。

(三)有利于青少年抵制网络游戏中的不合理因素

剖析网络游戏中的异化劳动现象有利于青少年在扩展社会交往途径的过程中,汲取网络游戏的积极元素,自觉抵制网络游戏的消极元素。现实中由于各种条件的约束,人的自我确证受到自然规律和社会发展规律等一系列条件的约束,网络游戏则构造了打破或减弱这些约束的空间。虚拟社会冲破了人在现实中的阻隔,青少年通过在网络游戏中进行团队协作或对抗等一系列活动产生思维碰撞和情感共鸣,进行能动的交往活动,增强集体意识、奉献意识和大局意识;同时,青少年通过在游戏场域内得到认同来获得个人的自信感和对集体的归属感,网络游戏对人在现实中的自我确证具有积极意义。

网络游戏从崛起到大众化的历程证明了时代进步对网络游戏的需要,但游戏内部的交往具有西方自由主义的色彩,玩家的主体人格极易迷失在具有高度感性自由的虚拟空间内。玩家在游戏内的诸多非健康竞争使玩家群体出现"断层",游戏时间较长(俗称"肝帝")以及购买大量虚拟道具(俗称"氪金")的玩家构成了游戏中的优势群体,游戏时长较短以及游戏内消费少的玩家构成劣势群体,两种群体之间的对立使玩家关系偏离良性状态,甚至对青少年的现实交往产生不良影响。"个人总是倾向于根据他者与自我的异同不断地将他者'分类'(categorize)为内群成员或外群成员,尝试从其所属共同体中获得成员身份和社会认同。"[1]但所有的玩家本质上都是游戏数据的生产者,在当前的技术条件下,现实个人的发展以及现实社会交往并不会因游戏行为而显著改善,游戏内的认同终究无法取代现实中的自我确证。因此,我们应当充分理解网络游戏中异化劳动的实质,动态分析游戏与现实中主体交往的辩证关系,以此为基础对广大青少年的自身成长和社会交往中存在的问题进行纠偏。

---

① 迈克尔·A·豪格、多米尼克·阿布拉姆斯:《社会认同过程》,高明华译,中国人民大学出版社2010年版,第4—27页。

（四）有利于为消费方式的转变提供理论依据

消费主义主导下的游戏活动为玩家进行游戏商品和游戏数据的生产创造了外部条件。消费是整个生产过程中的一个环节，数字经济时代以大数据为资料进行的劳动生产呈现出"产消合一"（prosumer）的趋势，如今的网络游戏打破了时空限制，赋予了人们新的交往方式。但网络游戏却为玩家设置了一个消费主义"圈套"：通过刺激玩家的感官体验，模糊玩家的现实需求与抽象需求，从而诱导玩家消费。当下许多网络游戏通过推出荣誉标识、个性外观、限定虚拟物品，甚至直接依靠充值提升游戏角色强度等方式刺激玩家消费。例如，一些游戏推出迎合玩家喜好的人物，从而激发玩家消耗虚拟货币来获得该类人物的欲望，一些游戏甚至生产该人物的实物周边商品促使玩家购买，将玩家的游戏需要外化为现实需要，但这是一种异化的需要。

在消费主义的大肆宣扬下，那些节俭娱乐、理性消费的玩家被打上了"自我束缚"的标签。实际上，部分玩家在将时间和精力投入到游戏的同时，为了增强玩家间竞争的获得感，他们还使用现实的货币购买虚拟游戏道具，这种行为看似自觉自愿，实际上玩家的情感和意志已经被游戏规则和营销手段主导，他们不能够自主控制购买行为，逐步沦为维系游戏背后的资本链条的工具，而所谓的"自我束缚"本质上是玩家主体情感意志对外部干预的反抗。正如前文所指，玩家在游戏中的消费行为交换到的只是外化的游戏体验，这种体验诱使玩家更加深入地投入游戏活动。

因此，必须以社会主义核心价值体系为价值导向切实规范网络游戏。目前，我国针对网络游戏机制的不合理之处出台了相关政策，包括防沉迷机制、实名制注册、亲子模式等外部机制，还包括禁止出现赌博性、涉黄涉暴等游戏内容来维护游戏的内部机制，以此推动网络游戏消费机制的转变，这在一定程度上减少了"瘾性消费"的诱因。以上做法虽然在一定程度上弱化了网络游戏中的不合理消费现象，但并未在根本上解决问题，导致消费方式扭曲的根本原因还是游戏背后的资本逻辑。因此，要正确认识消费与劳动的关系，在大力发展生产力、增强人民群众的幸福感的同时，还要整合教育资源，培养青少年的消费理性，逐步引导玩家的理性复归。虽然改善网络游戏机制存在诸多的现实困境，但随着我国各项制度的不断完善，这一目标终将实现。

大众文化视角下数字劳动的主体性解读
——基于哔哩哔哩弹幕网 UP 主的劳动过程分析[①]

孙冬鑫,刘鸣筝

摘 要: 对于数字时代的受众劳动问题,传播政治经济学派学者从批判视角出发,分析了用户在信息产品消费过程中数字资本对其劳动的剥削。然而剥削框架下的数字劳动研究不足以全面揭示媒介产品使用者和传媒产业之间的关系,在信息内容的生产和消费过程中,文化上的参与和满足不应被经济上的剥削所掩盖。本文以哔哩哔哩弹幕网 UP 主为例,从大众文化研究的视角出发,考察数字劳工在大众文化生产过程中的文化体验和主体性建构过程,分析信息技术和媒介平台为大众文化生产和大众文化政治潜能的实现提供的空间,以及互联网权力关系下数字劳工主体性建构面临的挑战。

关键词: 数字劳动;UP 主;大众文化;主体性

一、受众劳动议题的两种理论视角

(一)传播政治经济学视域下的资本剥削

随着传媒技术的发展,一些传播研究的重要议题焕发了新的生机,其中就包括受众劳动议题。受众劳动议题的研究始于达拉斯·斯迈思"受众商品"理论的提出。[②] 他认为受众观看电视的活动即是促进传媒产业资本积累的过程,在这一过程中,受众成了受资本剥削的免费劳动力。达拉斯·斯迈思认为,在研究大众传播时,首先要了解传媒产业在资本主义生产关系的延续过程中所扮演的角色,这正是西方马克思主义传播学研究所忽略的"盲点"。"盲点"问题的提出,开

---

① 作者通信地址:孙冬鑫,吉林大学新闻与传播学院,吉林 长春 130015;刘鸣筝,吉林大学新闻与传播学院,吉林 长春 130015。

② Dallas W. Smythe, Communications: Blindspot of Western Marxism, *Canadian Journal of Political and Social Theory*, Vol.3, No.1(1997), pp.1—27.

辟了受众研究的传播政治经济学进路。

进入网络时代，信息通信技术的发展催生了新的受众形态与劳动模式，也带动了传统媒介产业资本向数字资本转型。美国未来学家阿尔文·托夫勒在《第三次浪潮》中提出"产消者"（prosumer）概念，预示在第三次浪潮中消费者被卷入传统生产部门，生产者与消费者的界限日益模糊。① 这一预言在 Web2.0 时代得到充分验证。克里斯蒂安·福克斯认为，网络时代的受众在消费信息产品的同时，不仅无偿贡献了其时间和精力，他们的人口资料、网络行为、社交网络和生产的内容都作为商品被出售给了广告商。② 受众同时扮演着消费者和生产者的双重角色，数字资本对受众的剥削以一种更加隐蔽的形式展开。

西方学者开始使用"数字劳工"这一概念凸显信息产业对劳动者的剥削。马里索尔·桑多瓦尔将数字劳工定义为将信息通信技术和数字技术作为生产资料的脑力劳动者和体力劳动者，包括生产者和使用者。③ 国内学者也对公民记者④、带货主播⑤、移动游戏产业中的"玩工"⑥等数字劳工群体展开个案研究，借用西方理论分析其劳动过程中技术和资本对人的剥削和异化。马里索尔·桑多瓦尔对数字劳工的定义将数字劳动这一概念延伸至一切与信息产业相关的劳动过程，本文沿用她对数字劳工的定义并重点关注互联网使用者的非物质劳动部分，因此本文讨论的数字劳工特指以互联网用户为代表的生产性消费劳动者。

（二）大众文化研究视野下的文化参与

从达拉斯·斯迈思的"受众商品论"到互联网产业中的"数字劳工"，传播政治经济学派的学者揭露了受众从电视时代作为商品被出售给广告商，到网络时代网民的一切信息和行为都被纳入互联网产业资本增殖过程中的现实，为我们批判性地理解受众劳动问题奠定了理论基础。但是单一的剥削框架排斥了劳动

① 阿尔文·托夫勒：《第三次浪潮》，黄明坚译，中信出版社 2006 年版，第 170—185 页。

② Fuchs C., Dallas Smythe Today: The Audience Commodity, the Digital Labour Debate, Marxist Political Economy and Critical Theory. Prolegomena to a Digital Labour Theory of Value, *Triple C:Open Access Journal for a Global Sustainable Information Society*, Vol.10, No.2(2012), pp.692—740.

③ Sandoval M., Foxconned Labour as the Dark Side of the Information Age: Working Conditions at Apple's Contract Manufacturers in China, *Triple C:Open Access Journal for a Global Sustainable Information Society*, Vol.11, No.2(2013), pp.318—347.

④ 吴鼎铭：《"公民记者"的传播政治经济学反思——以"数字劳工"理论为研究视角》，《新闻界》2015 年第 23 期。

⑤ 栾轶玫、张雅琦：《人设奴役与数字劳工——异化理论视角下的直播带货》，《传媒观察》2020 年第 10 期。

⑥ 袁潇：《数字劳工：移动游戏中青少年玩家的非物质劳动研究》，《当代传播》2020 年第 5 期。

过程中的意识形态因素,忽视了对劳动者主观体验的考察。对于数字时代的劳动问题,有必要从政治、经济、文化等多角度进行研究,全面分析用户数字劳动的经济意义、政治意义和文化意义。

在网民的知识文化生产和消费活动中,文化上的参与和满足同样值得关注。美国大众文化理论家约翰·费斯克认为,如果我们的注意力仅仅集中在对消费式资本主义产品的宰制力的批评上,就忽略了同样重要的资本主义的文化领域,而且最终将会困囿在悲观主义的状态中,从而丧失批判力。[①] 一如他对达拉斯·斯迈思"受众商品论"的评价:"此论固然精当而敏锐,但它仍固定在社会的经济基础方面,并把意义或意识形态,仅仅解释为那一经济基础机械决定下的产物。"[②]

约翰·费斯克的大众文化理论为数字劳工主体性研究的发展提供了一条社会文化路径。他认为,体制只提供文化或物质意义上的商品,这一事实并不意味着消费这些商品的过程,就都可差强人意地被描述成大众只能听凭工业巨头的摆布、被商品化为同质化之群众的过程。无论是以行政管理研究为路径的学者,还是对前者持批判态度的传播政治经济学派,都将受众看成是被动的存在。从大众文化的角度审视数字劳工,可以看到,他们不仅是阿尔文·托夫勒笔下被卷入生产部门的"产消合一者",也是大众文化的生产者。大众文化对主流意识形态的持续抵抗,维系或提高着体制内大众自下而上的权力,并维持了他们的自尊和身份认同。

二、哔哩哔哩弹幕网 UP 主的数字劳动与主体性解读

与其他信息产品消费者一样,在视频网站、论坛上传音视频文件的 UP 主(uploader)同样受到信息产业资本的剥削,他们的内容生产活动被纳入到平台资本增殖的过程中。在国内,UP 主这一称呼最常出现于哔哩哔哩弹幕网中。本文以哔哩哔哩弹幕网 UP 主为例,从约翰·费斯克的大众文化研究视角出发,对用户的数字劳动做出主体性解读。通过对 UP 主具体劳动过程的分析,关注 UP 主数字劳动的内容生产过程,以及作为文化参与者的 UP 主的主观体验和主体性建构过程。

(一)数字资本对 UP 主的劳动剥削

哔哩哔哩弹幕网(以下简称 B 站)最早成立于 2010 年 1 月 24 日,其前身是

①　约翰·费斯克:《理解大众文化》,王晓珏、宋伟杰译,中央编译出版社 2001 年版,第 129 页。

②　约翰·费斯克:《理解大众文化》,第 33 页。

由"bishi"（徐逸）于 2009 年 6 月成立的 Mikufans。早期的 B 站是 ACG（Anime、Comics、Game）内容创作与分享的视频平台。随着用户群体的不断扩张，现在的 B 站已经发展成了一个"无所不包"的亚文化社区，汇集了 7000 多个垂直兴趣圈层。① 截至 2020 年第三季度，B 站月均活跃用户达 1.97 亿。2018 年 3 月，B 站在美国纳斯达克成功上市。随着资本的不断涌入，B 站从一个 ACG 文化小圈子转变成了巨大的文化产品的生产与消费平台。

在内容构成上，B 站视频主要由专业用户自制内容（Professional User Generated Video，PUGV）组成，UP 主在 B 站的不同分区下制作并上传原创或者非原创的视频。根据 B 站 2020 年三季度财报显示，PUGV 内容占 B 站整体播放量的 91%。② UP 主上传的视频内容构建了 B 站的整体内容生态，也成了 B 站赖以生存的基础和推动平台资本增殖的核心引擎。网络通信技术的发展使信息内容实现了全球范围内的实时流通，随着 B 站的上市，UP 主的劳动也逐渐被纳入全球市场体系中。

UP 主既在平台上消费着信息产品，又为平台生产着内容，是典型的"产消合一者"。因此 UP 主在两个层面上受到平台资本的剥削：作为消费者，UP 主与其他用户一样，在 B 站观看视频、评论、转发、通过弹幕互动，他们通过这些活动为平台贡献了自己的注意力和个人数据，成为算法推荐内容和算法推荐广告的基础，为平台的流量变现提供了用户资本。作为生产者，UP 主以投稿的形式在 B 站进行内容生产，专业用户自制视频构建了 B 站的内容生态，UP 主的视频内容生产和用户的弹幕互动搭建了基于视频而存续的趣缘网络社区，构成了平台持续发展并吸引用户的核心逻辑和资本积累的主要源泉。

UP 主在 B 站进行视频创作和分享，践行着一种依托于网络平台的"零工工作"模式。随着互联网的发展，"零工经济"作为一种新型用工模式在全球范围内受到追捧。互联网时代的零工经济，是以网络平台为基础，以独立自主且有特定能力的劳动者为主体，以碎片化任务为工作内容，工作时间、地点、方式灵活，最大程度实现供需匹配的新兴经济模式。③ 零工经济创造了大量工作岗位，但同时也带来了新的挑战，零工工作者无缘企业社保和福利、工作机会不连贯、零工

---

① 李心语：《B 站的 2018：与资本共舞的二次元帝国》，https://news.pedaily.cn/201811/438285.shtml，2021 年 6 月 25 日检索。

② 新华网：《哔哩哔哩 2020 年 Q3 财报：营收 32.3 亿元，同比增长 74%》，http://www.xinhuanet.com/tech/2020—11/19/c_1126759389.htm，2021 年 6 月 27 日检索。

③ 清华大学社会科学学院经济学研究所、北京字节跳动公共政策研究院：《互联网时代零工经济的发展现状、社会影响及其政策建议》，https://www.tioe.tsinghua.edu.cn/info/1109/1801.htm，2020 年 11 月 12 日检索。

收入两极化等问题亟待解决。①

以上问题在 UP 主身上表现明显。2018 年 1 月,B 站推出了"Bilibili 创作激励计划",拥有 1000 粉丝或 10 万累计播放量的 UP 主可以加入该计划获得一定的经济收入,视频每 1000 播放量将获得 3 元钱报酬。除少数签约 UP 主和粉丝基数大的 UP 主有固定工资和广告推广等收入之外,其他 UP 主在 B 站的收入主要来自创作激励,UP 主面临着收入两极化、收益不稳定等问题。除此之外。还有大量的 UP 主选择"用爱发电",在社区文化和弹性兴趣工作机制的吸引下,无偿贡献着自己的时间和精力。

兴趣爱好的劳动化使得平台资本得以将 UP 主的有偿劳动和无偿劳动都融合进服务于平台发展的过程中,从而剥削其作为生产性消费者的剩余价值。对于 B 站而言,其作为共通话语空间下内容和用户集散地的社区属性在一定程度掩盖了其作为商业网络平台的资本属性,也因此 B 站用户的数字劳动常常被解释为一种兴趣行为,其劳动过程中被剥削的一面也常常被文化上的参与和满足所遮蔽。但这也从另一方面说明了 UP 主的数字劳动具有深刻的文化意义和政治意义,因此在分析 B 站 UP 主的数字劳动时不能忽视其作为文化参与和公共参与的文化生产过程。

(二)大众文化视角下 UP 主的意义诉求与主体性建构

在传播政治经济学视角下,UP 主是受平台资本盘剥的数字劳工。而以一种主体性的视角审视 UP 主,他们也是大众文化的生产者。即便其劳动不可避免地滑向资本增殖的航道,但其为建构主体性所进行的文化生产,以及为反对主流商业文化规训所做的文化抗争,不应该被有关剥削的理论所贬低和消除。约翰·费斯克认为,大众能够将资本主义提供的文化商品转变成自身的文化资源,并使文化商品的意义和快感多元化,规避和抵抗文化商品的规训。② 这种实践在意识形态上是具有生产性的,在经济上是逃避于体制之外的。从大众文化的角度考察 UP 主的文化生产实践,能够为解读数字劳动的动机和价值提供一种新的视角。

2020 年 5 月 3 日,B 站联合央视新闻等多家主流媒体发布视频《bilibili 献给新一代的演讲〈后浪〉》(以下简称《后浪》),献礼五四青年节。在视频中,国家一级演员何冰登台演讲,他认可、赞美与寄语年轻一代,在引发刷屏的同时,《后浪》也引起许多争议,视频所描绘的消费主义图景以及对社会边缘群体的忽视招致许多年轻人的不满。一时间,《后浪》成为他们表达不满情绪的宣泄口和话语库

① 郑祁、杨伟国:《零工经济前沿研究述评》,《中国人力资源开发》2019 年第 5 期。
② 约翰·费斯克:《理解大众文化》,第 34 页。

存,在 B 站引发了大量的二次创作。

费斯克认为大众文本是"生产者式"的文本。① 在对《后浪》二次创作的过程中,UP 主通过选择、拼装、戏仿等方式生产属于自己的文本,对《后浪》进行生产者式的解读。他们通过对商业文化资源的偷袭和盗猎,对主流意识形态进行自下而上的抵抗。约翰·费斯克认为,大众的抵抗主要由快感所驱动即生产出属于自己的社会体验的意义所带来的快感,以及逃避权力集团的社会规训所带来的快感。② 因此,大众的快感可以划分为两种类型:一种是躲避式的快感,另一种是生产诸种意义时所带来的快感。

1.躲避式的快感

躲避式快感是一种身体的快感,它使人们从自我与社会的双重控制中逃避出来。约翰·费斯克用震耳欲聋的摇滚乐、迪斯科舞厅闪烁的灯光、药品的使用等,来描述这种提供物质感官的、逃避式的、冒犯性的快感。③ 他认为,身体快感所进行的抵抗是一种拒绝式的抵抗,而不是"符号学暴动"式的抵抗。它的政治效果在于维持一种社会认同,该认同脱离或者对抗着社会规训所喜欢的认同。④

多媒体形式的网络视频,同样能够提供围绕生理感官的身体快感。UP 主"宇智钵啥是 gay"在对《后浪》的文本和结构进行挪用后再创作的作品《献给饭友们的演讲〈后厨〉》(以下简称《后厨》),截至目前播放量超过 150 万。该作品将原视频中何冰的原声替换成游戏主播的声音,并通过剪切游戏直播的片段与原视频拼接,形成新的文本。在《后厨》中,原视频《后浪》与其他视频素材画面的不断变换、精彩的游戏操作,都刺激着观看者的视听神经,使其产生快感。同时观众通过弹幕等形式进行互动,建立起基于小众文化的身份认同,该认同与主流文化相异,并有意无意地逃避着主流话语的规训。在约翰费斯克看来,躲避式的快感存在赋予权力的可能性,从而成为生产有关自我的意义以及一个人的社会关系的意义的基础。⑤

2.生产意义的快感

生产意义的快感围绕的是社会认同与社会关系,它通过对霸权力量进行符号学意义上的抵抗,而在社会的意义上运作。⑥ 大众可以创造性地、有识别力地

---

① 约翰·费斯克:《理解大众文化》,第 128 页。

② 约翰·费斯克:《理解大众文化》,第 58 页。

③ 约翰·费斯克:《理解大众文化》,第 63 页。

④ 约翰·费斯克:《理解大众文化》,第 65 页。

⑤ 约翰·费斯克:《理解大众文化》,第 66 页。

⑥ 约翰·费斯克:《理解大众文化》,第 68 页。

使用资本主义提供的资源。在二次创作的过程中,《后浪》成了 UP 主对主流商业文化的规训进行消解和抵抗的话语资源,"生产者式"的 UP 主通过挪用《后浪》的文本进行重新解读,在再生产的文本中写入自己的意义,从中建构自己的文化。

约翰·费斯克使用双关语这一概念解释大众文化对语言的使用:人们在找寻并解决双关语的语义过程中获得快感,并且,当人们从相互撞击的话语中取得适合自己的语意时,将会获得更大的快感。① UP 主"calodie"创作的《libilibi 献给爷一代的演讲〈前浪〉》(以下简称《前浪》),截至目前播放量超过 86 万。该作品剪辑了多个在亚文化圈子中流行的视频,对《后浪》的视频内容进行了完全的替换,仅保留了何冰的原声解说,供"生产者式"的观众在解读双关语语义的过程中,结合自身社会体验和文化理解重新建立意义关系。在原视频《后浪》中,何冰这样寄语年轻一代:"你们获得了我们曾经梦寐以求的权力,选择的权力。"而在《前浪》中,这句话的同步画面被替换成了 B 站的用户使用协议和隐私政策的对话框,只有选择同意才能正常使用软件,UP 主借此暗喻许多人"没有选择的权力",也因此,弹幕中出现了"这才是真正的我们""这才是 B 站"等评论。通过对双关语语意的玩弄和反转,亚文化群体在原文本的基础上写入自己的意义,建立特定的身份认同,表达自身的社会诉求。

三、网络大众文化生产的潜力与困境

(一)大众文化生产的政治潜能

对 UP 主在文化生产过程中的快感的分析,为我们理解其数字劳动的深层动因提供了一条文化路径,而不是仅将其解释为一种兴趣行为。劳动者在文化生产过程中快感的获得,也赋予了其劳动价值以新的文化意义和政治意义。约翰·费斯克认为,生产者式文本具有政治潜能,而大众文化的政治是日常生活中的政治,这意味着大众文化在微观政治的层面,而非宏观政治的层面,它是循序渐进式的,而非激进式的。②

UP 主的大众文化生产使约翰·费斯克笔下的生产者式文本的政治潜能在网络时代得到了具体展现。在微观政治的层面,UP 主通过对商业文化资源的调用和再生产,以他们自己的喜好,影响权力的再分配。米歇尔·福柯认为,"人通过话语赋予自己权力","如果没有话语的生产、积累、流通和发挥功能的话,这

---

① 约翰·费斯克:《理解大众文化》,第 132 页。

② 约翰·费斯克:《理解大众文化》,第 190 页。

些权力关系自身就不能建立起来和得到巩固"。① 在社区文化感召下的 B 站亚文化群体，结合自身生活经验和文化诉求进行内容生产，不仅在文化产品的生产和流通过程中，构建了亚文化群体的话语权，还在与主流文化的对抗过程中，拓展了自身的社会文化空间。

约翰·费斯克认为，在大众文化生产过程中，一旦个人的抵抗与其他人的抵抗结合起来，联结到与他人共享的社会体验上，那么这些抵抗就可以转化成集体意识和集体性的社会实践，大众文化的政治潜能会迅速增长。②《后浪》的二次创作作品通过用户的观看、评论、转发以及通过弹幕的互动等方式扩大了传播声浪，从而成功"破圈"，持续在诸如微信、微博和知乎等其他网络平台得到传播和推广，同时也影响着意见气候的改变。

二次创作的热潮在 B 站激起了更多讨论。商业自媒体"朱一旦的枯燥生活"于 2020 年 5 月 4 日在 B 站发布视频《非浪》，以模仿的形式对原视频《后浪》进行解构和戏谑；福建共青团于 2020 年 5 月 6 日在 B 站发布视频《或许，这才是大多数普通人的"后浪"》，回应不同的声音，用户在该视频下发送着诸如"中门对狙""官方对狙"等弹幕（"对狙"一词来源于射击类游戏，现多指就某一事件或现象发表相反的意见和观点），反映了自己的意见和想法得到支持的喜悦和兴奋。商业媒体和政务媒体的加入，与 UP 主的文化创作活动形成了合流，为青年亚文化群体的社会意见表达提供了强力支持。

信息通信技术的发展加深了数字资本对受众劳动的剥削，但互联网也为大众文化政治潜能的释放提供了更广阔的平台。技术门槛的降低和传播渠道的增加，为大众文化资源的生产和汇集创造了更大的空间。UP 主利用商业文化资源进行内容生产，将其转化成自身的话语资源，在大众文化生产的过程中完成了社会参与，持续发挥其作为文化主体和政治主体的能动性。在这一过程中，文化诉求的实现和身份认同的建立，都构建了劳动者自身的主体性，释放了大众文化生产者的政治潜能。

（二）数字劳工主体性建构的挑战

在对数字劳动做出主体性解释时，约翰·费斯克的大众文化研究为我们提供了理论切入点。但正如单一的批判研究容易陷入悲观主义漩涡，在符号层面上对劳动者的能动性和主体性做出过于乐观的解读，也容易走向自欺欺人的困境。传播学者赵斌认为，约翰·费斯克将两种不对等的权力：资本主义的支配权和普通人的选择权混为一谈，将消极的抵抗和放弃解释为进步的亚文化，这种主

---

① 米歇尔·福柯：《权力的眼睛——福柯访谈录》，严锋译，上海人民出版社 1997 年版，第 228 页。
② 约翰·费斯克：《理解大众文化》，第 203 页。

观主义的文化能动论失去了对社会结构的充分认知,侧重对大众文化消费进行单一、狭窄、主观的解读,并冠之以所谓的符号民主。[①]

在考察数字劳工的文化生产实践时,尤其要注意互联网权力关系的影响,这其中既包括商业权力,也包括行政权力,它们作用于大众文化生产的整个过程。商业权力主要是指传媒资本对技术的垄断,用户的内容生产活动依托于平台且必须遵守平台的政策和规则,在对内容和用户数据的控制上,平台相较于用户而言拥有更大的话语权;行政权力则指向对文化产品的意识形态和价值观的审查,这一权力既直接作用于用户,也作用于网络平台,且往往由后者代为行使。

以 B 站为例,UP 主的视频投稿必须经过平台审核,不符合审核标准的视频无法在 B 站发布,这就导致 UP 主不能完全按照个人意愿进行创作。在投稿之前,UP 主不得不进行自我审查。同时,平台有权利无条件地对已经发布的视频限流和下架。UP 主"calodie"围绕《后浪》二次创作的作品《前浪》在发布后不久后就遭到限流,目前在 B 站已经无法通过关键词检索到结果。UP 主在面对来自平台的限制和惩罚时往往处于弱势地位,依靠劳动者个体难以建立有效的反抗策略,也难以形成集体行动以维护自身权益。

UP 主与 B 站之间的博弈映射了当下用户与网络内容平台之间的关系:一方面,网络平台通过占有内容和数据对用户特别是对内容生产者的数字劳动进行剥削;另一方面,用户利用平台满足着信息需求、娱乐需求和文化需求。在劳动剥削和文化满足之间,如何保护劳动者的能动性和主体性成为关键。而对于UP 主这样的网络产业中的零工工作者,特别是以此为主业的中小 UP 主,平台除了作为他们的创作活力释放的空间,也应给予其更多的劳动保障。除此之外,审核规则的合理化制定、创作者的版权保护等问题也应纳入平台的管理议程当中,这不仅有利于维护创作者的利益,也有利于平台的持续发展和健康自由的网络文化空间的建立。

四、从个体的文化参与到集体的社会行动

将数字劳动议题置于传播政治经济学和文化研究学派的交叉理论框架下研究,有助于我们以多元化的视角对数字时代的受众劳动问题做出解释。在工作场景之外,数字劳工并不直接受到资本和国家的控制,学校教育、同乡支持、社区生活都使他们得以突破狭隘的生产政体,意识到自身受到压迫的不合理性,进而

[①]　约翰·费斯克:《理解大众文化》,中文版导言,第Ⅸ页。

"锻炼组织能力、建构团结网络"①。社交网络为人们提供了更加广阔的交流空间，也为数字劳动者提供了更多的接触机会，个体的思想经过传播和交汇与他人形成合流，进一步扩大了大众文化的话语空间，并为达成集体行动、传达利益诉求创造了更多机会。B 站等趣缘网络社区下的用户，具备共同的文化诉求、更大的共通话语空间和便捷的沟通渠道，在形成利益共同体和数字劳动者方面，他们有其他群体不具备的优势。

文化参与视角下的 UP 主是具有文化诉求和意义诉求的大众文化生产者，尽管 UP 主的抵抗很容易被商业资本利用或被行政权力打断，但这种文本抗争依然具有重要的进步意义。亚文化群体不再是受商业资本和政治权力影响的"被收编"者和被动抵抗者，央视文化历史类节目如《国家宝藏》《朗读者》等在 B 站播出后，在弹幕文化的影响下，主流文化完成了在亚文化生产和流通过程中的再造，在一定意义上实现了亚文化对主流文化的反收编。② 同时也应该意识到，虽然技术赋能下大众文化的政治潜能获得更多发挥空间，但互联网权力关系仍然制约着网络内容生产者的文化创作活动。基于文化参与的分析容易走向符号层面的精神胜利，对于数字劳动的研究不能忽视数字资本生产关系下平台和用户之间结构化的不平等现象。

尽管 B 站已经不是当初那个 ACG 文化的小圈子，但在一众视频平台中，B 站依然具有强烈的社区属性。也因此 UP 主相较于其他内容生产者更加容易建立群体身份认同和社会关系，也更容易就现实生活中的不公正现象或自身权益问题发声并形成集体行动。UP 主的文化实践反映了数字时代大众文化蓬勃的生命力，也为大众的意见表达和政治潜能的发挥提供了可供参考的路径。对 UP 主的文化内容生产过程的考察有助于进一步理解用户的数字劳动过程，加深对用户劳动的剥削属性和参与属性的认识，也有助于构建多主体协同保障用户权益的相关机制。如何摆脱资本和技术对人的剥削和异化，避免其成为内容生产流水线上的免费劳工；如何释放内容生产者的活力，保障劳动者的主体性和能动性，是平台和监管部门应重点思考的现实问题。而在此基础上，数字劳工如何通过网络社区建立劳动者网络和劳工组织，在与平台的不对等关系中提升自己的话语权，或许可以成为未来数字劳动研究的重要方向。

---

① 姚建华、徐偲骕：《全球数字劳工研究与中国语境：批判性的述评》，《湖南师范大学社会科学学报》2019 年第 5 期，第 147 页。

② 王润、吴飞：《从"御宅族"到"正气少年"：弹幕互动中的亚文化资本汇集与认同构建》，《现代传播》2020 年第 2 期。

不同类型住房资助的就业效应研究
——基于CHARLS项目的实证研究[①]

蒋荷新,倪 萌

摘 要: 文章根据 2013 年和 2015 年中国健康与养老追踪调查项目(CHARLS)相关数据研究了不同类型住房资助的就业效应,研究发现:租赁型住房资助的就业效应为负且在低教育程度劳动者中表现较为明显,而产权型住房资助的就业效应为正且在高教育程度劳动者中表现较为明显。在控制租赁资助与就业之间内生性基础上的研究再次证实了上述结论。可以发现,上期接受租赁资助的劳动者在本期接受"租赁资助"的概率会提高,即租赁型住房资助中存在一定的福利依赖现象。从研究中得到的政策启示:产权型住房资助或附加了各类就业激励的租赁型住房资助可以较好地激发劳动者的就业积极性进而提升住房资助的正向就业效应。

关键词: 租赁型住房资助;产权型住房资助;就业效应

一、引言

住房资助是一项旨在提升中低收入住房困难家庭或个人住房消费能力的福利政策,按资助形式可以分为货币型或实物型资助,按受资助者对所住住房的所有权可以分为租赁型或产权型资助。由于住房产品的特殊性,住房资助有别于其他消费型福利补助,其带有一定的生产性。政府期望通过缓解受助家庭或个人的住房困难,使家庭或个人有更多的精力用于教育培训或工作搜寻等方面,进一步提升人力资本积累及就业积极性,并通过一定时期的财富积累,提升家庭或

---

① 基金项目:上海市哲社基金"上海廉租保障住房退出激励机制研究:基于就业促进视角"(2019BJB015);教育部人文社科基金"住房保障家庭就业抑制行为研究:理论分析与上海经验"(20YJA790035);国家自然科学基金"住房保障家庭福利依赖及经济自助行为研究"(71473166)。作者通信地址:蒋荷新,上海师范大学商学院,上海200234;倪萌,上海师范大学商学院,上海200234。

个人在住房和其他商品消费方面的支付能力,从而实现家庭或个人的经济自立和向上流动,即通过政府的住房资助实现家庭或个人的"安居乐业"。从现有研究和政策实践来看,住房资助就业激励效应的发挥主要面临以下两方面的阻力:一是由于住房资助的发放有严格的收入准入标准,部分受助家庭或个人为了长期享受住房资助,可能会人为减少就业以维持低收入现状;二是长期以来房地产市场租金和住房价格的增速远远超出了受助家庭或个人的就业和收入增长速度,这导致受助家庭或个人即使增加了就业也无法在市场上租住或购买合适的商品房,所以使受助家庭或个人产生了长期依赖政府资助的意愿。因此,探索住房资助对受助家庭或个人就业行为的影响机制,提出优化现有住房资助模式的策略是一项值得研究的课题,本文将以中国健康与养老追踪调查项目(CHARLS)数据库为例对此进行分析。

二、文献回顾及研究假说

(一)住房资助对家庭就业的影响

有关住房资助就业效应的研究主要集中于租赁型住房资助,其中较有影响力的是基于施罗德[①]和奥尔森[②]等称为"新古典主义假说"模型的结论。该模型考察了按收入标准递减的货币型租赁住房资助对家庭就业的影响,该研究认为,由于住房资助收入对劳动供给的替代效应以及住房资助随收入提高而下降的"收入税"效应,货币型租赁资助必然会导致受助家庭减少劳动供给。租赁型住房资助的负向就业效应在定向安置的公共住房中表现最为明显:英、美等国以政府提供社会住房或公共住房的形式解决移民人口的住房问题,随之而来的福利依赖现象导致大量贫民窟的出现[③];杜雅丁等人的研究发现,居住在公共住房的劳动者可能会因较大的通勤成本导致失业概率增加[④];福斯特尔的研究发现,接

① Mark Shroder, Does Housing Assistance Perversely Affect self－sufficiency? A Review Essay, *Journal of Housing Economics*, Vol.11, No.4(2002), pp.381－417.

② Olsen, Edgar O.Catherine A.Tyler, etc, The Effects of Different Types of Housing Assistance on Earnings and Employment, *Cityscape*, Vol.8, No.2(2005), pp.163－187.

③ Turner J.F.C., Housing Patterns, Settlement Patterns, and Urban Development in Modernizing Countries, *Journal of the American Planning Association*, Vol.34, No.6(1968).

④ Duhardin C, Goffette－Nagot F, Does Public Housing Occupancy Increase Unemployment, *Journal of Economic Geography*, Vol.9, No.6(2009), pp.823－851.

受住房资助家庭的收入相较于未接受资助的家庭出现了显著的减少[①]。国内学者朱德开基于合肥市新就业职工调查数据的研究也发现,受到住房保障优惠政策的新就业职工普遍存在收入水平低、就业积极性不高的问题[②];崔光灿等的研究也证实了住房资助中存在"福利依赖"现象的结论。[③]

(二)住房产权对家庭就业的影响

另有学者研究了住房所有权对家庭就业行为的影响,该研究发现是否拥有住房也会对家庭就业产生影响。在这一领域影响较广的是 1996 年提出的奥斯瓦尔德假说[④],即住房自有率上升会导致更多失业,但是在很多实证文献中该理论未能得到证实。相反,很多学者研究发现,由于面临更大的经济压力,家庭通过贷款形式拥有了住房产权会提高家庭的就业意愿;戈斯和菲利普斯发现,由于面临更大的经济压力,有住房按揭贷款的劳动者在失业后会更积极地寻找工作[⑤];科尔森的研究也表明,住房自有状况与劳动者失业的可能性呈现负相关,即拥有住房的劳动者往往更不容易失业[⑥]。陈友华等在借鉴国外学者对"自有住房陷阱"研究的基础上,发现大城市自有住房不会给购房者带来"锁定"效应,但在有收缩风险的小城市中,自有住房的确会导致购房者和城市发展陷入"自有住房陷阱"[⑦];刘斌等研究发现住房产权通过房奴效应和锁定效应提高了农民工的就业稳定性,即农民工在打工的城市有住房的话,其就业稳定性更高。[⑧]

(三)文献评述及本文的研究假说

从以上文献回顾可以看到,不同类型住房资助对受助家庭的就业影响不尽

---

① Forstall, Richard L., Richard P. Greene, James B. Pick, Which Are the Largest? Why Lists of Major Urban Areas Vary So Greatly, *Tijdschrift voor Economische en Sociale Geografie*, Vol.100, No.3 (2009), pp.277－297.

② 朱德开、徐成文:《城市新就业职工住房保障问题实证研究——基于合肥市新就业职工的调查》,《城市发展研究》2012 年第 19 期。

③ 崔光灿、廖雪婷:《产权支持与租赁补贴:两种住房保障政策的效果检验》,《公共行政评论》2018年第 11 期。

④ Oswald A, A Conjecture on the Explanation for High Unemployment in the Industrialized Nations: Part 1, *University of Warwick Economic Research Papers*, No.475(1996).

⑤ Goss E P, Phillips J M., The Impact of Homeownership on the Duration of Unemployment, *Review of Regional Studies*, Vol.27, No.1(1997), pp.9－27.

⑥ Coulson E, Fisher L., Housing Tenure and Labor Market Impacts: The Search Goes on, *Journal of Urban Economics*, Vol.65, No.3(2009), pp.252－264.

⑦ 陈友华、吕程:《自有住房陷阱与中国住房因城施策》,《河海大学学报(哲学社会科学版)》2020 年第 22 期。

⑧ 刘斌、张翔:《有恒产者的恒心:农民工住房状况与就业稳定性研究》,《西部论坛》2021 年第 4 期。

相同。总体来说,由于租赁型住房资助侧重于缓解家庭短期住房消费压力,因而其较易诱发受助家庭的福利依赖,从而使住房资助表现出负向的就业抑制效应;而产权型住房资助侧重于提升家庭长期住房获取能力,因而较易提高受助家庭的就业积极性,使住房资助表现出正向的就业激励效应。以较为典型的产权型住房资助共有产权房为例,由于大部分接受住房资助的家庭收入较低且他们的收入主要来源于就业,家庭收入的积累往往难以跟上住房价格的增速,因此,他们即使借助银行贷款也很难在市场购买产权住房。而政府提供的共有产权保障房与受助家庭共同拥有产权的形式不仅帮助家庭实现住房梦,而且可对其产生长期的就业激励,鼓励家庭在未来通过就业从政府手中购买更高比例的住房产权。

总之,租赁型住房资助(以下简称"租赁资助")可能会对家庭就业产生一定的抑制作用,而产权型住房资助(以下简称"产权资助")则会对家庭就业产生正向的激励作用,并且由于具备较高的就业增长潜力和收入增长预期,"产权资助"对就业的正向激励效应在较高教育程度的劳动者中表现得更为明显。据此本文提出如下假说:

假说1:由于存在收入替代和就业税效应,"租赁资助"可能降低受助者的就业意愿;

假说2:由于提升了家庭的长期住房获得能力,"产权资助"可能提升受助者的就业意愿;

假说3:由于存在更高的就业和收入增长预期,"产权资助"对较高教育程度劳动者就业的正向激励更为明显。

三、模型设定与数据选取

本文的实证数据选择了中国健康与养老追踪调查项目(CHARLS)数据库,该项目为代表中国45岁及以上中老年家庭和个人的高质量微观数据。本文选择该项目作为数据来源的理由如下:首先,我国早期的住房资助以家庭为单位开展,微观家庭数据比宏观统计数据更能准确地反映各变量间的关系;其次,CHARLS项目调查对象为中老年人,这一群体的就业偏好基本已经稳定,各类临时或偶发因素对其就业的影响较小,而住房资助是一项持续时间较长的资助,较有可能对其就业产生影响,因此也较易从中寻找两者间的相关性;最后,CHARLS数据样本覆盖面更广,样本选择更具代表性,据此得到的研究结论也更具有说服力。

由于住房资助主要面向城镇劳动者,因此本文在CHARLS(2015年)数据库的 3.1 万个受访者样本中选取了数据信息完整的 3236 个城镇户籍样本开展研究,研究所选用的数据信息包括家庭的住房自有状况、接受住房和其他福利资助的状况以及个人的就业、年龄、性别、受教育程度、婚姻、健康状况等。

(一)模型设定

本文实证分析的目的是验证住房资助对劳动者就业的影响,因此被解释变量为受访者的就业状态,解释变量为政府住房资助。为了区分不同类型住房资助对劳动者就业影响的差异,本文按前述标准将住房资助细分为"租赁资助"和"产权资助",前者包括享受了政府租金补贴或租住租金优惠的政府保障性住房等的受访者,后者包括接受了政府征地或者拆迁补偿的受访者。由于解释变量"租赁资助"与就业之间可能存在内生相关性,即影响劳动者是否接受"租赁资助"的未观察到的因素也可能会影响劳动者的就业,反之亦然;但"产权资助"与就业之间的关系是单向的,获得征地或者拆迁补偿可能会对劳动者就业产生影响,而劳动者是否就业与能否获得拆迁或征地补偿不存在因果关系。因此本文将"租赁资助"设定为内生解释变量,在运用 probit 模型比较"租赁资助"和"产权资助"对劳动者就业影响差异的基础上,使用 biprobit 联立方程来处理"租赁资助"的内生性问题。

关于联合方程中的就业方程,被解释变量为劳动者就业概率,控制变量为影响劳动者就业的个体特征变量,包括年龄、性别、教育程度、婚姻状况等,考虑到受助劳动者的收入中可能还包括一些福利补助,因此我们将其是否获得城镇"低保补助"作为控制变量加入方程,最后将内生解释变量"租赁资助"加入方程,以此来检验我们的核心假设。关于"租赁资助"方程,劳动者是否接受政府"租赁资助",主要与其收入水平相关,大部分劳动者的收入来源于就业,因此影响劳动者就业的因素同样可能对其是否接受"租赁资助"产生影响,所以我们将影响就业的个体特征变量全部加入"租赁资助"方程中,同时选择合适的工具变量,将影响"租赁资助"而不影响就业的因素予以控制。最后,本文参照 Dujardin & Goffette—Nagot(2009)[①]构建了如下 biprobit 联立方程模型,以联合分析影响就业和租赁资助的因素。

令 y_1 和 y_2 分别代表可观测的劳动者就业以及"租赁资助"状态并定义如下:

$$y_1 = \begin{cases} 1 \ \text{if} \ y*_1 > 0 \\ 0 \ \text{其他} \end{cases} \tag{1}$$

---

① Dujardin C, Goffette－Nagot F., Does Public Housing Occupancy Increase Unemployment, *Journal of Economic Geography*, vol.9, No.6(2009), pp.823－851.

$$y_2 = \begin{cases} 1 \ \text{if} \ y*_2 > 0 \\ 0 \ \text{其他} \end{cases} \tag{2}$$

其中，$y*_1$ 表示影响劳动者就业概率的潜变量，$y*_2$ 表示影响劳动者接受"租赁资助"概率的潜变量。潜变量的系统方程如下：

$$\begin{cases} y*_1 = \alpha y_2 + \beta_1 X + \varepsilon_1 \\ y*_2 = \beta_2 X + \gamma Z + \varepsilon_2 \end{cases} \tag{3}$$

其中，X 代表包括常数项在内的所有外生变量向量；Z 代表本文用于解决解释变量内生性问题所选用的工具变量向量；α 测定"租赁资助"对劳动者就业概率影响的系数估计值；β_1、β_2 是用极大似然估计的系数；ε_1 和 ε_2 代表两个方程的残差项。

如果我们假设劳动者接受租赁资助可能受到同时影响失业和"租赁资助"的未观察到的因素的影响，那么就业和"租赁资助"两个概率方程的残差（ε_1 和 ε_2）之间的相关性应该是非零的，两者的相关系数等于 ρ_{12}。此时内生性检验就等同于检验两个方程残差的显著性。似然函数可表示为：

$$\text{P}(y_{i1}, y_{i2}) = \Phi [q_{i1}(\beta_1 X_i + \alpha y_{i2}), q_{i2}(\beta_2 X_i + \gamma Z_i), q_{i1} q_{i2} \rho_{12}] \tag{4}$$

其中，$q_{ij} = 2y_{ij} - 1$，当 $y_{ij} = 1$ 时，当 $q_{ij} = 1$；当 $y_{ij} = 0$ 时，当 $q_{ij} = -1$。下标 i 代表个体 i，$j = 1, 2$，Φ_2 为二元正态累积分布函数。

(二)变量选取和数据说明

1.变量选取

(1)被解释变量和解释变量

本文数据来源于 2015 年 CHARLS 数据库，我们选择劳动者是否"就业"作为被解释变量，用来表示其就业状态；解释变量"租赁资助"的取值来源于受访者对"是否用租金补贴支付房租"以及"所住住房是否属于政府保障房"等问题的回答；解释变量"产权资助"的取值来源于受访者对"有没有收到征地、拆迁补偿金"等问题的回答。

(2)工具变量

根据前文分析，解释变量"租赁资助"与被解释变量"就业"之间可能存在内生相关性，我们直接进行 probit 分析可能会使估计结果产生偏误，因此需要选择合适的工具变量来予以补充。寻找工具变量的关键是所找变量要与内生解释变量相关，但与被解释变量不直接相关。我们需要根据经验直觉和前人研究成果来寻找可能的工具变量，然后通过适当的检验来判断所选的工具变量是否合理。在参考相关文献和所用数据库的特点后，本文采用个体水平的工具变量。首先，考虑到"租赁资助"面向的是中低收入住房困难的家庭或个人，并且资助期限一般持续二年以上,本文所用数据来自 2015 年的 CHARLS 调查数据,上一轮调查时间点是 2013 年,时间跨度恰好为二年。因而上期接受"租赁资助"的家庭在本期继续获得资助的可能性较大,而上期获得资助对劳动者本期的就业则不存在确定的影响,因此本文将受访者上期是否接受"租赁资助"(简称"上期资助")作为"租赁资助"的第一个工具变量。其次,政府提供"租赁资助"的对象主要是没有产权住房的家庭或个人,因此还可以从与住房状态相关的视角选择工具变量。考虑到我国家庭或个人购买住房时需要满足一定的条件,如拥有当地户籍,在当地工作并有一定期限的社保记录等,而近期迁入现居住地的劳动者大多只能以租房形式解决住房问题;同时,出于吸引人才促进地区经济增长的需要,各地政府已经将住房保障政策覆盖至这一群体,如很多地区公共租赁房的主要保障对象就是新增就业人口。这意味着近期迁入现居住地的劳动者更易获得政府提供的"租赁资助",但在劳动力市场上则没有此类政策倾斜。因此本文将近期迁入现居住地的新增劳动人口(以下简称"新增劳动")作为代表"租赁资助"的另一个工具变量。由于没有找到更适合的其他工具变量,本文最终选择了"上期资助"和"新增劳动"两个工具变量,并预期两者与"租赁资助"的相关系数均为正值。

"新增劳动"变量取值来自受访者对于"您什么时候第一次搬来常住地"的回答,本文将在本地居住期限小于两年的受访者定义为"新增劳动=1",其余为"新增劳动=0";"上期资助"的数据来源于受访者在 2013 年接受调查时的相关回答,本文将回答"使用租金补贴支付房租"以及"所住住房为政府保障房"的受访者定义为"上期资助=1",否定或未做回答者定义为"上期资助=0"。

(3)控制变量

本文选取了被受访者的收入状况、个体特征、健康状况等因素作为控制变量,具体包括:是否接受低保补助、年龄、教育程度、性别、婚姻状况、健康状况、是否退休等,其中教育程度从低到高分为四类,其余变量的取值分为"是=1"或"否=0"两类。变量具体定义见表 1。

表 1 主要变量定义

变量	定义	选取说明
就业	受访者就业状况	就业=1,失业=0
租赁资助	受访者是否接受了租赁型住房资助	是=1,否=0
产权资助	受访者是否接受了拆迁、征地补偿	是=1,否=0

（续表）

变量	定义	选取说明
低保补助	受访者是否接受了城镇低保补助	是＝1,否＝0
年龄	受访者当前的年龄	年龄从 45 到 70 岁
性别	受访者性别	男性＝1,女性＝0
教育程度	受访者教育情况	小学未毕业及以下＝0,小学及初中毕业＝1,高中及中专职校毕业＝2,大专、本科毕业及以上＝3
健康状况	受访者自评健康状况	健康＝1,其他＝0
婚姻状况	受访者当前的结婚情况	已婚有配偶＝1,其他＝0
退休	受访者是否已办理退休手续	是＝1,否＝0
上期资助	受访者上年度是否接受了租赁型住房资助	是＝1,否＝0
新增劳动	受访者是否为近两年新迁入所在地的人口	是＝1,否＝0

2.数据说明

我国法定退休年龄为男性 60 岁和女性 50 岁（女工人）及 55 岁（女干部），但是受访者中超过法定退休年龄再就业的比例很高,在本文所选样本中,60—70岁劳动者的就业率达到了 45％,65—70 岁的就业率仍然高达 40％,因此本文将样本年龄区间的上限设为 70 岁。另外 CHARLS 调查以家庭户主为单位进行,被调查者的配偶也被要求填写问卷,因而存在少量年龄在 45 岁以下的样本,本文对其进行了剔除处理,最终选择的样本年龄区间为 45 岁到 70 岁,样本总量为3236 人。

为了更细致地分析住房资助对不同类型劳动者就业的影响,我们按教育程度对样本进行分组并进行描述性统计（见表 2）。我们按"教育程度"分组的依据是,早期的住房资助主要面向最低收入住房困难家庭,其中主要为较低教育程度的劳动者,而随着住房资助政策的持续开展,政策的覆盖面已向更高教育程度的群体延伸。因此有必要通过对不同教育程度样本的分类研究,分析其对住房资助政策的就业反应,为后续政策的制定和完善提供实证支持。

从表 2 主要变量的描述性统计中可以看到,全样本的"就业"均值为 0.596,即 59.6％的受访者处于就业状态;分组样本中,中、高教育程度样本组的就业率最高,未接受正规教育样本组次之,最低的是初等教育程度样本组,其就业率分别为 62.8％、61％和 56％。

从"租赁资助"均值来看,初等教育程度样本组接受"租赁资助"的比例最高,中、高教育程度样本组的比例最低。工具变量"上期资助"的均值也反映了同样的特点,初等教育程度样本最高,中、高教育程度样本最低,这体现了"租赁资助"的延续性。从"产权资助"的均值来看,接受"产权资助"比例最高的是初等教育程度样本组,最低的是中、高教育程度样本组。

再看其他变量,接受"低保补助"比例最高的是初等教育程度样本组,最低的是中、高教育程度样本组,这与接受"租赁资助"和"产权资助"的特点一致。中、高教育程度样本组的"新增劳动"比例明显高于整体平均水平,同时这一样本组的平均年龄明显低于整体水平。

表2　主要变量描述性统计

样本分类	全样本			未接受正规教育	初等教育程度	中/高等教育程度
变量	均值	最小值	最大值	均值	均值	均值
被解释变量 就业	0.596	0	1	0.610	0.560	0.628
解释变量 租赁资助	0.019	0	1	0.015	0.024	0.015
产权资助	0.029	0	1	0.030	0.040	0.013
控制变量 低保补助	0.077	0	1	0.080	0.094	0.049
年龄	60.8	45	70	61.4	61.3	59.4
性别	0.486	0	1	0.404	0.505	0.550
教育程度	1.051	0	3	0.000	1.000	2.280
健康状况	1.095	0	2	1.031	1.050	1.226
婚姻状况	0.921	0	1	0.906	0.917	0.943
退休	0.577	0	1	0.591	0.609	0.518
工具变量 上期资助	0.012	0	1	0.010	0.018	0.008
新增劳动	0.092	0	1	0.062	0.094	0.123
样本量	3236			1037	1260	939

根据表2数据,我们可以得到一个初步的判断,初等教育程度劳动者是各类资助的主要受益者,而中、高教育程度劳动者接受各类资助的比例最低。本文的样本选择较好地体现了住房资助主要面向城镇中低收入住房困难家庭的资助准则,这也意味着本文实证分析的结论将有一定的实用价值。另一个比较有意义的发现是中、高等教育程度样本中"新增劳动"比例远高于整体平均水平,这表明

中、高等教育程度劳动者的流动性较强,近两年内迁入现居住地的比例较高,并且其平均年龄和退休比例也显著低于平均水平,这意味着这一群体具有较大的就业潜力,政府未来的住房资助政策可以对这一群体给予一定的倾斜。

四、实证分析结果

(一)住房资助对就业影响的 probit 模型分析

针对不同样本组的劳动者就业及影响因素进行的 probit 分析结果见表3。各种情形下"租赁资助"的边际效应系数均为负值,且均通过了显著性检验,这意味着接受"租赁资助"降低了受助者的就业概率(为方便表述,以下边际效应系数比较时均以绝对值后的数值进行)。其中未接受正规教育组的边际效应系数大于中、高教育程度组,但初等教育程度样本组的系数不显著,这意味着"租赁资助"对较低教育程度劳动者的负面影响较大。

"产权资助"的边际效应系数为正,其中,中、高教育程度组的边际效应系数大于初等教育程度组,但未接受正规教育分组的系数不显著,这意味着"产权资助"对较高教育程度劳动者就业的积极影响高于较低教育程度者。

在控制变量中,"低保补助"的边际效应系数为负,但在多个分组中不显著,这意味着人们是否接受"低保补助"对其就业的影响并不显著;此外,男性、已婚有配偶、更健康的身体等因素将提高劳动者的就业概率,而更高年龄、更高教育程度、已办理退休手续等因素将降低劳动者的就业概率。

表3 就业与住房资助:probit 模型估计结果(边际效应)

样本分类	全样本		未接受正规教育		初等教育程度		中/高等教育程度	
自变量\因变量	就业		就业		就业		就业	
租赁资助	−0.24**		−0.42***		−0.13		−0.23**	
	(0.00)		(0.00)		(0.13)		(0.02)	
产权资助		0.12***		0.08		0.12*		0.25*
		(0.01)		(0.36)		(0.09)		(0.07)
低保补助	−0.05*	−0.06**	0.01	−0.00	−0.07	−0.07**	−0.08	−0.09
	(0.07)	(0.04)	(0.91)	(0.95)	(0.11)	(0.10)	(0.16)	(0.12)
年龄	−0.02***	−0.02***	−0.02***	−0.01***	−0.02***	−0.02***	−0.03***	−0.03***
	(0.00)	(0.00)	(0.00)	(0.00)	(0.00)	(0.00)	(0.00)	(0.00)
性别	0.23***	0.23***	0.13***	0.18***	0.26***	0.26***	0.25***	0.25***
	(0.00)	(0.00)	(0.00)	(0.00)	(0.00)	(0.00)	(0.00)	(0.00)
教育程度	−0.02***	−0.02**					0.11***	0.11***
	(0.01)	(0.02)					(0.00)	(0.00)
婚姻状况	0.01	0.01	−0.02	−0.01	0.05	0.05	−0.07	−0.05
	(0.85)	(0.72)	(0.76)	(0.91)	(0.25)	(0.26)	(0.23)	(0.41)

（续表）

样本分类	全样本		未接受正规教育		初等教育程度		中/高等教育程度	
自变量\因变量	就业		就业		就业		就业	
健康状况	0.05***	0.05***	0.03	0.03	0.04*	0.04**	0.09***	0.09***
	(0.00)	(0.00)	(0.15)	(0.12)	(0.06)	(0.04)	(0.00)	(0.00)
退休	−0.13***	−0.13***	−0.09	−0.11*	−0.12***	−0.12***	−0.12***	−0.12***
	(0.00)	(0.00)	(0.11)	(0.07)	(0.01)	(0.01)	(0.00)	(0.00)
Log likelihood	−1840.8	−1846.4	−622.4	−628.3	−722.4	−722.0	−455.5	−456.7
Pseudo R2	0.157	0.154	0.102	0.094	0.164	0.165	0.265	0.264
chi2	691.3	673.0	141.8	130.0	283.6	284.4	328.1	326.6
样本量	3236		1037		1260		939	

注：***、**、*分别表示1%、5%、10%水平下显著，括号内为P值。

（二）住房资助对就业影响的 biprobit 模型分析

1.工具变量的合理性检验

由于解释变量"租赁资助"与劳动者就业之间可能存在内生性，简单 probit 模型的结果可能存在偏差，因此本文将运用 biprobit 联立方程对两者之间的相关性展开进一步分析。根据前文所述，本文引进了"上期资助"和"新增劳动"两个工具变量用来替代内生变量，按照使用工具变量的要求，我们在实证分析之前需要对其合理性进行检验。合理有效的工具变量应满足两个条件：第一，在控制其他解释变量的情况下与内生解释变量偏相关；第二，与模型误差项不相关。为了验证工具变量的合理性，本文利用 GMM 估计结果进行弱工具变量和过度识别检验，检验结果见表4。"上期资助"和"新增劳动"两个变量均在1%的置信水平下显著，表明这两个变量与内生解释变量"租赁资助"存在显著偏相关；工具变量组合的 F 检验值大于10，它能够拒绝所有工具变量都为0的原假设，通过了弱工具变量的检验，符合工具变量合理性的第一个条件。在过度识别检验中，工具变量组合的 p 值远大于选定的显著性水平0.05，因此在5%的置信水平下接受原假设，即工具变量与就业方程的误差项无关，符合工具变量合理性的第二个条件，由此表明本文的工具变量选择是恰当的。

表4　工具变量检验（GMM方法）

上期资助	0.0740***（0.000）
新增劳动	0.0240***（0.000）
Log−likelihood	−243.71
Pseudo R2	0.1841
Number of obs.	3236

（续表）

工具变量检验法（GMM）	
H0：all instruments zero	15.6932
First－stage F test(p－value)	(0.000)
H0：instruments orthogonal to error term	1.2939
Overid Hansen J（p－value）	(0.255)

注：＊＊＊、＊＊、＊分别表示 1％、5％、10％水平下显著,括号内为 P 值。

2.住房资助对就业影响的 biprobit 估计结果

表 5 列出全样本和各分组样本的 biprobit 联立方程模型估计结果,对于就业方程,在所有样本组情形下,工具变量"上期资助"和"新增劳动"的边际效应系数均为正且通过显著性检验,与前文假设相一致,即上期接受"租赁资助"的劳动者的概率在本期有所提高,因此"租赁资助"中存在"福利依赖"的可能性;而随着我国住房保障政策覆盖范围的扩大,新增劳动人口更易获得政府的租赁型住房资助。

在控制了解释变量的内生性后,"租赁资助"与"就业"的边际效应系数依然为负,相关系数的绝对值有所放大,且在三个分组中均通过了显著性检验,这表明"租赁资助"的确会对劳动者就业产生负面影响,并且在受教育程度越低的分组中其负向效应越明显。

再来看就业方程中各控制变量的系数,与 probit 模型结果基本一致,"低保补助"的边际效应系数为负,但在三个分组中系数均不显著;更高年龄、更高教育程度和已办理退休手续等因素将降低劳动者的就业概率,男性和更好的健康状况等因素将提高劳动者的就业概率,但已婚有配偶对就业的影响并不显著。

从"租赁资助"方程来看,所有样本组中"低保补助"与"租赁资助"的相关系数均为正且通过显著性检验,这意味着接受"低保补助"会提高劳动者接受"租赁资助"的概率,因此这再一次验证了低收入住房困难家庭更易获得"租赁资助"的政策。而其余大部分控制变量的边际效应系数不显著,因此从统计学意义来看,这些因素对劳动者获得"租赁资助"的概率不产生影响。

表 5　就业与租赁资助 biprobit 模型估计结果（边际效应）

样本分类	全样本		未接受正规教育		初等教育程度		中/高等教育程度	
自变量\因变量	就业	租赁资助	就业	租赁资助	就业	租赁资助	就业	租赁资助
租赁资助	－0.71＊＊＊		－1.26＊＊＊		－0.55＊＊		－0.44	
	(0.00)		(0.00)		(0.03)		(0.42)	
低保补助	－0.03	0.02＊＊＊	－0.00	0.01	－0.06	0.02＊＊	－0.06	0.04＊＊
	(0.23)	(0.00)	(0.96)	(0.38)	(0.20)	(0.04)	(0.36)	(0.01)

（续表）

样本分类	全样本		未接受正规教育		初等教育程度		中/高等教育程度	
自变量\因变量	就业	租赁资助	就业	租赁资助	就业	租赁资助	就业	租赁资助
年龄	−0.02***	−0.00	−0.02***	−0.00**	−0.02***	0.00	−0.03***	0.00
	(0.00)	(0.38)	(0.00)	(0.03)	(0.00)	(0.68)	(0.00)	(0.95)
性别	0.23***	0.00	0.18***	−0.01	0.26***	0.00	0.25***	0.01
	(0.00)	(0.65)	(0.00)	(0.45)	(0.00)	(0.63)	(0.00)	(0.64)
教育程度	−0.02**	−0.00					0.11***	
	(0.02)	(0.58)					(0.00)	
婚姻状况	−0.00***	−0.01	−0.04	−0.02*	0.05	0.01	−0.08	−0.03*
	(0.89)	(0.13)	(0.41)	(0.09)	(0.27)	(0.53)	(0.24)	(0.06)
健康状况	0.05***	−0.00	0.03	−0.00	0.04*	−0.01	0.09***	0.02
	(0.00)	(0.59)	(0.16)	(0.61)	(0.07)	(0.25)	(0.00)	(0.13)
退休	−0.13***	0.01	−0.10*	0.02	−0.11***	0.01	−0.12***	−0.00
	(0.00)	(0.23)	(0.09)	(0.25)	(0.01)	(0.39)	(0.00)	(0.94)
工具变量								
上期资助		0.07***		0.06***		0.09***		0.09***
		(0.00)		(0.00)		(0.00)		(0.00)
新增劳动		0.02***		0.03***		0.03**		0.03**
		(0.00)		(0.00)		(0.02)		(0.04)
First−stage F test（p−value）	15.69 (0.00)		5.13 (0.01)		8.404(0.00)		2.48(0.08)	
Overid Hansen J（p−value）	1.294 (0.26)		0.90 (0.34)		3.944(0.05)		0.32(0.57)	
Log likelihood	−1838.66		−628.1		−719.54		−455.98	
Pseudo R2	0.1577		0.0940		0.1647		0.2641	
Wald chi2	688.44		130.38		289.26		327.23	
样本量	3236		1037		1260		939	

注：***、**、*分别表示1%、5%、10%水平下显著，括号内为P值。

五、结论与建议

（一）基本结论

本文研究表明，住房资助对劳动者的就业行为存在显著影响，但租赁型和产权型住房资助政策的就业效应方向相反，并且它们在不同教育程度劳动者中的表现存在差异，上述结论很好地验证了前文的三个假说：

第一，租赁型资助会降低受助者的就业概率，并且劳动者上期接受"租赁资助"会提高劳动者本期接受"租赁资助"的概率。这一结论验证了"由于存在收入替代和就业税效应，'租赁资助'可能降低受助者的就业意愿"的假说。

第二,产权型资助可以提高受助者的就业概率。这一结论验证了"由于提升了家庭的长期住房获得能力,'产权资助'将提升受助者的就业意愿"的假说,在住房自有的预期下,劳动者为了提高对自有住房的支付能力而努力工作、增加收入。

第三,按教育程度分组的实证结果表明,租赁型资助对低教育程度劳动者就业的负面影响较大,而对高教育程度劳动者就业的负面影响较小,产权型资助则正好相反。考虑到高教育程度分组样本的年龄均值较低,这一结论验证了前文假说3"由于存在更高的就业增长潜力和住房自有预期,'产权资助'对年龄较低及教育程度较高劳动者就业的正向激励更为明显"。

(二)政策建议

第一,将住房资助的重点放在提升受助者住房资产的获取能力方面而不是日常住房的消费能力方面。政府可以通过创新产权型住房资助政策,帮助家庭和个人以多种形式获得全部或部分住房产权,这不仅可以避免该类家庭出现福利依赖行为,还可以在较长时期内通过住房产权激励提高劳动者的就业意愿。

第二,将租赁型住房资助与职业培训等政策相结合。"租赁资助"对低教育程度劳动者就业的负面影响大于中、高教育程度劳动者,这意味着提高受助者整体教育程度可以降低"租赁资助"对受助者整体就业的负面影响,将住房资助与职业培训等政策捆绑实施可以实现相关目标,这也是英美等国较为常见的政策。

第三,产权型住房资助政策可以首先在中、高教育程度劳动者中推广实施。产权型住房资助涉及大量的财政投入,因此其大规模推广的可行性还受到财政预算的约束。考虑到中、高教育程度劳动者在就业增长潜力和住房支付能力方面存在一定优势,因此,在财政资源有限的情况下可以首先在中、高教育程度劳动者中推广产权型资助,在形成良好的进入、退出机制后再扩大至更多受助对象。目前部分地区实行的共有产权保障房的实践可以较好体现这一理念。

从提高农业劳动价值到实现体面劳动：
现状、瓶颈和有效举措[①]

金　阳，窦　葳

摘　要： 农业劳动价值降低和劳动的"不体面"实际上同根同源：农业劳动价值降低直接造成城市与乡村的背离发展，而农村劳动的"不体面"是农业劳动价值降低的重要表现。目前我国农村劳动价值降低的主要表现：一是农村人口尤其是青壮年劳动力向经济更为发达的城市地区流转；二是老弱群体为主的农村劳动力制约了农业生产力发展；三是外出务工的农村青壮年劳动力返乡从事农业生产意愿不高。这主要是由我国农业生产经营主体的力量过小、农村劳动力市场存在一定的供需失衡以及农业产品生产加工利润空间有限等原因导致的。未来，需要通过不断深化农业农村改革为实现体面劳动提供制度保障；依靠社会主义市场经济的发展为实现体面劳动创造各项良好的条件；提升农民综合素质为实现体面劳动奠定人才基础。

关键词： 农业劳动；体面劳动；制度保障；综合素质

导　言

在决战决胜全面建成小康社会和建设社会主义现代化强国的目标指引之下，2017 年召开的党的十九大提出要把"三农"问题作为全党工作的重中之重，致力推动实现我国乡村的全面振兴。次年，党中央国务院在中央一号文件中正式提出实施乡村振兴战略，并很快下发了战略规划。按照乡村振兴战略规划的要求，扶植农业农村的相关方案相继出台，支持农业产业发展的金融举措、人才引进政策逐步落实，有效盘活各种社会资源推动"三农"发展建设，在提高农民收

---

① 作者通信地址：金阳，上海城建职业学院马克思主义学院，上海 201415；窦葳，上海城建职业学院马克思主义学院，上海 201415。

入和改善农村基础设施方面取得了重要成就。但不容否认的是，目前我国农村青壮年劳动力外流问题并没有得到根本解决，农业产业化发展和专业人才的瓶颈仍然是新时代阻碍我国实现"农村强、农村美、农民富"的重要因素。在分析了制约新时代我国实现乡村振兴的问题及其原因后，我们发现：无论是农民还是非农民，对从事农业农村工作，都不具备较强的认同感。要想从根源上提升人们对于务农的认同感，具体来说，面临着两个亟须解决的问题：一是农业劳动价值被低估，二是农业劳动"不体面"。一直以来，我国农业劳动价值存在着被严重低估的问题，这一点已经得到学术界的认同。关于农业劳动价值被低估的原因，主要存在两种观点：一是由于农户的小规模经营使农业劳动力过密或内卷，二是由于长期优先发展工业造成的工业农业产品"剪刀差"。至于农业劳动不体面的原因，一种观点认为，相比于城市的工作生活水平，从事农业劳动拥有较低的经济收入和生活质量。另一种观点认为，受户籍制度的影响长期以来"农民"被视为一种身份，随着对人口流动限制的减少，农村劳动力在尝试摆脱"农民身份"时产生了对"农业职业"不认同的看法。总而言之，学术界对于这两个问题各有侧重，通过研究也各自抓住了一些阻碍农业农村发展的部分现实原因。然而，这种单方面侧重农业的劳动价值或体面劳动的研究并不能完全解释现阶段制约我国"三农"发展的根本原因，无法对农业农村的现状进行理论上的研判。若想真正从根源上诠释我国农村农业发展的产业和人才问题，必须通盘考虑赋予农业劳动更多价值与提升农业劳动的体面程度。本文主要对农业的劳动价值和体面劳动问题进行考察，深入探索两者存在的内在关联性，并以此线索梳理我国农村农业发展的产业和人才问题及其成因，为更好地推进乡村振兴、加快农业农村现代化提供一定的理论解释。

一、农业劳动价值与农业体面劳动的内在关联性

农业的产业化和人才培养是乡村振兴战略得以实施的重要保障，如果没有优质的生产、经营、服务主体扎根乡村，农业农村的现代化也就无从谈起。尽管很多学者对农业生产的作用、意义及其外部性进行过深入探讨，在理论上部分挖掘了农业农村人才外流的现实原因，但这些探讨按照马克思的劳动价值理论观点来看，都没有触及真正制约我国乡村发展的实质——过低的农业劳动价值及其衍生出的产业、土地与配套问题。马克思深入分析资本和资本主义的发展演进，发现商品经济的诞生和发展是促进社会分工的全面化、精细化的重要因素——来自不同地区、从事不同职业的人们，在大工业生产中从原本各自独立的状态联结成为一个整体。马克思深刻揭露资本追逐剩余价值的本性，以及实现

自身价值增殖进行的扩张,将一切有关于生产发展需要的要素,如劳动力、土地、原材料等资源尽数纳入整个生产活动之中。在这一过程中,农村的资源向城市聚集,自身开始逐步出现贫困与衰落。马克思认为这种衰落产生的根源主要在于劳动力价值的分配失当,即在大工业生产方式逐步成熟之前,城市和乡村也客观上存在着居民在劳动价值方面的差异,但此时囿于生产力水平,农村与城市还不足以在发展上形成对立,而资本形成之后,与之相配套的资本主义生产方式也逐步成熟,城市和农村的发展拥有了不同的定位:城市工业主要聚焦于加工销售,而农村农业的主要功能在于为工业提供生产的原材料,两者的劳动价值随之开始发生改变。比如在交换领域,工农业产品在价格上就出现了比较明显的区别。一方面,农产品的生产具有较长的周期,且无法进行规模化、流水化生产,单位农产品的劳动价值要高于工业制成品。另一方面,为了获取更多的产业工人并以最大限度地榨取其剩余价值,代表资本意志的资本家们会通过工业制成品市场,最大限度压低农产品的价格。资本家就是利用这两方面的差异营造出有利资本快速扩张的格局,即让工业制成品价格高于劳动价值量而农产品价格低于劳动价值量的格局,形成工业农业的"剪刀差"。

"剪刀差"的形成造成了一个直接结果:同样的付出在城市工业和农村农业产生的劳动报酬存在明显差异,原本从事农业的劳动者出于获取更高经济收入的考虑,会选择放弃在乡村从事农业生产转而流向城市从事工业活动。在工业化发展早期城市谋生者大都是经历了"羊吃人"运动的农业破产者,而随着资本主义生产力向前发展,城市工业经济对劳动力数量需求增大,加之城市基础设施、公共资源质量的提升和用工制度的完善等多方面原因,城市劳动者的工作环境和工资待遇得到了显著改善和提升,农村劳动力主动进入城市谋生,进而转型为产业工人的积极性也大大提升了。当然,早期农民转型后大多在基础生产车间从事简单的体力劳动,这种劳动工作通常耗费的时间长、工资回报低,显然并不能被理解成是一份体面的工作。但"体面劳动"是一个历史的、发展的概念,在当时的历史情境下,农业劳动者之所以向城市转移寻求工作机会,其最重要的目的是摆脱失去土地、生活艰难的悲惨境遇,获得一份能够为其带来更多劳动收入和更好生活质量的工作。也正是在这一时期,农民心目中开始形成了对农业职业不认同的观念,农业劳动开始成为"不体面"的代名词。因此,农业劳动价值与农村体面劳动事实上存在着深刻的内在关联——在工业生产方式之下,农业劳动价值降低和劳动的"不体面"实际上同根同源:农业劳动价值降低直接造成城市与乡村的背离发展,而农村劳动的"不体面"是农业劳动价值降低的重要表现。

二、农业劳动价值降低在当代中国的主要表现

改革开放以后,伴随着生产力水平提升带来的社会主义市场经济的发展,农业农村劳动价值的降低及其相关的状况出现在我国城乡当中,成为制约和阻碍我国农业农村发展的重要因素。具体表现如下:

一是农村人口尤其是青壮年劳动力向经济更为发达的城市地区流转。农村劳动力向城市流转是工业化生产造成的必然结果,这一点我国与西方发达资本主义国家的发展历程相似。改革开放之初,全国大多数地区仍然按照户籍制度的要求,一直将“农民”这一概念视为一种身份而非职业。随着社会主义市场经济的日益完善,乡镇企业和第三产业的快速发展对城乡人力资源的高效流转提出了更高要求。不过,此时农民更多的是将自己视为“离土不离乡”的“乡民”,由于他们基本上只是在家乡周边流转,因此“农忙务农,农闲务工”是这一时期的常态。直至 20 世纪 90 年代,乡镇企业的发展逐步式微,部分农村劳动力开始向城市转移,以填补城市第二、三产业发展中巨大的用工缺口。由于这些人兼具“农民”与“工人”的双重属性,“农民工”一词成为时代印记,成为进入城市各行各业寻求工作的农民群体的代名词。

二是以老弱群体为主的农村劳动力制约了农业生产力的发展。农村人口向城市流转产生的“人口红利”带来了相对低廉的劳动力成本,降低了我国工业制成品的价格,对拉动我国经济 40 多年的高速发展起到了重要的作用。近年来这些城市农民群体受到了越来越多的关注,为切实维护和保障他们在城市工作生活的各项权益,国家开始加快推进城镇化建设并对城镇的基础设施和公共服务逐步完善,而这些举措恰好刺激了更多农村青壮年劳动力及其家属进一步流转,农村劳动力开始出现“空心化”的特征,老人、妇女、儿童成为主要群体,他们被戏称为“993861”部队。留守乡村地区的老弱群体主要以维持自身简单生活为主,很难有富余精力和资金进行农业产业生产,由此陷入收入降低的恶性循环。此外,由于人口规模的缩小,政府对农村地区的教育、医疗卫生的投入也受到限制。

三是外出务工的农村青壮年劳动力返乡从事农业生产意愿不高。农业劳动价值减损在当代中国的重要表现之一是城乡差距。据统计,城镇居民 2000 年人均可支配收入为 6280 元,到 2020 年增至 43834 元,其间增长 6.97 倍;我国农村居民人均纯收入从 2000 年的 2250 元增长至 2018 年的 17131 元,其间增长 7.6 倍,农村增幅略高于城镇。但事实上,我国城乡在收入上一直保持着较大差距,且并无结构性调整。统计显示,2000 年我国城乡差距为 2.78 倍,2007 年顶

峰时扩大为 3.33 倍,此后一直保持着 2.5 倍以上的高位①,城乡收入上的二元结构非常明显,受此影响,外出务工的农村青壮年劳动力普遍不愿返回乡村生活。另一方面,农村青壮年劳动力即使因户籍制度限制不得不返乡,也不愿意从事农业劳动,而是倾向于运用在城市习得的劳动技术到集镇上再次寻求务工机会。农村"无人种地"的现象比比皆是,大量耕地被抛荒、弃耕。

三、我国农业劳动价值被低估的根本原因

按照经济史的一般逻辑,农业劳动价值降低缘于城市和农业农村的背离发展。但我国农业劳动价值被低估在社会主义市场经济环境中存在着区别于传统观点的自身独特性,需要加以分析和辨明。

一是农业生产经营主体的单一化。为了更好地适应改革开放初期我国农业生产力的发展要求,1980 年我们党在《全国农村会议纪要》中明确指出包产到户、包干到户都是社会主义集体经济的生产责任制,并将其逐步完善成为家庭联产承包责任制,这就改变了原本集体性质的生产模式,使一家一户成为农业农村生产经营的主体,一举改变了农村"干与不干一个样,干多干少一个样"的面貌,提高了人们的劳动积极性,在当时极大地促进了农业生产力的发展。但经过 40 年的发展,这种单一的、一元的经营主体在农业生产中已经开始难以满足市场经济发展的需求。究其原因在于联产承包责任制基本生产单位的单一化:单个家庭可用于耕种的土地较少,碎片化的土地让生产资料无法集中,降低了单位面积资金的投入效率,进而阻碍了新的农业技术的推广和应用,降低了农业产品的市场竞争力和附加值。经营主体无法改变农业劳动回报较低的现状,只能不断减少他们对农业生产经营的投入,最终转移到拥有更高劳动报酬的部门中去。

二是农村劳动力市场存在一定的供需失衡。由于农村地区第二、三产业发展的滞后性,劳动力市场很难为农民在农闲时提供比从事农业劳动报酬更高、待遇更好的岗位;而在靠近城镇的工厂,按照市场需求的用工导向凸显,要求工作岗位的时间更为连续,对季节性工人需求较少,兼业农民不符合用工单位的招聘要求。这样求供双方矛盾发展的结果是农民无法在从事农业劳动之余提高收入、改善生活。由此可以看出,虽然不断放松的户籍制度给农村劳动力的流转创造了更多条件,使其可以在劳务市场中寻求合适的工作岗位,但受制于农业季节性特征,自由流转的权利在农村并不能为其带来更多的工作机会。为了过上更

---

① 国家统计局编:《中国统计年鉴》,http://www.stats.gov.cn/tjsj/2008/indexch.htm,2021 年 8 月 29 日检索。

好的生活，他们只能背井离乡，"被迫"转型为农民工群体。

三是农业产品的生产加工利润空间有限。在农业产业化发展的过程中，农产品一般被视为原料和初级品，拥有较低价格弹性，这也就意味着在市场经济的环境当中农产品价格变动对于产量变动的不敏感，甚至产量增多价格下降时的整体利润会比产量稳定时候更少，这也就是农业区别于其他产业的"增产不增收"现象。同时，涉农加工大多都属于初加工，对于技术、资本、人才等方面要求不高，这就造成了涉农企业的粗放式经营和同质化竞争，这些企业普遍存在产品创新度不高、企业数量较多、产品竞争压力较大等问题，因此它们在市场交换过程中难以获取较大的利润回报。涉农企业出于生存竞争压力会将其进一步传导至农业生产领域，其结果就是农业产品收购价格被降低，农村农民的利益受损，由此构成了农业劳动价值降低的重要现实因素。

四、提升农业劳动价值与实现体面劳动的有效举措

农业劳动价值下降作为我国农业发展问题的根源性原因，不仅会制约我国"三农"的可持续发展、乡村振兴战略的推进，还会影响到我国农村地区实现治理能力和治理体系现代化的进程。因此，现阶段必须千方百计保障农业生产劳动的价值，形成新时代农业体面劳动观念，让务农成为一份体面的职业。

一是深化农业农村改革，为实现体面劳动提供制度保障。农业劳动价值在流通过程中没有优势，其原因在于工业化生产方式下工农业劳动的背离发展，而农业劳动环境的恶化、农业产业收入的降低则直接使人们认为务农是一项不体面的劳动。西方发达资本主义国家的农业发展也曾同样面临类似的问题，但今天，这些国家已经依靠先进的技术、密集的资金投入和高素质的人才，提升了本国农产品的附加值、竞争力和国际占有率，一定程度上解决了上述问题。改革开放以来，我国农村经济制度改革先后经过了家庭联产承包责任制激励阶段、农村支持城市的城乡联动阶段、社会主义新农村建设阶段以及党的十八大以来全面深化改革阶段[1]，取得了举世瞩目的成就。未来我们要立足农业农村发展的实际情况，发挥社会主义制度的优越性，深入推进农村土地所有权、承包权、经营权的"三权分置"，进一步落实集体所有权、稳定农户承包权、放活土地经营权，全面提高农业劳动价值和农民生活质量，为实现农业体面劳动扫除制度性障碍。同时，各地方党委和政府也应结合本地区农业发展的实际情况，有针对性和具体性

---

① 范明英、李广跃：《农业劳动价值萎缩与农业体面劳动困境：关联逻辑与双重治理》，《长白学刊》2021 年第 2 期，第 120 页。

地制定和落实农村农业发展的短中长期规划,系统全面地推进乡村振兴战略的有效实施。

二是充分依靠社会主义市场经济的发展,为实现体面劳动创造各项良好的条件。农业劳动价值的下降及其引发的农业劳动不体面问题是随着社会主义市场经济的不断发展暴露出来的,因此充分把握社会主义市场经济的发展规律是其中的重要一环。营造农业农村更加优质的发展环境首先要从基础设施着手,应利用各种资源改善农村的交通、水利、卫生等基础设施,优化农业农村生产经营的基本条件,为农业劳动价值提升和体面劳动的实现构筑良好的外在环境。其次,为了赢得更好的生存和发展空间,农业企业无疑也要按照市场经济规则深度地参与到竞争当中。通常,农业企业一般会通过降低农产品收购价格、控制生产成本等常规经营手段提高农业产品的利润率。但一味降低生产要素的价格,尤其是在原料收购、农村劳动力投入等环节,确实不利于农业劳动价值提升。因此未来实现农业体面劳动的经济路径,在于增加技术投入和创新研发力度,加大对农业初级品的精深加工,不断"做加法",提升农产品的附加值,以此提高农产品收购价格,保证农业生产的"增产又增收"。同时,提高农业劳动价值继而实现体面劳动也有赖于外界对于新时代"三农"新气象的氛围营造。众所周知,诸如农业产品滞销等一系列影响农业经营的问题很大程度上在于市场上消息不对称。而大众传媒作为社会公众了解各方面资讯的重要平台,也要加强涉农企业、大众传媒在农村农业的宣传,可以有效优化农村农业生产环境,这是在市场经济条件下提高农业体面劳动水平的重要举措。近几年来,对农村环境和农民工的歪曲报道不时出现在公众面前,成为舆论关注的焦点。这样的报道不利于农业劳动价值的提升和农业的可持续发展。大众传媒应客观全面报道农业信息,正确引导社会对"三农"的认识,完善关于农业劳动价值提升的工作机制,避免以标签化、污名化方式误导社会对涉农问题的认识,为农业农村的生产活动争得一个良好的口碑。

三是提升农民综合素质,为实现体面劳动奠定人才基础。有关部门要加强对农民的培养和教育,这对提升农民综合素质乃至对农业生产的自我认知,都具有非常重要的作用,能够有效解决农业劳动价值下降问题。第一,农民综合素质不高是不可否认的事实,因此要将高质量的职业院校发展和职业培训建设相结合,提升农民的综合素质,提高农民参与市场竞争的能力。只有全面提高新时期农民的教育水平和综合素质,农民才能在市场上获得更高和更稳定的劳动报酬,真正实现农业的体面劳动。第二,在农业生产的具体过程中,要通过多种途径和形式开展职业教育,培养职业化的农民。农民职业化是未来农业农村发展的必然趋势,有关部门要健全农业生产保障体系,加快推进新型农民的工种认定,注重农民的技能培育。第三，通过举办丰收节以及种植、养殖竞赛等形式，营造尊重农业、热爱农民的社会氛围，增加农民对自身劳动的归属感和认同感。第四，要全面加强新时代农村文化建设，不断提升农民综合文化素养。坚持以社会主义先进文化和优秀传统文化为指引，不断加强农村集体主义建设，为农业劳动生产营造良好的社群氛围。

结　论

农民是推动农业农村发展的最关键要素，只有真正提高了农业劳动对农民的吸引力，才能为实施振兴战略打下良好的人才基础。若想使农民群体更加认同农业劳动，则务必要提升农业劳动价值，进而让农业生产的收入水平变得更高、农村生活的基本条件变得更好，让务农成为一份体面的工作。在现实生活中，提升农业劳动价值不仅仅代表着农民收入的增加，更是涉及比收入更加重要的新时代我国农民劳动观的形成。作为后发国家，我国农业劳动价值与体面劳动的形成路径与西方国家历史发展不尽相同，我们要掌握劳动价值提升的一般规律，与此同时结合我国经济社会发展的具体国情，有针对性地采取各项举措消除农村"空心化"，强化农民在乡村振兴当中的主体性地位，为农业农村的现代化奠定坚实的人力资源基础。

结构二重性视角下疫情赋闲农民工
生活状态研究

——基于皖 H 县 13 名农民工的个案调研[①]

刘　舜

摘　要： "结构二重性"理论是解释个人与社会互动关系的系统性理论,该理论从运动和社会实践的角度理解社会结构,认为社会结构是内在于人类行动者具体情境的实践活动之中。本文以"结构二重性"中实践的制约性与使动性为解释框架,通过人类学参与观察的研究方法,将 13 名疫情背景下赋闲农民工分类为城居群体、无根群体与打工群体,并对其进行质性研究。研究发现,疫情背景下赋闲农民工面临着"空间管制性制约"与"资源获取性制约"的困难,在社会结构的制约下,赋闲农民工运用个人的反思性与实践的能动性,并利用"资源转移性防范"与"空间转移性防范"来应对微观个体的生活失衡,从而达到社会结构制约性与使动性的统一。

关键词： 结构二重性;疫情;赋闲农民工;生活状态

引　言

2020 年 1 月末新冠肺炎疫情暴发伊始,建筑业、旅游业、制造业、餐饮业、教育培训业等行业都面临着严峻的考验,农民工何时返工、何时回城成为社会各界关注的焦点和讨论的话题。国务院下达《关于延长 2020 年春节假期的通知》之后,全国"停工令"随着疫情恶化不断升级,这使得大量农民工短期内难以复工,处于赋闲状态。

按社会学垂直阶层分类,流动中的两亿多农民工群体,一直是被社会广泛关注的弱势群体,他们是繁华城市背后默默运转的齿轮,也是这个时代发展坚定的基石。突如其来的疫情使他们遭受社会的"结构性制约"而无法前往城市正常务工,延后复工不仅会直接影响部分农民工的经济收入,还会衍生一系列不良的潜

---

①　作者通信地址:刘舜,上海师范大学哲学与法政学院,上海200234。

在性风险。被迫滞留居住地的农民工群体在赋闲时期,一部分人平稳地度过,另一部分人痛苦地挣扎。随着疫情的好转,他们逐渐回归平稳,曾经失衡的岁月会成为群体里每个人共同的社会记忆,一幕幕在脑海中闪过的画面也是疫情背景下这个群体的真实社会图鉴。

由于不同的农民工个人或家庭防范风险的能力不同,每个个体生活的失衡状态与再平衡需要的时间也不相同。本文通过深度访谈、参与观察等方式记录了 13 位农民工个体在疫情背景下的生活状态与防范风险措施,以社会学结构二重性的视角以及人类学田野调查的方法,探讨各类农民工群体在宏观的社会结构变动下微观个体的行为模式。

一、文献综述

(一)农民工概念与分类

根据国家统计局在 2020 年发布的《2019 年农民工监测调查报告》可知,农民工是指户籍仍在农村,在本地从事非农产业或外出从业 6 个月及以上的劳动者。[①] 根据中国社会科学院研究所陆学艺研究员的考证,“农民工”一词最早是由张雨林教授在 1984 年首先提出的。[②] 目前,有学者提出关于“农民工”的概念应该从四个层面去认识和界定:一是职业,农民工从事的是非农职业,或者以非农业作为主要职业,也就是说,他们的绝大多数劳动时间都花在非农活动上,主要收入也大都来自非农业活动;二是制度身份,受到中国特有的户籍制度的影响,农民工的户籍身份依旧是农民,与拥有非农户籍人群具有差别;三是劳动关系,农民工属于被雇佣者,劳动时间被雇佣者购买,其他拥有农业户口、从事非农产业,但不被人雇佣的不属于农民工,而是个体工商户、私营企业主等;四是地域,农民工来自农村,保留了农村成长记忆。[③] 上述观点分别从职业身份、户籍身份、劳动身份和地域身份四个方面对“农民工”这一群体进行定义。总之,为了避免歧义,本文使用的“农民工”概念是国家统计局在 2020 年发布的《2019 年农民工监测调查报告》中对农民工的定义:户籍仍在农村,在本地从事非农产业或外出从业 6 个月及以上的劳动者。

---

① 国家统计局:《2019 年农民工检测调查报告》,http://www.stats.gov.cn/tjsj/zxfb/202004/20200427-1596389,2020 年 4 月 12 日检索。

② 徐诺金:《中国农民工转型问题研究——一个关乎亿万人民福祉的大问题》,中国金融出版社 2019 年版,第 42 页。

③ 邹新树:《中国城市农民工问题》,上海群言出版社 2007 年版,第 34 页。

　　按照工作地划分,农民工可分成城市农民工、集镇农民工和乡村农民工;按照流动范围划分,农民工可分为就地务工农民工、跨县农民工、跨省农民工和跨国农民工;按照所在产业划分,农民工可分为第二产业农民工和第三产业农民工。这种划分方式对于相对封闭无流动性的社会具有一定的考究意义,但是中国社会流动性大、个人身份也处于不断变动之中,社会分化让每个人都有"脱嵌"与"嵌入"某种生活环境或社会组织的可能,从而使得个人身份处于流动和变化之中。朱磊、雷洪基于农民工生活结构的分析,把农民工置于由流入地与流出地共同构成的场域中,建构了由"流出地脱嵌"和"流入地嵌入"两个维度构成的框架,把农民工分为两栖群体、移民群体、打工群体和无根群体四种类型[①]。为了避免访谈对象混乱,本文通过"嵌入式"理论对农民工群体进行分类,由于"移民群体"与"两栖群体"都在城市有房,他们疫情期间在城市居住,生活状态相似,所以将这两类农民工群体统称为"城居群体"。综上所述,本文将研究对象细分为三类群体,分别是城居群体、无根群体和打工群体。

　　(二)"结构二重性"理论探究

　　"结构二重性"理论是著名社会学家安东尼·吉登斯为说明个人与社会互动关系的系统性理论而提出的。该理论从运动的角度以及社会实践的角度来理解社会结构,认为社会结构内在于人类行动者在具体情境的实践活动之中。吉登斯以批判的姿态和口吻否定了行动者与结构相互影响的二元论,他认为这两种既定现象体现的是二重性,即人类实践基础上的使动性和制约性的统一、主体能动性与社会结构的统一。

　　在马克思看来,"实践"是主体与客体的中介,正是在实践中主体和客体才得以统一,所以实践表明了人的能动性和创造性,这一能动性是一种既受自然制约也受社会制约的主体的能动性,能动性和制约性是实践的基本特征,二者体现的是一种辩证的关系。在吉登斯看来,"结构"在结构化理论中同时具有使动性和制约性,结构是指再生产过程中反复涉及的规则和资源,而规则又可分为建构性规则和管制性规则,而资源也可分为配置性资源和权威性资源。

　　本文以马克思的实践理论作为探讨的起点,以吉登斯的"结构二重性"理论作为解释框架,探讨疫情背景下赋闲农民工的使动性和制约性,从社会结构的角度分析农民工因为管制性规则所受到的"空间管制性制约"与"资源获取性制约",在"结构二重性"理论的基础上探讨赋闲农民工所展现的能动性,描述该群体在资源获取受限的过程中如何进行资源转移性防范与代际转移性防范。

---

　　① 朱磊、雷洪:《论农民工的分类及其转型》,《社会学评论》2015年第3期,第83页。

（三）文献评述

纵观关于农民工的研究文献，学界从农民工的概念、分类、流动性、大城市融入状况、生活保障与返乡务工等方面进行了系统性研究，但对于疫情背景下赋闲农民工的关注较少。本文旨在通过社会学家吉登斯"二重性理论"对疫情背景下赋闲农民工的生活现状进行研究，深描微观个体与时代共振的频率，运用人类学参与观察的方法走进赋闲农民工的生活，探讨其在特殊背景下的制约性与能动性，为预防社会灾害发生所制定的相关策略提供原始资料。

二、研究对象与方法

（一）研究对象

本文以疫情背景下有过赋闲在家经历的农民工群体为研究对象，在不同行业、不同性别、不同年龄、不同学历的农民工中抽取 15 名样本。去除个别因中途退出和其他原因无法参与研究的对象，最终获得有效样本 13 名，流出地均为安徽省 H 县。其中有 11 名男性，2 名女性，年龄分布在 20—41 岁不等，学历遍布小学、初中、高中、大专、本科，所从事的行业涉及建筑业、服装业、餐饮业、旅游业、教育业、房地产业、养殖业、电子商务业等（详见表 1）。

表 1　访谈人信息

姓名	性别	年龄	学历	职业	流出地	流入地	群体属性特征
刘 A	男	31	本科	教育行业（游学营地教育营销）	安徽省 H 县	上海市徐汇区	城居群体
陈 A	男	25	本科	电子商务（运营店长）	安徽省 H 县	浙江省杭州市	城居群体
汪 A	男	26	本科	互联网（信息咨询）	安徽省 H 县	安徽省合肥市	城居群体
金 A	女	26	专科	建筑公司（会计）	安徽省 H 县	安徽省合肥市	无根群体
潘 A	男	24	本科	疫情前旅游行业（游客服务中心） 疫情后房地产行业（销售）	安徽省 H 县	上海市闵行区	无根群体
刘 B	男	20	初中	餐饮业（酒吧销售）	安徽省 H 县	浙江省台州市	无根群体
方 A	男	28	高中	疫情前建筑行业（木工） 疫情后自由职业	安徽省 H 县	上海市闵行区	无根群体
张 A	男	25	专科	网络营销（销售）	安徽省 H 县	浙江省杭州市	无根群体
李 A	男	33	初中	建筑行业（室内装修）	安徽省 H 县	不定，多在上海	打工群体
金 B	女	40	小学	服装业（服装制作）	安徽省 H 县	浙江省余杭区	打工群体
金 C	男	41	高中	建筑业（木工组长）	安徽省 H 县	安徽省 H 县	打工群体
胡 A	男	30	专科	养殖业（养猪场员工）	安徽省 H 县	安徽省 H 县	打工群体

（二）研究方法

本文通过参与观察法深入了解研究对象的实际生活，并通过阅读相关文献对农民工群体进行概念的确认与分类。本文按照"嵌入式"理论，根据居住情况、户籍情况、生活场域分布、家庭生计方式、人际关系情况与农业从事经历等维度，将 13 名研究对象分别归类为城居群体、无根群体和打工群体。然后在"结构二重性"理论框架下，制定访谈提纲，对赋闲期间的农民工群体进行半结构式访谈，收集一手资料，编码整理，从而形成理论对话。

三、研究发现

结构化理论总是把结构看作是社会系统的某种属性，体现在以时空为根植基础的人们再生产的实践活动之中。[①] 吉登斯构建了以对传统的"二元论"社会学理论的批判为逻辑前提、以"结构二重性"与"实践"概念为逻辑起点与逻辑中介、以微观的个人行动框架与宏观的社会结构框架之间的互动为逻辑展开的系统而具内在逻辑的"结构化理论"。[②] 宏观的社会结构会对微观的个人行动框架有使动和制约的"二重性影响"，疫情发生之后，大部分农民工群体处于被隔离状态，赋闲的农民工群体既展现了在社会结构中被制约的情境，也展现了自我实践的能动性。其中"结构性制约"的表现形式主要分为两个方面：空间管制性制约和资源获取性制约；"结构性能动"的表现形式主要分为两个方面：空间转移性防范与资源转移性防范，而制约性和能动性最终会在实践中达到统一。

（一）结构性制约

1.隔离——空间管制性制约

在疫情背景下，由于社会各级组织实行权利管制性制约，所以使得原本前往外地的农民工赋闲在家。城居群体、无根群体、打工群体面对不同的生活场域，有着不同表现形式。

（1）城居群体：社群隔离、赋闲居家

对于城居群体来说，他们居住的场所为城市社区，由于疫情暴发，他们无法前往惯常居住地或者工作地点，所以只能隔离在家。

受访者刘 A，男，本科，31 岁，现于上海徐汇区从事教育行业游学营地教育营销工作。2010 年在昆山买房，户口已转移，他每年在家待数天左右，渐渐与流出地形成脱嵌状态。疫情期间，与往年相比，他在家多待了一个半月。"从一月

[①]　安东尼·吉登斯：《社会的构成》，李康、李猛译，上海三联书店 1998 年版，第 61 页。

[②]　董才生、王远：《论吉登斯结构化理论的内在逻辑》，《长白学刊》2008 年第 3 期，第 23 页。

下旬到三月上旬,社区都处于隔离的状态,每天待在家里,与家人相处,享受家庭团聚之乐。"据本人对受访者的了解,受访者的家庭结构属于核心家庭,女儿三岁,过年期间,他把居住在农村的父母接往昆山,疫情暴发之后,父母没有返乡,全家五口人处于社区隔离状态。

受访者陈 A,男,本科,25 岁,现于浙江杭州从事电子商务行业运营工作,并担任店长一职。2019 年,本科毕业之后,在父母的帮助下,他贷款在杭州买了一套房子,户口还是农村户口,已订婚。"疫情期间,从一月初到二月底在家待了接近两个月,元宵节后,公司改为网上工作,因为是电子商务行业,可以线上工作,在家也正常上班,但由于物流未开通,发不出货,所以几乎处于赋闲状态。疫情虽然限制了我的活动,但是今年元宵节和父母一起过,这让我感到很温馨。"

疫情背景下,两位受访者处于社区隔离、赋闲居家状态,由于受到空间性制约,使得他们的物理空间移动范围小。"城居群体"在隔离的状态下,发挥"结构性制约"的使动性,通过与家人互动来弥补因工作忙碌缺少时间陪伴家人的遗憾,从而增进亲情的融合。

(2)无根群体:封路封村、自我隔离

无根群体的特征是低程度的流入地嵌入和高程度的流出地脱嵌。"无根"群体具有不融入生活共同体、不享受完整公民权利、身份认同失调的特征,这表明了该群体在生活结构上的分裂、矛盾、冲突状态,即在流入地与流出地都是"悬浮在空中",两边均不嵌入。

受访者金 A,女,专科,26 岁,现于合肥市某建筑公司从事会计工作。她在外打工四年,暂时还没有买房的打算。今年回家本打算和男朋友订婚,但由于疫情的影响,订婚取消。"受到疫情的影响,在家待了两个多月,作息没有以前上班规律,但是我也在跑步健身。记得有一次在疫情期间早上起来跑步,被村里的干部劝返,那个时候每个村子的路口都有志愿者把守,所以处于一种村村隔离的状态。后来我都是自己在家里自我隔离,练瑜伽健身。"

受访者潘 A,男,本科,24 岁,疫情前期在上海迪士尼从事游客服务工作,后来辞职,进入房地产行业做一名销售员。本科毕业后,他从事与专业相关的工作,家里有一个弟弟正在读高三,但他对未来发展处于迷茫状态。"疫情期间,生活比较单调,在家完全处于隔离状态,在情绪上会萌发消极的想法,并且对自己的工作渐渐缺少期待。迪士尼工资太低,我准备进入房地产行业试试。所以在家几乎处于自我隔离的状态,思考自己的未来,规划自己的职业。"

疫情背景下,两位受访者受到空间性制约,农村处于封村封路的状态,个人计划也因为疫情有一些改变。个人的行为模式受宏观的社会结构影响,规则性制约是其中的一个方面。封村封路、游乐园闭园是制度性规定,生活在规则性制度下的个人受其制约。

（3）打工群体:没有拜年、家庭建设

打工群体的特征是低程度的流入地嵌入和低程度的流出地脱嵌,在流入地,他们从事被雇佣的非农业活动,并以此获得养活家庭的劳动收入,他们处于流动状态,他们的生存状态和生活质量由工作薪资和稳定状态所决定。在他们看来,外出打工仅仅是一种经济行为,乡村作为唯一归属与依附的地位从未真正发生动摇或改变。

李 A,男,初中,34 岁,从事建筑行业室内装修工作。他常年在外打工,如果家里有活也会回家挣钱。家庭结构属于主干式家庭,父母在家务农,妻子从事服装制造业,有一个儿子正在读一年级。"今年疫情刚好赶上过年,本来亲戚之间是要拜年相互走动,亲戚们都待在家里,不敢出门。本来过完年就出去,但是由于疫情不能复工,所以在家里把父母住的房间装修了一遍。一直以来都有这个心愿,疫情期间正好时间充足,就自己动手做了起来。"

金 B,女,小学,40 岁,从事服装制造业。疫情之前,夫妻俩在浙江余杭打工长达 15 年之久,疫情过后,他们在家置办了两台自动缝纫机,准备自己做。"过年回来之后,就一直在家待着,今年比较特殊,大女儿读高三,为了照顾她,减轻她的学习压力,我们在家挣钱。家里置办了机器,疫情让我们有压力,所以就选择在家就业,这样经济方面可以不受到太大的影响,还能照顾老人、孩子。"

两位受访者保留了农村的人际关系和生活习惯,在疫情期间受到空间性制约,使得他们沿袭而来的拜年习惯受到间歇性改变。在赋闲期间进行家庭建设工作,比如装修房子、置办家具、陪伴孩子和父母是部分打工群体的真实生活写照。

2.失衡——资源获取性制约

吉登斯把资源看成是行动者用以完成某种事情的工具或常规要素,并且将资源分为配置性资源与权威性资源。而此处主要讨论的为配置性资源,这种资源根源于人类对自然的支配,包括物质产品和再生产过程中可利用的自然力。[①]疫情期间,由于交通的阻断与人际资源交流的封闭,赋闲农民工在资源获取中出现了部分失衡的现象。

（1）城居群体:略有影响、收入平稳

刘 A 所从事的教育行业虽然受到了很大的打击,但是对于他个人来讲,赋闲一个半月的过程中也只是在经济上略有影响。"我们公司每周都会发保底工

---

① 周志山、许大平:《基于实践活动的使动性和制约性——吉登斯结构二重性学说述评》,《浙江师范大学学报》2002 年第 5 期,第 67 页。

资,虽然现在没有业务,但是公司暂时还没有采取降薪的措施,我损失的是提成,但总体收入还是较为平稳。"

汪 A,男,本科,27 岁,在安徽合肥从事互联网信息服务行业。去年他在合肥已经贷款买房,家庭结构为核心家庭,和女朋友在疫情前订婚,两人准备在合肥发展。"我所从事的行业属于线上服务,所以疫情对于业务的影响不大。我们公司复工较早,但都是在家里线上工作。收入比较平稳,没有太大影响。"

两位受访者表示经济资源的获取跟往年相比较为平稳,受到疫情的影响程度较轻。疫情使"城居群体"隔离,但物理空间隔离对于教育业与互联网信息服务业影响较小,因为这两种行业都能突破空间性制约,实现线上合作与服务,这种"服务结构"使得从事这类行业的城居群体能够在疫情背景下实现收入平稳。

(2)无根群体:资源获取受限、生活轻微失衡

潘 A 疫情前所从事的旅游行业几乎处于停滞状态。"上海迪士尼从 1 月 24 号闭园到 5 月 11 号,公司采取了降薪裁员的办法来削减成本,普通员工降薪 20%,加上女朋友的到来,使我的经济压力更大。现在和以前不一样了,不仅要想着怎么养活自己,还要想着怎么存钱。"

刘 B,男,初中,20 岁,在浙江台州从事餐饮业,现在在一个酒吧里当销售员。他初中毕业后开始在外面闯荡。"疫情期间,赋闲在家两个多月,由于疫情,酒吧停止营业将近三个月,行业影响很大,我的收入也受到了直接的影响。我现在面临着一系列的经济压力,经济方面周转不过来,每个月要交房租,车要保养,女朋友需要花钱,每个月还要还花呗、借呗,花销有些大。"

两位受访者所从事的旅游业与餐饮业都是在实体结构下经营,疫情的暴发直接使此类行业停止营业,这不仅会影响经营者收入,还会增加其运营成本。而从事此类行业的个人会直接受到疫情影响,不仅有直接的经济性收入影响,还会有潜在风险,这便使得从事此类行业的"无根群体"资源获取受限,还会对他们的正常生活造成影响。

(3)打工群体:本地就业、余粮防疫

金 C,男,高中,40 岁,在建筑行业木工领域工作,现在在县城的一家建筑公司任木工组组长一职。他在外从事建筑行业 20 年左右,最近几年回乡发展,家庭结构属于主干式家庭,家庭生计模式为"半工半耕"。"由于我们县城疫情情况不是很严重,而我们的工程又属于县重点工程,所以在三月初就开始复工了。今年相对于往年来讲,员工资源比以前好找多了。往年这个时候,本县的木工都出去打工了,今年受到疫情的影响,很多人都在家找工作,我们公司招人相对于往年来说简单很多。"

胡 A,男,30 岁,专科,从事养殖业,在户口所在地的一家养猪场上班。他的

家庭结构属于主干式家庭,家庭生计模式为"半工半耕"。"今年还受到非洲猪瘟对养殖行业带来的冲击,疫情也让我在家待了三个月左右,这期间养殖业的不景气也让我的经济状况受到损失。但是我在家里帮忙种一些庄稼,家里的蔬菜粮食都有,所以生活品质也没有受到太大影响。"

第一位受访者表示人力资源由于受到疫情的影响滞留在农村,使得建筑业的人力资源压力增加。第二位受访者表示基本物质生活没有太大改变,家庭"半耕半工"的生计方式可以抵御疫情带来的资源获取制约性风险。

制约来自于个体行动者无法改变的结构性特征的"客观存在",至于约束的制约性特征,则最好将其描述为在某一既定情境或情境类型下对一个或一群行动者的选择余地有所限制。[①] 疫情对于农民工群体的制约表现为"空间性制约"和"资源获取性制约",而且各个群体表现形式各有不同(见表2)。

表2　各类农民工结构制约性表现形式

	空间管制性制约	资源获取性制约
城居群体	社区隔离 赋闲居家	略有影响 收入平稳
无根群体	封路封村 自我隔离	资源获取受限 生活轻微失衡
打工群体	没有拜年 家庭建设	本地就业 余粮防疫

(二)结构性能动

吉登斯用"结构二重性"原理来解释行动与能动的关系,他认为从某种特定的意义上来说,结构作为记忆痕迹,具体体现在各种社会实践中,"内在于"人的活动。行动者所具有的反思特征,能让行动者的实践具有能动性,即使在制约性的社会结构下也能在实践中进行"社会再生产"[②]。农民工群体面临疫情的制约而赋闲在家,但是对于疫情的防范,不同类别的农民工群体有着不同的外在表现形式。

1.计划变更——空间转移性防范

面对突如其来的疫情,赋闲农民工群体在社会结构性制约的基础上发挥能动性,运用自己所处的社会情境与工作性质化解疫情带来的风险,利用空间性转移的方式改变自己的工作计划,在实践的过程中减轻疫情带来的资源获取性压力。

①　安东尼·吉登斯:《社会的构成》,第93页。

②　陆春萍、邓伟志:《社会实践:能动与结构的中介——吉登斯结构化理论阐释》,《社会研究》2006年第2期,第76—82页。

（1）城居群体：居家办公、开启副业

汪 A 在疫情期间无法像往常一样去公司上班，但是他所从事的互联网信息服务行业受到物理空间性限制较小，所以在元宵节后他便开启了居家办公的模式。"在家办公的一个多月里，我们跟平时在公司上班一样，朝九晚五，有的时候还要加班。工作地点虽然改变了，工作性质和工作节奏还是一样。"

陈 A 所从事的电子商务行业也是在网上办公。"在疫情期间，由于表哥想做线上销售，我就在家帮忙做了一个网店，经营化妆品，所以在家期间也没有闲着。我也高兴能够利用我的专业帮助表哥把线下经营转移到线上经营，这是我在疫情期间做的一件很有意义的事，所以我希望帮助线下实体店转移到线上经营能够成为我的副业。"

两位受访者由于受到疫情的空间性制约，所以不得不采用线上办公的方式，在家里线上上班能够减轻疫情带来的安全压力和经济压力，是一种新型的办公方式。受访者通过自己的本领也能在家里开启副业，新兴互联网技术让线上工作成为可能，其突破了部分物理空间限制，在疫情背景下能够让部分行业的农民工群体实现办公空间转移性防范。

（2）无根群体：改变工作计划

潘 A 在疫情期间从上海迪士尼辞职，跳槽到房地产行业，从事房地产销售。"我之所以跳槽，不仅是因为迪士尼采取降薪措施，也是因为我女朋友到上海来的缘故，疫情让我减少了对这个行业的期待，我渐渐变得焦虑，所以我在疫情缓解之后就重新找了工作，现在我有了新的职业规划，每天也很充实。"

方 A，男，28 岁，高中，疫情前在上海闵行区从事装修木工工作。疫情之后，上海一直没有复工，所以他在家建房子。"以前是一个木工，现在可以叫我自由职业者了。我在家赋闲三个月，今年上半年应该不出去打工了，在家里建房子。最近家里有一个口罩厂开工，我去那边工作了三天，一天工资是一百元，后来感觉工资太少，工作强度大，就没有去做。现在在家里帮忙建房子，等房子建好后再做打算。"

两位受访者都因为疫情而改变了原来的工作计划，潘 A 从旅游业跳槽到房地产行业，方 A 改变了出行计划，在口罩厂上班 3 天，现在在家里帮忙建房子。在疫情的具体情境下，无根群体为了获取生存资源，在工作计划上积极做出调整来防范疫情带来的风险。

（3）打工群体：暂缓出行计划，家乡就业

金 B 从事服装制造业，疫情之后，在家里置办了机器。"按照往年来讲，正月元宵节我们就已经出门打工了，今年受到疫情影响，在家赋闲将近一个半月（二月上旬至三月中旬），由于大女儿现在读高三，面临着升学压力，所以我们夫妻俩置办了缝纫机,在家务工。每年的二三月是服装业的旺季,按照去年的收入,疫情期间两人可以赚两万元左右。现在受到疫情影响,我们没有出门,在家置办了一台半自动缝纫机,一台锁边机,花了五千六元。现在在家每天九点开始做,晚上十点停,在家期间除了人情交往、照顾老人孩子要花去一部分时间外,每天平均能做十个小时左右,夫妻俩每天能挣将近四百元。"

李 A 在家赋闲期间,不仅为父母装修了房屋,还渐渐在家里有了装修业务。"疫情下,有活干我就觉得很幸运了,现在很多家庭都在弄建设,很多人也找到了我,我在家里也有事情可以做,所以暂时不着急外出。"

两位受访者都由于疫情原因选择在家务工,目前农民工回流现象在农村地区比较普遍,这次疫情也让很多在外打工群体改变了外出计划,选择在惯常居住地务工。改变工作地点是打工群体在疫情的具体情境下做出的理性决策,也是他们为防范疫情而采取的具体措施。

2.预支消耗——资源转移性防范

资源在吉登斯"结构二重性"的理论框架中可分为配置性资源与权威性资源,规则作为例行化日常活动中的"虚拟秩序"和"方法论程序",强调的是主体能动活动中的约束性,但是配置性资源作为生产过程中的自然力,具有社会再生产的特征。[①] 在疫情背景下赋闲农民工运用代际资源的转移、网络与个人信任资源转移进行个人资源的重新配置,从而促进个人的再生产过程。

(1)城居群体:资源代际性转移

刘 A 在昆山买房之后,夫妻二人每个月要还接近一万元的贷款,还要抚养一个孩子,生活压力较大。父母在家经营饭店数十年,现在由于年纪渐长,处于半退休状态。并且父亲有在外打工帮助刘 A 抚养孩子的想法。"过年把父母接来之后,本来以为可以让他们好好过个年,结果疫情暴发打乱了我们的经济规划,父母知道我们不容易,就暂时借了一部分钱给我们。等疫情结束,生活回到正轨,我再把钱还给他们。"刘 A 说。

陈 A 所从事的电子商务行业虽然影响不大,但是他每个月要还将近七千元的房贷。陈 A 有一个姐姐,去年已经结婚,父母常年在外务工,如今家庭的主要任务就是帮助陈 A 成家立业。"疫情期间的第一个月,我凭借以前的积蓄还能撑过去,但由于我刚毕业,积蓄不是很多,所以父母帮我还了第二个月的贷款。疫情让我体会到了钱的重要性,以后一定要好好存钱。"陈 A 说。

两位受访者都有一定的房贷压力,在疫情期间受到资源获取性制约的情况

---

① 陆春萍、邓伟志:《社会实践:能动与结构的中介——吉登斯结构化理论阐释》,《社会研究》2006 年第 2 期,第 81 页。

下,他们接受了家庭的经济援助。这种援助方式是通过上一辈向下一辈的代际财产转移,这种资源代际性转移能够暂时性地、有效地帮助"城居群体"面对生活的失衡状态,抵御疫情带来的风险。

(2)无根群体:朋友借款、信用借贷

张 A,男,25 岁,大专,现于浙江杭州做网络销售,已婚,养育一女,他的家庭结构属于主干式家庭。"疫情期间,网络销售行业受到巨大打击,我所在的民营企业抵御风险能力较弱,所以我是公司被裁员工之一。失业之后,我的经济压力骤升,没有经济收入,每个月三千多元银行贷款还不了,还要承担利息。疫情期间,我收到了银行催款的律师函,这让我很焦急,所以我找身边的朋友借了钱,以此来渡过难关。"

刘 B 在浙江台州租房,并在两年前购买了汽车。"现在我车贷还完了,每个月要交房租,要给车子保养,因为理财的习惯不是很好,所以疫情期间我的消费支出用的都是花呗、借呗等电子消费信贷,酒吧给的保底工资也很难养活自己。等一切恢复正常后,我做的第一件事就是还花呗、借呗。"

两位受访者表示疫情给他们带来一定的经济压力。随着疫情来袭的资源获取性制约打破了张 A 的生活平衡,他只能利用自己的信用机制,找身边的朋友获取财产资源来渡过难关;刘 B 则是通过网络信贷 APP 获得财产资源,从而恢复生活的平衡。在疫情的整体情境下,无根群体通过向朋友借款、网络信用借贷的行为方式来防范疫情的潜在风险。

(3)打工群体:家庭整体性防范

李 A 在疫情期间帮助父母装修新房间,父母在家务农,家中柴米油盐在疫情前都有储存。"在家里不像在外面,外面出门就要钱,在家里生活物资都有,疫情期间所吃的粮食和蔬菜都是家里父母种的。我们家庭各个成员互帮互助,共同防疫。"

金 B 与李 A 的家庭背景相似,疫情期间也是和父母待在一起,父母种粮,余粮充足。"疫情暴发赋闲在家的一个月,我都在老家和父母一起住,每个村子都封路,采购不方便,但是过年期间采购了一些年货,加上父母种的粮食,生活质量也没有下降很多。"

两位受访者都是"半耕半工"的家庭生计模式,而且都是主干家庭,这种家庭结构模式和生计模式在农村里很常见。在面对疫情的整体情境下,打工群体自身的家庭结构本身就有一定的抗风险性。

人类生活就是摇摆于平衡与纷扰之间,摇摆于均衡与非均衡之间。① 人类

---

① 林耀华:《金翼:一个中国家族的史记》,上海三联书店 2015 年版,第 89 页。

学家林耀华先生将我们的生活比喻成由竹竿和橡皮带所组成的框架结构,任何时候,任何一个有弹性的皮带和一个竹竿的变化都可以使整个框架瓦解。疫情使农民工群体的生活情境发生改变,也让部分个体的生活陷入失衡状态,但通过一定的防范措施又能让生活回归平衡。疫情背景下农民工群体所做的防范性措施主要包括"资源转移性防范"与"空间转移性防范"两个方面,且各个群体表现形式各不相同(见表3)。

表3 各类农民工社会结构能动性表现形式

	资源转移性防范	空间转移性防范
城居群体	资源代际性转移	居家办公、开启副业
无根群体	朋友借款、信用借贷	改变工作计划
打工群体	家庭整体性防范	暂缓出行计划,家乡就业

四、研究结论

综合对以上 13 位赋闲农民工生活状态的参与观察与深度访谈,我们可以了解到疫情的突然来袭打破了他们往年的生活节奏,他们的出行计划被搁置,部分农民工由于工作性质和个人情况,生活状态轻微失衡。人类学家萨林斯说:"于是,身体以特别强烈且非常痛苦的方式承载着社会结构。"[1]农民工在疫情大背景下由于受到空间管制性制约而隔离在家、无法复工,由此出现了生活资源获取受限、赌博成瘾、家庭矛盾加深与个人心态焦虑等不良现象,但是由于社会结构是制约性与能动性的统一,部分赋闲农民工以实践为媒介,在面对疫情时发挥了行动者的能动性,通过开启副业、改变工作计划、资源代际转移与回流家乡等措施,对疫情进行防范。

本文以社会学家吉登斯"结构二重性"为理论框架,对疫情背景下赋闲农民工群体的个体行为进行分析和总结,最终了解到城居群体、无根群体和打工群体在疫情背景下展现了社会结构下的制约性与能动性的统一。制约性主要表现在"隔离——空间管制性制约"与"失衡——资源获取性制约"两个方面;能动性主要表现在"计划变更——空间转移性防范"与"预支消耗——资源转移性防范"两方面。每个农民工都是独立的个体,身处于具体的时代背景与社会结构下,其行为与思想不免要被烙上时代的烙印。农民工群体受到疫情的影响而摇摆于失衡与再平衡之间,在一定的空间情境与社会结构下,他们通过相应的风险防范措施,

---

① 马歇尔·萨林斯:《甜蜜的悲哀》,王铭铭、胡宗哲译,上海三联书店 2000 年版,第 67 页。

使生活工作渐渐又回归正轨。

　　本文运用了社会人类学的视角来记录特殊时代宏观背景下的微观社会事实,梳理并总结被社会广泛关注的农民工弱势群体失衡状态与再平衡状态的具体特点。疫情背景下的赋闲农民工微观社会事实都值得被记录,汇集部分农民工的写实现状,将会成为特殊时代背景下的社会记忆,这为进一步研究农民工群体的生存状态提供了系统的一手资料。延后复工不仅会直接影响农民工的经济收入,还会存在各种潜在性风险,两亿多农民工群体是这个社会运转过程中的齿轮,特殊背景下对赋闲在家农民工群体的关注有利于对这一群体进行更加深刻且细致的了解,同时也有利于解决农民工问题,维护社会的稳定和促进社会的发展。

劳动幸福与民生保障
——第六届全国劳动人权马克思主义论坛会议综述(一)[①]

李晓霞

摘　要： 2021 年 4 月 10 日,第六届全国劳动人权马克思主义论坛在沪顺利举行。在第一分论坛上,参会学者围绕"劳动幸福与民生保障"展开了深入的讨论,多数学者把劳动幸福与民生保障和美好生活联系在一起进行探讨,肯定了劳动作为人的生存方式的价值目标是使人们在占有和展示自身本质力量的基础上享受劳动幸福,并指出美好生活的实现不仅仅在于保障劳动幸福,还在于做好民生保障工作。学者们认为应该从美好生活的角度出发理解劳动幸福和民生保障的真实内涵,从而最大限度地实现人民的福祉,增强人民的幸福感、获得感和安全感。

关键词： 马克思;劳动幸福;民生保障;美好生活

2021 年 4 月 10 日,由上海师范大学知识与价值科学研究所发起,上海师范大学哲学与法政学院、上海师范大学马克思主义学院、中共上海市委党校、《青年学报》编辑部等单位共同承办的"劳动幸福·民生保障·社会公正"——第六届全国劳动人权马克思主义论坛在沪顺利举行。本次论坛以线上线下相结合的方式进行,吸引了全国各地近 200 名专家学者参会,主要围绕"劳动幸福与民生保障""劳动精神与劳动教育""人工智能与当代劳动新发展"三个主题展开广泛的交流和讨论。本文将结合与会代表的精彩发言和相关会议论文对"劳动幸福与民生保障"这一主题做简要综述。

一、劳动幸福的理论探索及实现路径

劳动作为人的基本生存方式,是马克思理论关注的重点。在马克思看来,劳

---

① 作者通信地址:李晓霞,上海师范大学哲学与法政学院,上海 200234。

动是人的本质力量的展现,真正的劳动是自由自觉的活动,是让人摆脱奴役、重新占有并确证人的本质的自由劳动,因此真正的劳动是让人感到愉悦和幸福的劳动。基于此,以鲁品越、贺善侃、何云峰、邱耕田、李长泰等为代表的学者从不同维度对劳动幸福理论进行阐释,使劳动幸福理论具有新的时代特征。

(一)关于劳动幸福权及劳动幸福的概念阐释

近来,关于劳动幸福的研究在学界影响广泛,不少学者开始研究马克思的劳动幸福理论。上海师范大学何云峰教授是其中的代表,他从劳动作为人的类本质和劳动所具有的属人属性两个角度提出了劳动幸福权概念。他认为,每个人都有一种不可转让的初始的劳动幸福权,劳动幸福权的概念实际上指的是人们通过劳动来确证人的类本质或者获得属人属性后产生的深层愉悦感,是我们要通过创造性的诚实劳动来确证人的类本质的一种权利。这是天然就拥有的初始权利。如果要证明自己是人的存在而非动物性或者草木般的存在,就要通过劳动来证明,否则就无法体现人的属人性。何云峰教授从劳动作为人的类本质和劳动所具有的属人属性这个角度出发澄明了劳动幸福权的概念,把劳动幸福和人的存在本质联系起来,证明了作为确证人的本质的劳动所具有的根本属性是劳动的自由自觉以及劳动带给人的愉悦感受,从而在哲学层面对劳动幸福权概念进行了科学界定。

对于劳动幸福的理解,中共中央党校邱耕田教授认为劳动是人的生存方式,我们进行生产劳动以及研究劳动问题的目的是为了追求美好劳动,进而创造美好生活。从美好生活的维度看,劳动的最终价值指向是使人们在充分地占有和展示自身本质力量的基础上享受劳动幸福。所以,理解美好劳动应该从实现美好生活的维度出发,即把美好劳动落实在物质生活条件的改善和主体愉悦和满足感的提升上。邱耕田教授提出的美好劳动其实就是幸福劳动的意思,他主张从美好生活的角度理解劳动幸福的含义,很多学者和他持有相同的看法。陕西师范大学何婉依认为,劳动幸福指的是人要超越动物性的存在,成为自由自觉的存在,人在劳动的过程中是肯定而不是否定自身价值,人只有在劳动中才能真正实现自己的潜能和本性,也只有在劳动中才能获得真正长久的幸福。除此以外,西南大学王虹又通过对"劳动幸福"的理论溯源将劳动幸福理解为一种整体性概念。在他看来,真正的幸福劳动是人们不再把劳动看作自己以外的事情,而是看作自身最内在的本质,人们在劳动中不再受奴役,而是感到快乐与灵魂的愉悦。幸福是人的一种主观感受,它代表着个体内心期望与现实结果的高度一致程度,所以劳动幸福更多地强调幸福的整体性,要尽可能地使大多数个体在大多数时间处于"劳动幸福"的状态之中。

（二）关于劳动幸福理论的不同维度阐释

除了对"劳动幸福权"和"劳动幸福"概念进行深刻阐释以外，还有部分学者从不同的维度对劳动幸福理论进行了阐释，深化了劳动幸福理论的内涵，具有很高的学术价值。

上海财经大学鲁品越教授从劳动人权的角度讲述了劳动对于人的生存和发展的重要性。他认为，人民追求的不是个人自由，而是生存权和发展权这两项最基本和最根本的人权。人民的权利是通过劳动创造的，所以，人民的生存和发展要依靠物质生产劳动。从这个意义上说，劳动是人民生存和发展的权利，人民必须具有劳动权，劳动权是根本人权。而劳动人权有两个表现，一是人要有劳动权，二是人要有劳动的报酬权。马克思主义理论是最强调劳动者的根本人权的理论，因此更要用这个根本人权为劳动者的生存权和发展权服务。鲁品越教授从劳动权作为根本人权的角度出发，强调了劳动人权要为人的生存和发展服务，也从侧面印证了劳动作为人的生存的手段应内含幸福的维度，因为保障生存权和发展权的前提就是要保障劳动权。

东华大学贺善侃教授从共享发展的角度对劳动幸福进行了新的阐释。他认为共享发展的理念体现了"以人民为中心"的价值取向，而人民以劳动者为主体，劳动幸福的前提是劳动者幸福。所以，"以人民为主体"的价值取向就是劳动幸福的价值取向，也就是说，共享发展体现了劳动幸福的价值取向，共享发展的最终目的就是为了实现劳动幸福，坚持共享发展的原则是落实劳动幸福和劳动者幸福的根本保证。贺善侃教授通过阐述共享发展理念的内涵，强调共享发展必须坚持发展为了人民、发展依靠人民、发展成果由人民共享，只有这样才能真正做到以"人民为中心""以劳动者为中心"。由此，共享发展也就成为劳动幸福的价值指南。①

重庆师范大学李长泰教授从儒家仁学的四层逻辑视界诠释了马克思主义劳动幸福论的内涵。他认为，劳动幸福论体现了仁的思想，换言之，劳动除了创造性、改造性的活动而使人达到身心愉悦以外，还有一个仁学意义的精神性活动。劳动本身是仁的发生、仁的丰富和仁的实现的过程，劳动即是融入仁的世界、获得仁的精神、推行仁的道德和达到仁的美感的过程。劳动具有生生不息的仁性、仁者爱物的境界，劳动以大道为公作标准、以天下达善为目标。李长泰教授从仁学的四层逻辑视角丰富了劳动幸福论的内涵，独具创新性和学术价值。

还有部分学者从美好生活的角度理解劳动幸福的内涵，将美好生活的实现与劳动幸福联系起来，把实现美好生活的标准定为劳动幸福，进一步从美好生活

---

① 贺善侃：《共享发展与劳动幸福》，《广西社会科学》2021年第6期。

的整体性视域探究劳动幸福的内涵特征。具有代表性的学者有邱耕田、杨丽京、何婉依等人。

（三）关于劳动幸福的实现路径探索

关于如何实现劳动幸福，学者们有很多的看法。上海对外经贸大学潘宁教授认为，劳动是新时代人们追求美好生活的最基本途径，如何实现美好生活仍需要广大人民群众共同在劳动中创造。首先是扬弃异化劳动，构建和谐劳动关系；其次是保护生态和发展生产，提高社会生产力，为劳动的解放奠定坚实的物质基础；最后是坚定劳动价值旨归，为人类创造更加美好的现实生活。[①] 上海师范大学吴宁教授也持有类似的观点，她通过对《1844 年经济学哲学手稿》中劳动本质论的分析提出要实现雇佣者和被雇佣者之间的公平，使劳动关系和谐，这样整个社会才能在和谐劳动关系的基础上实现整体和谐。并且还必须要强调劳动双方的平等关系，合理分配生产资料和劳动产品，使每个劳动者能根据自愿原则进行社会劳动。此外，人在通过劳动改造自然界的过程中必须要遵循客观规律，不能超出规律约束的范围，否则会使自然环境受到严重破坏，致使生态危机出现，由此阻碍社会进步。所以在新时代，我们必须要高度重视人与自然的和谐共生，必须尊重自然、顺应自然、保护自然。我们必须要在符合自然规律的前提下进行生产劳动，注重生态文明的建设。

以上两位学者注重的是构建和谐的劳动关系以及保护生态、建设良好的生态环境。还有一些学者是从资本和劳动的矛盾关系出发，探讨劳动何以走向自由与解放。上海师范大学张晓兰从劳动与休闲的时间张力出发，探究劳动时间与自由时间的对抗。她认为，要想真正实现自由时间的充分占有和公平享有，就要在根本上消除必要劳动时间与自由时间的对立，消除二者的对立关键就在于限制资本的掠夺本性，彻底变革资本主义的生产方式。而劳动真正的解放不仅在于占有自由时间，更在于如何利用自由时间，因为人的真正自由不在于劳动之外的休闲，而在劳动当中。只有当休闲不再仅仅是劳动的准备和调节机制，而是人之主体能力和素质养成的空间；只有当劳动不再仅仅是生存的需要和资本的奴役，而是人自由生命和自我价值的表现，劳动才会是人之为人的本质体现。[②] 厦门大学杨丽京认为资本与劳动在生产关系中的对立关系使得劳动幸福和美好生活不可能真正实现。在现代社会，人的发展成为财富增长的手段而非目的。在资本主义条件下，资本的本质矛盾会不断压抑工人的自由劳动时间，使其全部

---

① 潘宁：《恩格斯劳动观对创造美好生活的现实启示》，《广西社会科学》2021 年第 6 期。

② 张晓兰：《劳动与休闲的时间张力——马克思的自由时间理论及其当代价值》，《福州大学学报（哲学社会科学版）》2021 年第 2 期。

的时间都成为劳动时间。但随着资本内在矛盾的发展,人们会意识到应当自己占有自己的剩余劳动。由此,必要劳动时间与自由支配的时间将不再对立,人们可以自由支配时间。资本发展所形成的物质财富的极大丰富,为更高阶段上实现人的需要以及人的自由全面发展创造了必要的条件。也就是说,资本本身蕴含的矛盾会为劳动的解放创造条件,最终实现劳动幸福。

中共中央党校邱耕田教授、上海城建职业学院金阳和郑佳、西南大学王虹又从劳动者或社会的角度提出了建议。邱耕田教授认为要实现美好劳动,一要持续解放和发展生产力包括推进科学技术的发展,二要进一步提高劳动者素质,三要树立科学的劳动观念。金阳和郑佳认为实现劳动幸福就要营造尊重劳动的思想风气、健全完善劳动者收入机制、利用财政手段维护普通劳动者、助力劳动者提升自身素质。王虹又也认为,劳动幸福的实现需要双向的付出,不仅需要社会力量的强制干涉,还需要劳动者自身付出努力,劳动者要认识到劳动的真正价值与意义,明白劳动是幸福的源泉。因此要加强正确的劳动教育,培养劳动幸福观,同时也要提高劳动者地位,保证劳动者尊严,还要努力实现共同富裕,坚持人民共享成果。

二、民生保障的具体举措及现实作用

2021年1月28日,习近平总书记在十九届中央政治局第二十七次集体学习时的讲话中提到,"党的十九届五中全会向着更远的目标谋划共同富裕……我们要自觉主动解决地区差距、城乡差距、收入差距等问题,坚持在发展中保障和改善民生,统筹做好就业、收入分配、教育、社保、医疗、住房、养老、扶幼等各方面工作,更加注重向农村、基层、欠发达地区倾斜,向困难群众倾斜,促进社会公平正义,让发展成果更多更公平惠及全体人民。促进全体人民共同富裕"。①习近平总书记这一讲话涉及了民生保障的各个方面,把民生保障提高到了党工作的重点。因此,如何坚持在发展中保障和改善民生,也是本次会议讨论的重点。

(一)民生保障的具体举措

何云峰教授认为当前民生保障应该从美好生活的角度出发,从传统的兜底民生保障转向更加深刻而广泛的以人为本的新型民生保障。他认为,民生保障有两种,一种是基础性的民生保障,另一种是超越性的民生保障,超越性的民生

① 新华社:《习近平主持中央政治局第二十七次集体学习并讲话》,http://www.gov.cn/xinwen/2021-01/29/content_5583559.htm,2021年7月11日检索。

保障也叫新型的民生保障,它是传统民生保障的升级版。兜底式的民生保障有一个缺点,就是特殊人群特殊对待,但是特殊对待也分公平性和无公平性,所以,当前最重要的是重构民生保障的概念,彻底摒弃特殊人群特殊照顾的思维。何云峰教授认为,不应该把人区分为不同的群体,然后给予不同的政策照顾,人不应该是分层次和类别的。因此,构建新型的民生保障要注重平等,它最核心的理念是以人为本,不强调对特殊群体施以恩惠,而强调大众普惠。民生保障的概念要更新、要扩大,要以人为本、以人为福祉,也就是人民至上,还仅仅局限于传统的那种民生保障是不够的,优质资源应该共享,要普惠大众。

贺善侃教授根据"创新、协调、绿色、开放、共享"五大发展理念阐述了五大发展理念共同服务于民生,共同实现"以人民为中心"的价值取向的思想。他认为,作为五大发展理念之一的共享发展囊括了发展为人民的各个方面,是对"以人为本"的基本原则的丰富和发展,共享发展理念体现了"以人民为中心"的价值取向,保障了人民平等参与、平等发展的权利。实现共享发展就要维护社会公平正义,全面保障人民在各方面的合法权益。要在全社会倡导共同富裕、公平正义的理念和奉献社会的责任,并且从制度、法律层面保障社会公平正义的实施,形成确保社会公平正义的保障机制。[①]

何婉依认为,我们仍处于社会主义初级阶段,民生领域仍存在很多短板,要客观充分地认识到社会发展所存在"不平衡不充分"的矛盾并克服这一矛盾。这种矛盾主要表现在区域性要素发展失衡、民生领域保障不充分这两大问题上,关于民生保障不充分的问题主要表现和发展成果的普惠性和共享性不足。我们不能仅仅满足于一部分人先富起来,更要使发达地区与落后地区统筹发展,在做大"蛋糕"的同时要把"蛋糕"分好,让改革发展成果更多更公平惠及全体人民。为此,党和国家实施了一大批惠民举措,不断完善再分配调节机制,使人民获得感显著增强。

（二）民生保障的现实作用

何云峰教授认为,基本的民生保障的作用在于其所具有的一种保险性质,它能够减少生活、生计的压迫性。劳动具有强迫性,当人们为了生存不得不劳动时,我们就可以通过这些民生保障和制度设计减少这种压迫性,压迫性的减少使每一个劳动者的尊严都大大地提高了。所以,民生保障能够提升劳动幸福的程度。而劳动幸福权是保障和实现劳动幸福的权利,劳动幸福权实际上有一个兑现的问题,所以现在有很多基本的保障,包括教育、就业、社会保障、医疗保险等,都已经在朝着劳动幸福权最大化的方向发展。现在已经不是简单的兜底民生保

---

① 贺善侃:《共享发展与劳动幸福》,《广西社会科学》2021年第6期。

障,而是超越性的民生保障,这是一个劳动幸福权最大化的问题,而不是简单的劳动幸福权的实现问题。超越性的民生保障要符合劳动幸福权最大化实现的需要,从原来的起点公平转向过程和结果公平,既要起点公平,又要过程公平,还要结果公平,它是全过程的公平。所以超越性的民生保障的概念更加广泛、更加深刻,它是建立在劳动幸福权最大化的概念之上的。劳动幸福权的实现过程当中有各种各样的消极和不利因素,怎样消除这些因素是民生保障很重要的问题。

汪盛玉教授认为民生建设可以保障社会公正,要想实现社会公正,国家需要尽最大可能保障和改善民生,让人们共享改革发展成果,让人们有更多的获得感。这就需要我们守住底线,即解决人们的吃喝住行,发挥好保基本、兜底线的作用,形成以保障基本生活为主的社会公平保障体系,对重点领域进行倾斜,使社会资源利用率最大化。民生保障在最基本的住房问题、教育问题和就业问题上都发挥了巨大的作用,只有解决人民群众物质文化生活的需要,才能更好地保障社会的公平正义。

贺善侃教授认为共享发展全局中的薄弱环节是民生难题,要善于抓住薄弱环节并切实加以解决,这样才能推动全局的发展。共享发展和劳动幸福的目标都以民生为本,保障并改善民生、解决民生之"忧"是实现共享发展目标必须具备的问题意识。破解民生难题,以突出问题、薄弱环节为切入口,把问题意识与目标意识有机结合,切实保障共享发展理念和劳动幸福的落实。[①]

三、美好生活的时代新义

中国共产党人一直把人民对美好生活的向往作为自己的奋斗目标,在新时代,随着经济实力的改变,我国人民追求美好生活的愿望越来越强烈。何为美好生活? 如何实现美好生活是学者们尤为关注的重点话题。以贺汉魂和许银英、潘宁、刘兵等为代表的学者就美好生活和劳动幸福的联系以及美好生活在当代的新含义进行了深刻阐释,同时也为美好生活的实现提供了一些实践路径。

（一）美好生活的内涵

湖南第一师范学院贺汉魂教授认为美好生活即能够实现美好人生,而美好的人生就是幸福人生,幸福人生的实质就是美好生活需要得以实现的人生。美好生活追求效率与公平分配,经济效率与公平分配是实现人民的美好生活需要

---

① 贺善侃:《共享发展与劳动幸福》,《广西社会科学》2021年第6期。

的两大根本维度。①

重庆交通职业学院刘兵认为,美好生活需要从两个层面理解:一是物质层面。美好生活需要有物质保障,比如很多人将美好的生活定义为了大房子、好车子,这实际上是从物质层面对美好生活的理解。美好的生活的确离不开物质基础,但很多人即使没有房子、车子,生活依然惬意。所以,美好生活的必需品不是房子和车子,而是吃穿住用这些基本的生活保障要素。要追求美好的生活,这些物质保障不能缺少,否则生存就会出现很大的问题,如果连生存都没有了,那何来的美好生活呢?总之,美好生活不可能离开基本的物质保障。二是精神层面。虽然物质保障对美好生活来说很重要,但其实美好生活对精神层面的要求也比较突出。从人的角度进行思考,人类生存不仅有身体需要,更有情感需要,在保障物质的基础上,人们会对情感有更加强烈的渴望。有些家庭或许不是大富大贵,但是却家庭和睦、情感充实,有些拥有良好物质条件的人却过得不幸福,原因就在于他们情感空虚。既有物质保障,又有情感寄托,才是现阶段绝大多数人所追求的美好生活。

陕西师范大学何婉依认为理解美好生活,应当从"劳动"这一核心范畴切入。劳动是人的存在之本质,劳动是生活的根基,也是成就美好生活的基础,同时也是奠基幸福生活的要途,从而劳动幸福本质地构成美好生活的核心和要义。人们的一切幸福都需要依靠辛勤的劳动创造,人们不仅可以通过劳动创造满足自己的物质需求,而且可以将劳动作为使自己更全面发展并超越自身的一种手段,只有通过劳动,人们才能获得永久幸福。正是依靠劳动者,我们才能创造一个又一个的中国奇迹,让广大人民过上幸福美满的生活。何婉依认为美好生活是劳动幸福的重要表征,在她看来,美好生活的基础是人与自然关系的和谐;美好生活的核心是人与社会的和谐。

上海师范大学刘利威认为随着生产力发展,人民对美好生活的向往愈加呈现出多姿多彩之貌,我们追求的不再仅仅是物质文化的满足,而是有了更高的要求。人们对美好生活的向往与马克思的幸福观要义相吻合,马克思的幸福观是体现人本质之真正回归的理论。马克思的幸福观在体现人的本质全面复归的基础上,导向人们追求更充分、更均衡发展的美好生活,引领新时代人民群众追求美好生活的实践。她从马克思的幸福观切入来理解美好生活的要义,把人们对美好生活的向往和对幸福的渴望联系起来,赋予了美好生活新的内涵。

---

① 贺汉魂、许银英:《实现人民的美好生活需要是效率、公平的硬道理——习近平效率、公平观的伦理意蕴探析》,《海派经济学》2020年第2期。

（二）美好生活的实现途径

在了解美好生活内涵的基础上，学者们开始探索美好生活的实现途径。他们从社会公平正义、劳动正义、劳动与资本的关系等角度深入分析了如何实现美好生活。以浙江大学刘同舫教授、东华大学贺善侃教授、湖南第一师范学院贺汉魂教授以及安徽师范大学汪盛玉教授为代表的几位学者从劳动正义以及社会公平正义的角度出发阐述如何实现美好生活。

刘同舫教授在报告中强调，劳动正义问题与美好生活创造具有重要的内在关联。劳动及劳动正义问题是马克思学说的始源问题，马克思对资本主义的批判以及对共产主义理论的建构贯穿着"劳动正义"这一核心命题。他将劳动正义作为判别社会存在是否正义的本体论根基，且在更深层次的劳动本体论维度指明了劳动自由和劳动解放在实现劳动正义中的重要作用。他认为劳动正义也是实现美好生活的关键一环，美好生活的核心在于劳动幸福，要保障劳动幸福就要维护劳动的正义性质。因此，劳动正义问题和美好生活具有相关性，保障劳动正义才能更好地实现美好生活。①

贺善侃教授提出实现美好生活的根本途径是社会的公平正义，也即是要建设对保障社会公平正义具有重大作用的制度，逐步建立以权利公平、机会公平、规则公平为主要内容的社会公平保障体系，努力营造公平的社会环境，保证人民平等参与、平等发展的权利。尤其要在经济领域建立健全一整套保障权利公正的经济制度体系。有了建立在社会公平正义基础上的劳动幸福的制度安排，才能引导全体人民朝着共同富裕的方向稳步前进，美好生活才有可能实现。② 贺汉魂教授持有类似的观点，他是从效率和公平两个维度去论述如何实现美好生活的，他把效率与公平看作是实现人民美好生活需要的根本维度，认为只有在公平的基础上提升效率才是实现人民美好生活需要的根本途径。因此，首先要确保人民的基本权利平等的公平，其次提升效率，真正的公平应是保障发展机会平等的公平，我们要做到效率优先，兼顾公平。

汪盛玉教授则认为社会公正可以最大限度地保障绝大多数人的利益，最大限度地促进发展成果人人共享，所以她从经济建设、政治建设、文化建设、民生建设等方面对社会公正展开论述。她对社会公正进行了全面的分析，也在一定程度上揭示了美好生活应具有的几个维度。

与以上学者不同，潘宁教授从劳动的角度进行分析，她认为劳动是创造人民美好生活的现实前提，也是新时代人们追求美好生活的最基本途径。她认为新

---

① 刘同舫：《马克思唯物史观叙事中的劳动正义》，《中国社会科学》2020 年第 9 期。

② 贺善侃：《共享发展与劳动幸福》，《广西社会科学》2021 年第 6 期。

时代实现美好生活需要广大人民群众在劳动中共同创造。但在创造美好生活的过程中,人与自然、社会发展之间的问题渐显,所以她据此提出了几点建议。首先,创造美好生活必须防止和克服劳动过程的异化,必须充分发挥劳动的主观能动性和创造性,构建新时代和谐劳动关系,为创造美好生活助力奋进;其次,良好的自然环境是人类生存和发展的基础,也是创造美好生活的根基,所以要保护生态和发展生产,为美好生活夯实物质基础;最后,要坚定劳动的价值旨归就是为人类创造更加美好的现实生活,要通过劳动为人的解放和发展创造条件,最终实现人的自由而全面的发展。①

　　劳动幸福和民生保障一直是大家关注的重点现实问题。此次论坛关于劳动幸福与民生保障的讨论从不同角度丰富了劳动幸福理论的深刻内涵,使该理论具有新的时代特色,同时又颇具问题意识,不仅使我们认识了劳动幸福理论的重要性,更让我们意识到了民生保障的重要作用。同时,也让我们对美好生活的深刻内涵以及如何实现美好生活有了进一步的了解。本次论坛具有很高的学术价值,值得每一个理论工作者深入学习和思考。

---

① 潘宁:《恩格斯劳动观对创造美好生活的现实启示》,《广西社会科学》2021年第6期。

新时代劳动实践在劳动教育中
的重要作用
——第六届全国劳动人权马克思主义论坛会议综述(二)①

魏艳平

摘 要： 2021 年 4 月 10 日,第六届劳动人权马克思主义论坛在沪举行。线上线下学者围绕"劳动教育与劳动精神"问题展开了激烈的讨论。首先,学者们肯定了劳动实践在劳动教育中的重要作用,针对大中小学劳动教育存在的问题,指出要以习近平总书记有关劳动教育的思想为指导,发挥劳动实践在劳动教育中的育人作用。其次,学者们阐述了新时代劳动教育观的相关内容,包括习近平劳动教育思想、"以劳树德"理念的内涵与逻辑、劳动教育面临的问题、解决路径和研究视域。最后,学者们探讨了劳动精神、劳模精神和工匠精神的培育。这些讨论为我们深入研究劳动教育问题提供了新的视角与方法,对于解决新时代劳动教育面临的问题具有深刻的启示意义。

关键词： 劳动教育;劳动实践;劳动精神

2021 年 4 月 10 日,由上海师范大学知识与价值科学研究所发起,上海师范大学哲学与法政学院、上海师范大学马克思主义学院、中共上海市委党校哲学教研部、《青年学报》编辑部等单位举办的以"劳动幸福·民生保障·社会公正"为主题的第六届劳动人权马克思主义论坛在上海召开。因防疫需要,本次论坛以线上参会为主,邀请部分专家参加线下会场。全国各地 200 余名专家学者通过"腾讯会议"的方式远程参会,此次论坛邀请了 70 余名上海本地学者参加线下会议。在以"劳动精神与劳动教育"为主题的分论坛上,与会专家提交论文 40 余篇,共有 15 人发言,大家围绕劳动教育、劳动实践、劳动精神等问题展开深入的讨论。笔者综合会议论文、主题发言以及专家讨论做出以下综述。

---

① 作者通信地址:魏艳平,上海师范大学哲学与法政学院,上海 200234。

一、劳动实践在劳动教育中的重要作用

2020 年 7 月,教育部印发的《大中小学劳动教育指导纲要(试行)》对大中小学劳动教育课时间做出具体规定。与会专家一致认为劳动教育本身属于实践问题,仅限于理论范围内研究劳动教育的意义没有任何价值,劳动实践的积累会促发我们对劳动教育意义的理解,我们应关注劳动教育在推进过程中遇到的问题。与会学者分别从习近平劳动实践教育思想的指导意义、劳动实践体现劳动教育的育人价值、大中小学劳动教育实践路径探析三方面论述劳动实践的重要作用。

(一)习近平劳动实践教育思想的指导意义

上海建桥学院哈龙根据习近平总书记提到的"空谈误国、实干兴邦""勤学、修德、明辨、笃实"等观点指出大学生中虽然不乏"鸿鹄之志"的年轻人,但青年大学生也容易出现"好高骛远"的问题。青年大学生心中不仅应该有"诗和远方",更应该有脚踏实地、努力拼搏的实干精神。习近平奋斗幸福观可以积极引导大学生投身社会实践,引导大学生将自己的青春融入辛勤的劳动中,投入祖国最需要的地方。

习近平总书记强调:"扎根中国大地办教育,同生产劳动和社会实践相结合。"[1]黑龙江大学硕士研究生仲昭旭指出教育与劳动实践相结合,既是新时代青年德、智、体、美、劳全面发展的必然要求,也是通过实践检验知识,提高教学效果的重要方式。他根据教育部印发的相关文件精神,提出学校要根据不同学生的年龄特点,设计不同的劳动教育课程,对于中小学生,要使其重点明确劳动价值、深化劳动认识、掌握必备的劳动知识,从而形成良好的劳动习惯;对于高校的学生,要在职业技术的学习中,给他们灌输工匠精神和敬业精神,使他们体会在劳动之中、从业过程中的成就感。此外,还要完善劳动教育的评价机制,建立科学、公正的评审制度,将劳动教育的实效性作为评奖评优的重要参考,制定统一的评价标准。[2]

(二)劳动实践体现劳动教育的育人价值

上海商学院陈志强提出要通过加强劳动实践改变劳动教育疲软无力的现象。劳动实践不仅仅是洗衣、做饭、打扫卫生,而应该与实践实训和专业实习具有同等的工作量和难度要求。习近平总书记的七年知青岁月是在劳动中度过

---

[1] 习近平:《习近平主持召开学校思想政治理论课教师座谈会》,《人民日报》2019 年 3 月 19 日第 1 版。

[2] 仲昭旭:《习近平劳动教育重要论述的理论渊源、思想内涵与实践路径》,《黑龙江生态工程职业学院学报》2021 年第 2 期。

的,劳动锤炼了他的家国情怀和领袖气质。新时代能否让青少年通过劳动涵育坚强体格和奋斗意志仍然是衡量教育水平的重要指标。其次,要让体验式、情境式、参与式教学成为未来教学主要模式。上述教学改革将课堂教学的场域搬到了现场,增强了课堂中的互动性和体验性,体现了学生的主体性和实践性。究其本质,就是让学生在授课过程中"动"起来,变固定课堂为"行走的课堂"。将劳动体验融入课堂中,不仅会使课程育人、课堂育人有滋有味,也符合知行合一的教育理念。

广西师范大学王成针对部分学校将劳动教育与实践视为可有可无的活动这一现象指出,只有将静态的书本知识和动态的实践技能相互融合才能破解人、自然和社会中存在的一系列"奥秘",理解和把握人、自然和社会规律。在劳动中,就解决某个问题、突破某个环节寻找策略,需要与他人互助协作,及时总结经验教训,这不仅可以锻炼青年群体的专注力、创造力和行动力,而且可以帮助他们增强大局观念、合作意识。这些积极的正向赋予,对其一生发展都裨益良多。

(三)大中小学劳动教育实践路径探析

1.高校劳动教育的发展历程与现存问题

与会学者认为高校劳动教育现存问题主要体现在对劳动教育认识不清以及缺少具体实施措施两方面。中国劳动关系学院刘向兵指出劳动教育与美好生活密切相关。他认为当前高校劳动教育存在诸多问题:一是"混同化""浅层化",看不到大中小学劳动教育的区别和层次;二是"有劳动、无教育",将劳动和实践等同于劳动教育;三是"一招鲜""单打一",高校劳动教育的四条途径发展不全面、不均衡。[①] 山东大学尹昱珺指出,劳动教育在推动人的全面发展进程中面临着劳动教育观念淡薄的认知性困境、劳动教育素养不足的主体性困境以及劳动教育体系薄弱的机制性困境。

武汉大学孙玥总结了改革开放以来大学生劳动教育经历的阶段并提出加强和改进劳动教育的五维路径。她指出改革开放以来大学生劳动教育经历了调整(1978—1998)、削弱(1999—2011)、深化(2012—)三个发展阶段。为使劳动教育跟上时代的步伐,适应大学生成长需求,她提出加强和改进劳动教育的五维路径,具体包括:更新观念,全面认识劳动教育的地位和功能;培养大学生的公共服务意识;坚持循序渐进与优化实施;把握好"三个结合"、制度支持;构建新时代劳动教育培养体系。

2.高校劳动教育与思政教育的融通

上海城建职业学院徐文越认为职业教育范畴内的劳动教育与思政教育有着

---

① 魏小潭、朱丹:《第六届劳动人权马克思主义论坛在沪举行》,《东方教育时报》2021 年 4 月 21 日。

内在关联性和契合性,二者之间相互融通又互为支撑。这不仅是基于"五育并举"的分析框架,更是由职业教育的类型特质所决定。二者的融通需要以马克思主义劳动观为引领、以课程思政为有效载体,充分发挥劳模工匠育人作用,注重实践环节的共享共育,最终落脚为更好培育全面发展的时代新人。

云南大学王周从新时代高校劳动教育与思想政治教育耦合何以必要、何以可能及何以成效三方面进行探讨。他指出"五育"并举的时代诉求和二者教育目标的契合性为促进其耦合性提供了逻辑可能。他认为,完善思想政治教育的内容体系,拓展新时代高校劳动教育的评价体系,优化思想政治教育和高校劳动教育耦合的保障体系,可以使其耦合具有成效性。

3.高校劳动教育与农业教育的结合

上海出版印刷高等专科学校黄黎明指出,新时代高等农业教育与劳动教育相结合是继承和弘扬马克思主义劳动教育观的时代需要,是培养卓越"三农"人才的客观需要,是服务农业农村现代化和乡村振兴战略的现实需要。高等农业教育实施劳动教育应在坚持普遍性原则的基础上彰显特色性,在传承性的基础上突显劳动教育的时代性,在工具性的基础上展现劳动教育的价值性。北京农学院张子睿以高校劳动教育特点与劳动观为起点,指出用马克思主义中国化成果中的相关理论去探索中国几千年农耕文化的本质和内涵并坚持文化自信,这是把握涉农劳动教育正确方向的关键,也是开展"涉农劳动教育"工作必须关注的问题。

4.中小学劳动教育问题及实践路径探索

与会专家通过采用质性分析软件以及构建家庭、学校、社会协同的劳动教育课程体系来解决现阶段劳动教育目标不清、课程内容抽象化等问题。

中央民族大学钟志勇采用质性分析软件 Nvivo12.0 Plus 对 28 篇权威文献进行深入挖掘分析,通过三级编码和一定的量化指标,建构出新时代中小学劳动教育的目标结构模型和指标体系,以解决当前人们因为对劳动教育内涵和目标理解不清而导致的劳动教育实践方面出现的问题。他认为新时代中小学劳动教育目标主要由劳动实践、意识培养、精神培育、劳动知识与技能以及价值观教育等 5 个一级指标和 23 个二级指标构成。上海城建职业学院朱千伟基于相关劳动教育文本指出,新时代要构建以人的全面发展为目标、科学合理、丰富多样、家庭、学校、社会协同的劳动教育课程体系。

重庆邮电大学谭北梅探讨了马克思主义劳动观融入中小学劳动教育的相关问题。她指出当前中小学劳动教育存在功能定位边缘化、课程内容抽象化、价值取向功利化的问题。鉴于此,必须将马克思主义劳动观与中小学家庭教育、校园文化活动相融合,以此增强中小学劳动教育的时效性和"五育"内在联动性,为促进青少年成长成才的劳动教育提供新思考与新途径。

二、新时代劳动教育观研究

党的十八大以来,习近平总书记就劳动、劳动精神、劳动教育等发表了一系列重要论述,深刻阐明了劳动教育的地位、目标、内涵、价值和方法,系统解答了"为什么要劳动教育、怎么进行劳动教育、为谁进行劳动教育"的时代之问,是马克思主义基本原理与中国劳动教育实践相结合的最新成果,是对新时代劳动教育问题的新思考、新贡献。随着国家对劳动教育的不断重视,学界对劳动教育的研究也越来越深入。参会学者围绕习近平劳动教育思想、"以劳树德"理念的内涵和逻辑、劳动教育面临的困境及解决路径、劳动教育研究的理论视域展开了讨论。

(一)关于习近平劳动教育思想的论述

1.习近平劳动教育思想的逻辑构成

与会学者一致认为习近平劳动教育思想是以马克思主义劳动观为基础,借鉴优秀传统文化,在不断实践中形成并发展的。

内蒙古师范大学李井飞指出习近平总书记立足新时代的基本国情,针对教育的新实践、新问题创新性地提出一系列体现时代特征的劳动教育论述。理解一系列论述需要深刻挖掘其继承发展马克思主义劳动观的理论逻辑、借鉴中华优秀传统文化中的劳动思想的历史逻辑、基于劳动教育问题进行深刻反思的现实逻辑和凝练早期从政经历的实践逻辑。

广西师范大学龙华平同李井飞的观点一致,他也认为习近平总书记关于劳动教育重要论述的形成和发展具有严谨的内在逻辑。其中,以服务中华民族伟大复兴历史进程的劳动教育实践为其历史逻辑;以助力美好社会的构建为其现实逻辑;以对马克思主义劳动教育观、中华优秀传统劳动教育智慧、历代中国共产党人的劳动教育观的吸纳为其理论逻辑;以坚持以人民为中心发展劳动教育为其价值逻辑。黑龙江大学硕士仲昭旭在阐述习近平劳动教育思想的理论渊源基础上指出其思想内涵包括树立正确的劳动价值观、树立正确的劳动教育观以及构建全面的劳动教育体系三个方面。

2.习近平奋斗幸福观的教育意义

"奋斗本身就是一种幸福。"①党的十八大以来,习近平总书记多次在重要讲话中论述了幸福和奋斗的辩证关系,形成了习近平总书记新时代奋斗幸福观。

---

① 习近平:《在 2018 年春节团拜会上的讲话》,《人民日报》2018 年 2 月 15 日第 2 版。

上海建桥学院哈龙强调习近平新时代奋斗幸福观是共建幸福与共享幸福相一致的幸福观,具有实践性、人民性和正义性的显著特点。习近平新时代奋斗幸福观能够引领青年大学生树立正确的价值观、促进青年大学生锻炼过硬本领、引导青年大学生投身社会实践以及激励青年大学生肩负历史使命,接过时代赋予的"接力棒",完成"接力跑"。

3.习近平劳动教育思想的文化底蕴

中国人民大学何虎生从文化角度对习近平的劳动教育思想进行分析,他强调习近平新时代劳动教育观有其深厚的中华优秀传统文化、革命性文化、社会主义先进文化和世界多元文化的底蕴,并由此构成文化生成逻辑。他指出中华优秀传统文化是新时代劳动教育观的深厚滋养;革命文化是新时代劳动教育观的思想理论火种;社会主义先进文化是新时代劳动教育观的时代特色;世界多元文化为新时代劳动教育观提供国际视野和域外资源借鉴。①

(二)"以劳树德"理念的理论内涵与生成逻辑

1.劳动建构道德的生成逻辑

浙大宁波理工学院陈辉指出"以劳树德"是新时代德育的新阐发。新时代培养德智体美劳全面发展的社会主义建设者和接班人,需要深刻理解"以劳树德"的德育理念及生成逻辑,阐明"以劳树德"的现实观照,探讨新时代下"以劳树德"何以可能。他强调"以劳树德"理念突出了劳动建构道德的生成逻辑,引出了在立德树人历史使命下,"以劳树德"对道德主体性、道德成长性和道德目的性的现实观照,进而提出了劳动德育的行动路向。从劳动建构道德的历史逻辑、认识逻辑和实践逻辑中可以深刻理解劳动生成道德的逻辑前提和现实观照。在行动层面,"以劳树德"走向劳动德育,在完善德育理念并开展劳动德育中发挥德育主体性、系统性和生成性的协同作用。然而,劳动德育涵盖家庭、学校和社会等各类德育活动,践行"以劳树德"理念意味着一切具有德育教化功能的劳动资源都应纳入"以劳树德"行动的视野。因此,"以劳树德"是一项系统性的德育工程,如何将"以劳树德"建构成具有中国特色的德育路径,还需在理论与实践层面继续深入。

2.德育与劳育的密切关系

与会专家一致认为劳育是德育的基础与核心。东北大学于春玲指出以"劳"育"德"是在劳动教育缺失、道德建设面临挑战的新情境下所形成的一种新型教育理念。她从理论内涵、时代意义和实践路径三方面论述了德育与劳动教育的密切关系:从理论内涵看,以"劳"育"德"体现在以劳动精神丰富德性内涵、以劳

---

① 何虎生:《习近平新时代劳动教育观的文化底蕴》,《北京联合大学学报(人文社科版)》2020年第4期。

动理论教育提升道德认知、以劳动实践教育推动道德行为养成、以劳动关系生成促进道德情感认同;从时代意义来看,以"劳"育"德"能够丰富社会主义道德的时代内涵,拓宽时代新人的培育路径,推动社会主义核心价值观认同与践行。因此,要在深刻阐释以"劳"育"德"理论的基础上,进一步探究以"劳"育"德"的实现路径,建设维护劳动正义的劳动制度,塑造培育劳动幸福的文化环境,形成促进终身劳动的协同育人机制。

上海城建学院徐文越强调劳动教育是通过劳动对人实现全面教育,其核心要义或者本质内涵是劳以成人,而在当下以外在的表面形式存在的劳动教育并没有真正实现内在化。我们在真正领会劳以成人的意蕴之后,劳动教育的真正目标才得以实现并切实融入教育的各个环节。他指出劳动教育是身心之学和为己之学,要将其纳入五育并举的框架并使其成为其他四育的前提和基础。

(三)劳动教育的特征、现存困境与实践路径

1.新时代劳动教育的形态特征

与会专家认为新时代劳动教育具有以下特征:体育与劳动结合、尊重自然、以劳动价值观为核心、以劳动幸福权教育为具体形态。

上海体育学院龚正伟探讨了新时代劳动教育的特征是体育与劳动的完美结合。他强调体育理论工作者需关注劳动与体育的结合点以及如何将二者运用到实践中。劳动教育与体育教育的综合会突破传统课程标准的局限,跨学科领域的工作者要特别注重核心概念的推进。他指出自疫情以来,体育教育从竞技教育走向休闲教育,而劳动异化以及体育异化导致了人的休息权的不足。其次,他强调我们只有满足生理需求后才会思考劳动幸福扩大等问题。在人的天性的基础上才能讲清运动和体育的含义,天性与教育的科学化构成体育,体育让运动更符合人道。

华东师范大学肖绍明强调尊重自然,并与之和谐相处是劳动和劳动教育的前提和条件。劳动教育是出于自然、通过自然和为了自然的物质交换、文化交互的活动。① 华东师范大学吴文君指出,青年劳动教育具有鲜明的时代特征和深刻的现实针对性。青年劳动教育以劳动价值观教育为核心内容,以促进人的全面发展为价值旨归,以全社会协同共育为保障机制,在培养担当民族复兴大任的时代新人中起到不可替代的作用。上海师范大学潘二亮指出劳动作为一种感性—对象性活动,表征人满足需要的方式及其意识产生的存在论基础。他认为劳动教育在具体形态上,是一种劳动幸福权的教育。

2.新时代劳动教育面临的困境与挑战

①　肖绍明:《劳动教育的生态自然观》,《教育研究与实验》2021年第3期。

上海商学院陈志强认为,没有劳动的教育是失败的教育。新中国成立以来,我国劳动教育经历了探索、发展和成熟三个阶段,积累了一定的历史经验,同时也面临着新时代的困境。劳动概念的泛化、生活条件的优化和社会环境的变化对青少年劳动价值观构成冲击,有劳动无教育现象没有从根本上得到纠正,因此,需要改变劳动教育形式化严重的问题,推动"劳育"与其他四育的一体协同,充分发挥劳动育人在立德树人和青少年全面发展中的不可替代的作用。

南京航空航天大学许海波指出劳动教育存在劳动本真意蕴缺位,劳动价值观扭曲;学校劳动教育碎片化、形式化和弱化;家庭教育忽视体力劳动和生产劳动,劳动教育被窄化、被遮蔽的问题。基于上述问题,他认为要"营造劳动光荣的社会风尚和精益求精的敬业风气"[①],建立社会、学校、家庭相联系的立体式教育网络,在整个过程中培养劳动情操,推动劳动活动的科学开展。

3.劳动教育的价值意蕴

与会学者指出劳动教育的价值包含以下三个方面:第一,促进青年形成健全人格;第二,增强劳动幸福感;第三,引领青少年形成正确的劳动价值观,培养社会主义接班人。

广西师范大学王成指出新时代青年劳动教育对于树立时代新人的正确劳动价值观、培养时代新人的崇高劳动品质、塑造时代新人的健全人格等具有重要意义。湖州职业技术学院王伟认为劳动教育要不断实现从宣传教育世界向劳动幸福世界的转化。[②] 锦州医科大学王闻萱指出加强新时代劳动教育是实现伟大梦想、成就伟大事业、抵御各种风险、化解各种挑战、培养德智体美劳全面发展的社会主义建设者和接班人的必然要求。强化新时代劳动教育需要我们多管齐下,通过广泛深入地开展马克思主义劳动观教育、劳动实践教育、劳动精神教育从而达到新时代劳动育人的根本目的。[③] 上海师范大学魏艳平指出要通过劳动价值观教育、育人观教育和实践观教育发挥劳动教育对青少年的价值引领作用。

(四)劳动教育研究的理论视域

1.马克思主义哲学视域下的劳动教育

"劳动教育的本质应是以劳动幸福为导向的'学以成人'教育。"[④]在本次论

---

① 习近平:《决胜全面建成小康社会 夺取新时代中国特色社会主义伟大胜利——在中国共产党第十九次全国代表大会上的报告》,人民出版社 2017 年版,第 31 页。

② 王伟:《新时代开展劳动创造幸福宣传教育的多维解析》,《贵阳学院学报》2021 年第 6 期。

③ 王闻萱、张慧:《新时代劳动教育的价值意蕴、基本内涵与实践路径》,《齐齐哈尔大学学报(哲学社会科学版)》2021 年第 6 期

④ 何云峰:《当前劳动教育存在的几种认识误区》,《上海教育》2021 年第 5A 期,"教育云斋"专栏,第 54 页。

坛中,学者普遍从马克思主义哲学视域研究劳动教育,他们一致认为马克思直接研究劳动教育的文本很少,但其思想是深刻而全面的。与会学者主要从马克思主义的劳动概念和劳动价值观两方面着手探讨。

南京航空航天大学许海波从马克思主义劳动概念的本质入手,强调在教育过程中老师应教导学生准确把握劳动概念认知,培养劳动情操,树立马克思主义劳动价值观。马克思主义劳动哲学从"劳动创造了人本身"①、劳动规定着人的类本质、劳动使人与自然分离而又走向和谐统一、劳动是人的社会性规定四个维度深刻阐释了劳动的本质内涵。他指出我们在劳动教育过程中要善于回到劳动教育起点,使人的类本质体现出劳动是人的基本属性成为共识;使科学劳动构建人与自然和谐共生关系成为人们的基本知识;使劳动作为推进社会文明进步的活动成为人们的基本常识。河北大学闫淑珊同样以劳动概念为切入点,她指出马克思劳动思想是在哲学逻辑和经济学逻辑的双重维度下以现代性为基础,对资本主义生产方式下的异化劳动和雇佣劳动展开的双重批判。在现代资本主义社会中,哲学逻辑是从生产者自由劳动的视角分析异化劳动;经济学逻辑是从物质生产的视角分析雇佣劳动。上海师范大学班文静认为马克思主义的劳动价值观决定了劳动教育观,社会主义劳动教育观的核心目标是形成正确的劳动观和价值观,这一核心目标的实现对我国社会主义建设具有根深蒂固的影响。

2.中国传统文化视域下的劳动教育

浙江经贸职业技术学院何杨勇对王阳明的"致良知"进行了深入研究,并指出王阳明"致良知"的教育目标,事上磨炼、静处体悟的教育路径,因材施教、顺应天性的教学方式,知行合一的教育原则,这启示我们新时代推行劳动教育要把德行放在首位;注重劳动教育的平等性和普遍性;采取动静相结合的模式;遵循德性发展的逻辑;贴近生活、讲求体认;因材施教、盈科而进;讲求知行合一。他进一步强调加强劳动教育,既是新时代面对社会经济发展的积极回应,也是对马克思主义劳动学说的发展,更是对我国优秀传统文化的继承。

上海师范大学陈兵从礼乐文化的角度指出劳动不只是人与自然之间的物质变换关系,同时它还意味着精神性的、情感性的生命感通。劳动者应在劳动中持守情感的纯正并跳脱劳动苦难的束缚,应在工业化劳动的生存悲感中升起生命的欢乐和真诚,成为面向天地并向其奉献自身的纯粹的人,成为日常劳动幸福的人。

---

① 《马克思恩格斯文集》第9卷,人民出版社2009年版,第550页。

三、劳动精神、劳模精神和工匠精神的培育

2020年11月,习近平总书记在全国劳动模范和先进工作者表彰大会上的讲话中指出,要大力弘扬劳动精神、劳模精神、工匠精神,三种精神是以爱国主义为核心的民族精神和以改革创新为核心的时代精神的生动体现,是鼓舞全党全国各族人民风雨无阻、勇敢前进的强大精神动力。

（一）劳动精神的本质特征与培育路径

上海师范大学何云峰认为,劳动精神本质上是依据因劳称义原则建构的社会整体精神系统。[①] 劳动精神培育对于劳动教育的内容丰富与价值引领具有重要的启示作用。

1.苏霍姆林斯基劳动教育思想对于劳动精神培育的作用

合肥师范学院方政探讨了苏霍姆林斯基劳动教育思想对培育我国青少年热爱劳动精神的借鉴意义。他指出培养青少年热爱劳动的精神是当前各级学校和教育工作者乃至全社会的重要职责,也是有待探索的重大理论与实践课题,对这一课题的解答需要借鉴国外思想家的理论成果。苏霍姆林斯基的劳动教育体系强调要从丰富精神生活的维度,综合利用脑力劳动、认识性劳动、生产劳动等多种劳动活动以及学校与社会携手合作三方面培育青少年热爱劳动的精神。在丰富青少年精神生活方面,可以采用讲述教育性劳动故事、与优秀劳动者会面以及阅读有关劳动文艺作品等方式,激发青少年的劳动热情。在学校与社会携手合作方面,学校要发挥在培育青少年热爱劳动精神中的主导作用,社会要发挥支持作用,对逃避劳动的青少年实施再教育。他认为苏霍姆林斯基依据在苏联乌克兰乡村学校劳动教育的实践经验,探索了培育青少年热爱劳动精神的理念、载体、支持力量等策略,这些策略对我国开展青少年劳动教育具有重要的参考价值。

2.劳动精神的价值意蕴和实践路径

天津大学李丽认为弘扬劳动精神、加强劳动教育,激励时代新人奋发图强,需厘清劳动精神的内涵特征,深入阐释劳动精神培养时代新人的价值意蕴和实践路径。她指出劳动精神的内涵特征涉及劳动态度层面、劳动品德层面和劳动观念层面。用劳动精神培养时代新人是时代发展的现实需要,也是时代新人自我发展的内在需要。然而,劳动教育被淡化、弱化的问题依旧突出,需要从思想引领、氛围营造、平台搭建、制度保障四个层面逐步解决。具体来说,用劳动精神

---

① 何云峰:《劳动精神的主体性阐释》,《思想政治教育》2020年第6期,第10页。

培养时代新人的现实路径主要有:树立正确的劳动价值观、弘扬"劳动光荣、创造伟大"的社会精神、搭建丰富多彩的劳动实践平台。石河子大学龙腾从劳动精神价值意蕴层面指出新时代大学生劳动精神培育有利于培养担当民族复兴大任的时代新人、完善德智体美劳全面发展的育人体系和培养现代化建设所需要的创新型人才。①

3.劳动精神融入思想政治教育的实践理路

绥化学院梁广东在探讨新时代劳动精神内涵的基础上阐释了劳动精神融入思想政治教育的实践理路。他强调新时代劳动精神内涵丰富,蕴含着勤俭、奋斗、创新、奉献的内涵特质;体现着教育导向功能、思想凝聚功能、行业规约功能等功能向度。新时代劳动精神融入思想政治教育是落实立德树人根本任务的需要;是弘扬社会主义核心价值观的需要;是增强思想政治教育针对性的需要。推动新时代劳动精神融入思想政治教育需从坚持内容为主,增强课堂教学的针对性;创新话语体系,注重网络空间的主导性;传播劳动文化,弘扬校园文化的先进性;实现知行合一,提升实践养成的有效性等四个方面着手。

(二)劳模精神的科学内涵与时代价值

东北大学田鹏颖认为"爱岗敬业、争创一流、艰苦奋斗、勇于创新、淡泊名利、甘于奉献"的新时代劳模精神,其核心价值体现在劳模精神是坚持和发展新时代中国特色社会主义的时代呼唤,也是中国人民实现"从富起来到强起来伟大飞跃"的使命呼唤和中国共产党人不忘初心、牢记使命的情感呼唤。弘扬劳模精神需要依托中国特色社会主义制度的坚持和完善,具体来说包含国家制度、社会制度以及教育制度三方面。② 上海交通大学张波同样聚焦于劳模精神的时代意蕴。她强调劳模精神是社会主义核心价值观的人格化榜样;是劳模在平凡岗位上做出不平凡业绩所坚持、坚守、坚定的基本信念、价值追求、人生境界及其展现出的整体精神风貌;是我国优秀传统文化的创造性转化的现代形态。

(三)工匠精神的培育与策略研究

1.中外合作办学学生工匠精神的培养模式

北京农学院郭传真基于"中外合作办学"模式下学生的特点,初步探讨了学生工匠精神的培养模式。首先,他指出大多数"中外合作办学项目"思想政治教育理论课程的开设数量远少于国内普通本科生。基于此,他尝试通过围绕"心理健康、优秀传统文化、理论时政、跨文化适应"等主题开发学生成长课堂,依托共青团工作开展相关活动,作为思想政治教育的有效补充,这一尝试显有成效。其

---

① 龙腾、张洁:《微观环境视域下新时代大学生劳动精神培育研究》,《中国轻工教育》2021年第2期。

② 田鹏颖、李雨珊:《论劳动精神的时代价值》,《中国劳动关系学院学报》2020年第2期。

次,他认为围绕"引航工程",结合"中外合作办学"模式下学生特点开展共青团活动,打造培育工匠精神的工作环境是一项有意义的探索。最后,他提出以"引航工程"和共青团工作为主体,以挖掘优秀传统文化中的工匠精神元素和"洋为中用"介绍他国工匠精神为两翼,作为"中外合作办学"模式下学生工匠精神培养的工作思路。

比较特殊的是,北京城市学院姚继东以铃木正三的职业伦理思想为中心探讨了日本职人精神对我国培育工匠精神的启示。她指出铃木正三的四民日用思想将僧人日用转化为万民日用,再结合日本的具体四民,提出四民的核心职业价值观,从而奠定了现代的职人精神。这一思想路径对于复兴中国的工匠精神具有一定的启示作用。

2.关于高职学生工匠精神培育的思考

与会学者根据高职院校工匠精神的培育现状和日本职人精神展开讨论。上海城建职业学院李海萍认为,由于轻视职业技能的固化传统、工匠精神的培育尚未融入学生培养的全过程以及家庭教育因素的影响,高职学生在工匠精神培育、践行中存在概念泛化、认识狭义化、浅表化,在职业素养方面缺乏工匠精神等问题。针对以上问题,她提出国家需构建正确的价值导向体系,营造崇尚劳动精神、劳模精神、工匠精神的良好社会氛围;高职院校要发挥育人主体作用,构建系统、全面的工匠精神培育体系;家庭教育要注重正确地引导、培养学生正确的劳动价值观,奠定工匠精神培育的基础。上海城建职业学院刘严宁认为以劳模工匠精神为基点开展高职院校劳动教育,实现理论课与实践课的融合、思政课程与课程思政贯通,创新教学方法与效果评价,才能构建符合高职院校特点的劳动教育体系。

除以上研究热点外,与会专家还从劳动与享受的关系、青年劳动政策的伦理问题以及自由劳动何以成为"生活的乐趣"三方面进行了探讨。

汕头大学成海鹰教授以《英国工人阶级状况》为例,从恩格斯论英国工人的劳动与享受、劳动不足与享受剩余的现实两方面探讨了恩格斯的劳动伦理思想。她指出在劳动与享受的关系中,恩格斯认为劳动起决定作用,享受是劳动的回报。一方面,她强调恩格斯通过对英国工人阶级在生活中的劳动与享受的观察,深刻地认识到工人的劳动推动产业革命发展,带来国家繁荣,但他们却难以维持基本生存。另一方面,面对劳动不足与享受剩余的现实,她认为人们需要一种正确的享受生活的态度和内容,以享受为目的的人生得不到真正的享受,享受是人们劳动的结果。人们辛勤劳作,既为得到和创造生活的基础,也为获得闲暇去培育、涵养自己的心性、实现自我。①

　　浙江传媒学院李耀锋对青年劳动政策的伦理问题做出相关思考。他基于国外解决青年就业问题的举措，提出了我国解决青年就业问题的政策实践路径：一是建构完善的劳动教育培养体系；二是切实做好就业与创业关系的协调及其对政策的有效性把握，在制定政策过程中，社会应给青年人提供宽容性的公共政策支持；三是建立和完善青年就业服务体系，分层次深化和落实青年就业；四是建构科学的就业统计与评价体系；五是重视媒介传播对社会价值的导向性以及青年问题的建构。这些举措对于扩展青年就业渠道、促进青年劳动与发展具有现实的社会伦理意义。

　　湖南科技大学石巧红阐述了"劳动是自由的生命表现"何以成为"生活的乐趣"。她强调马克思所假设的劳动是一种体现自由意志和自由个性的自由劳动。她认为"劳动是自由的生命表现"成为"生活的乐趣"必须具备以下条件：劳动者成为生产力高度发达条件下生产资料的主人；劳动者在生产和制造劳动产品及其价值形态的过程中体现出自己的主观意愿和个性特质；劳动者彼此的关系属于平等合作的分工关系；在分享和占有劳动产品和社会财富方面，按劳动者对社会创造的价值和做出的贡献进行分配。

　　本次论坛关于新时代劳动实践、劳动教育与劳动精神内容的深入交流，不仅为学者提供了新的研究视角和思路，而且为大中小学更有效地开展劳动教育、培养新时代全面发展的建设者提供了现实的指导作用。

---

　　①　成海鹰：《恩格斯论劳动与享受——以〈英国工人阶级状况〉为例》，《汕头大学学报（人文社会科学版）》2020 年第 10 期。

人工智能与当代劳动新发展
——第六届全国劳动人权马克思主义论坛会议综述(三)①

潘二亮

摘　要：　智能时代带来了劳动的新境遇、新发展和新困境。首先,人工智能的迅猛发展使得马克思主义劳动价值论受到前所未有的质疑与挑战、对人类劳动就业造成重大影响,并使劳动幸福问题成为当前热门的学术话题。其次,依托现代科技发展的数字劳动日益成为劳动的一般形式,由此而引发人们对人的主体自由和解放的关切,与此同时,劳动关系也面临历史性重构,劳动形态的非物质化和生态化趋势日益明显。最后,劳动异化也在当代呈现出新的样态,"劳动—人"的生存困境及其出路也迫切需要理论界关注。以上成为与会学者所关心也必须回答的学术议题。

关键词：　人工智能;数字劳动;非物质劳动;生态劳动

2021年4月10日,由上海师范大学知识与价值科学研究所发起,上海师范大学哲学与法政学院、上海师范大学马克思主义学院、中共上海市委党校、《青年学报》编辑部等单位共同承办的"劳动幸福·民生保障·社会公正"——第六届全国劳动人权马克思主义论坛在上海召开。线上线下与会学者紧紧围绕劳动幸福与劳动人权、劳动精神与劳动教育、人工智能与当代劳动新发展等分主题,进行了跨学科宽度和精专业深度的学术讨论,与会学者们从各个专业和不同视角踊跃发言,为我们奉上了一场大型的学术盛宴。此文即是对"人工智能与当代劳动新发展"这一分主题论坛实际会议情况的综览概要,以飨学界!

一、智能时代与劳动新境遇

(一)智能劳动:人还是物创造价值?

上海师范大学贾淑品教授认为,人工智能作为渗透性的科学技术因素渗透

---

①　作者通信地址:潘二亮,上海师范大学知识与价值科学研究所,上海200234。

到劳动资料中,会引起劳动资料的智能化改造和增强,产生愈来愈高级的、影响生产状况的智能化劳动资料。智能化因素渗透在生产力各要素中并带来人际关系的变化,使劳动创造价值的过程呈现出新的特点,但是这并没有改变劳动创造价值,并没有改变劳动价值论。科技、知识、信息等新的生产要素并不能直接创造价值,但是这些要素可以物化到劳动者身上创造价值。人工智能并不能脱离人工劳动而单独存在,因而,人工智能背景下劳动创造价值的观点仍然没有改变。她认为,虽然机器、科学技术、知识等将成为主导生产的决定性力量,但是生产工人将变得无足轻重的观点是错误的。[①] 上海师范大学杨柯柯认为,任何先进的机器和普通的机器都是一样的,都是不变资本的一种构成部分,智能机器在生产过程中看似占据了主体地位,实际上在生产的过程中还是需要技术人员从旁照看,从表面上看是智能机器在进行生产,但这得以可能的前提却是:智能机器首先是由人劳动生产出来的,是人劳动创造的产物。劳动价值的生产在人工智能时代下只是变成了一种间接的方式,但它归根结底仍然是人的脑力劳动和体力劳动结合的一种结果。总之,马克思主义的劳动价值论在人工智能时代不是被否定了,而是进一步得到了验证。山东师范大学周楠楠认为,人工智能生产验证了马克思劳动价值论。首先,人工智能下的生产活动是复杂劳动,这极大地提高了整个行业甚至整个社会的生产率。其次,人工智能将研发者们赋予机器中的价值转移到商品中去,是人的劳动对象化的一种形式。最后,人工智能生产下的劳动造成了大量相对过剩人口的出现。

(二)人工智能对人类劳动就业的影响

上海师范大学苏令银认为,人工智能对人类工作的影响只是刚刚开始被理解。要理解人工智能是创造就业还是破坏就业,必须评估它在商品和服务生产中是如何使用的。人工智能技术在工作场所的使用方式可能因行业和企业的不同而有所不同,既可以用来提高生产率,也可以用来取代劳动力。因此,预测人工智能对经济的影响是很困难的。人工智能的兴起和蔓延,导致人们普遍担心其对就业的影响,极端情况下,人们产生了严峻的、末日般的幻觉,认为人类劳动可能变得越来越多余。其实,在许多方面人工智能的影响可能被高估了,它对工作的影响后果将是极度不平衡的,这取决于一系列因素,包括地理空间、经济活动、商业文化、教育水平和性别等。总之,人工智能对就业的影响并不是预先注定的,而主要取决于企业和政府推动提高生产率的人工智能形式的决定:要么部署能够赋能的技术,要么利用生产率高的替代技术。这些反过来又部分由空间

---

① 贾淑品:《人工智能背景下马克思劳动价值论的再审视》,《广西社会科学》2021 年第 6 期。

地理和当地能力决定。① 上海应用技术大学薛峰认为,从短期来看,人工智能将发展到弱人工智能阶段,它将挑战人类现有的就业结构,对传统行业造成冲击。未来弱人工智能带来的直接消极影响是就业压力问题,弱人工智能的负面效应将直接导致劳动岗位缺失,如果这一部分被取代劳动者的安置工作不能得到妥善解决,他们将会成为"无业游民",成为影响"客体"部分(即人类社会)的不安定因素。但从中期来看,强人工智能技术逐渐成熟并占据人工智能发展的主导地位。强人工智能实现了对人类脑力劳动的取代后,意味着人工智能实现了对人类脑力劳动和体力劳动的双重取代,届时作为劳动主体的人类在新的世界中必须找到自己的定位,必须组建人机和谐的新关系才能够自存。从人工智能发展的长期来看,人工智能的发展将迈向超人工智能阶段。这一阶段的人工智能发展将全面超越人类的一切能力,将从根本上改变现在的生活方式,将会导致一种"存在的升级"。因此,他认为人工智能对人劳动就业的影响依据其时间尺度的不同,而呈现完全不同的面貌。山东师范大学周楠楠认为,人工智能广泛应用于生产领域,对人们的就业带来严重的挑战。很多需要体力的工作岗位已经消失或者正在消失,人们不得不面对严峻的就业形势。随着整个行业以及整个社会的劳动生产率的提高,智能机器的价格会越来越低,这将对我们的工作产生巨大的冲击。她认为,面对这种状况我们必须要积极应对一切可能发生的状况:第一,对于还没有参与工作的学生来说,要加强科学技术尤其是人工智能教育,让他们从小接触、适应高科技产品,适应整个社会对就业方向的需求。第二,对于已经进入工作岗位的人来说,更要积极学习,适应人工智能产品对劳动主体提出的新要求。我们只有不断适应社会发展,适应现有的工作方式,才能不被这个社会淘汰,进而避免大规模失业现象的到来。

(三)智能劳动如何创造幸福?

上海师范大学贾淑品教授认为,人工智能的出现,进一步改进了劳动工具,劳动解放的程度进一步提高,劳动也由谋生劳动走向体面劳动、自由劳动,劳动也越来越成为创造幸福的活动。从短期来看,虽然人工智能的发展也带来一些实践问题。例如,人工智能的出现使劳动工具和劳动者合二为一,在某些生产环节出现了"机器排挤人"的趋势。但是,从长期来看,人工智能与其说是对人类的劳动主体地位的挑战,倒不如说给人类带来了全面自由发展的机会,是对资本雇佣劳动的超越,让人类全面解放的长期梦想有可能得到实现。那时,人们就不再需要从事繁重的体力和脑力劳动,可以尽情地从事自己过去想做而没机会做的事情。但是,幸福不是个人单纯意志的体现,不是不劳动的幸福,幸福必须是自

---

① 苏令银:《人工智能对人类工作的影响:乌托邦? 敌托邦?》,《广西社会科学》2021 年第 6 期。

主性的劳动创造,在劳动的创造中,人的自我价值才能显现出来,才能够有效实现对幸福的基本诉求。上海出版印刷高等专科学校讲师王永秋认为,人工智能的发展是社会生产力发展的必然结果,它既为人类创造性劳动提供了现实基础,同时又激发了人类创造性劳动的进一步需要,使人类的劳动解放真正成为可能。人工智能的发展实现了人类劳动的时代变革,是科学技术发展到新高度的标志。它极大地降低了劳动者的劳动强度和劳动难度,提高了人类劳动的精度、深度和效度。依靠这一人类智能的创造物,人类劳动的范围进一步扩大、劳动的对象大幅增加、劳动的工具更加精良、人类改造自然的能力大大提高,这进一步确证了人类独有的价值和能力,人的幸福正是在此过程中不断得到体现和实现。

二、数字劳动与劳动关系新发展

(一)数字劳动的本质与人的主体性自由

西北师范大学崔昕认为,以数字技术为核心的人工智能时代推动了数字劳动的诞生,数字劳动以数字技术为核心,是一种大众化的新劳动形态,它已发展成为占据主要地位的劳动形式。人工智能时代下的数字劳动具有解放与异化的双重路向。数字劳动作为资本积累的新路径,推动了马克思劳动价值论数据化的发展。只有以马克思的资本逻辑为线索,剖析人工智能时代下的数字劳动,才能确证数字劳动存在的合理性,同时也可呈现马克思劳动价值论的时代发展进程。在人工智能时代背景下,资本主义存在样态由原先产业资本的实在性增值转变成为数字资本的虚拟性增值。她认为,只有揭示隐藏在资本主义背后的生命政治治理术,构建解放性的生命政治,才能挣脱资本逻辑的束缚,走向未来新范式,最终为处于人工智能时代下生命个体的美好生活之实现提供有效保障。[①]厦门大学聂嘉琪认为,就劳动形式而言,在数字资本主义时代之前,资本主义的发展相应地经过了工场手工业劳动的时代和机器大工业劳动的时代。在工场手工业时代和机器大工业时代,工人们主要进行物质劳动。而在数字资本主义时代,数字劳动出现,并逐渐成为一种新的劳动形式。在数字资本主义时代,数字化的快速发展既为人们带来了便捷,也为人们带来了烦扰。数字资本主义时代的本质是在数字化的基础上,资本家凭借私人所有的大数据资源在社会生活中全面控制经济、政治和文化等领域,对全社会进行更为隐蔽的支配和更深层次的剥削。在数字资本主义时代,数字劳动成为物质劳动之外新的劳动形式,然而从事数字劳动的劳动者仍然未能逃避资本逻辑的掌控。数字劳动的本质在于在资

---

① 崔昕:《人工智能时代生命政治的范式转换及解放路径》,《甘肃社会科学》2021 年第 2 期。

本及其主导逻辑的控制下,劳动者在数字平台上进行劳动,其第一动力是谋生,其劳动成果仍被无偿占有。也正因如此,马克思的劳动价值论在数字资本主义时代并没有过时,而是具有更强的解释力。他进一步认为,在可预见的未来,如何解决数字化时代人们普遍面临的数字异化问题、如何警惕数字技术被资本和权利渗透、如何避免数字化鸿沟以及如何积极推动数字化技术的共享发展,将是我们亟待思考并努力解决的问题。吉林大学孙冬鑫认为,作为主体而存在的数字劳工,无论是自我塑造的主体,还是在权力关系中抵抗和斗争的主体,都不仅仅存在受剥削和异化的一面,在生存需求和欲望满足之外,数字劳工也存在着追求自由与解放的一面。他通过对数字劳工群体的劳动过程和驱动机制的分析,认为数字劳工在生存性传播和欲求性传播之外,也存在着有意识地通过文本建构和意义生产进行主体性构建的过程。在这一过程中,相比于时间和精力的让渡,文化满足和自我提升应该受到更多关注。不仅如此,在这些群体的自我实践过程中,群体文化的形成和组织力量的增长对抵抗数字资本主义的剥削也具有实际的意义。他进一步认为,中国语境下数字劳工理论发展应跳出单一的剥削框架,关注劳工的主体性与能动性的建构过程。将劳动议题置于传播政治经济学和文化研究学派的交叉逻辑下考察,可以探究数字劳动的深层动因,也可以对数字劳动的后果和意义进行全面的思考。而通过挖掘这些群体的共同品质,可以使我们从受众的角度思考如何平衡技术赋权与免费劳动之间的关系,使数字劳工摆脱工具理性的束缚,追求作为能动主体的综合的合理性。最后,他认为要大力提升数字劳工的网络素养、建设自由平等的网络社区等,这样可以在一定程度上召唤和组织数字劳工的主体性,培育其自我解放和抵抗剥削的能动性力量,同时也可以为营造理性和健康的网络空间提供一条新的路径。

(二)劳动关系与劳动休息权

复旦大学肖巍教授认为,要用马克思主义的方法论分析新劳动关系问题。首先,灵活就业是大势所趋。"互联网+"不仅使资本而且也使劳动的流动性大大增强,技术创新、竞争力加剧和劳动成本抬升激发了灵活就业,导致劳动力市场供需结构发生巨大变化,并对"体面劳动"(包括四项支柱:就业、劳动权利、保障和劳资对话)构成冲击。其次,灵活就业的大趋势对劳动关系提出了一系列新挑战。由"单一雇主、全职签约、工资收入"这三个主要构件组成的"标准劳动关系"面临变局,特别表现在身份认同问题(是雇佣劳动者,还是自由职业者)、从属性问题(是劳动关系,还是民事关系)、灵活性与安全性的平衡问题这三个方面。最后,灵活就业的大趋势对劳动者的可雇佣性要求将越来越高。这要求劳动力市场要进行供给侧结构性改革,同时要求工会的组织和维权这两大功能重心要有所改变,提高劳动者的可雇佣性要比就业数字更重要。上海城建职业学院郑佳认为,在西方资本主义社会发展中,劳动关系受到广泛的关注,并作为资本主义社会的一对主要矛盾而调节其他社会关系。劳动关系不仅影响生产力,且与社会的稳定息息相关。西方发达国家劳动关系自18世纪至今,大致经历了四个阶段:工业革命初期的劳动关系从总体上充满着激烈的阶级对抗和阶级冲突。到19世纪下半叶,由于工人罢工斗争的发展和工会组织的广泛建立,迫使资方及政府做出让步,从而在一定程度上改善和缓解了劳资矛盾。再到20世纪上半叶,国家劳动行政管理发展、劳动立法、工业民主化、集体谈判制度和三方机制的出现,使协调劳动关系的方式更加丰富、内容更加宽泛,劳动关系的紧张状态得到了缓和。二战结束以来,劳动关系发生了重大的转折性变化,劳动关系焦点仍然集中在工资、工时、劳动条件的改善上,争取广泛的民主参与权也成为劳动关系中非常重要的内容。暨南大学黄镇认为,休息权立法与劳动力市场之间并非仅仅是单向的调控,而是存在某种互动机制。他以"工时博弈"为切入点,以法律经济学中的"信号传递模型"为分析工具,对影响工作时间分配的社会规范之形成逻辑展开研究,他认为制度意义上自由时间起源于工时博弈;工时博弈促使劳动力市场形成分离均衡;分离均衡引发工作时间分配规范的生成;法律干预工作时间分配应当以维持劳动力市场的分离均衡为边界。从而他得出结论:在经济意义上,符合社会经济发展规律的工作时间制度取决于劳动力市场是否在加班问题上形成了分离均衡,而非人们单方的主观意愿或法律的强制干预。

(三)新型劳动形态:生态劳动与非物质劳动

南京信息工程大学徐海红教授认为,劳动是人类社会存在和发展的基础。马克思主义政治经济学以劳动为出发点,认为资本主义条件下的劳动是资本家获取剩余价值的手段,导致人与自然物质变换的断裂,成为反自然的存在。劳动的反自然性带来"公地悲剧"与环境危机。社会主义生态文明视域中的劳动蕴含着人与自然相互交换物质、信息和能量,实现良性交换的要求,劳动是促进人与自然和谐共生的活动,具有生态性。生态劳动是人与自然的良性物质变换,由劳动主体、劳动目的、劳动过程构成。劳动主体应具有生态知识、生态伦理和合作意识。劳动目的为创造人与自然和谐共生的美丽世界。劳动过程是对人的需要、劳动时间、废弃物处置的共同控制。倡导消费伦理,为实现生态劳动提供伦理支撑;完善生态文明体制机制建设,为实现生态劳动优化制度环境。计划经济注重公平,市场经济讲究效率。要保障劳动的生态性得以实现,需要在坚持社会主义基本制度的基础上,不断完善生态文明体制机制建设,以社会主义市场经济保障社会经济的高质量发展,通过国家宏观调控,以生态工业园区、国家公园、生态补偿体制机制等形式,彰显社会公平和生态正义,促进人与人平等共享、人与自然和谐共生的统一。复旦大学陈茜认为,在《1857—1858年经济学手稿》"机器论片段"中,马克思初步探讨了在资本主义大工业生产条件下,机器体系与一般智力、劳动时间与自由时间、形式吸纳与实际吸纳的辩证关系。意大利自治主义学者奈格里与哈特尤为重视"机器论片段",批判地吸收了片段中一些主要概念群的内涵,完善了自己的非物质劳动理论。他们从工人自治运动中透视劳动与资本关系的新变化,认为非物质劳动是对一般智力的补充,并试图确证生命政治式的革命主体生产的可能性。她认为,奈格里与哈特虽然一定程度上洞悉了资本主义的新动态,但是框限于自治主义思维,片面地解读"机器论片段",忽视了马克思的劳动二重性理论和劳动价值论。"机器论片段"虽然尚有不成熟之处,但是马克思开始分析机器体系、资本、劳动三者之间的复合矛盾,这三重矛盾关系并不存在先后次序,是同时发生、互相渗透在生产力与生产关系变化的内在矛盾之中的。在当今机器体系越来越发达、智能化水平不断提升的社会,要坚持以实现马克思唯物史观自由劳动为目标,让劳动本身是技术形式和社会形式的统一体转变为劳动本身是自我需要和社会需要的统一体。科学技术的迷思有其根本性缺陷,即对技术变革与社会变迁之间关系的扁平化和庸俗化处理。尤其是当科学技术被资本增殖的逻辑裹挟时,其本身将以彻底的技术拜物教姿态融入资本主义意识形态的有机组成部分,甚至成为主导部分。她认为,如何解决上述的三重矛盾是当代马克思主义理论需要去解决甚至预判的理论奇点和实践难点,也是通向自由劳动的必经之路,对于辨析自由劳动何以可能具有重大意义。

三、劳动异化与劳动生存困境

(一)不同视角下劳动异化的发生

上海交通大学黄灿从设计学视域下论述了劳动异化的发生,他认为造物和造物质是两个完全不同的概念,但在设计界并未严格加以区分,物和物质在与人的关系中无法避免感性因素,从造物到造物质,人的本质性力量会被削弱,异化感会被增强。他从设计学视域出发,以劳动异化为切入点,研究设计、劳动、设计异化的发展过程,引出异化造成的问题并探讨其出路。他认为设计之所以正在改变自身性质,与当代城市化、全球化和西方大国主导的资本主义是分不开的,与西方文化价值体系是分不开的。设计应该回归人本身,这种回归过程应该是感性的,理性可以作为工具但不能作为目的,理性并不是万能的,理性针对道德和文化往往会失去普遍有效性。设计应该联系艺术而不应该只走向纯粹技术。设计应该借鉴东方思想。武汉理工大学文静认为,私有制是异化的主要根源,社会分工固定化是它的最终根源。现当代的中国,劳动异化有了新特征,即:服务型劳动占比大、科技型劳动越来越重要、管理型劳动不断增加、从事精神产品的工人劳务比重越来越大、劳动社会化和商品化以及市场化程度提高等。我们应该以科学的态度对待异化劳动,即保守性继承和彻底性批判。了解劳动异化的当代新特征有利于完善社会主义市场经济体制,更有利于减少异化劳动对劳动者的不利影响。在新的时代背景下对马克思的异化劳动进行深入研究,不仅可以使我们正确地理解当代异化劳动的新特征,还能扬弃异化,进一步深化对马克思主义理论的科学理解,此外,还能让我们对现当代的劳动有更深刻的认识。苏州大学刘一凯从网络游戏视阈探讨了异化劳动的样态问题,他认为数字时代,网络游戏呈现大众化趋势,其作为当代主要休闲方式,在满足玩家休闲与娱乐需要的同时,还令他们逐渐脱离现实生活和现实需求,使他们在诱导下进行着异化劳动。同时,由于网络游戏已由单一产业演化为多元化产业体系,游戏本身及其一系列衍生活动构成了一个玩乐体系,具有虚拟与现实两重向度的属性,玩家的异化劳动也更加隐蔽和复杂。因此,他认为应当以马克思异化劳动相关理论为主线,配合其他学科,重新审视网络游戏,考辨网络游戏视阈下的异化劳动现象和本质,向纵深发掘网络游戏中疑难问题的成因,为青少年自由而全面发展探索实现的途径。

(二)现代性与人的生存困境

中南财经政法大学张星萍认为,西方马克思主义理论家着眼于当代资本主义的现代性危机重估技术的价值问题,认为资本逻辑与工具理性的共谋是造成现代性危机的罪魁祸首,而实证哲学的唯科学主义和客观主义倾向则恰恰构成了工具理性泛滥的思想根源。所以,从总体上批判作为肯定性哲学的实证主义构成了西方马克思主义探索技术的价值属性和基本内涵的逻辑前提,也正是在同各种实证主义思潮的激烈论辩中西方马克思主义理论家逐渐形成了技术的非中立性及其意识形态化的观点。他们从人本主义立场出发追问技术的价值指向及其社会后果并指出,现代技术系统负载着资产阶级全面控制人和自然的政治意向性,不仅严重背离了"人的解放"和"自然祛魅"的初衷,而且把人类及其技术实践推向了追求"虚假需求"和"娱乐至死"的深渊。尽管绝大多数西方马克思主义者对技术的未来感到悲观,但他们仍然相信通过对技术的改造实现善治的可能,把技术的实然状态与人的自由解放统一起来并赋予其"求真"和"求善"的文化使命。上海师范大学刘舜通过人类学田野调查的实证方法分析了疫情背景下的劳动者的生存境况。他认为,疫情背景下赋闲农民工面临着"空间管制性制约"与"资源获取性制约"的困境,在社会结构的制约下,赋闲农民工运用个人的反思性与实践的能动性,利用"资源转移性防范"与"空间转移性防范"应对微观个体的生活失衡,从而达到社会结构制约性与能动性的统一。农民工在疫情大背景下由于受到空间管制性制约,隔离在家,无法复工,出现了生活资源获取受限、赌博成瘾、家庭矛盾加深与个人心态焦虑等不良现象,但是由于社会结构是制约性与能动性的统一,部分赋闲农民工以实践为媒介,对于疫情的出现发挥行动者的主动性,通过开启副业、改变工作计划、资源代际转移与回流家乡等措施,对疫情的出现进行防范。他进一步认为,每个农民工都是独立的个体,身处于具体的时代背景与社会结构之下,其行为与思想不免要被烙上时代的烙印,农民工群体受到疫情的影响而摇摆于失衡与再平衡之间,在一定的空间情境与社会结构下,通过相应的风险防范措施,他们的生活工作能够逐渐回到正轨。复旦大学张申博以草根电商主播为例关注劳动生存困境,她认为继新媒体技术的发展和移动设备的普及后,电商直播迅速走红,直播带货成为电商发展的新引擎。必须将电商主播、直播平台两者的相互关系置于更为宏大的政治经济逻辑框架之中才能揭示电商直播过程中被遮蔽的数字劳动。作为媒介和工具,抖音平台将量化的点赞、评论、转发、涨粉、打赏等元素整合进主播的劳动过程,与媒体报道合力,建构出电商直播界内"爱拼就会赢"的迷思,诱导主播投入其中。在为平台创造内容的同时,带货主播的休息与劳动时间界限被模糊,顺理成章地将"爆单"归结为个人奋斗的果实,劳动时间已然不是决定性因素这一事实反被遮蔽。这突破了马克思对于出卖体力活技术赚取工资的劳工的经典定义,草根主播这种并非直接通过平台获得收入的劳动者事实上也是潜在的被剥削者。即便他们本人并不能从平台上获取工资,但他们生产的短视频内容依旧具有被平台利用的商业价值。草根主播们不断延长使用媒介亦即数字劳动的时间,休闲时间与劳动时间的界限极大程度被消弭,从而主播们无时无刻不处于剩余价值被剥削的状态之中,这正是印证了"垄断资本主义无休闲"的论断。

后　记

　　摆在读者面前的是《劳动哲学研究》第五辑。我们已经连续四年结集出版这样的学术著作了。2021 年 4 月我们编辑出版了第四辑,是今年的上半年辑刊,主要收录的是第五届"全国劳动人权马克思主义论坛"的部分会议论文。现在的第五辑是 2021 年的下半年辑刊,所收录之论文主要来自第六届"全国劳动人权马克思主义论坛"的征文。

　　"全国劳动人权马克思主义论坛"由上海师范大学知识与价值科学研究所发起和主办,多家单位联合承办,正常情况下每年 4 月中旬定期召开。但由于受新冠疫情影响,第六届论坛于 2021 年 4 月中旬采用线上线下相结合的方式进行。自 2016 年第一届论坛开始,每届论坛都收到各地学者的众多应征论文。这些论文都先后结集出版。第一届和第二届论坛征集到的论文大部分收录入《劳动哲学研究》第一辑(上海教育出版社 2018 年 4 月版),第三届论坛的征文结集成《劳动哲学研究》第二辑(上海教育出版社 2019 年 3 月版),第四届论坛的征文结集成《劳动哲学研究》第三辑(上海教育出版社 2020 年 5 月版),第五届论坛的征文结集成《劳动哲学研究》第四辑(上海教育出版社 2021 年 4 月版),从 2021 年起,《劳动哲学研究》辑刊拟每年出版两辑。目前这本《劳动哲学研究》第五辑主要收录的是 2021 年 4 月举办的第六届论坛的部分应征会议论文,共计近 40 篇原创学术论文。由于篇幅的限制,第六届论坛的其余部分应征会议论文,将择优收录到《劳动哲学研究》第六辑刊用(拟于 2022 年 4 月出版)。

　　第六届全国劳动人权马克思主义论坛的主题是"劳动幸福•民生保障•社会公正"。在对第六届全国劳动人权马克思主义论坛应征论文进行编辑整理的过程中,我们深深感到,来自全国各地的学者们用自己的独特视角和文字诠释了本届论坛的主题——"劳动幸福•民生保障•社会公正"。我们认为,论坛的主题对于论坛的成功至关重要。所以,从论坛第一届开始,每次论坛我们都会精心设定一个主题,期待与会代表围绕该主题集中开展学术研究。第一届全国劳动人权马克思主义论坛的主题是"构建人人可通过诚实劳动获得幸福的体制和机制";第二届的主题是"尊重劳动,实现劳动幸福";第三届的主题是"保障劳动幸福,彰显社会主义精神";第四届的主题是"马克思劳动·财富·幸福理论 21 世纪新诠释";第五届的主题是"劳动幸福·人民至上·超越资本逻辑";第六届全国劳动人权马克思主义论坛的主题是"劳动幸福·民生保障·社会公正"。显然,迄今为止,六届论坛的主题都跟关键词"劳动幸福"相关。这也从一个侧面说明了,我们对劳动有独特的理解视角:那就是,劳动幸福是最根本的价值导向。

为了使论坛更好地围绕主题展开,第六届论坛设置了以下 20 个征文议题:

1. 劳动人权与劳动幸福权关系研究

2. 劳动人权及其方法论意义

3. 劳动幸福权的保障机制研究

4. 民生保障与劳动幸福关系研究

5. 劳动幸福与维护社会整体公正

6. 劳动创造与社会财富分配的公平正义研究

7. 劳动创造与美好生活关系研究

8. 过度劳动与劳动权利保障研究

9. 自由时间与休闲劳动研究

10. 劳动幸福与共同富裕研究

11. 基于劳动内生动力的反贫困策略研究

12. 中外劳动权益保障法律法规体系比较研究

13. 劳动就业与劳动力商品化问题研究

14. 劳动异化的当代新特征研究

15. 互联网及现代科技发展与劳动价值反思

16. 数字劳动(非物质劳动)与劳动组织新形式和劳动关系变革趋势研究

17. 中国特色社会主义视域下的劳资关系发展现状与趋势

18. 劳动过程与技术批判理论研究

19. 劳动教育、劳动精神与劳动美德研究

20. 劳动伦理与职业/工匠精神

第六届论坛的征文通知发出之后,来自全国各地的学者围绕上述议题开展研究,踊跃向论坛组委会投稿。最终收到第六届论坛的应征论文 100 余篇。对这些应征论文,组委会按照原创为主(未在任何地方发表过)和好中选优的原则进行筛选,在征得作者同意之后,组织力量认真编辑和校对之后,再交由上海教育出版社公开出版。这就是目前呈现给读者的《劳动哲学研究》第五辑。参加《劳动哲学研究》第五辑编校整理工作的主要是上海师范大学知识与价值科学研究所的研究团队和上海教育出版社的编辑团队。本辑由何云峰担任主编,负责审校整部书稿;张蕾、潘二亮、李晓霞担任副主编,协助主编进行统筹安排;魏艳

平、刘欣、杨柯柯、乔佳琳等同志参加了具体的编辑校对和文字整理工作。上海师范大学期刊社张蕾、江闻颖等同志,上海教育出版社刘芳、邹楠、戴燕玲、李玮、周亚等同志,为本辑出版提供了大量帮助。于此,一并深表谢意。由于我们的水平有限,文字编校中肯定有不少疏漏之处,敬请学界批评指正。

劳动问题是一个多学科的共同话题,有关的研究正在方兴未艾。许多跟劳动相关的问题,如劳动教育方面的研究、新型劳动形式和劳动关系、科技(包括人工智能)对劳动的影响问题等,已经被许多研究者关注。尤其是对劳动教育的研究,近年来已成为学界持续关注的热门话题。第六届劳动人权马克思主义论坛征集到的论文中劳动教育主题占了很大的比重。相比之前的论坛征文,第六届关于劳动教育和其他主题的论文都有一定程度的深化和拓展。当然,研究是永无止境的事情。每一个劳动主题都有诸多进一步研究的空间。劳动人权马克思主义论坛会坚持每年举办一次。期待劳动问题研究者们的最新成果能够在论坛上得到呈现,并通过连续辑刊《劳动哲学研究》体现出来。欢迎广大的劳动研究者常年向该辑刊投稿,邮箱为:laodongrenquan@163.com。也欢迎学界同仁对本辑刊提出宝贵意见。

编者
2021 年 11 月于上海

图书在版编目（CIP）数据

劳动哲学研究.第五辑 / 何云峰主编. — 上海：
上海教育出版社，2021.12
ISBN 978-7-5720-1297-6

Ⅰ.①劳… Ⅱ.①何… Ⅲ.①劳动哲学 – 文集
Ⅳ.①C970.2-53

中国版本图书馆CIP数据核字(2021)第272913号

责任编辑　戴燕玲
封面设计　陆　弦

劳动哲学研究（第五辑）
何云峰　主编

出版发行　上海教育出版社有限公司
官　　网　www.seph.com.cn
地　　址　上海市闵行区号景路159弄C座
邮　　编　201101
印　　刷　上海昌鑫龙印务有限公司
开　　本　700×1000　1/16　印张 23　插页 2
字　　数　360 千字
版　　次　2022年1月第1版
印　　次　2022年1月第1次印刷
书　　号　ISBN 978-7-5720-1297-6/C·0005
定　　价　88.00 元

如发现质量问题，读者可向本社调换　电话：021-64373213